国家社科基金
后期资助项目

多视角透析工业化时期英国的土地流动与经营

The Circulation and Management of Estates in Britain during the Industrialization Period: A Study from Multiple Perspectives

郭爱民 著

中央编译出版社
Central Compilation & Translation Press

国家社科基金后期资助项目
出版说明

后期资助项目是国家社科基金设立的一类重要项目，旨在鼓励广大社科研究者潜心治学，支持基础研究多出优秀成果。它是经过严格评审，从接近完成的科研成果中遴选立项的。为扩大后期资助项目的影响，更好地推动学术发展，促进成果转化，全国哲学社会科学工作办公室按照"统一设计、统一标识、统一版式、形成系列"的总体要求，组织出版国家社科基金后期资助项目成果。

全国哲学社会科学工作办公室

序

近年来农业史的研究在国内著述已经涌现甚多，俨然成一科显学。英国学者习惯上把对农业史的研究具体分为 agricultural history（农业史）和 agrarian history（土地史）两个不同的范畴。国内对英国农业史研究的选题，依然主要集中于圈地运动、以农业技术改革为中心的农业革命以及英国与他国农业资本主义发展的成败等几个较老的论题，即集中在农业史方面。以土地制度史为对象的新研究在国内固然已经出现，但数量还不多。尤其是关于土地在圈地运动中具体是如何变动的，大地产是如何管理的，土地租佃制是如何运作的，租佃农场主和农业工人之间存在着怎样的关系，对这些土地制度史问题的研究尚待加强和细化。郭爱民在研究中抓住了上述土地制度史的系列重要问题，写出著作，研究很有特色。

郭爱民教授在这部书中指出，在工业化时期，英国的乡村面貌、土地分配结构都发生了根本性的变化，促成这些变化的关键因素在于土地流动，土地流动导致了以大地产为主、小土地所有者为辅的土地分配结构的形成；与这种分配结构相适应，土地经营组织形式也发生了相应变化。而土地流动与经营方式的转变，与农业劳动效率的提高和工业化兴起又有着密切联系。

作者指出，在大地产中，租佃农场主从地主那里租得土地，面向市场展开经营。在租佃经营过程中，地主和租佃农场主之间存在着一种商业关系，双方在固定资本和营运资本投资、租佃合约、租赁期限和租佃权上进行博弈。总的来看，19世纪中期以前，农场主的投资和经营活动受地主的干预和影响较大。到19世纪中后期，租佃农场主农场经营的主动权在逐渐加强。这些观点阐述清晰，立论有据，很有深度。

英国近代土地流转与经营的经验，又是一个有现实意义的题目。对于我国农业土地流转和经营的改革不乏借鉴意义。

郭爱民同志在天津师范大学取得硕士学位后，2001年来南京大学跟从我攻读博士学位。2004年以《十八、十九世纪英国地产结构研究》为题的学位论文获南京大学博士学位。这部《多视角透析工业化时期英国的土地流动与经营》的著作就是以他的博士论文为基础，加以扩充写成。在该书写作过程中，郭爱民同志先后得到南京师范大学和国家留学基金委的资助，分别赴布里斯托尔大学做了半年的访问研究，赴英国牛津大学做了一年的访问研究，在此期间去伦敦政治经济学院讲学，与同行研讨，有论文发表在《太平洋评论》（*Pacific Economic Review*）上。以后又转赴美国普渡大学与研究中国农史的学者交流，博采英美学者研究之长。与此同时，在南京农业大学完成博士后研究，从中西农史比较的视野对农史作深入思考。由于有较长时间的国外和国内研究经历，这部论著利用了丰富的英文资料，内容充实。

郭爱民教授研读究注，注重史料，勤奋超人。他深入到历史史料中，利用统计数据，敢于运用计量研究方法，使用经济学方法做模式探讨，富于勇气和创新精神，著作使人耳目一新。他撰写的另一种比较农史的著作也已完稿，不久行将问世。那时读者对他的农史研究方法将会有更多的认识。

沈 汉

2017年7月26日

目 录

第一章　导论：英国经济史研究的热点之一——土地问题 …………… 1
　一、国内学者关于工业化时期英国土地问题研究的综述 ………… 1
　二、西方学者关于工业化时期英国土地问题研究的纷争 ………… 8
　三、本书的突破点与通篇安排 …………………………………… 23

第二章　圈地运动的模式及其对土地分配的影响 …………………… 31
　一、关于圈地运动的学术探讨 …………………………………… 31
　二、圈地运动的起始与概念 ……………………………………… 32
　三、圈地：打破传统敞田而获大利的制度安排 ………………… 34
　四、协议：早期圈地运动的主要模式 …………………………… 37
　五、议会圈地运动：一种自下而上的模式 ……………………… 40
　六、一般圈地法令下的圈地：一种自上而下的模式 …………… 47
　七、圈地运动对土地分配的影响 ………………………………… 50

第三章　社会心态与土地流动 ………………………………………… 59
　一、英国土地的"社会价值论"：观点讨论 …………………… 59
　二、融入土地阶级、谋求社会权力：一种心态 ………………… 62
　三、土地家族购买土地：巩固并扩大社会影响力 ……………… 72
　四、各类职业者：竞相购买与自身地位相匹配的地产 ………… 77
　五、工商界人士购买土地：谋求社会地位 ……………………… 84

第四章　资本与土地的市场流动 ……………………………………… 90
　一、工业化时期英国土地市场：西方学者的争鸣 ……………… 90

二、类别众多的土地卖方 …………………………………… 92
　　三、土地投资：财富贮存与增值手段 …………………… 103
　　四、商业资本与土地购置 ………………………………… 107
　　五、工业资本与土地购置 ………………………………… 112
　　六、农业资本与土地购置 ………………………………… 116

第五章　血亲关系与土地流动 …………………………………… 125
　　一、家庭限嗣授产的制度安排：土地沿嫡长子血亲流动 … 127
　　二、信托的条件继受权：土地沿嫡长子血亲流动的关键环节 … 132
　　三、家庭限嗣授产土地比重的估算 ……………………… 137
　　四、土地阶级人口危机与旁系男性血亲的土地继承 …… 139
　　五、女系血亲下的土地传承 ……………………………… 142
　　六、血亲传承中土地的市场流动与集中 ………………… 147

第六章　自耕农——家庭农场主数量的动态变化 …………… 154
　　一、西方学者关于自耕农消失问题的探讨 ……………… 154
　　二、自耕农概念的界定及其于1660—1780年的衰退 … 156
　　三、自耕农数量激增：1780—1832年 …………………… 162
　　四、19世纪中期至晚期：自耕农数量的变化 …………… 174
　　五、自耕农农业劳动生产效率的动态计量 ……………… 178

第七章　地主与租地农场主的博弈：大地产租佃经营 ……… 184
　　一、地主与租地农场主概念的界定 ……………………… 184
　　二、围绕固定资本与营运资本的主佃博弈 ……………… 189
　　三、租佃合约下的主佃博弈 ……………………………… 196
　　四、模范农场：地主向租地农场主传播农业技术的媒介 … 201
　　五、关于租赁期限与租佃权的主佃博弈 ………………… 205

第八章　大地产代理经营制度透视 …………………………… 209
　　一、英国土地代理经营制度的学术探讨 ………………… 209
　　二、中世纪庄官组织：工业化时期英国土地代理制的渊源 …… 210
　　三、土地代理经营制产生的背景 ………………………… 213
　　四、土地代理经营组织形式的建构 ……………………… 218
　　五、土地代理人：地主利益的忠实代表 ………………… 225

六、地主：土地代理经营制下的主动因子 …………………… 231

第九章　份田运动：稳定乡村社会的主佃雇博弈 ………………… 236
　　一、农业工人的分类 …………………………………………… 237
　　二、农业工人生活困顿：份田运动的时代背景 ……………… 240
　　三、份田方案出炉：基于传统福利政策失败的博弈 ………… 245
　　四、份田方案出炉：基于父权社会重新建构的博弈 ………… 249
　　五、份田的推广与绩效 ………………………………………… 252

第十章　农业劳动生产效率、土地流动与经营、产业分工关系的量化辨析 ……………………………………………………… 259
　　一、工业化初始阶段英国农业劳动生产效率的量化 ………… 259
　　二、工业化晚期英国农业劳动生产效率的量化 ……………… 264
　　三、农业劳动生产效率、土地流动与经营、产业分工之间的内在逻辑 ………………………………………………… 270

参考文献 ……………………………………………………………… 275
附录：前期成果发表一览 …………………………………………… 291
后　记 ………………………………………………………………… 293

Contents

Chapter I Introduction: Estate—An Issue in Economic History of Britain ·· 1

    I. A Summarization of the Land Issue in Britain during the period of Industrialization by Chinese Scholars ································ 1

    II. Western scholars' Researches on Land Issue in Britain during the period of Industrialization ·· 8

    III. The Breakthrough Point and the Arrangement of this Research ·· 23

Chapter II The Models of Enclosure and and its impact on the Distribution of Estates ·· 31

    I. An Academic Discussion on the Enclosure ····························· 31
    II. The Origination and Conception of the Enclosure ················· 32
    III. Enclosure: An Arrangement to Get Great Profit by Breaking off Open Field ·· 34
    IV. Enclosure by Agreement: The Early Model ·························· 37
    V. Parliamentary Enclosure: From Landowners to the King ············ 40
    VI. The General Enclosure Acts: From Parliamentary to Landowners ··· 47
    VII. Enclosure and the Transfers of Estates ······························· 50

Chapter III Social Mentality and the Transfers of Estates ············ 59

    I. Western Scholars' Discussion of Social Value on Estates ············ 59

II. Merging into Landed Class and Seeking Social Power: A Kind of Social Mentality ……………………………………………… 62
　　III. Landed Families: Buying Estates to Strengthen and Expand Social Effect …………………………………………………… 72
　　IV. Occupation Holders: Buying Estates to Mate their Social Positions ……………………………………………………………… 77
　　V. People from Industrial and Commercial Circle: Buying Estates for Social Positions ………………………………… 84

Chapter IV　Capitals and the Transfers of Estates on Market ……… 90
　　I. Western Scholars' Discussion on Estate Market ………………… 90
　　II. The Sellers of Estates: Many Kinds ……………………………… 92
　　III. Investment on Estates: A Way to Preserve and Increase Wealth …………………………………………………………… 103
　　IV. Commercial Capital and Estate Buying ……………………… 107
　　V. Industrial Capital and Estate Buying ………………………… 112
　　VI. Agricultural Capital and Estate Buying ……………………… 116

Chapter V　Blood Relations and the Transfer of Estates …………… 125
　　I. Family Settlement: Transfer of Estates through Elder Son ……… 127
　　II. Lloyd's Resettlement Model and Contingent Remainder in Trust …………………………………………………………… 132
　　III. The Proportion of the Estates in Family Settlement …………… 137
　　IV. The Population Crisis of Landed Class and the Inheriting by Collateral Series ………………………………………………… 139
　　V. Inheriting by Female Series …………………………………… 142
　　VI. The Marketing Action in Estate Inheriting by Blood Relations ………………………………………………………… 147

Chapter VI　The Dynamic Change of the Number of Owner occupiers ………………………………………………………… 154
　　I. The Issue of Small Land Owner Discussed by Western Scholars …… 154

II. The Decline of Owner Occupier's Number, 1660 – 1780 ········ 156
III. The Great Increase of Owner Occupier's Number, 1780 –
 1832 ·· 162
IV. The Change of the Number of Owner Occupiers during the
 Period 1831 – 1870 ·· 174
V. The Calculation of Agricultural Labour Productivity of Owner
 Occupier ·· 178

Chapter VII A Game between Landlord and Tenant Farmer: The Tenancy of Great Estates ···················· 184

I. The Conception of Landlord and Tenant Farmer ·················· 184
II. The Game on Fixed Capital and Working Capital ··············· 189
III. The Game on Tenancy Agreement ····································· 196
IV. Landlord's Effect on Tenant Farmer: Model Farm ············· 201
V. The Game on Tenancy Term and Tenant Right ···················· 205

Chapter VIII The Land Agent System of Great Estates ··············· 209

I. An Academic Discussing on Land Agency System ··············· 209
II. Manor Management System in Medieval Britain:
 The Original Form of Land Agent System ·························· 210
III. The Background of Land Agent System ······························ 213
IV. The Establishment of Land Agent System ·························· 218
V. Land Agent: The Honest Representative of Landlord ·········· 225
VI. Landlord: An Active Factor in Land Agent System ············· 231

Chapter IX Allotment Movement: A Game among Landlords, Tenant Farmers and Farm Workers ······················ 236

I. The Classification of Farm Workers ···································· 237
II. Farm Workers' Terrible Cottages and Wages: The Background
 of Allotment Movement ·· 240
III. Carrying out Allotment Plan: A Game Based on the Failure of
 Traditional Welfare Policy ··· 245

IV. Carrying out Allotment Plan: A Game Based on the
    Reestablishment of Patriarchy Society ·············· 249
V. The Expanding and Performance of Allotment ············ 252

**Chapter X   The Relation between Agricultural Labour Productivity,
            the Transfer / Management of Estates and the Divorce
            of Industry** ························· 259

I. The Calculation on Agricultural Labour Productivity at the Early
   Stage of Industrialization ····················· 259
II. The Calculation on Agricultural Labour Productivity in the Late
    Stage of Industrialization ···················· 264
III. The Relation between Agricultural Labour Productivity, Land
     Transfer/Management and Industrial Divorce ··········· 270

Bibliography ····························· 275
**Appendix: Published Articles based on Selected Chapters of this
          Monograph** ························· 291
Postscript ······························ 293

表图目录

表 1.1　1688 年格雷戈里·金对英格兰、威尔士土地面积的估算 …… 26
表 1.2　英国土地分配状况（拥有可耕地占可耕地总量的百分比%） ………………………………………………………… 28
表 1.3　1873 年《新末日审判书》关于土地的等级分布 ………… 29
表 2.1　议会圈地运动中四种类型土地的成本和利润 …………… 37
表 2.2　拉克斯顿村"蚕食式"圈地与持有地的面积（1635 年） … 51
表 2.3　英国议会圈地法令和圈地判定书数量统计（1603—1914 年） ……………………………………………… 52
表 2.4　1766 年威格斯顿教区圈地判定书关于土地的分配 …… 58
表 3.1　17 世纪晚期英国各类家庭的数量比重 …………………… 66
表 3.2　斯图亚特王朝时期英国的社会分层 ……………………… 66
表 4.1　1857—1869 年基建贷款的 71 处地产 …………………… 120
表 4.2　1857—1869 年 71 处地产上用于农场建筑物的贷款分配 … 120
表 4.3　1857—1869 年 71 处地产上用于农场建筑的贷款支出 … 121
表 4.4　1857—1869 年 71 处地产上农场规模与贷款支出 ……… 121
表 4.5　1857—1869 年 71 处地产上农场建筑开支 ……………… 122
表 5.1　工业化初始阶段英国男女初婚平均年龄统计 …………… 133
表 5.2　1680—1740 年英国贵族再授产模型——对再授产比率的修正 …………………………………………………… 134
表 6.1　17—18 世纪晚期英国小土地所有者的变迁 ……………… 160
表 6.2　自耕农数量的变动 ………………………………………… 163
表 6.3　非自耕农类型土地所有者的数量 ………………………… 166

表 6.4	土地税缴纳数量	168
表 6.5	自耕农数量变动	169
表 6.6	自耕农数量分类	170
表 6.7	议会圈地前后的自耕农数量	172
表 6.8	1790—1830 年小土地所有者数量的变化	173
表 7.1	面积超过 10,000 英亩以上的大地产在英格兰各郡地产中所占的百分比（荒地除外）	185
表 7.2	1690—1873 年英格兰、威尔士土地所有者地产所占的百分比	185
表 7.3	1873 年英格兰、威尔士地产所有状况	186
表 7.4	1850 年前后科克家族用于农场建筑设施的投资	192
表 7.5	100 个农场关于建筑设施的投资（1857—1869 年）	193
表 7.6	1867—1914 年联合王国农场主的农业投资	195
表 7.7	1869—1911 年联合王国农场主投资估算	195
表 7.8	1789—1802 年科克家族地产临近公地的农场种植状况一览	198
表 7.9	霍尔农场收入—支出一览	203
表 8.1	1550—1700 年欧洲 75,000 人以上的城市人口数量统计	214
表 8.2	17—20 世纪初不列颠城市数量统计	215
表 8.3	特伦厄姆地产上地租征收状况	227
表 9.1	1867—1869 年伯克郡农场雇工数量四季的差异	239
表 9.2	牛津郡一农业工人家庭年生活开支清单	245
表 9.3	诺福克郡、萨福克郡份田的推广	253
表 9.4	1834 年济贫法委员会关于工人份地（1/4 英亩）收支状况一览	256
表 10.1	1538—1774 年英国的预期寿命	260
表 10.2	1695 年英国家庭与人口数量统计	261
表 10.3	格雷戈里·金统计的英国谷物类别、产量与市场价值（1695 年）	262
表 10.4	工业化初始阶段英国的土地类型与面积	263
表 10.5	工业化初始阶段英国年消费牲畜的数量与货币价值	263
表 10.6	1867—1870 年不列颠各类作物的种植面积	265

表 10.7　1885—1889 年不列颠谷物产量 ·················· 266
表 10.8　1690 年代英格兰每年消费牲畜的数量 ············· 267
表 10.9　1885—1889 年不列颠主要牲畜的数量 ············· 268
表 10.10　19 世纪中后期常年下英国消费的牲畜数量及其折合的
　　　　　混合谷物 ································ 269
图 4.1　1857—1869 年安德鲁·汤普森调查 71 处地产的规模与
　　　　分布 ······································ 119
图 6.1　1—300 英亩非荒土地持有者的空间分布图（1873 年）······ 175
图 9.1　1574—1911 年英国佣工占总人口比重趋势图 ··········· 238
图 9.2　农业工人份地大小及其在英格兰南部诸教区的数量分布 ··· 255

第一章　导论：英国经济史研究的热点之一——土地问题

在工业化时期（1700—1870年），直到1820年代，英国的工业产值才首次超过农业产值而居于经济榜首地位。比如，1811年，英国的农业、工业产值分别为107.5百万英镑、62.5百万英镑；到1821年，这两项数值分别达到76.0百万英镑、93.0百万英镑。[①] 这组数据表明，农业是工业化时期英国国民经济的主要支柱。土地是农业经济的载体，土地问题是工业化时期英国经济史研究的重要内容。

一、国内学者关于工业化时期英国土地问题研究的综述

1980年以来，国内学者对工业化时期英国土地问题的探讨主要局限于圈地运动。这里，笔者就1980—2010年国内学者关于工业化时期英国土地问题，主要是圈地问题的研究作以梳理，从他们的纷争中找出这一问题的研究轨迹，进一步窥探这项研究的规律和趋势。

1980年代—1990年代中期，在国内学者看来，圈地运动是英国土地制度近代化的解决途径，圈地运动产生了大地产和大农场。他们就圈地运动的血腥性展开了讨论。计翔翔、洪朝辉认为，圈地运动是农业资本主义发展的"英国式"道路，圈地运动是血腥地掠夺小农并形成大农场的过程，他们写道："圈地运动，则是英国贵族通过暴力，对农民土地的大规模剥夺。它通过盗窃、掠夺和欺诈的手段，使农民土地和共耕的公地并为大农场，再使土地合并于资本。圈地运动本身就是大土地所有制

[①] Phyllis Deane and W. A. Cole, *British Economic Growth*, 1688–1959: *Trends and Structure*, Cambridge: Cambridge University Press, 1967, p. 166.

拼吞小土地所有制的过程。"① 张天认为，圈地运动是"一场清除封建土地制度的革命"，推行圈地运动的资产阶级和新贵族在"当时是推动历史前进的阶级，他们所采取的暴力一般说来是属于马克思所讲的那种'助产婆'的暴力，即暴力革命，不应视为反革命暴力"。②

朱正梅认为，圈地运动是英国近代解决土地问题的方式，并强调了圈地的血腥性。她说："地主不仅侵占公地，使贫苦农民失去赖以生活的土地，更残酷的是把农民从他们的耕地上赶走，夺取他们的份地和租地，迫使他们家破人亡，流离失所，无地容身，成为无产者。"③ 关勋夏认为圈地运动是形成大地产的手段，并强调了圈地的掠夺性。他写道："到18世纪中期，经过几个世纪的圈地运动，全国半数以上的土地已被圈占。1780年地产的平均面积为300英亩，是上一世纪末平均地产的4倍多。[……]农民的土地不断被剥夺，土地集中的程度加大。"④ 黄光耀认为，圈地运动是英国近代大土地所有者形成的途径。他提出，"近代大土地所有制的形成是以对小农的无情剥夺为前提的。英国这一前提造就的基本手段和典型形式便是圈地运动。[……]圈地运动完全剥夺了小农对土地的使用权，实现了封建土地结构的彻底变革即资本主义大土地所有制的形成。[……]英国农业资本主义生产关系至此完全形成。"⑤ 汪建丰认为圈地运动是资本主义所有者形成的途径，是一种残酷的手段。他说，"大规模地合法推进的'议会圈地运动'给英国农业造成的变化是革命性的。它不仅表现为用残暴的方法剥夺农民的土地，更表现为用资本主义土地所有制代替封建土地所有制。作为一种传统的掠夺农民的手段，圈地在这时被资产阶级新贵族用来作为最终确立资本主义土地所

---

① 计翔翔、洪朝辉：《圈地运动——农业资本主义发展的"英国式"道路》，载《江淮论坛》，1983年第1期，第112—114页。
② 张天：《也谈英国"圈地运动"的性质》，载《史学月刊》，1983年第3期，第77—82页。
③ 朱正梅：《浅谈英国近代土地问题的解决》，载《盐城师专学报》，1987年第1期，第98—102页。
④ 关勋夏：《论近代英国农业资本主义的发展》，载《华南师范大学学报》，1992年第3期，第65—72页。
⑤ 黄光耀：《英国农业近代化试探》，载《江苏社会科学》，1994年第1期，第90—95页。

有制的有效方法。"①

1990年代晚期以后，受到美国新制度学派产权理论的影响②，国内部分学者在谈及圈地运动暴力性的同时，开始关注产权问题。比如，徐浩认为，圈地运动具有暴力性，是资本主义土地所有权形成的途径。他提出，"早期圈地主要发生在敞地制盛行的中部地区，通过暴力手段将耕地变为牧场，但规模不大。[……] 18世纪圈地的目的，主要是使耕地连成一片，把分散的个体经营变成集中的规模经营，把分散的、产权模糊的封建土地所有制转变为资本主义的大土地私有制，以适应商品化农业和农业技术改良的需要。[……] 圈地运动旨在变革封建的土地所有权和生产方式。"③ 叶明勇认为，"英国议会圈地始于18世纪中期，持续了约一个世纪，规模空前，其中人口因素和什一税代偿扮演了重要角色，结果英国社会自然经济残余基本被消除，土地所有权得到明晰，农村劳动力全面卷入市场，从而率先确立了资本主义制度。"④ 樊红丹撰文说，"中世纪以来，英国农村的公共权利（即公权）便已普遍存在，对传统农村具有重大的经济和社会意义。18世纪中后期议会圈地运动开始后，公地被大规模地围圈，建立在公地基础之上的公权也随之消失，由于公权的消除未做到合理的利益调节，因而引发了一系列的社会后果。"⑤

2000—2010年，国内绝大部分学者继承了以往关于圈地运动的残酷性和圈地运动形成大农场的学术观点。以此为基础，有的学者讨论大农场在推广技术方面的作用。张治栋认为，"圈地运动[……]迫使大批农民离开他们基本的生产资料——土地。它破坏了封建关系，为资本主义生产关系的产生和发展创造了历史前提。[……] 晚期圈地的目的是

---

① 汪建丰：《维多利亚时代英国农业之盛衰》，载《湖州师专学报》，1995年第2期，第38—46页。
② 美国新制度经济学派的代表人物罗纳德·H. 科斯和道格拉斯·诺斯分别于1991年、1993年获得了诺贝尔经济学奖（[美] 小罗伯特·B. 埃克伦德、罗伯特·F. 赫伯特：《经济理论和方法史》，杨玉生等译，北京：中国人民大学出版社2001年版，第3页）。产权理论是新制度学派的主要论点之一。
③ 徐浩：《地主与英国农村现代化的启动》，载《历史研究》，1999年第1期，第85—102页。
④ 叶明勇：《英国议会圈地及其影响》，载《武汉大学学报》，2001年第2期，第192—198页。
⑤ 樊红丹：《论英国议会圈地时期公权的消失及后果》，载《武汉交通职业学院学报》，2004年第4期，第4—8页。

变敞地为联结成片的、可有效实施技术的、更为科学经营的混合农业大农场。"① 楚汉、许莹认为，"圈地运动不仅使贫苦农民失去了公有土地，使小佃户失去了租种的土地，而且使自耕农的土地也被收买或吞并了。土地大量向地主手里集中。他们或者自办农场，或者把土地租给农场主经营，使资本主义在农业中得到迅速发展。[……] 19 世纪上半期，资本主义大农场又得到进一步的发展。[……] 英国的资本主义土地所有制，是通过剥夺农民土地的手段确立的。这种手段显得残酷无情，但是大农业体制却符合农业生产发展的客观要求。随着大农场的建立和发展，又促进了农业的技术改良和革新。近代时期英国农业的发展，得力于农业的社会改造和技术改造。正是由于有了这两种改造及其相互作用，才使英国农业在近代时期特别是在 19 世纪 70 年代前，迅速改变原来的落后面貌，取得巨大成就，并对英国工业革命的完成和工业化的实现起到了重要的促进作用。"② 有的学者探讨失地农民的社会保障问题。卢海清、赵航认为，"议会圈地使许多农民失去土地，不得不沦为资本主义农场的雇佣工人。1850 年以前的不列颠农场需要很多而不是很少的工人。许多农民同土地彻底分离，成了纯粹的被雇佣的农业工人。"③ 有的学者进而认为，圈地运动带来的大农场兴起、自耕农消失是英国现代化的独特道路。金重远说，"革命后圈地运动仍继续进行。[……] 随着圈地运动在 1830 年左右的基本结束，英国大农场的基础也就打下了。[……] 大农场实力雄厚，积极推广机器和化肥的使用，推动农业迅速发展。[……] 在一般资产阶级革命的过程中，农民总是受益者，能分到一部分土地，但英国的农民却不仅一无所得，反而招来灭顶之灾，革命结束后一个世纪，自耕农在英国便已消失得干干净净。[……] 维多利亚时代的辉煌和英国成为 19 世纪的一个超级大国都是建筑在自耕农消失的基础上的。"④

---

① 张治栋：《英国自由资本主义时期的土地和农民问题及启示》，载《江淮论坛》，2004 年第 5 期，第 31—36 页。
② 楚汉、许莹：《近代英、法农业发展之比较》，载《黄河科技大学学报》，2004 年第 4 期，第 95—100 页。
③ 卢海清、赵航：《关于英国圈地运动中失地农民权利保障的研究》，载《社会科学论坛》，2006 年第 2 期下，第 55—57 页。
④ 金重远：《农民问题的解决：大国现代化的必由之路——英、法、美、俄的历史分析》，载《江苏行政学院学报》，2006 年第 6 期，第 124—130 页。

有的学者进一步探讨法律与圈地运动的关系。咸鸿昌认为,"17世纪以后,适应生产力发展的需要,法律又成为推动圈地运动发展的强大动力。在圈地运动的推动下,土地法自身也发生了深刻的变革,传统的小农土地产权制度迅速转变为现代资本主义大地产制。到19世纪末,社会利益备受关注,国家法律又转变为禁止私人圈地和保护公众休闲用地的手段。由此可见,圈地运动不仅是一场经济社会领域内的变革,也是法律领域内的一场变革。"① 有的学者进一步简单描述大农场的面积。刘运梓认为,"从16世纪到19世纪初,英国实行过几次大的'圈地'运动,300多年内,'圈地'连续不断。地主把大量土地占为己有,并把小农消灭,将他们变为无产者。残存的一部分小农,经不起大工业的冲击和资本主义农业的挤压,到18世纪上半叶,基本上都被淘汰了。[……]在18世纪以前,英国农业主要是采取小农方式经营,当时在农业中,除了存在有贵族大地主和非贵族大地主所有制以外,还有许多小土地所有者(自耕农),他们用落后的方式经营自己的土地,此外还有小租佃者,大土地所有者把土地分成小块出租。工业革命以后,小块土地制度和小农经营方式被消灭了,大土地所有者不经营农业但也不再把土地分为小块出租,而是把'几乎全部土地都划成为数不多的大田庄,并以田庄为单位出租。'"② 有的学者则简单分析大地产和租佃农场替代敞田的原因。姜锋认为,"圈地运动的后期,由于农业生产率的提高以及城市资本主义工商业的迅猛发展,而促使农业产业部门内部土地的集中。[……]长期在农业中占统治地位的敞田中的长条土地,在农业发展过程中也不断地被重新安排和圈围,逐渐地走向集中化和规模化,可以说,这个英国前期的农业土地集中过程就是对于散在式的农业土地制度的不断扬弃和否定。总之,在种种力量的推动下,以大地主出租土地和依靠经营有方的佃农为基础的土地占有制度逐步稳固下来,逐渐地佃农发展成为以后的农业资本家,他们拥有了自有资金和能力从事农业发展。"③

2000年代后期以来,在强调圈地运动对形成资本主义经营性农场重

---

① 咸鸿昌:《圈地运动与英国土地法的变革》,载《世界历史》,2006年第5期,第61—68页。
② 刘运梓:《英国几百年来农场制度的变化》,载《世界农业》,2006年第12期,第12—15页。
③ 姜锋:《英国圈地运动对中国经济发展的启示》,载《云南财经大学学报》,2007年第10期,第96—100页。

要作用的过程中，有些学者的研究开始凸显圈地运动的渐进性、温和性。石强等学者认为，"大量的圈地则发生在1750—1860年。[……]总体来看，英国圈地运动的进程相对顺利而和缓，发展趋向是从自发式的圈地到封建政权限制禁止圈地，再到资产阶级议会通过法令合法圈地。[……]依靠圈地运动发家致富的城乡富人和贵族地主大多已逐渐转化为农业资本家，在旧的封建贵族阶层中分化出了与资本主义有密切联系的资产阶级，即新贵族。他们按资本主义方式经营牧场或农场，剥削雇佣的农业工人，和新兴的资产阶级利益渐趋一致。"①

圈地运动与小农衰落之间的关系，也是学界争论的热点之一。有的学者强调圈地运动是自耕农消灭的原因。陈紫华认为，"自耕农既是小土地所有者，又是小农经济的经营者。他们产生于英国封建社会的中后期。他们随着农业革命的开展逐渐消失。[……]自耕农的消失，在英国是一个长期的历史过程，从16世纪初到19世纪中期。随着圈地运动和农业技术改革的发展，原始的条田式的农业和粗放式的畜牧业已逐渐被淘汰，变成近代的集约农业（或"高级农业"）和圈栏饲养的畜牧业。"②有的学者认为圈地运动不是自耕农消灭的决定因素或唯一原因。丰华琴研究了圈地运动和自耕农消失之间的关系，撰文认为，"圈地运动对自耕农的影响具有阶段性和地区性的特点，圈地并非对英格兰所有各郡自耕农的解体都起决定性作用。"③唐昊认为，"圈地并不是导致农村剧变的关键因素。小农衰落有其自身规律，它开始于圈地以前，并延续到圈地以后。圈地只是加快了这一历史进程。圈地由于其独特的性质，可以在短期内迅速改变整个乡村的面貌，并摧毁小农经济的社会基础，但小农固有的特征决定在圈地以后相当长的一段时间内他还要为保持自我而苦苦斗争。"④徐奉臻探讨了圈地运动和自耕农衰落之间的关系，认为"关于自耕农衰落的原因，中外学者大多侧重强调圈地运动的作用。[……]

---

① 石强：《清初圈地和英国圈地运动的比较研究》，载《社会科学家》，2008年第10期，第50—54页。

② 陈紫华：《关于英国自耕农消失问题》，载《世界历史》，1997年第1期，第82—84页。

③ 丰华琴：《英国圈地运动与自耕农的消亡》，载《殷都学刊》，1999年第3期，第54—57页。

④ 唐昊：《1760—1830年英国议会圈地运动对小农的影响》，载《安庆师范学院学报》，1999年第2期，第84—88页。

这个问题如同农业革命发生于英国必须根植于一系列条件之中一样,也有其特定的社会经济背景,也牵涉到各种力量的相互交织与相互作用。其中,圈地运动是主要原因,但不是唯一的原因。除了圈地运动外,囤购土地、国家立法、对外战争、大工业的冲击、人口的变化及农业的生产状况等因素,也都对自耕农阶级产生了重要影响"。①

2005年,沈汉先生出版了专著《英国土地制度史》。该书以翔实的资料,分析了中世纪至19世纪英国土地制度的变迁,并采用白描的手法,从五个方面着手,研究了工业化时期英国的土地制度。第一,考察了土地共有权和后期圈地运动,列举了圈地运动在英国各个地区所占比重的大量数据,认为,"18世纪共有权在英国一些乡村地区广泛残存,[……]资本主义财产关系并没有完全渗透到乡村的角角落落。"② 第二,考察了小租佃农场和小土地所有者的数量和比例,认为,"近代时期随着时间的推移,英国的小土地所有者和小租佃农场在不断减少。到20世纪初期,他们的人数已很少,在乡村经济生活中起的作用不大,但这个群体并未最后消失。"③ 第三,探索了地主的工矿业活动,认为,"到了近代,在英国乡村经济中,仍然是大地主占主导地位,并没有形成强大的农民经济。[……]数世纪以来,英国的地主不断从他的土地下面埋藏的矿产中获得收益。"④ 第四,研究了农业经营的二元结构,列举了所有者持有的地产和租地农场存在的大量数据,把租佃制划分为习惯的"公簿持有制"、"按照领主意愿的租佃制"、"租期为一年和数年的佃户",列举了"使用雇佣劳动力和不使用雇佣劳动力的农场的"比例,认为,到19世纪中叶,"纯粹家庭农场和把雇佣劳动力作为辅助劳动力的农场占农场的多数,即真正的资本主义农场只占农场的少数。"⑤ 第五,简单梳理了近代英国的土地立法,涉及工业化时期的内容包括各类继承的比例、1830年代前后的物权法、19世纪后期的土地转让法。认为,"英国在没有摧毁封建法律体系的情况下向近代社会过渡,在残存着相当多封建法律残余的背景下在农业和土地制度领域向资本主义关系的过渡,其

---

① 徐奉臻:《关于英国"自耕农"的再研究》,载《世界历史》,2000年第3期,第38—44页。
② 沈汉:《英国土地制度史》,上海:学林出版社2005年版,第235—260页。
③ 沈汉:《英国土地制度史》,上海:学林出版社2005年版,第337—356页。
④ 沈汉:《英国土地制度史》,上海:学林出版社2005年版,第267—282页。
⑤ 沈汉:《英国土地制度史》,上海:学林出版社2005年版,第295—314页。

农业的发展自然就更漫长更艰巨。"① 沈汉先生的相关研究，拓展了工业化时期英国土地问题研究的范畴。

综上所述，1980—2010 年，国内学者对工业化时期英国土地问题的探索以圈地运动的研究为主，在广度上呈现出逐渐扩展的趋势，在深度上亟待进一步挖掘。大致看来，这些研究以及亟待解决的问题可分为五类。其一，在研究圈地运动的过程中，大部分学者基本上达成了共识：那就是，圈地运动导致了英国的大地产和资本主义的农场经营。然而，圈地运动的深层促动力是什么？土地在圈地运动中是如何重新配置的？大地产和大农场是如何形成的？规模农业如何影响了英国的工业化？国内学者的研究还没有触及到这些问题。其二，有些学者认识到圈地运动消除了公共权利、建立了明晰的产权。然而，圈地的过程是如何展开的？则没有进一步的深入。其三，有些学者尽管对自耕农消亡的问题进行了探讨，但自耕农在圈地过程中对份田的获得和在市场上对自有地的变卖问题并没有纳入他们的视线；另外，自耕农数量的动态变化以及自耕农仍然广泛存在的原因，还没有被触及。其四，有些学者的研究触及了土地法，却没有考虑土地法的具体应用。其五，有些学者的研究涉及到了大地产和土地租佃方式。然而，大地产是如何进行管理的？大地产和租佃农场又是如何运营的？地主、租地农场主和农业工人之间存在着怎样的微妙关系？国家在农业陷入困境之时是如何协调三者之间的关系的？这些学者的研究却没有涉及。以上五类问题的存在，为笔者立足整体史观，以多重视角透析工业化时期英国的土地流动与经营，提供了一定的空间。

二、西方学者关于工业化时期英国土地问题研究的纷争

工业化时期英国土地问题一直是西方经济史界讨论的热点之一。西方学者关于工业化时期英国土地问题某些专题的研究，肇始于 19 世纪中后期。进入 20 世纪，一大批经济史学家脱颖而出，从不同的视角观察工业化时期英国的土地问题，一场旷日持久的探讨拉开了序幕。这里，笔者主要选取那些以多重视角分析工业化时期英国土地流动或经营的学者，

---

① 沈汉：《英国土地制度史》，上海：学林出版社 2005 年版，第 318 页。

对他们的研究成果作以下综述。①

关于土地流动和经营的相关论点，马克思在《资本论》中有所表达。19世纪中后期，马克思从原始积累的角度分析了英国土地流动与大地产形成的关系，提出了一系列耐人寻味的观点，并认为这是一个血腥掠夺小农的过程。他说，"在英国，农奴制实际上在十四世纪末期已经不存在了。当时，尤其是十五世纪，绝大多数人口是自由的自耕农，尽管他们的所有权还隐藏在封建的招牌后面。［……］在十七世纪最后几十年，自耕农即独立农民还比租地农民阶级的人数多。［……］甚至农业雇佣工人也仍然是公有地的共有者。大约在1750年，自耕农消失了，而在十八世纪最后几十年，农民共有地的最后痕迹也消失了。"② 在马克思看来，宗教改革是英国大地产形成的重要步骤，它剥夺了教会地产，创造了农业工人。他写道，"在十六世纪，宗教改革和随之而来的对教会地产的大规模的盗窃，使暴力剥夺人民群众的过程得到新的惊人的推动。在宗教改革的时候，天主教会是英国相当大一部分土地的封建所有者。对修道院的压迫，把住在里面的人抛进了无产阶级行列。很大一部分教会地产送给了贪得无厌的国王宠臣，或者非常便宜地卖给了投机的租地农场主和市民，这些人把旧的世袭佃户大批地赶走，把他们耕种的土地合并过来。"③ 在马克思关于英国土地分配结构和经营模式演变的阐述中，圈地运动占有重要地位。他认为圈地运动是通过法律工具掠夺农民土地的手段。他提出，"十八世纪的进步表现为：法律本身现在成了掠夺人民土地的工具，虽然大租地农场主同时也使用自己独立的私人小办法。这种掠夺的议会形式就是'公有地围圈法'，换句话说，是地主借以把人民的土地当作私有财产赠送给自己的法令，是掠夺人民的法令。"④ 在马克思看来，清扫领地运动是英国进行的最后的也是较为彻底的从农民手中掠夺土地的手段。他说，"对农民土地的最后一次大规模剥夺过程，是所谓的Clearing of Estates（清扫领地，实际上是把人从领地上清扫出去）。［……］在已经没有独立农民可以清扫的地方，现在是要把小屋

---

① 至于对那些从单一视角研究工业化时期英国土地流动或土地经营作品的综述，参见本书第二至九章。
② ［德］卡尔·马克思：《资本论》第1卷，北京：人民出版社1975年版，第784—791页。
③ ［德］卡尔·马克思：《资本论》第1卷，北京：人民出版社1975年版，第789页。
④ ［德］卡尔·马克思：《资本论》第1卷，北京：人民出版社1975年版，第792—793页。

'清扫'掉,结果农业工人在他们耕种的土地上甚至再也找不到必要的栖身之所了。"① 马克思对土地掠夺的结果以及土地的经营方式作以总结。他说,"掠夺教会地产,欺骗性地出让国有土地,盗窃公有地,用剥夺方法、用残暴的恐怖手段把封建财产和克兰财产变为现代私有财产——这就是原始积累的各种田园诗式的方法。这种方法为资本主义农业夺得了地盘,使土地与资本合并,为城市工业造成了不受法律保护的无产阶级的必要供给。"②

19世纪晚期,阿诺德·汤因比对马克思关于小农消失的时间问题提出挑战。在其《18世纪英国工业革命的演讲》中,可以发现土地流动的观点。他写道,"小自由持地农(small freeholder,简称小农)消失的过程比较缓慢,从1700年开始,一直持续到当前(1880年代)。而不是像卡尔·马克思说的那样,小农终结于18世纪中叶。根据我们的看法,直到1760年,小农消失的过程才开始加速。令人信服的证据表明,直到1770年小农还大量存在,比如肯特郡有9,000名自由持地农。"③ 至于自由持地农消失的原因,他提出了基于政治权力和社会地位的论点。他认为,革命之后,土地乡绅在英国具有至高无上的地位,他们完全控制了从国家到地方的行政权力,作为社会政治权力基础的土地成了他们狂热追求的对象。对商人来说,只有首先成为地主,才能获得政治权力和社会地位。从18世纪上半叶开始,城市商人开始通过购买的方式扩充土地。④

W. 阿什利是20世纪初叶研究工业化时期英国土地问题的学者之一,在其作品中,分散着土地流动与经营的某些论点。比如,在他看来,17、18世纪人们购置土地的原因可归纳为两个方面。"其一,土地是安全的投资;其二,如汤因比指出的,与当前的政治制度有关,如果地主不是傻子和醉汉,就会知道大规模的土地能给他带来治安法官的职

---

① [德] 卡尔·马克思:《资本论》第1卷,北京:人民出版社1975年版,第797页。
② [德] 卡尔·马克思:《资本论》第1卷,北京:人民出版社1975年版,第801页。
③ Arnold Toynbee, *Lectures on the Industrial Revolution of the 18th Century in England*, London: Waterloo Place, 1887, p. 61.
④ Arnold Toynbee, *Lectures on the Industrial Revolution of the 18th Century in England*, London: Waterloo Place, 1887, pp. 62 – 63.

位。"① 他认为,海外贸易资金和家庭限嗣授产制促成了大地产。他说,"17世纪最后15年和18世纪的前10年,英国从急剧扩张的海外贸易中获得了巨额财富,政府利用公债的形式从私人手中借用这些钱财,这就导致与土地行业平分秋色的金融行业的产生,由于英国贵族特征以及政府制度的特殊性,金融资本被用于置田买地,加入到土地等级的行列当中。靠商业致富的人们也购置田产、建立土地家族;土地家族的男子通过与城市富户女儿的结合,利用女继承人的财富巩固乡村地产;大地产一旦建立起来,就会通过家庭限嗣授产的方法保留起来。"② 在土地经营方面,阿什利推崇三重的资本主义模式。他说,"20、30、40、50、60英亩的农场合并为150—200英亩的大农场;在今天的诸多大农场上,仍旧伫立着早期的小农舍,现已分割开来作为雇工的宿舍使用;源于领主自领地上的资本主义大农场制度最终延伸到习惯佃农曾经持有的土地上。"③

在一篇题名为《1680—1740年英国的土地产权》的学术论文中,H. J. 哈巴卡克肯定了市场、社会等级和限嗣授产制在土地流动中作用的论点。他以1640年和1690年为界限,提出了市场、社会地位与土地流动的论点。他说,"在1640年之前的百年间,土地的集中朝着巩固乡绅地产的方向发展。这一时期,为取得来自土地的利润、社会地位以及声望,伦敦市民从那些经营效率低下的土地家族那里大量购买土地,然后围圈起来,对外出租,从中获利。这些伦敦市民有的是律师,有的是政府官员,其中大部分为商人。1690年之后,土地的集中有利于大地产和大地主。"④哈巴卡克强调家庭限嗣授产和嫁妆在土地集中过程中的作用。他认为,"从1472年的塔兰拉姆案⑤到共和国时期,不动产的限嗣授产逐渐成为可能,但这不并能保障限嗣授产具有不被打破的可能性。起初,法官以及整个法律体系对限嗣授产制并不认可;17世纪晚期,法官开始批准限嗣授产制。通过限嗣授产制,大土地所有者手中的土地不断增多,

---

① William Ashley, *The Economic Organization of England: An Outline History*, London: Longmans, Green and Co. Ltd., 1928, p. 128.

② William Ashley, *The Economic Organization of England: An Outline History*, London: Longmans, Green and Co. Ltd., 1928, p. 125.

③ William Ashley, *The Economic Organization of England: An Outline History*, London: Longmans, Green and Co. Ltd., 1928, p. 139.

④ H. J. Habakkuk, "English Landownership, 1680 – 1740", *Economic History Review*, Vol. a10, No.1, February 1940, p. 2.

⑤ 关于塔兰拉姆案,参见本书第五章。

同时，其债务也不断上涨。大土地所有者债台高筑的原因在于他用抵押贷款的方式将土地抵押给债主，为女儿提供嫁妆，女婿利用这笔资金购买土地。同理，女婿也用同样的方法为其女儿提供嫁妆。这样，两个家庭拥有的土地不断增多，债务也跟着攀升。并非所有的土地都用限嗣授产的方法继承，但它却是土地集中的重要方法，一旦土地集中起来，限嗣授产制就可以防止它分散。"①

在 J. R. 沃迪的相关研究中，可以找寻到有关社会地位、婚姻继承、代理制在土地流动与经营中作用的论述。他研究了 18—19 世纪 30 年代利文森-高尔家族地产上的土地流动与管理，认为贵族的社会地位由其对土地的所有关系决定，巨额的土地财富源于婚姻，在土地贵族从事政界活动的情况下，地产由代理人经营。他提出，"1700—1800 年间，英国是贵族国家而非君主国家，更非共和国。这一时期，作为统治者的英国贵族不能简单地被看作是上院议员，诸多的政界要员以下院议员的身份从事政治生涯。这些要员的共同特征是对土地拥有所有关系。对土地的所有关系而非贵族头衔决定了贵族的社会地位。"② 对土地的所有关系又由何而来呢？他认为，"如果政治上的忠诚赋予他们以头衔，那么，一系列幸运的联姻和继承会给他们以物质资源，支撑其尊贵的头衔。在利文森-高尔家族，绝嗣从未出现过，该家族通过婚姻继承的方法取得了巨额土地财富。家族社会地位的四次上升就是通过四次连续的婚姻和继承，取得财富而致。"③ 土地贵族是如何管理地产的？沃迪推出了土地代理制，并突出了代理人在地产管理方面的作用。他说，"1691—1820 年，利文森-高尔家族地产上先后经历了六位代理人。"④

F. M. L. 汤普森是土地流动渐变论者。他认为，土地持有模式的根本变化是几个世纪而非几十年演变的结果；大地产的趋势开始于 15 世纪晚期，形成于 19 世纪晚期；在每一个世纪，向大土地所有者手中转化的土

---

① H. J. Habakkuk, "English Landownership, 1680 – 1740", *Economic History Review*, Vol. a10, No. 1, February 1940, pp. 6 – 8.

② J. R. Wordie, *Estate Management in Eighteenth-century England: The Building of the Leveson Gower Fortune*, London: Royal History Society, 1982, p. 1.

③ J. R. Wordie, *Estate Management in Eighteenth-century England: The Building of the Leveson Gower Fortune*, London: Royal History Society, 1982, p. 3.

④ J. R. Wordie, *Estate Management in Eighteenth-century England: The Building of the Leveson Gower Fortune*, London: Royal History Society, 1982, pp. 24 – 63.

地不可能超过土地总面积的5%。从内战到17世纪晚期,土地所有模式的变化比较平稳;接下来的一个世纪里,变化较为活跃;1790—1880年,快速变化的势头减弱下来,并最终消失。① 在 J. V. 贝克特看来,F. M. L. 汤普森之所以做出上述判断,是因为他在很大程度上响应了19世纪晚期那种认为大地产的形成经历了1660—1880这一长时段变化的观点。②

在 J. V. 贝克特的《英格兰和威尔士土地所有权模式》一文中,可以发现土地流动的相关论述。他反对强调家庭限嗣授产和长子继承在土地集中过程中作用的观点。他认为,"19世纪以来,人们突出了家庭限嗣授产制和长子继承法对土地集中的关键作用。认真分析,就会发现,家庭限嗣授产在土地巨头土地积累过程中的作用并不像渲染的那么大。"③ 贝克特肯定了遗嘱在地产积累过程中的作用。他说,"对土地所有者来说,从斯图亚特王朝复辟到1760年是一个黑暗的时代。那一时期,贵族和乡绅家庭断绝男嗣的比率为1/6。如果人口因素阻碍了地产通过婚姻或男性继承人成年的方式进行移交,那么,相当多的土地是通过遗嘱的方式进行移交的。"④ 贝克特强调市场在土地流动中的作用。他认为,"在需要之时,大土地所有者会卖掉手中的土地。为打破家庭限嗣授产的限制,他们常常通过议会法令扫除束缚。土地源源不断地被推向市场。"⑤ 贝克特否定圈地运动对自耕农的消除作用,他提出,"议会圈地运动对敞田的围圈并不能使小土地所有者的数量大量地减少,直到19世纪末,小块土地仍大量存在。大土地所有者的偏好并不能充分地解释小土地所有者减少的原因,议会圈地运动是大土地所有者推动的剥夺小土地所有者土地权利的罪恶活动的旧观点经不起检验。圈地之后,土地销售活动的确发生,但不能简单地认为土地由自耕农那里流入了土地巨头之手。诸多土地贩子都居住在异地,利用圈地的机会销售手中的土地,

---

① F. M. L. Thompson, "The Social Distribution of Landed Property in England since the Sixteenth Century", *Economic History Review*, Vol. 19, No. 3, December 1966, p. 512.

② J. V. Beckett, "The Pattern of Landownership in England and Wales, 1660 – 1880", *Economic History Review*, Vol. 37, No. 1, February 1984, p. 5.

③ J. V. Beckett, "The Pattern of Landownership in England and Wales, 1660 – 1880", *Economic History Review*, Vol. 37, No. 1, February 1984, pp. 8 – 9.

④ J. V. Beckett, "The Pattern of Landownership in England and Wales, 1660 – 1880", *Economic History Review*, Vol. 37, No. 1, February 1984, p. 10.

⑤ J. V. Beckett, "The Pattern of Landownership in England and Wales, 1660 – 1880", *Economic History Review*, Vol. 37, No. 1, February 1984, pp. 10 – 11.

从中渔利。到1830年代，许多小土地所有者被替代了，但其地位并未完全终结。1873年，300英亩以下的持有地所占的比重为1/4，其中自耕农占有的份额为10%。"① 基于以上论述，贝克特的研究表明：土地的流动与集中是一个长期的历程，它涵盖了17世纪中期至19世纪晚期大约200多年的时间，并不像人们过去认为的那样完成于18世纪中期。

G. E. 明格是研究土地社会的代表人物。在其作品中，可以窥见英国18世纪土地流动与经营的相关论点。明格把英国18世纪的土地所有者建构为三重结构。他提出："第一层为贵族。到18世纪末，英国贵族总数为500位。他们仍然是一个数量小而且排外的群体，很大程度上依靠大地产上的岁收过活。② 第二层为乡绅。他们中的许多人亲自管理地产，在很大程度上依靠出卖农产品过活，但他们并不是农场主。不劳而获的地租、抵押贷款或投资以及来自其他职业的利益使他们过着绅士般舒适而悠闲的生活，他们与农场主的区别就在于此。17世纪末，英国乡绅的数量为16,400人。③ 第三层为自由持地农。这部分土地所有者可分为两类。一类为自耕农，既经营自己的土地又租赁别人的土地。另一类为不在地主，他们时常把土地出租给别人。18世纪初，自由持地农的数量为180,000户。"④ 明格把土地与社会地位、权力联系起来。他认为，"土地社会的统治权力从地产财富上衍生而来。贵族是上院的成员并控制着政府。乡绅是下院的成员并控制着地方行政事务。自由持地农是选民，填充较低的职务，如教堂看护员、教区救济人员、测地员等职。"⑤ 以土地社会等级分层和权力建构为基础，明格提出了土地集中的论点。他认为，"从17世纪晚期开始，有利的条件使大土地所有者以牺牲小乡绅和自耕农的利益为代价，把土地集中起来。到18世纪中叶，大地产已经建立起来，大地产的所有者占据了政府。土地的集中为地主改良农业土地扫清

---

① J. V. Beckett, "Landownership and Estate Management", in Joan Thirsk (ed.), *The Agrarian History of England and Wales*, 1750–1850, Vol. 6, Cambridge: Cambridge University Press, pp. 560–561.

② G. E. Mingay, *English Landed Society in the Eighteenth Century*, London: Routledge and Kegan Paul, 1963, p. 6.

③ G. E. Mingay, *English Landed Society in the Eighteenth Century*, London: Routledge and Kegan Paul, 1963, p. 6.

④ G. E. Mingay, *English Landed Society in the Eighteenth Century*, London: Routledge and Kegan Paul, 1963, p. 7.

⑤ G. E. Mingay, *English Landed Society in the Eighteenth Century*, London: Routledge and Kegan Paul, 1963, pp. 3, 8.

了道路，他们开始大规模地圈地，并吸收荒地，促进了农业的进步。"①明格在学理上把大地产的确立归因于婚姻、继承、通过在政府供职和海外扩张取得财富购置地产、大地产所有者吞并小自由农等方式。他认为，"婚姻和继承是一个家庭取得并维持其巨额财富的最重要手段。政府供职和海外冒险活动使财富快速而又大幅度的增长成为可能。在大多数情况下，大地主在政府中供职，这可以帮助他们扩大地产并使生活水平提高到一个新的标准，但这种方法在所有扩展地产的途径中居于次要地位。18世纪早期，在单位面积收益上，大地主可能不及中等地主——乡绅，但大地主的土地分布广，收入渠道多，这就使他们受战争税和农业困境的影响小。小土地所有者的境况则相反，在战争税和农业困境的侵扰之下，他们的土地渐渐落入大土地所有者或新来者之手。"② 在土地经营方面，明格强调大地主的固定资产投资。他说："尽管大地主在土地管理方面作了许多努力，如巩固持有地、变荒田为耕地，但他们并不注重农业领域的新发现和农业技术的创新应用。地主主要关心的是地租和地产管理。他们改造农场上的房屋，集中分散的持有地并进一步围圈，采取防洪措施，用撒石灰等方法改良土壤。"③

在戴维·斯普林《19世纪英国地产》一书中，同样传达着土地流动和经营的观点。他从地主、律师、代理人、国家等视角分析英国19世纪的土地管理制度，强调代理人和政府在其中的作用。在代表作——《19世纪英国地产管理》一书的序言中，他开宗明义地写道："这些年来，我阅读了19世纪英国地主的土地账册和家庭通信，就是要发掘他们在经济、政治和社会中的作用。本书仅仅局限于上述主题的一部分，主要从代理人和中央政府的角度论述之。"④ 斯普林从经济和政治两个方面分析了土地代理制产生的社会背景，并简单提出了土地流动的论点。他认为，"从18世纪中期到19世纪中期，贵族无论是对地产的管理还是对政府事

---

① G. E. Mingay, *English Landed Society in the Eighteenth Century*, London: Routledge and Kegan Paul, 1963, p. 15.

② G. E. Mingay, *English Landed Society in the Eighteenth Century*, London: Routledge and Kegan Paul, 1963, pp. 78 – 79.

③ G. E. Mingay, *English Landed Society in the Eighteenth Century*, London: Routledge and Kegan Paul, 1963, pp. 167 – 168.

④ David Spring, *The English Landed Estate in the Nineteenth Century: Its Administration*, Maryland: The Johns Hopkins Press, 1963, p. v.

务的管理在力度上都呈现出明显的上升趋势。一些家庭通过婚姻、继承和购买的途径扩充地产。许多土地家族深受当时日益进步的农业科技的影响，纷纷采用新的耕作方法和圈地方法。政治层面这时变得纷繁芜杂，无论在地方还是在威斯敏斯特都是如此。与1760年相比，1830年的治安法官和议员需要的信息量更大，亟待处理的事务更多。这就需要新的职业人员辅佐他们"①。斯普林还关注国家干预在地产经营中的作用。他说："在19世纪上半叶，许多地主的活动处于国家控制之下。尽管史学家们直到近来才对19世纪早期诸多的国家干预措施有所认识，并对其中的某些方面进行研究，但他们忽视了国家对农业的干预。19世纪的国家干预既包括它在经济生活中的作用，也涉及它在地产管理中的作用。"②

通过专著《危机年代的欧洲经济》，简·德弗里斯表达了英国地产理性化过程的观点。他强调内战在地产理性化进程中关键地位的论断，提出："英国农业形成了一种独特的结构。这种结构起源于15世纪并于19世纪中叶达到完全成熟。届时，英国的农村以大土地为特征，地主以大农场的方式出租土地，农场主雇用工资劳动者。时段如此漫长以至于历史学家们难以找出整个过程的转折点和关键性事件。英国内战则是打开整个迷宫的密钥。"③ 德弗里斯从土地阶级兴衰的视角分析内战冲突阵营的形成。他说："内战前，大贵族和众多的乡绅地主不断增加他们占有土地的份额，但这种趋势被土地市场的反复无常冲淡。这时的土地家族兴衰交加，直接导致了英国社会分裂成相互冲突的阵营。"④ 德弗里斯认为，内战废除了王权和封建法，为大地产及其运营的理性化创造了前提。他说："16世纪，贵族地主极力染指于很久以前就以长期形式分配的可继承性保有土地。他们努力的程度可与欧洲大陆的贵族地主相媲美，英国贵族地主的触角还成功地延伸到了乡村的荒地之上并对自领地完成了围圈。同时，富裕农民涌现出来，他们与贵族地主有着共同的目标——

---

① David Spring, *The English Landed Estate in the Nineteenth Century: Its Administration*, Maryland: The Johns Hopkins Press, 1963, p. 55.

② David Spring, *The English Landed Estate in the Nineteenth Century: Its Administration*, Maryland: The Johns Hopkins Press, 1963, p. 135.

③ Jan De Vries, *The Economy of Europe in an Age of Crisis, 1600 – 1750*, Cambridge: Cambridge University Press, 1976, pp. 75 – 76.

④ Jan De Vries, *The Economy of Europe in an Age of Crisis, 1600 – 1750*, Cambridge: Cambridge University Press, 1976, p. 76.

那就是清除封建土地法的阻碍，使土地的使用理性化。然而，国王对农业理性化的动向充满了疑虑并以忧心忡忡的态度对待之。正是内战才使国王永远失去了与土地资本主义对抗的能力。过去，封建土地的保有通过监护法庭执行，内战废除了这项措施。过去，圈地运动一直受到大主教法庭的阻挠，现在这种障碍也消失了。从王位复辟到19世纪，大贵族和地方乡绅致力于稳步地扩充地产，土地产权逐渐脱离了封建模糊性。贵族地主的政治成功破坏了小农赖以存在的制度基础；由于大西洋地区的经济环境以及英国农业非精耕细作的特征，英国贵族地主和乡绅并未实行中东欧的再版农奴制，而是采用一种新式的农业结构——把地产作为所有权单位，以大农场作为生产单位，从自由劳动力市场上吸引劳动力。"① 德弗里斯还简单讨论了小农的"消失或增强"问题，提出了土地市场流动的论点。他写道："17世纪是小农消融的时代。内战时期，独立的农场主和茅舍农继续存在。特别是在那些偏僻而又贫瘠的地区，他们人员众多。然而，在每一次的经济危机中，这些小人物都要向大土地所有者出售土地，未来不属于他们。在17世纪，农民社会面临经济压力。它破坏着古老而又脆弱的生活方式，将农民从历史舞台上清除出去。不过，这种对农民的威胁并非仅仅来自具有圈地思想的资本主义地主，也来自圈地前的农民。因而，在《米德兰地区的农民》一书中，W. G. 霍斯金斯哀叹道：'农村哺育了一批成功的地主，结果自取灭亡，这些人的利益和思想脱离了祖先们生息的方式。'"②

在卡洛·M. 奇波拉的研究中，可以找到土地流动和经营的相关观点。他从市场购买和社会两个层面，提出了土地流动的论点。他认为地主购买是大地产形成的主要原因。他分析道："1640年的危机以及随后爆发的内战致使赋税大幅增长，接近17世纪末时，赋税又一次大幅度增长；价格发生了剧烈波动，并于1680年至1720年间跌落了下来，因此减少了农业的收入；制造业与其他一些行业的发展又将乡村人口引入了城市；所有这些因素都剧烈地改变了乡村的社会与经济状况，从而也改变了土地所有制的法律状况。于是，一连串的发展随即产生了，其表现

---

① Jan De Vries, *The Economy of Europe in an Age of Crisis*, 1600 – 1750, Cambridge: Cambridge University Press, 1976, pp. 75 – 77.
② Jan De Vries, *The Economy of Europe in an Age of Crisis*, 1600 – 1750, Cambridge: Cambridge University Press, 1976, pp. 77 – 83.

如下：(a) 越来越多的小土地所有者将农田交托给承租代理人，然后自己移居城市；(b) 自耕农愈发倾向于调动他们的资本向其他一些更为有利的方面投资；(c) 为数较少的乡绅阶层也表现出同样的倾向，因为他们的唯一收入来源就是地租，所以，农业的萎缩不可避免地造成了他们收入的下降；(d) 富裕阶层的人已不那么愿意将资本投放在大地产上，他们宁愿在有利可图的抵押交易与公债方面投资，而只将一部分资本用于购买农民与绅士的土地——这些土地通常都是廉价出卖的；(e) 地主通过购买农民的土地开始再一次扩张他们的地产。"①

那么，18世纪初，地主购买土地的动机何在呢？奇波拉认为，既有经济动因，也有社会因素。他说："从经济的角度说，大规模出租土地肯定是有利的，这就促使地主从农民那里购买土地然后再出租给承租代理人，为了提高地产的收入，地主还以高利率向这些承租代理人提供相当一部分资本。于是，抵押地产的交易便日益增多（因为只要手段内行，使用抵押农田所获得的贷款比经营农田更为有利可图），'承租代理人'也可以获得越来越多的信贷了。至于社会性质，[……]到了十七世纪末，由于政治结构发生了剧烈的变化，一个人要想在社会上与政治上崭露头角，几乎最重要的一个条件就是他必须是地产的拥有者；而在过去，一个人要想在土地所有者阶层中谋取较高的地位，他就必须从事政治活动。"② 伴随着土地分配结构的变化，土地经营的社会结构也发生了转变。奇波拉提出，"农村逐渐形成了一种三层结构的社会，第一层是占有土地的地主；第二层是租种土地但并不占有土地的佃农；第三层是没有任何土地的农业劳动者"③。

在S. M. 马丁斯的作品中，呈现着代理人和租佃经营的相关论述。他以诺福克郡霍尔克姆地产为个案，从土地改良投资和代理人两个层面研究了土地的运营状况。马丁斯分析了19世纪英国农业的经济环境以及这一时期农业经济跌宕起伏的缘由，为霍尔克姆地产提供了活动的舞台，并指出摆脱困境的出路在于增加土地的投资并改善经营结构。他说："拿

---

① [意]卡洛·M. 奇波拉：《欧洲经济史：十六和十七世纪》第2卷，贝昱等译，北京：商务印书馆1988年版，第263—264页。
② [意]卡洛·M. 奇波拉：《欧洲经济史：十六和十七世纪》第2卷，贝昱等译，北京：商务印书馆1988年版，第264—265页。
③ [意]卡洛·M. 奇波拉：《欧洲经济史：十六和十七世纪》第2卷，贝昱等译，北京：商务印书馆1988年版，第263页。

破仑战争结束后，谷物价格下跌，农场主的年收入不抵地租；1840年代，种植业的春天重新光顾，谷物价格上扬，牧业兴盛①；到1870年代，高昂的谷物价格开始终结，这是北美谷物输入的结果，再加上坏收成、小麦价格低迷等原因，谷物生产利润极其低下②；许多农场主认识到农业的重心必须从种植业转移到价格被持续看好的牧业领域。同时，1880年代后，园艺业开始成为农业的发展趋势，并于一战后大规模发展起来；③ 在这期间，霍尔克姆地产的发展引人注目，它对农业的投入有助于说明需要对精耕细作农业投资的额度。"④ 在地主与地产运营的关系上，马丁斯既突出了代理人的管理作用，又强调了地主的决策作用。他说："在19世纪，地产办公室是复杂纷繁的地产管理业务的中心，在控制数以千计农业用地的同时，它可能还对采矿、住房、运河和码头等业务进行管理。代理人的职责涉及农业、建筑业、管理技能；在某些地产上，代理人还要具备地理学和采矿学的知识。地产顺利运作依靠的是代理人的效率。"⑤ 又说："土地控制在地主手中。他可能将大多数管理方面的业务托付给代理人，佃农也可能对土地的改良做出巨大贡献，但最终的决定权掌握在地主的手中。"⑥ 在投资方面，马丁斯认为地主的固定资产投资是巩固地主与佃农和雇工关系的基础。他说："随着越来越多的地产流入地主手中，他们将这些土地出租给租佃农场主，在农场上承建建筑物的责任日益落到乡绅和贵族肩上。⑦ 在霍尔克姆地产上，租地农场主在农业萧条之时遭受的损失少于其他地区的同类，原因在于到1870年代，固定资本投资已使该地产具有较好的基础设施，精耕细作式农业

---

① S. W. Martins, *A Great Estate at Work: The Holkham Estate and its Inhabitants in the Nineteenth Century*, Cambridge: Cambridge University Press, 1980, p. 14.
② S. W. Martins, *A Great Estate at Work: The Holkham Estate and its Inhabitants in the Nineteenth Century*, Cambridge: Cambridge University Press, 1980, pp. 27 - 28.
③ S. W. Martins, *A Great Estate at Work: The Holkham Estate and its Inhabitants in the Nineteenth Century*, Cambridge: Cambridge University Press, 1980, pp. 33 - 34.
④ S. W. Martins, *A Great Estate at Work: The Holkham Estate and its Inhabitants in the Nineteenth Century*, Cambridge: Cambridge University Press, 1980, pp. 6 - 7.
⑤ S. W. Martins, *A Great Estate at Work: The Holkham Estate and its Inhabitants in the Nineteenth Century*, Cambridge: Cambridge University Press, 1980, p. 67.
⑥ S. W. Martins, *A Great Estate at Work: The Holkham Estate and its Inhabitants in the Nineteenth Century*, Cambridge: Cambridge University Press, 1980, p. 39.
⑦ S. W. Martins, *A Great Estate at Work: The Holkham Estate and its Inhabitants in the Nineteenth Century*, Cambridge: Cambridge University Press, 1980, p. 38.

已成为现实。① 配套设施完备的农舍可以增加地主农场的价值。"②

在克拉潘的《现代英国经济史》中,分散着土地流动和经营的某些观点。他提出了富有统治阶级向小土地所有者购买、开荒这些与土地流动相关的论点。他把这一时段限定为17、18世纪和19世纪上半叶。他写道:"在十七世纪和十八世纪初期,英格兰的土地已渐渐从小所有主——小乡绅和自耕农——手里转移到其本身继续不断由经商出身的富人来补充的那个统治阶级手里。这种土地转移在十八世纪后期和十九世纪初期仍继续进行。[……]在1750年和1825年之间英国各地的耕地单位,即按照这个字眼的农业意义来解释的平均农庄,由于古代持有地的合并以及欧石南丘陵地带和沼泽地带的开辟成为大持有地,在面积上正趋于增加。[……]没有古老的公共权利,一块小持有地是不会有多大用处的,而这种权利的丧失也未必能有适当的补偿。在土地重新分配时,分得土地的人必须设围。对于小农来说,费用未免太重;他可能决议把地卖掉,用所得的价款去围圈一个租来的田庄或者去经营贸易,否则就难免债台高筑。"③ 作为流转的结果,人们如何经营土地呢?克拉潘认为19世纪是传统的租佃方式终结的年代。他提出:"在拿破仑战争期间既没有自由持有土地的自由民的一般没落,也没有凭券土地持有人和任何其他'终身持有土地业主'的任何真正可以证明的没落。但是[……]后一类人在相当程度上,甚或在很大程度上的没落却是不难设想的。终身租佃已渐渐过时,一旦过时或放弃,是不会再行订立的。终身凭券持有地或许是最普通的形式;虽则租佃人有'毕生使用'的习惯权利,但是这种权利无异是讨价还价和索取和解费的力量的这个事实,却给了地主一个可乘之机。"④

进入21世纪以来,西方经济史学家对工业化时期英国土地流动与经营问题的讨论并未突破原有的框架。比如,朱利安·霍皮特以理论分析

---

① S. W. Martins, *A Great Estate at Work: The Holkham Estate and its Inhabitants in the Nineteenth Century*, Cambridge: Cambridge University Press, 1980, p. 186.
② S. W. Martins, *A Great Estate at Work: The Holkham Estate and its Inhabitants in the Nineteenth Century*, Cambridge: Cambridge University Press, 1980, p. 245.
③ [英]克拉潘:《现代英国经济史》上卷,姚曾廙译,北京:商务印书馆1997年版,第133—137页。
④ [英]克拉潘:《现代英国经济史》上卷,姚曾廙译,北京:商务印书馆1997年版,第135页。

为出发点,从市场购买和家庭限嗣授产两个方面,提出了土地流动的某些论点。他说:"从18世纪初到18世纪末,大地主和乡绅手中的土地又多了10%,活跃的土地市场为地产的购买或扩展提供了条件。1680年土地价格处于低谷,到了1720年代明显上涨,南海泡沫事件起了推波助澜的作用。此前,土地的购买价格在其年租金价值的20倍左右徘徊,1730年上升到25倍。土地购买并不是18世纪初叶大地产形成的唯一原因,家庭限嗣授产制为防止继承人变卖全部或部分的地产提供了法律依据。"①

以上综述表明,在西方学界,那些以多重视角观察工业化时期英国土地流动与经营的作品,大致可以分为两种类型。第一种类型的研究仅仅限于论点的提出(或观点的争论),在这类作品中,散布着土地流动或经营的论点,上列综述中绝大多数学者的研究都属于这个类型。第二种类型的作品属于实证或个案研究,在这类研究中,虽然包含着土地流动或经营的相关论证,但这些论证比较分散,没有成为严格的专题研究;在上列综述中,与这类研究相关的学者包括马丁斯、贝克特、沃迪三位。另外,在土地流动与经营、工业化二者之间,存在着怎样的关系,这两种类型的研究均没有涉及。这就为笔者立足整体史观,以实证的方法探析工业化时期英国的土地流动与经营,以计量的方式分析农业劳动生产效率、土地流动和经营、产业分工三者之间的关系提供了空间。

由以上西方学者研究的综述,可以把工业化时期英国土地流动的途径归纳为四种类型。一是圈地运动,比如,公有地圈围法掠夺人民土地(马克思)。二是社会权力与土地的流动,比如,乡绅狂热追求作为社会政治权力基础的土地(汤因比)、土地能带来治安法官的职位(阿什利)、为取得来自土地的社会地位以及声望而购买土地(哈巴卡克)、土地的所有关系而非贵族头衔决定了贵族的社会地位(沃迪)、地产财富衍生出土地社会统治权力(明格)、拥有地产是政治上崭露头角的基础(奇波拉)。三是通过市场的土地流动,比如,城市商人通过购买手段扩充土地(汤因比、斯普林)、海外贸易财富购地(阿什利)、为取得来自土地的利润而购地(哈巴卡克)、土地市场流动(贝克特)、小农向大土地所有者出售土地(德弗里斯)、地主购买农民的土地(奇波拉)、小农

---

① Julian Hoppit, *A Land of Liberty? England, 1689-1727*, Oxford: The Clarendon Press, 2000, pp. 348-350.

卖地租赁农场（克拉潘）、土地购买（朱利安）。四是婚姻、继承与土地流动，比如，女继承人的财富巩固地产（阿什利）、家庭限嗣授产制保留地产（阿什利、朱利安）、家庭限嗣授产制促就大地产（哈巴卡克）、一系列幸运的联姻和继承促成土地家族（沃迪）、遗嘱与地产积累（贝克特）、婚姻和继承取得并维持巨额财富（明格）、婚姻和继承扩展地产（斯普林）。

其中，针对圈地运动问题，马克思强调圈地的掠夺性，贝克特则否定圈地运动掠夺自耕农土地的罪恶性。其实，圈地运动存在着多种类型，每次圈地制定的判定书的原则却是一致的，那就是，圈地委员会按照圈地前相关人员的土地拥有状况和社会权利，平均分配土地。针对这种情况，本书把圈地下的土地流动命名为"圈地运动的模式及其对土地分配的影响"。关于"社会权力与土地的流动"，汤因比、明格等人的前述研究表明，工业化时期，土地是英国社会权力的基础，为了获得社会权力，不同的社会群体竞相追逐土地，通过购买土地而取得社会权力和声望成为一种心态。基于此因，本书把"社会权力与土地的流动"提炼为"社会心态与土地流动"。针对"通过市场的土地流动"，上述阿什利、哈巴卡克、明格等人的研究表明，工业化时期英国的各类资本持有者，不断置田买地，建立土地家族；鉴于此因，本书把这方面的土地流动提炼为"资本与土地的市场流动"。至于"婚姻、继承与土地流动"这一论题，一方面，上述绝大多数学者主张家庭限嗣授产制度对土地积累的作用；另一方面，贝克特则反对强调家庭限嗣授产在这方面的作用。作为反对方，贝克特主张遗嘱在土地流动中的作用。值得注意的是，按照婚姻关系、家庭限嗣继承而传承的土地是沿着血亲流动的；同时，那些绝嗣的土地家庭，往往通过遗嘱，把土地传承给具有血亲关系的亲属。综合双方的博弈，本书把"婚姻、继承与土地流动"的论题提炼为"血亲关系与土地流动"。

由以上对西方学者研究的综述，可以把工业化时期英国的土地经营归纳为三个方面。一是自耕农的经营方式，比如，自耕农消失说（马克思）、自耕农持续说（汤因比）。二是租佃经营的资本主义农场制，比如，资本主义农业说（马克思）、资本主义大农场制度（阿什利）、大地主对地产上的固定资产投资（明格、马丁斯）、终身租佃过时说（克拉潘）。三是大地产代理制度，比如，代理人管理地产（沃迪、斯普林、马丁斯)。其中,在自耕农问题的研究方面,无论是主张自耕农消失说的马克思,还是主张自耕农持续说的汤因比,只是提出自耕农消失与否的观点,以他们的成果为基础,本书把对自耕农问题的研究命名为"自耕农——家庭农场主数量的动态变化",将工业化时期分为三个时段,对自耕农在每个阶段的数量变化作出动态研究。关于代理人管理地产的问题,沃迪、斯普林、马丁斯三位学者只是在作品中附带地提及,并没有专题探讨,鉴于此,本书把这方面的研究确定为"大地产代理经营制度透视"。关于租佃农场问题,上述西方学者要么只是从理论上的分析,来探讨这种新型的租佃制度,要么以实证的方法研究地主的固定资本投资(马丁斯);在借鉴西方学者上述研究的基础上,本书以"地主与租地农场主的博弈:大地产租佃经营"为题,探讨地主固定资本投资和租地农场主营运资本投资的互动。另外,在大地产制度的经营问题上,地主、租地农场主和农业工人之间到底存在着怎样的关系,上述学者的研究并没有触及,本书拟以份田运动为突破口,探讨这一问题。

三、本书的突破点与通篇安排

首先,对英国工业化时期的时段予以讨论。在西方学界,经济史学家阿诺德·汤因比被誉为工业革命研究的开山者。[1] 1880年代,在其经典之作——《18世纪英国工业革命的演讲》一书中,他写道:"本演讲的主题是18世纪晚期、19世纪初叶的工业革命与农业革命,该主题分为三个部分。第一部分是亚当·斯密时代的英国,这一时期始于1760年,当时英国处于工业革命前夜。第二部分围绕马尔萨斯的著述展开讨论,与其说他讨论了财富的原因,不如说他研究了贫穷的根源,在这一部分探讨贫困问题。第三部分与李嘉图的名字相关联,讨论和平时期英国的经济进步、货币等问题。"[2] 李嘉图和马尔萨斯是亚当·斯密之后19世纪英国古典经济学的代表人物,二人生活在同一时代。[3] 汤因比进一步写道:"1817—1848年,李嘉图是英国毫无争议的

---

[1] Phyllis Deane, *The First Industrial Revolution*, Cambridge: Cambridge University Press, 1986, p. 2.
[2] Arnold Toynbee, *Lectures on the Industrial Revolution of the 18th Century in England*, London: Waterloo Place, 1887, p. 27.
[3] 李嘉图(1772—1823年)、马尔萨斯(1766—1834年)。

经济学家。尽管不断有人挑战其理论，但他的地位坚不可摧。"① 汤因比按照三位古典经济学家的成就，把英国工业革命的时段限定在1760—1850年。

20世纪以来，在欧洲学界，诸多学者以汤因比的研究成果为基础，立足工业生产技术革新的层面，倾向于把1760—1850年作为英国工业革命的时段。以至于N. F. R. 克拉夫茨感慨道："人们通常认为工业革命发生在18世纪中叶至19世纪中叶之间，而且常常勿需任何解释。"② 持这种观点的学者包括F. W. 狄克纳、西德尼·珀拉德、罗宾·M. 里夫，等等。③ 也有的学者，比如N. F. R. 克拉夫茨，起初从技术层面出发，把英国工业革命限定在1760—1850年；后来，立足经济增长，从结构变化而不是工厂制度启动的角度，推导出广义工业革命的概念，将其时段限定在1700—1850年。④

这里，笔者根据物质和精神前提，看待工业革命的起源。根据C. M. 希波拉的研究，"工业革命的根源，可追溯到11—13世纪。随着意大利北部、法国北部、低地之国南部城市公社的崛起，一个以商业、制造业和专业化为基础的社会开始成长，人们的思想意识和社会结构发生了深刻变化。这导致城市文化同农耕—封建秩序的对抗，后者开始走向终结，以战争为职业的领主、以祈祷为生活的神职人员被商人和专业人士替代。到17世纪末，在英国和荷兰的商人和专业人士内部，物质层面的明显特征是：商业和制造业的极度扩展，具有卓越管理才能、经济实力、社会和政治影响的大商人阶级的出现，包括工匠和专业人士在内的人力资源的储备，人们相对较高的文化程度与相对充裕的资金。在意识形态领域，人们认识到机械运动，对量化和试验的兴趣与日俱增。因而，到17世纪末，以商人和专业人士为核心的文明的传播在英格兰达到了高潮，散布

---

① Arnold Toynbee, *Lectures on the Industrial Revolution of the 18th Century in England*, London: Waterloo Place, 1887, p. 127.

② N. F. R. Crafts, *British Economic Growth during the Industrial Revolution*, Oxford: The Clarendon Press, 1985, p. 6.

③ F. W. Tickner, *A Social & Industrial History of England*, London: Edward Arnold & Co., 1915, pp. 510 – 540; Sidney Pollard (ed.), *Essays on the Industrial Revolution in Britain*, Aldershot: Ashgate Publishing Ltd., 2000, p. 65; Robin M. Reeve, *The Industrial Revolution, 1750 – 1850*, London: University of London Press Ltd., 1971, pp. 15 – 59.

④ N. F. R. Crafts, *British Economic Growth during the Industrial Revolution*, Oxford: The Clarendon Press, 1985, pp. 3 – 8, 65 – 69.

到了社会各个阶层。越来越多的学者、工匠、业余爱好者日益倾心于机械发明和试验。"① 据此，笔者认为英国工业化大致肇始于 1700 年。同时，1850 年前后，传统的土地贵族仍然掌握着国家政权，经过 1832 年、1867 年和 1883—1885 年议会改革，英国工商业资产阶级才登上政治舞台。因而，笔者根据国家政权性质的变化，把英国工业化时期的下限限定在 1870 年。

工业化之前，英国的土地制度仍然没有完全走出中世纪的襁褓。整个国家的地形、地貌仍与中世纪的风貌极为近似。W. G. 霍斯金斯把工业化之前英国的地形状况白描如下：

> 1485 年的英国乡村，到处是一片荒凉的原野。在 1570—1640 年间的两代人中，乡村英格兰几乎得以彻底重建，中世纪农民住所的足迹几乎完全消失。在伊丽莎白一世之前，英国地形、地貌的演变处在停滞状态中；饱经岁月的世俗建筑林立；在北部和米德兰地区，矿业和制造业对地表的改变微不足道；在城镇的围墙内，中世纪的痕迹随处可见。从一处到另一处，尽管新兴地主正在改变着地表结构，但这仅仅是整幅画卷中的一笔。即使在变化最为急剧的米德兰地区，绝大多数教区内敞田画面广布，一直延展到地平线上。②

如果说在霍斯金斯笔下呈现的是 1640 年以前英格兰的画卷。马考莱则把 17 世纪晚期英国的地形状况陈述如下：

> 假如 1685 年的英格兰魔术般地呈现在面前，我们能够识别出的地形还不到 1%，能够了解的建筑物不会超过 1‰，农村的绅士分辨不出自己的土地。现在，以千平方英里为单位的土地被绿色的栅栏隔开；点缀着村庄和乡村别墅、长满谷物和牧草的原野，在那个时代只不过是覆盖着荆棘的荒原和游动着野鸭的沼泽；3/5 的土地仍然处于敞田状态；在尹菲尔德这个面积为 100 平方英里的地区，仅

---

① C. M. Cipolla, *The Industrial Revolution, 1700–1914*, Sussex: The Harvester Press, 1976, pp. 9–10.

② W. G. Hoskins, "The English Landscape", in Austin Lane Poole (ed.), *Medieval England*, Oxford: The Clarendon Press, 1958, pp. 31–34.

有三处房舍,还没有出现围田。①

如表1.1所示,据格雷戈里·金1688年的统计,在当时的英格兰和威尔士,除却森林、公地和园林,荒地的面积为10,000,000英亩。根据农业委员会的统计,1795年,荒地的面积为8,000,000英亩。② 1873年问世的土地调查报告——《新末日审判书》(New Domesday Book)表明,当时的荒地面积为1,524,624英亩。③

表1.1 1688年格雷戈里·金对英格兰、威士士土地面积的估算

(单位:英亩)

土地类型	面积
可耕地	9,000,000
牧场和草地	12,000,000
树林、矮林	3,000,000
森林、公园、公地	3,000,000
荒原、沼泽、山地、不毛之地	10,000,000
房屋、仓库、果园、教堂	1,000,000
河流、湖泊、池塘	500,000
公路、道路、荒地	500,000
总计	39,000,000

资料来源:W. H. R. Curtler, *The Enclosure and Redistribution of our Land*, Oxford: The Clarendon Press, 1920, p.138.

这些仅仅涉及荒田动态变化的数据表明,在近乎200年的时间内,英国荒田的面积急剧下降,工业化时期,英国乡村的变化可谓天翻地覆!S. L. 凯斯和D. J. 霍尔把1700年前后英国的农业地理概况综述如下:

> 1700年,不列颠是一个农业国家。仅有1/5的人口居住在城市

---

① W. H. R. Curtler, *The Enclosure and Redistribution of our Land*, Oxford: The Clarendon Press, 1920, p.138.
② W. H. R. Curtler, *The Enclosure and Redistribution of our Land*, Oxford: The Clarendon Press, 1920, pp.138–139.
③ John Bateman, *The Great Landowners of Great Britain and Ireland*, Leicester University Press, 1971, p.515.

里（而今天的城市人口为总人口的4/5），大多数人口从事农业或与农业密切相连的行业。自中世纪以来，英国大部分地区的农业几乎没有什么变化。在北部和西部地区，小山绵延，饲养业占主导地位。这里的农场由整齐的地块组成，周围辅以围篱。不过，整个国家南部大多数肥沃的可耕田仍以敞田的形式存在着；村庄上的土地主要有三部分组成，每一部分土地都以条田的形式存在着；三圃制盛行；按照祖祖辈辈流传下来的权利，村民们在公共土地上放牧牲口，在荒地及公共土地以外的林地上收割草皮、砍伐树枝；村庄上的生活由庄园领主组织，他们除了在大田中拥有持有地，还拥有独立而封闭的庄园或家庭农场。在大田中，条田之间隔以低矮的土墙。①

以上资料说明，在工业化之初，英国乡村的面貌尽管与中世纪相比有了某些变化，但没有明显的区别，具有中世纪乡村地形特征的敞田与荒地依旧广泛存在。敞田制下，土地以狭长的条状为特征，教区的人们按照土地的特性分配土地，每一块田地面积不大。与敞田相对应的土地形态为围田。17世纪中叶，英国尚处于早期圈地运动阶段，圈地的形式以协议性圈地运动为主，同时，大规模的议会圈地运动正处于缓慢的酝酿过程中。因而，迟至工业化前夕，英国的土地仍以分散为主要特征，同时，围田的分量逐渐地加重。即使是当时的土地家族，其地产也零落地分散在几个或许多教区之内，而且由于敞田广泛存在，在某个教区内，这些土地并不是集中的，而是零散地分布在这个教区的各个角落。

与工业化之前相比，工业化时期英国的土地分配结构发生了明显的变化。从中世纪起，英国就存在着大土地所有者。表1.2说明了1436—1688年英格兰土地分配的状况：大地主拥有的土地在总量上没有变化；乡绅拥有的土地数量明显增加，从占土地总量的25%增加到45%—50%；小土地所有者占有土地的份额也明显增加，从20%上升到25%—33%。表1.2同时说明了1688—1873年土地分配状况的变化：大地主拥有的土地份额由15%—20%上升到24%，乡绅的土地份额由45%—50%上升到55%，小土地所有者的份额则由25%—33%下降到10%。这表明，工业化时期，英国的土地分配结构发生了明显的变化，大土地所有

---

① S. L. Case and D. J. Hall, *A Social and Economic History of Britain, 1700 – 1976*, London: Edward Arnold Ltd., 1977, pp. 22 – 23.

者拥有的土地份额明显增加,小土地所有者拥有的土地份额显著减少;形成了以大地产为主、小土地所有者为辅的土地分配结构。

表 1.2 英国土地分配状况(拥有可耕地占可耕地总量的百分比%)

		15世纪中期(1436年)	17世纪晚期(1688年)	1873年
大地主和乡绅	大地主	15—20	15—20	24
	乡绅	25	45—50	55
约曼、家庭农场主和其他小土地所有者		20	25—33	10
教会		25—35	5—10	10
王室				

资料来源:C. G. A. Clay, *Economic Expansion and Social Change: England, 1500 – 1700*, Cambridge: Cambridge University Press, 1984, p. 143; Mark Overton, *Agricultural Revolution in England: The Transformation of the Agrarian Economy, 1500 – 1850*, Cambridge: Cambridge University Press, 1996, p. 168.

区分工业化时期英国大、小土地所有者的标准是什么呢?1873年诞生的《新末日审判书》是自1086年《末日审判书》以后第一个也是最后一个反映英国土地所有状况的统计资料。① 如表1.3所示,在《新末日审判书》中,约翰·贝特曼把英国的土地所有者按照级别从高到低划分为贵族、大地主、乡绅、大约曼、小约曼、小土地经营者、茅舍农,此外,还有公共团体。贝特曼还对每个级别的土地所有者进行了限定:"贵族"包括那些男贵族和女贵族的长子;"大地主"包括那些至少拥有3,000英亩土地以及那些每年的地租收入达到3,000英镑的土地所有者;"乡绅"是指那些地产面积在1,000—3,000英亩的土地所有者,平均为1,700英亩,如果他们的地租收入达到了3,000英镑,就属于上一个级别——大土地所有者;"大约曼"拥有的土地为300—1,000英亩,平均为500英亩;"小约曼"拥有100—300英亩的土地,平均面积为170英亩;"小经营者"指那些地产面积在1—100英亩的土地所有者;"茅舍

---

① F. M. L. Thompson, *English Landed Society in the Nineteenth Century*, London: Routledge & Kegan Paul, 1963, p. 27.

农"拥有的持有地低于1英亩。①

表 1.3 1873 年《新末日审判书》关于土地的等级分布

土地等级		土地所有者数量	土地数量（英亩）	平均土地数量（英亩）
男女贵族		400	5,729,979	14,325
大地主		1,288	8,497,699	6,598
乡绅		2,529	4,319,271	1,708
大约曼		9,585	4,782,627	499
小约曼		24,412	4,144,272	170
小土地经营者		217,049	3,931,806	18
茅舍农		703,289	151,148	0.22
公共团体	国王、驻军、监狱、灯塔等	14,459	165,427	
	教会、教育机构、慈善机构等		947,655	
	商业机构等		330,466	
荒地			1,524,624	
总计		973,011	34,523,974	

资料来源：John Bateman, *The Great Landowners of Great Britain and Ireland*, Leicester University Press, 1971, p. 515.

说明："平均土地数量"一栏系笔者计量的结果。

这里，笔者拟把上述贝特曼复杂的土地阶层划分成果予以简化。根据 H. G. 亨特的研究，那些 200 英亩以上的土地所有者通常被称为庄园领主或土地巨头，100—200 英亩的土地所有者是较为贫穷的乡绅，100 英亩以下的土地所有者为农民。② 笔者根据亨特的标准，把贵族、大地主、乡绅、大约曼、小约曼划归到大土地所有者之列，他们拥有的平均土地数量在 170 英亩以上。笔者把小约曼划归大土地所有者之列，原因有二。一是因为他们平均拥有 170 英亩的土地，接近于亨特拥有 200 英

---

① John Bateman, *The Great Landowners of Great Britain and Ireland*, Leicester University Press, 1971, p. 501.
② H. G. Hunt, "Landownership and Enclosure, 1750–1830", *Economic History Review*, Vol. 11, No. 3, April 1959, pp. 497–505.

亩以上"庄园领主或土地巨头"的标准。二是因为小约曼拥有的土地数量在100—300英亩，平均为170英亩；尽管根据亨特的标准，100—200英亩的土地所有者是较为贫穷的乡绅，但17世纪中期以后，像乡绅一样拥有地产、建立土地家族是人们追求的社会目标。相应地，笔者把100英亩以下的土地经营者称为小土地所有者，这是因为，如果经营者的农场面积超过100英亩，躬耕陇亩就不大可能。①

以上分析表明，在工业化时期，英国的乡村面貌、土地分配结构都发生了根本性变化。促成这些变化的关键因素在于土地流动。土地流动导致了以大地产为主、小土地所有者为辅的土地分配结构的形成；与这种分配结构相适应，土地经营的组织形式也发生了相应变化。这一时期，英国的土地是如何流动的？又是如何经营的？笔者立足整体史观与实证研究，以中外学者的研究为基础，以圈地运动、社会心态、资本市场、血亲关系为视角，分析工业化时期英国的土地流动；以自耕农数量的动态变化、地主与租地农场主的博弈、土地代理制度、份田运动为视角，分析这一时期英国的土地经营。最后，运用计量与模型分析的方法，找出土地流动与规模经营的内在动力——农业劳动生产效率的大幅度提高，进一步诠释农业劳动生产效率、土地流动与经营方式的转变、工业化兴起三者之间的内在逻辑。

---

① A. H. Johnson, *The Disappearance of the Small Landowner*, London: The Merlin Press Ltd., 1909, pp. 132 – 133.

第二章 圈地运动的模式及其对土地分配的影响

圈地运动是工业化时期英国土地流动的主要内容之一。圈地运动经历了哪些形式？它们在多大程度上促成了土地流动？本章立足于圈地运动的不同模式，分析它们对工业化时期英国土地分配的影响。

一、关于圈地运动的学术探讨

长期以来，圈地运动一直是西方经济史、社会史和历史地理学界共同关注的话题。20世纪初叶以来，西方学者关于圈地运动的研究主要分为以下几类。一是对圈地运动社会效应的研究。哈蒙德夫妇认为，"在公共土地并入资本型农场的同时，茅舍农和小农场主遭了殃。"① G. E. 明格提出，"议会圈地运动具有很强的地域性，并不完全是18、19世纪英国社会变换、动荡的原因。"② 二是对公共权利的关注。W. H. R. 卡特勒认为，18世纪、19世纪公共土地弊多利少，圈地对穷人掠夺的说法夸大其词，圈地法令对小土地持有者做出了诸多让步。③ R. A. 巴特林提出，"公共权利的消失只是表面现象，结构与法律的变革则是农业进步的必要条件。"④ C. J. 多尔曼说，"敞田效率低下由集体决定所致，农业的进步

---

① J. L. Hammond and B. Hammond, *The Village Labourer*, New York: Longman Group Ltd., 1978, p. xvii.

② G. E. Mingay, *Parliamentary Enclosure in England: An Introduction to its Cause, Incidence and Impact, 1750 – 1850*, Essex: Addison Wesley Longman Ltd., 1997, pp. 148 – 149.

③ W. H. R. Curtler, *The Enclosure and Redistribution of our Land*, Oxford: The Clarendon Press, 1920, p. iii.

④ R. A. Butlin, "The Enclosure of Open Fields and Extinction of Common Rights in England, 1600 – 1750", in H. S. A. Fox and R. A. Butlin (eds.), *Change in the Countryside: Essays on Rural England, 1500 – 1900*, London: Institute of British Geographers, 1979, p. 78.

使个体决定成为必要,效率问题并非敞田在欧洲流行几个世纪的缘由。"① J. M. 尼森指出,"议会圈地运动前,公共权利还在为农民的生存提供保障。"② 三是从田制或历史地理入手研究圈地运动。琼·瑟斯克说:"圈地导致了土地使用方式的变化,但并非是从谷物种植到养羊业的变化,圈地的重要性及特征因地而异。"③ J. 耶林认为,"必须考虑圈地运动的地区差异,其进程和地理分布在总体上不尽相同。"④ M. 特纳指出,"英国 20 世纪地理的诸多显著特征与圈地委员会有着密切关系。"⑤ 四是对圈地运动与地产大小之间关系的探讨。G. 斯拉特认为,"对耕作性敞田和公共土地进行的围圈扫除了小块持有地。"⑥ A. H. 约翰逊指出,"圈地运动的首要效果就是使农民数量出现了膨胀,商品化农业的发展是导致小土地所有者覆灭的根本原因。"⑦ 20 世纪晚期以来,土地产权问题成为研究圈地运动的新动向。M. 奥弗顿提出,"圈地运动是土地产权变化的过程,在这一过程中公共财产权利被废止。"⑧ 在中国,人们往往倾向于认为英国圈地是一场剧烈而残酷的土地掠夺。本章拟从圈地运动的原因入手,分析圈地运动的几种方式以及它们对工业化时期英国土地分配的影响。

二、圈地运动的起始与概念

圈地运动始于 13 世纪。1235 年和 1285 年,《默顿条例》(the Statute of Merton)和《威斯敏斯特条例》(the Statue of Westminster)分别得以

---

① C. J. Dahlman, *The Open Field System and Beyond*, Cambridge: Cambridge University Press, 1980, p. 4.

② J. M. Neeson, *Commoners: Common Right, Enclosure and Social Change in England, 1700 – 1820*, Cambridge: Cambridge University Press, 1993, p. i.

③ Joan Thirsk, *Tudor Enclosure*, London: The Chameleon Press, 1958, pp. 3 – 4.

④ J. Yelling, "Agriculture, 1500 – 1730", in R. A. Dodgshon and R. A. Butlin (eds.), *An Historical Geography of England and Wales*, London: Academic Press Ltd., 1978, pp. 181 – 183.

⑤ Michael Turner, *English Parliamentary Enclosure: Its Historical Geography and Economic History*, Kent: Wm Dawson & Sons Ltd., 1980, pp. 16 – 18.

⑥ Gilbert Slater, *The English Peasantry and the Enclosure of Common Fields*, London: Archibald Constable & Co. Ltd., 1907, p. xii.

⑦ A. H. Johnson, *The Disappearance of the Small Landowner*, Oxford: The Clarendon Press, 1909, p. xii.

⑧ Mark Overton, *Agricultural Revolution in England: The Transformation of the Agrarian Economy, 1500 – 1850*, Cambridge: Cambridge University Press, 1996, p. 147.

颁布，它们授权庄园领主围圈荒地。1235年，英王亨利三世颁布《默顿条例》，该条例规定，"兹鼓励庄园领主在为佃户在荒地上留下足够牧场的前提下，对剩余荒地进行围圈，但领主必须证明佃户们有足量的牧场可兹利用。"① 1285年，英王爱德华一世颁布了《威斯敏斯特条例》，条例规定，"在没有颁布特别的公共放牧权的前提下，兹鼓励那些庄园上的荒地被邻近庄园用作牧场的领主们进行圈地，以对抗邻近的庄园。自今日起，举凡风车坊、羊圈、牛奶场的建立以及法庭之扩建，任何人不要为新近的土地占有权令状把公共牧场划走而悲伤。按此法令，圈地以后假如围田的篱笆被推倒，那么邻近镇区将会因此项破坏而被扣押土地。"② 1235年和1285年法令的颁布，揭开了英国圈地运动的序幕。1914年，议会通过了最后一道法令，围圈格洛斯特郡埃尔斯顿哈德威克教区的可耕作性敞田。③ 至此圈地运动结束。

何谓圈地？简而言之，圈地意味着人们在农场土地和教区公地上公共权利（common rights）的消亡，同时还意味着敞田制下分散的持有地的废除和整齐地块的出现，伴随上述过程的是用树篱、栅栏、石块作围栏的围田的出现。这样，土地的所有者或其佃农就可以排他性地使用这些土地。④

公共权利是一个村社范围内土地和农舍的占用者在土地使用方面的一种古老权利。在不同的地区，公共权利的内容和性质呈现出差异。然而，从总体上考虑，公共权利有其共同性与一致性。首先，在耕作性敞田上，公共权利意味着享有者可以在收割完毕后的谷物茬子上放牧牲畜。其次，在可耕作性敞田外，存在着大片的草地，草地每年都要重新分配，每位公共权利享有者在草地上都有平等的放牧机会。再次，公地由收割完毕后用作夏季牧场的可耕作性敞田组成。除了土地的经营者，茅舍农和其他的公共权利享有者也可以在公地上放牧猪、马，收割用作燃料的

---

① David C. Douglas (ed.), *English Historical Documents*, *1189–1327*, London: Eyre & Spottiswoode, 1975, pp. 352–353; Gilbert Slater, *The English Peasantry and the Enclosure of Common Field*, London: Archibald Constable & Co. Ltd., 1907, p. 322.

② David C. Douglas (ed.), *English Historical Documents*, *1189–1327*, London: Eyre & Spottiswoode, 1975, pp. 455–456; Gilbert Slater, *The English Peasantry and the Enclosure of Common Field*, London: Archibald Constable & Co. Ltd., 1907, p. 322.

③ Michael Turner, *English Parliamentary Enclosure: Its Historical Geography and Economic History*, Kent: Wm Dawson & Sons Ltd., 1980, p. 211.

④ G. E. Mingay, *Parliamentary Enclosure in England: An Introduction to its Cause, Incidence and Impact, 1750–1850*, Essex: Addison Wesley Longman Ltd., 1997, pp. 7–8.

灌木或荆条，采摘时令的蘑菇和药材。最后是荒地。荒地包括小范围的沙石质土地，以及大片的沼泽、泥潭、荒山、陡坡。公共权利享有者可以在荒地上放牧、采集野果、开挖用作燃料的泥炭、开采石块和粘土用以修理房屋和铺路。18世纪，荒地广泛分布在英国的大部分地区。不过，荒地在各地的分布呈现出不均匀状态。在低地教区，荒地的数量非常有限。在北部，分布着坎布里亚沼泽和威尔士山区。在西南部，达特穆尔高地、埃克斯穆尔高地、塞吉姆尔高地三大荒原横亘其中。在米德兰地区，皇家森林和其他类型的森林占据着广阔的荒野与贫瘠的土地。在东部，林肯高原令人望而生畏。遥远的南部是排水不畅的沼泽以及泰晤士湿地。即便是伦敦附近，也是荒地密布，诸如豪恩斯露荒原、芬奇利公地。① 一些山区和沼泽，由于山高泽深，不值得围圈，北部地区尤甚。在低地教区，除了采矿采石，荒地也很少得以围圈；不仅荒地，相当数量的公地也没有被圈地运动所触及。因而，在18世纪，英国的荒地和公田并未被早期圈地运动消灭，它们是工业化时期圈地运动的目标。

三、圈地：打破传统敞田而获大利的制度安排

敞田制是一种古老的土地制度。它源于公元100年左右，由日耳曼入侵者带入不列颠。② 在17世纪晚期，甚至到了18世纪，这种田制在英国还广泛存在。在敞田制下，持有地支离破碎，不利于土地经营者组织生产。1782年，威尔特郡金斯顿德威尔地区在递呈议会的圈地议案中，把圈地原因陈述如下：

> 土地以小块形式交叉、支离破碎，非常不利于农作，有必要围圈所有者和经营者的土地。在目前的局势下，对这些土地改造和开发的时机已经成熟。如果把全部土地合并，然后按照原先所有者和经营者的权利和利益的比重，重新分配，他们的土地就可以组合为单独的一块，这将会给与土地相关的人们带来极大的利益。如果没

---

① G. E. Mingay, *Parliamentary Enclosure in England: An Introduction to its Cause, Incidence and Impact, 1750–1850*, Essex: Addison Wesley Longman Ltd., 1997, p. 8.
② C. S. and C. S. Orwin, *The Open fields*, Oxford: The Clarendon Press, 1954, p. 3.

有议会对土地圈围的支持，这一切则另当别论。①

这段圈地议案表明，土地的经营者要提高生产效率，就得打破敞田，将敞田制下的公共权利转化为私有权利，把敞田制下分散的地块合并为整齐的地块。这一转化过程是通过圈地运动完成的。

对土地经营者而言，敞田制下公共权利的存在不利于农业创新。在敞田制下，存在着一系列的公共权利，地区之间、教区之间，公共权利不相雷同。何为公共权利？它是指一人或多人可以使用或取走别人土地上的某部分农产品的权利。②公共权利受庄园习惯法的约束，违背者要受到庄园法庭的传唤并被处以相应的罚金。与可耕作性敞田相联系、最为重要的公共权利是庄稼收割以后的放牧权利。在米德兰地区，整个村社的村民都享有这种公共权利，而在其他地区，这种权利仅仅局限于在本教区内持有敞田土地或其他类型土地的人。在公田较为宽泛的村社，所有村社成员都可以利用这种公共权利放牧牲口，而居住在村社之外的人或在村社内没有持有地的人则没有这种权利。在公田较为狭窄的村社，这种公共权利可能仅仅局限于那些持有地能够维持牲口过冬的人。不同品种的牲口及其放牧的日期都有相应的规定，放牧牲口的数量与持有地的面积相关联。拥有一定数量牲口、没有持有地的茅舍农也可以利用公田放牧，前提是如果没人反对。下面，以1780年代的金斯顿德威尔地区为个案，对其敞田上公共权利的利用状况，作以说明。该地区的土地利用文书内容如下：

> 每一个村庄的草地和公田都有其各自的游戏规则。比如，从4月12日—8月12日，草地的4/5用来种植庄稼。8月12日—19日，这些地块用来牧马。8月19日—11月29日，用以放牛。11月29日—次年4月12日，用来放牧羊群。公田每4年为一个周期，第三、四年的游戏规则截然不同于前两年。4年期间，敞田上的轮作顺序为小麦、大麦、燕麦、休耕。小麦的生长期为8月12日前，此后成为公田，直到11月22日。接着，又用作在该教区高地上土地

---

① G. E. Mingay, *Parliamentary Enclosure in England: An Introduction to its Cause, Incidence and Impact, 1750–1850*, Essex: Addison Wesley Longman Ltd., 1997, p. 33.
② E. C. K. Gonner, *Common Land and Inclosure*, London: Macmillan and Co. Ltd., 1912, p. 7.

占有者的牧羊场，直至次年 4 月 12 日。这时开始在第一年种植过小麦的土地上播种大麦，9 月 1 日前为大麦的生长期。9 月 1 日—第三年的 4 月 12 日，又用作公田。4 月 12 日—9 月 1 日是第三种作物——燕麦的生长期。9 月 1 日—11 月 22 日，这块土地用作公田。从 11 月 22 日—第四年的 4 月 12 日，用为牧羊场。从 4 月 12 日—10 月 10 日，作为一般性的公田使用。从 10 月 10 日起，开始种植小麦，完成了 4 年周期。①

敞田制下公共权利的存在使土地的经营者不能按照市场的需要种植作物，只能服从教区的惯例而与其他的土地经营者人云亦云。例如，在贝德福德郡的皮顿豪尔，1796 年，一份圈地前的调查报告显示："10 英亩土地归属于 10 位土地所有者的状况可谓司空见惯，没有一位拥有 10 英亩以上完整土地的经营者。每一位土地持有者都不得不种植同样的作物，与邻人同时采用休耕的做法，尽管经营其他作物或采用其他的耕作方法会带来更多的好处。这里的土地非常适合种植三叶草、黑麦、萝卜以及其他种类的优质牧草。"②

对地主来说，围田比敞田有着更高的价值。阿瑟·扬对林肯郡 23 项圈地法令带来的经济状况做了详细登记。他发现，在圈地之前，这些地区地租的总收入为 15,504 英镑，圈地后地租增加了 14,256 英镑。而增加地租的必要开支为 48,217 英镑。如果按照当时 6% 的贷款利率，地租的净增加额为 11,363 英镑。在朗萨顿，地租由圈地前的平均每英亩 5 先令增加到圈地后的平均每英亩 30—50 先令。③ 在米德尔克莱登教区，17 世纪圈地运动前地租收入为 1,000—1,400 英镑，圈地后地租增加 300 英镑以上，与圈地成本相比，增加 50%—100%。根据一般的统计，圈地后地租翻了一番；不过，最近研究成果表明这个数字可能有所夸大，圈地前后地租的增长率应接近 30%。④ 当时的一位绅士，在《围圈荒地的

---

① G. E. Mingay, *Parliamentary Enclosure in England: An Introduction to its Cause, Incidence and Impact, 1750–1850*, Essex: Addison Wesley Longman Ltd., 1997, p. 35.

② G. E. Mingay, *Parliamentary Enclosure in England: An Introduction to its Cause, Incidence and Impact, 1750–1850*, Essex: Addison Wesley Longman Ltd., 1997, p. 37.

③ G. Slater, *The English Peasantry and the Enclosure of Common Field*, London: Archibald Constable & Co. Ltd., 1907, p. 263.

④ Mark Overton, *Agricultural Revolution in England: The Transformation of the Agrarian Economy, 1500–1850*, Cambridge: Cambridge University Press, 1996, p. 162.

利弊》一文中，对当时的种植业状况作了统计（如表2.1所表示）。尽管其统计可能有偏颇之处，但从侧面反映了议会圈地后农场上的生产经营状况。A栏说明，肥沃的敞田由可耕地转化为围田的草场，产品的价值下降，但成本也同时下降。B栏说明，贫瘠敞田转化为围田，产品销售价值下降，但由于交易成本和其他成本的下降，利润上升。C栏说明了对肥沃的公共牧场围圈后由牧业转化为种植业经营的状况，产值增加了2倍，地租和利润分别为原来的7倍和2倍。D栏的数字引人注目，很可能实行了诺福克四茬轮作制，才取得这样的成果，地租和利润分别为原来的8倍和6倍。

表2.1 议会圈地运动中四种类型土地的成本和利润

（单位：英镑/千英亩）

土地类型		羊毛	农产品	总价值	劳力成本	马匹成本	其他成本	地租	利润
A. 肥沃敞田	敞田	50	2,350	2,400	400	367	966	300	364
	围田	250	1,250	1,500	100	25	125	750	500
B. 贫瘠敞田	敞田	50	1,950	2,000	400	367	733	200	300
	围田	100	1,700	1,800	325	250	455	400	370
C. 肥沃公共草场	敞田	100	370	470	10	0	120	100	240
	围田	250	1,250	1,500	100	25	125	750	500
D. 公地、荒地、沼泽	敞田	90	100	190	10	0	70	50	60
	围田	100	1,700	1,800	325	250	155	400	370

资料来源：Mark Overton, *Agricultural Revolution in England: The Transformation of the Agrarian History, 1500–1850*, Cambridge: Cambridge University Press, 1996, p.161.

四、协议：早期圈地运动的主要模式

按照时间的先后顺序和圈地的程序，圈地运动大抵可分为两种形式：早期圈地运动和议会圈地运动。早期圈地运动呈现出两种类型，协议圈地运动是其主要的表现形式。在协议圈地运动中，教区的土地所有者们商定对一大片或整块的敞田、公田甚至有耕作价值的部分荒地围圈，然后按照围圈前每个所有者所持土地数量和价值的份额，将围圈的土地分割为若干个单独而地块完整的农场。由土地所有者们任命的圈地委员会对圈地过程进行监督，对圈地中出现的争端做出仲裁。起初，协议圈运动是庄园内的单方面行动,没有官方的认可,经常受到佃户们的激烈反对。此后,在一些庄园,地方惯例允许任何人圈地,但围圈者必须以交出自己在剩余敞田上的公共权利为条件,并且得到法庭的认可。到了17世纪,人们迫切需要用法律的形式规范协议性圈地运动,通过衡平法庭法令书或财政署法令书进行的圈地渐渐成为早期圈地运动的主要形式。其特征就是以衡平法庭或税务法庭颁布的判决书(decree)为使用依据。这样,协议性质的圈地运动走上了法制轨道。

通过衡平法庭进行的圈地需要一系列程序。通常来说,第一步需要召集利益各方举行会谈,由公共权利享有者选出两名代表自己利益的委员,同时选出两名分别代表庄园领主和其他负有庄园义务者的委员。圈地委员和田地陪审团一道测量土地,并根据测量结果制定圈地判定书(adward)。第二步是圈地利益双方的请愿活动。圈地当事人上书衡平法庭,呈递圈地协议书和圈地判定书,并称"万事俱备,但庄园领主拒绝同意圈地"。被告方承认圈地协议书和相应的圈地判定书,并否认自己拒绝同意圈地。于是衡平法庭颁布法令书同意圈地。在达勒姆郡,衡平法院在1672年颁布的一份判决书内容如下:

> 鉴于每个人应得的那一份土地都已经做出了合理的规划,然而,上述被告人之一竭力阻止这种对土地的分割。因而,达勒姆郡衡平大法官尊敬的弗朗西斯·古德里奇先生应坚决支持判决书,除非下次开庭之时有更加充分的反对原因。①

这份判决书的内容表明,在通过协议圈地而重新分配土地的过程中,圈地委员和陪审团需要考虑村社内每一个权利享有者的利益。

究竟有多少土地通过协议圈地运动的方式得以围圈呢?在18世纪之前,通过衡平法庭法令书和财政署法令书,英格兰大片土地得以围圈和重新分配。在达勒姆郡的帕拉坦,衡平法庭颁布了许多圈地法令书,用衡平法庭判决书围圈的土地面积比18世纪用议会圈地法令围圈的土地面积大得多;在兰开郡和柴郡,也有相当多的土地是通过上述途径围圈

---

① A. E. Bland, P. A. Brown and R. H. Tawney (eds.), *English Economic History Select Documents*, London: G. Bell and Sons, Ltd., 1914, p. 526.

的。① 然而，用衡平法庭法令书或税务法庭判决书进行的圈地很难令人满意，有些判决书只不过是圈地所牵扯的若干土地所有者之间达成的协议而已，昂贵而冗长的衡平法诉讼只是为了从坚决反对者那里获取默认。因而，到了18世纪，英国议会不断通过圈地法令，对早期圈地运动的成果进行肯定。在17世纪末，英国上院或下院讨论了8项以上圈地法令，至少有两项法令是为了对以往衡平法院通过法令书进行的圈地运动予以确认。莱斯特郡也获得了若干个圈地法令，对半个世纪或一个世纪之前衡平法庭认可的圈地运动予以证实。② 在某些郡，如苏塞克斯郡、汉普郡，有更多的土地是通过协议性圈地运动围圈的。在苏塞克斯郡，工业化时期，2/3的土地是通过非议会圈地运动的形式围圈的。③

根据钱伯斯和明格的研究，"正是这种没有议会正式法令的协议性圈地运动，使许多村庄的敞田渐渐地消失了，但是很难说清到底有多少土地是通过协议而不是通过法令围圈的，很可能有将近一半的敞田是通过议会圈地法令围圈的。"④ 在莱斯特郡，土地总面积为560,000英亩，16世纪圈地就很盛行，土地的经营者们通过私人协议的形式围圈土地；到18世纪中期，该郡仍有237,000英亩的敞田、公田和荒田尚待围圈，仍有154个教区根本没有或仅有部分受到圈地运动的影响。⑤

早期圈地运动的第二种形式被称为"蚕食式"（piece-meal）圈地运动。"蚕食式"圈地运动进行的速度非常慢。通常，土地所有者们商议将敞田或公田之外、面积为1—5英亩、10英亩或20英亩的小片土地予以围圈，以便排他性地使用。这种被围圈的土地一般位于教区的边界附近或村子中央，围圈之后用作牧场或奶牛场，或种植马铃薯、蛇麻草等。在议会圈地运动前夕，"蚕食式"圈地运动一直缓慢地进行着，所占的比重不大。不过，在有些村庄，议会圈地运动前夕，"蚕食式"圈地运

---

① W. E. Tate, *The Enclosure Movement*, New York: Walker and Company, 1967, p. 47.
② W. E. Tate, *The Enclosure Movement*, New York: Walker and Company, 1967, p. 48.
③ G. E. Mingay, *Parliamentary Enclosure in England: An Introduction to its Cause, Incidence and Impact, 1750–1850*, Essex: Addison Wesley Longman Ltd., 1997, p. 12.
④ J. D. Chambers and G. E. Mingay, *The Agricultural Revolution, 1750–1880*, London: B. T. Batsford Ltd., 1966, p. 8.
⑤ H. G. Hunt, "The Chronology of Parliamentary Enclosure in Leicestershire", *Economic History Review*, Vol. 10, No. 2, 1957, p. 265.

动已经进行了许多次，以至于耕地的一半都是通过这种方式取得的。①

五、议会圈地运动：一种自下而上的模式

议会圈地运动源于 17 世纪初。1604 年，多塞特郡里德珀尔地区获得第一个圈地法令；直到 18 世纪中期，议会法令才成为一种频繁使用的圈地手段。② 议会圈地运动需要一套复杂而繁琐的程序，圈地议案由初始的酝酿到转化为法案，再到法案的贯彻执行，往往要经过多重门槛。下面，以莱斯特郡的村庄——大威格斯顿为个案，对议会圈地运动的程序作总体把握。

> 1764 年 1 月 24 日，大威格斯顿村的几个敞田经营者向议会下院递交了圈地请愿书。请愿书说：土地以小块的形式相互交错、条块分割，希望通过一个圈地法案，对这些土地分割，并在土地所有者中重新配置。该议案于 2 月 24 日通过了一读，3 月 6 日通过了二读，3 月 26 日通了三读，4 月 18 日得到了国王的签署而成为法案。1766 年 11 月 17 日，圈地委员会制定了圈地判定书，对 2,887 英亩 2 路德 14 杆的土地围圈。当时该教区共有土地 2,944 英亩，其余的 56 或 57 英亩土地免于围圈是因为这些地方是无地者的茅舍或教区的公路。圈地委员会详细测量了所有的公田、宅院以及那些在早期圈地中拥有份额的人们的土地。③

大威格斯顿圈地的过程表明，议会圈地运动完全属于一种自下而上的模式，它由土地所有者或经营者在村社的层面发起，在国家层面获得批准，再到村社具体执行。

圈地议案的提出是议会圈地运动迈出的关键性第一步。一般而论，向议会请愿准备圈地的决定来自大土地所有者，但圈地的最初动力常常

---

① G. E. Mingay, *Parliamentary Enclosure in England: An Introduction to its Cause, Incidence and Impact, 1750–1850*, Essex: Addison Wesley Longman Ltd., 1997, p. 12.

② M. E. Turner, "Parliamentary Enclosure: Gains and Costs", in Anne Digby and Charles Feinstein (eds.), *New Directions in Economic and Social History*, London: The Macmillan Press, 1989, p. 23.

③ W. G. Hoskins, *The Midland Peasant: The Economic and Social History of a Leicestershire Village*, London: Macmillan & Co. Ltd., 1957, pp. 247–253.

来自进步农场主。在一个教区内,如果单一的土地所有者占绝对的支配地位,圈地的设想就会很快付诸实施。然而,在现实中,往往是多个主要的土地所有者存在于一个教区之内。在这种情况下,议案制定之前初步的互通心声以及随之而来的协商非常拖沓,往往达几年之久。其中争执最为严重的是圈地的费用问题,以及圈地后地租的增加是否能带来足够的报酬。1793—1802 年,地主巴斯侯爵的土地代理人托马斯·戴维斯和他的同事纳萨尼尔·巴顿之间的来往信函说明了圈地议案出台前土地所有者之间协商的冗长拖沓。信中说:

> 在威尔特郡特罗布里奇城旁边,有一个名叫韦斯特伯利的村庄,那里的土地所有者们对土地的围圈争论纷纷。有些土地所有者希望一直等下去,直到一般圈地法令通过为止,这样可以降低圈地的开支,也可以得到其他特权。有的所有者主张分地而非圈地。有的所有者对什一税的转换表示支持。有一位史密斯先生表示,愿意骑马四处闯荡,进行游说,摆脱什一税。8 年之后,意见渐趋统一,土地所有者们召集了一次会议商讨圈地问题,并达成了一致意见:通过拍卖部分荒地的方法取得圈地开支,任命委员会准备圈地议案。①

可见,圈地议案的出台需要一个教区之内土地所有者之间长时间的磨合。即使圈地委员制定了议案,也要争取更多的人前来支持。按照议会的要求,圈地教区递呈的文件上要签署该教区全部土地所有者的名单,标明每个人拥有土地的价值及其对圈地的态度——支持、反对抑或中立,并要求每个人在文件上签名。通常来说,至少要得到 3/4 的土地所有者的支持,议案方能生效。为了更为保险起见,这一比例往往要达到 4/5 以上。当然,该比例以土地所有者的土地价值而不是以土地所有者的数目为准。因而,在有些教区,尽管存在着多数小土地所有者的反对,单个的大土地所有者可能有能力让议案获得绝对的支持。

不过,议案的倡导者们总是竭尽全力地争取尽可能多的支持者,以便让议案顺利通过。例如,在上述韦斯特伯利村庄,圈地运动的倡导者巴顿说,他已经争取到了拥有土地价值 4/5 的人们的同意。似乎可以稳操胜券了,但

---

① G. E. Mingay, *Parliamentary Enclosure in England: An Introduction to its Cause, Incidence and Impact, 1750–1850*, Essex: Addison Wesley Longman Ltd., 1997, pp. 59–60.

他说:"事情要获得成功非常曲折。如果你想折磨一个人,就让他倡导圈地议案。我从来不知道什么是希望。恐惧、焦虑、烦恼缠绕着你,直到前一天晚上。我小心谨慎。事情一旦办砸,就是磨破鞋、花钱也是白忙活。"①

通常反对圈地的是那些不在的小土地所有者们,他们时常把土地或公共权利出租给敞田上的农场主们。有时候,大地主们也反对圈地是因为他们不能到邻村的草地上放牧牲口。比如,在弗林瑟姆教区,草地的缺乏使农场主们不能养殖足够的牲口来肥田。据报告,"商讨圈地的方案极其困难。一些居民为圈地曾进行了两次尝试。去年也商议了一次,这些努力先后失败。去年圈地失败是因为迪斯尼先生的阻挠,在敞田制下,他每年有 200 英镑的收入。如果迪斯尼先生不出面阻挠,弗朗西斯·莫利纽克斯先生也会做这样的事情,他是邻近的尼顿教区的一个地主,因为他把牧场出租给弗林瑟姆教区的居民,在那里享有公共权利。"②

有时候,土地所有者反对圈地运动并非全是由于它费用高昂,而是中古骑士遗风的影响。譬如,在威尔特郡的金斯顿德威尔,巴斯勋爵反对圈地的理由十分新奇。他说,三四英亩的围田从整体上破坏了敞开着的村庄的优美韵味,妨碍了其儿子打猎的计划。在亨廷登郡的威尔斯利,什一税转换招致了人们的争议。该教区大部分土地的所有者杰纳勒尔·尼达姆不愿意放弃自己的土地给什一税所有者补偿,因为这种做法会干扰他打猎的区域。③ 有时候,教会对圈地也并非持完全赞同的态度。在剑桥郡的吉尔登莫顿,主教反对用获得份地的方法补偿其什一税的损失,因为这些土地没有集中在一起,这就意味着他不得不与不同的佃农展开竞争。④ 可见,圈地议案的反对者既包括小土地所有者,也包括教会和大土地所有者。因而,一项圈地议案从最初的酝酿到取得 3/4 或 4/5 土地所有者的同意,可谓困难重重。

一旦圈地议案得到了教区 3/4 或 4/5 土地所有者的认可,下一步就

---

① G. E. Mingay, *Parliamentary Enclosure in England: An Introduction to its Cause, Incidence and Impact, 1750 – 1850*, Essex: Addison Wesley Longman Ltd., 1997, p. 60.

② J. D. Chambers and G. E. Mingay, *The Agricultural Revolution, 1750 – 1880*, London: B. T. Batsford Ltd., 1966, p. 91.

③ G. E. Mingay, *Parliamentary Enclosure in England: An Introduction to its Cause, Incidence and Impact, 1750 – 1850*, Essex: Addison Wesley Longman Ltd., 1997, p. 62.

④ G. E. Mingay, *Parliamentary Enclosure in England: An Introduction to its Cause, Incidence and Impact, 1750 – 1850*, Essex: Addison Wesley Longman Ltd., 1997, p. 62.

是到议会请愿。下院日志是研究议会圈地运动审批程序的珍贵材料。根据下院日志的记载，议会圈地运动中圈地法案的通过程序如下：

圈地请愿书 （日期）圈地请愿书呈送议会下院并予以宣读，请愿书上签列着土地、家宅、房屋所有者和经营者的名单，也签列着那些在教区（庄园）可耕作性敞田、草地、牧场、公地、荒地上有着利益关系的人员的名单。鉴于请愿者拥有某些土地（如上所述），鉴于上述（土地等物）以小块的形式相互混杂、条块分割，形成了当今的状态，这种状况可得以改造。如果上述土地等物得以分割、围圈和分配，前述请愿者和公众就会从中受益。可是，如果没有议会的法令，这样的分割就毫无效力，因而，获得议会的批准意味着按照其要求递呈为（分割）上述（土地等）的议案。

议案的递呈与经读 （日期）代表圈地委员会利益的某某先生呈递了（分割等）的议案。本议案通过了一读。下令进行二读。

议案的交付 （日期）（为分割……）而制定的议案通过了二读。下令该法案向第一次聚会的（由该郡及其相邻诸郡组成的委员会）在……就……进行宣读。

反对圈地议案的请愿 （日期）某某郡代表……和……利益的请愿书递呈议会下院并得以宣读。这些请愿者涉及（教区……）的家宅、土地、公权的所有者和经营者。上述请愿者注意到一项（分割……）前述（土地……）的议案；宣称如果该议案通过议会的审定而成为法律，那么，他们以及他们的土地将受到极大的伤害；希望所有的请愿者从自身的利益出发，倾听本类的呼声，反对上述议案。下令将上述请愿书送至圈地委员会（等处），并叮嘱圈地委员会，这是请愿者反对上述议案的内心呼声或请愿者倾听其顾问班子意见的结果。

议案的汇报 （日期）来自圈地委员会、通过通读（分割……土地……）的圈地议案和代表自己本身和他人利益而反对上述圈地议案的……和……的请愿书的某某先生汇报如下：圈地委员会发现上述圈地议案的提议有待于更正；议会下院的命令得以执行；有关土地经营者对圈地委员会的做法表示满意（除了那些表示中立者等）；欲进行圈围的整块地产的土地税估计为……英镑……先令……

便士;没有人到圈地委员会面前表示反对意见(或者说,他们的顾问班子没有听到过反对上述圈地议案的……和……的请愿者的言论,或者说他们的顾问班子听到的反对上述圈地议案的……和……的请愿者的言论减少了);圈地委员会通读了圈地议案,做了某些修改,并敦促上述某某先生向议会下院汇报,某某先生阅读了报告,而后将圈地议案及其修正案递交书记署。随着圈地修正议案原先的通读,再由书记署成员逐一通读、纠错,最终被议会下院接受。下令圈地议案及其修正案通过。

圈地议案的通过:国王签署　(日期)为分割……而进行的议案进行了三读,因而决定通过该法案及其修正案,其名称应为"为分割……的法案"。

议会上院对圈地议案的认同　(日期)议会上院同意通过署名为"为分割……的法案"的圈地议案。这种法案偶尔附带有修正案。①

由以上程序可见,圈地议案向法案的转化可谓层层把关,审批严格,稍有松弛,就会前功尽弃。因而,并非所有的圈地议案都能最终通过上述程序,成为圈地法案。

在北安普敦郡,当地乡绅发动的反对圈地议案的请愿声称,圈地将带来贫困人口的增加和救济金额度的上涨。在一些个案中,涉及28%的敞田和公田出现了反对圈地议案的请愿,尽管这些请愿并不能阻挡议案的通过。1750—1815年,由于反对圈地议案的请愿,北安普顿郡22%的圈地议案被议会下院驳回。② 据统计,1715—1774年,英格兰有14%的圈地议案被撤回,有800多项圈地议案没有经过反对圈地议案请愿的反对而成为法案,在72个遭遇到反对圈地议案请愿的法案中,被议会撤回的比率为22%—30%。1730—1839年,呈送到议会的圈地议案为5,494项,由于这样或那样的原因,1,453项议案未被通过或被撤回,失败的

---

① W. E. Tate, *The Enclosure Movement*, New York: Walker and Company, 1967, pp. 93 – 103.
② J. M. Neeson, "The Opponents of Enclosure in Eighteenth Century Northamptonshire", *Past and Present*, No. 105, November 1984, pp. 114 – 139.

几率为26%；在失败的议案中，40%是由于反圈地请愿所致。①

圈地法案的贯彻执行也是一波三折，直至圈地判定书签署生效。首先是圈地委员会的推举和任命。圈地法令的执行者是圈地委员会，圈地委员会下设书记员和土地测量员。并不是每一项圈地法令都要任命圈地委员会，并执行相应的圈地判定书，因为有时圈地法令只是对原来存在的圈地协议的认可而已。一般情况下，圈地法令要对圈地议案倡导者提名的圈地委员会加以任命。圈地委员会通常由三名成员组成，一名代表庄园领主，一名代表什一税所有者，一名代表其他的土地所有者。有时成员会多达12名以上。有时候，待圈地的土地利益者在圈地问题上意见高度统一，为了方便、节约、快捷，他们推举的圈地委员会只有一名成员担任。

圈地委员的职务通常由那些通晓农业知识、具有一定身份和地位的人承担。土地所有者们对圈地委员的提名往往精挑细选。1801年，贝里圣埃德蒙兹的约翰·西蒙兹在给其朋友阿瑟·扬的信中，透露了为挑选菲克纳姆教区圈地委员而大伤脑筋的情况，他写道：

> 我私下认为老罗珀是圈地委员的合适人选，他受人尊重，而且住得离菲克纳姆不远。遗憾的是，他在这方面缺乏经验。格拉夫顿公爵说，通常教会要出一位圈地委员，可惠尔顿瑟姆勋爵已不再做此事，我们的牧师深谙神学而不懂农业。你能找出一个合适的人选么？我曾经考虑过威廉·彼彻姆的管家，你曾经说过他叫库克先生，是哈德利附近的大农场主，在本尼特学院租有相当多的土地。他是我的佃农斯图顿的密友，一两年前，斯图顿带他来过我这里，我很欣赏此人。②

圈地委员一旦因自己的工作较为令人满意而出名，就会在一定的区域内不断地被雇用，成为职业性的圈地委员。他们不仅在自己的教区也在其他教区做圈地委员。诺丁汉郡霍姆皮尔庞特的乔纳斯·贝蒂森、弗拉伯

---

① G. E. Mingay, *Parliamentary Enclosure in England*: *An Introduction to its Cause, Incidence and Impact, 1750–1850*, Essex: Addison Wesley Longman Ltd., 1997, p. 68.

② G. E. Mingay, *Parliamentary Enclosure in England*: *An Introduction to its Cause, Incidence and Impact, 1750–1850*, Essex: Addison Wesley Longman Ltd., 1997, p. 70.

奥的威廉·菲林格姆、牛津郡克罗配第的约翰·钱伯特都是人们熟悉的圈地委员。据贝雷斯福德的统计，在斯塔福德郡、沃立克郡、伍斯特郡，1720—1845 年进行的 400 次圈地运动中共有 328 名圈地委员参与，其中 194 名圈地委员仅参加了一次圈地，22 名圈地委员参加了 3 次圈地运动，13 名圈地委员参加了 5 次圈地运动，1 名圈地委员参加了 15 次圈地运动，1 名圈地委员参加了 17 次圈地运动，1 名圈地委员参加了 20 次圈地运动，1 名圈地委员参加了 22 次圈地运动，1 名圈地委员参加了 29 次圈地运动。①

其次是圈地委员会对书记员和土地测量员的任命。圈地委员会成立以后，他们要做的首件事情就是在当地报纸上刊登出被任命的公告，并告诉公众第一次会议将于两个礼拜或一个月后在当地某客栈举行，该公告被粘贴在当地教堂的大门上。在第一次会议上，圈地委员们宣誓就职，并任命书记员和土地测量员。自就职之日起，圈地事宜全部处于圈地委员会的指导之下。土地测量员掌管土地的测量和设计，以测量数据为依据，经过仔细斟酌，对现存的敞田和公共权利进行公平的划分，规划出新的份地。在适当的时候，他会通过诅咒宣誓的方法证实自己设计方案的公正性。同时，土地测量员还对公路、步行道、排水沟以及围田未来的管理和养护做出规划。书记员对圈地委员会的仲裁做详尽的纪录，计算土地的分配比率。

最后是圈地判定书的制作、装订与生效。圈地判定书是一种冗长的法律文件，同时也是一份圈地计划，附带有参考数据表。它说明了份地的位置、租佃形式以及圈地委员们对公路、土地排水和对围篱的责任者所做的决定。早期，圈地判定书以卷轴的形式存在，大约从 1800 年开始被装订为书本的形式。圈地判定书通常以"……悉听恭令……鉴于……"这样的习惯性用语为开篇，竭力陈述它所执行的法律。接着用"现在因而……"，话锋一转，言归正传；开始陈述圈地委员会执行任务的程序，何时宣誓成为圈地委员？何时执行任务？何时签订、装订判定书？继而详细陈述圈地委员会所做的无数决议和陈述，首先是关于公路和其他公用设施的用地，其次是关于庄园领主以下、单个所有者的土地分配状况。终了是日期的签署。

---

① W. E. Tate, *The Enclosure Movement*, New York: Walker and Company, 1967, p. 109.

通常，圈地判定书的制定非常棘手，往往经过圈地委员会无数次会议的协商。在米德尔塞克斯郡森伯利附近的汉沃斯教区，圈地委员会在1800年8月20日召集第一次会议，在1803年9月21日召开最后一次会议并完成圈地判定书，在这期间，共召开了50多次会议，听取怨言，回复信件，检查账单，敦促新份地的所有者书写关于赔偿木材等价值的保证书。直到1806年夏季，债务问题仍然没有得以解决。在圈地判定书通过之前，圈地委员会召开会议的目的在于征求意见、确定新持有地的位置，征集关于修建新公路的反对意见，决定卖掉哪一块荒地以弥补圈地的开支（总共卖掉荒地126英亩，得到款项2,713英镑）。①

圈地判定书的案卷由书记员书写，在圈地委员会的最后一次会议上，得以庄严地生效——"签署、传送"，在教区教堂下礼拜晨祷时予以宣读，然后，递与教区牧师和教会委员，从此"永久地存放于教区的X教堂内"。② 同时，圈地判定书的副本递交郡治安法官的书记员，书记员签字并将它保存在档案纪录中。

六、一般圈地法令下的圈地：一种自上而下的模式

由上文可知，通过私法进行的议会圈地运动需要一整套复杂的程序，而且执行这套程序需要昂贵的金钱代价。因而，人们迫切要求简化议会圈地运动的程序并减少与之相对应的开支。在这种背景下，19世纪初，一种新的圈地方法出现了，即通过一般圈地法令进行圈地。一般圈地法令的出现有其历史背景和现实原因。从历史上讲，早在1621年，英国就出现了一般圈地法令。1641年2月，当议会下院忙着对斯特拉福德进行弹劾之时，长期议会中又出现了要求进一步巩固圈地的另一个一般圈地法令。17世纪中期以后，文学和史学作品中要求简化圈地程序、降低相应成本的呼声日益强烈。无论是1669年约翰·沃利奇的《系统农业》一书，还是丹尼尔·笛福、约翰·霍顿、威廉·配第的著作，都表达了这种观点。在苏格兰，1695年以后，先后通过了两部一般圈地法令。在英格兰，人们在1795年、1796年、1797年和1800年先后致力于一般圈地法令的推行，但由于牧师们对其中包含的什一税转换的反对，这些议案

---

① G. E. Mingay, *Parliamentary Enclosure in England: An Introduction to its Cause, Incidence and Impact, 1750–1850*, Essex: Addison Wesley Longman Ltd., 1997, p. 74.

② W. E. Tate, *The Enclosure Movement*, New York: Walker and Company, 1967, p. 115.

先后夭折。以上成功和失败的先例，为一般圈地法令在19世纪的推行提供了现成的经验和教训。

从现实情况来看，1790年代，英国农业发生了坏收成、饥馑以及对法战争造成的粮价飞涨等一系列事件。现实原因要求更多的土地投入粮食生产，也要求提高现有耕地的生产效率。正是在这样的背景下，英国掀起了通过圈地运动改良农业的浪潮。然而，当时流行的议会圈地运动模式需要人们付出较高的代价。时任农业委员会秘书的著名英国农业作家阿瑟·扬分析了形势，他说：眼下通用的各种圈地方法和措施都不会促成这场运动，它需要各种可能的辅助手段；当下流行的圈地措施只不过是公众的愚蠢和个人流氓行为的结合体。① 时任农业委员会会长的约翰·辛克莱呼应阿瑟·扬的观点，写诗如下：

> 铲除这些法定的障碍
> 它踩躏着我们宝岛上丰富的文化
> 如果这些障碍消失了
> 无穷的财富就会运转起来
> 荒地就会露出各样的笑脸。②

历史和现实的原因促使人们寻求不必时时向议会请愿、不必花费不必要开支、简单而快捷的圈地方式。正是在这样的背景下，一般圈地法令在19世纪初开始流行。1801年一般圈地法令的实施简化了单个的圈地议案在议会通过并成为法案的程序，降低了与之相应的开支。不过，1801年一般圈地法令并没有消除每次圈地所需单独法令的必要性。尽管存在着这样的不足，这项法案依旧在英国圈地立法史上开辟了崭新的时代。

1836年一般圈地法令在英国圈地法史上占有重要的地位。这项法案规定，在与待圈地块利益相关的人们当中，只要有2/3的人同意圈地，就没有必要向议会申请；圈地委员会的委员由待圈土地的所有者任命；如果占土地价值7/8的人同意圈地，这些土地的所有者们就可以在没有

---

① W. E. Tate, *The Enclosure Movement*, New York: Walker and Company, 1967, pp. 130–131.
② W. E. Tate, *The Enclosure Movement*, New York: Walker and Company, 1967, p. 131.

圈地委员会的前提下自行圈地。① 在英国的某些地区，通过这种开支低、而且较为公平的法案，大片土地被围圈起来。1836 年一般圈地法令的本意是围圈可耕作性敞田，但由于其明显的优越性，因而在荒地、草地上都得以推广。在威尔士地区，人们利用这部法案围圈了公共草地和庄园荒地。②

1845 年，最后一项一般圈地法令在议会两院获得通过。此前，诸多的圈地活动以夺取小所有者的土地和忽略邻村的公共绿地等总体利益为前提而展开。以沃斯利勋爵为主席的专门委员会对此展开了调查，他们提交的议案最终在议会两院获得通过、成为法案。根据法案，成立了标准的圈地委员会，其工作主要由助理圈地委员和土地价值测量员承担。他们的职责有二：就每一宗圈地活动展开实地调查；如果圈地委员会推荐的圈地活动得到了议会的批准，助理圈地委员和土地价值测量员就会执行圈地和分发份地的工作。1845 年一般圈地法令的部分内容如下：

> 本法令旨在为圈地和公地的改造及提高、土地的交换与调整、交叉土地的分割提供方便，为以往圈地法令执行过程中的纰漏及缺陷、执行不力提供补救，视情况不同恢复以往法令的权威。根据此法令，陛下首要的国务大臣任命两名合适的委员，这两名委员会同当时的森林委员、土地保护委员、工程建设委员一道执行这项法令。禁止围圈村庄中的绿地。如果没有议会的特别指令，则不允许围圈城镇附近的土地以及不受权利限制的草地。③

从内容上看，1845 年一般圈地法令是对此前圈地法令的补充，对于省略的以往圈地所需要的繁文缛节则用法律的形式加以强化，同时又规定了禁止围圈的范围。

到底有多少土地通过一般圈地法令得以围圈呢？在通过议会进行的圈地运动中，一般圈地法令围圈土地的比例相对较少。通过 1836 年以及

---

① G. E. Mingay, *Parliamentary Enclosure in England*: *An Introduction to its Cause*, *Incidence and Impact*, *1750 – 1850*, Essex：Addison Wesley Longman Ltd., 1997, p. 30.
② W. E. Tate, *The Enclosure Movement*, New York：Walker and Company, 1967, p. 134.
③ A. E. Bland, P. A. Brown and R. H. Tawney (eds.), *English Economic History Select Documents*, London：G. Bell and Sons, Ltd., 1914, p. 541.

以后的一般圈地法令，围圈敞田的数量为 239,000 英亩，通过议会私法围圈的公地则为 4,250,000 英亩，前者占后者的比例还不到 6%。通过 1836 年以及以后的一般圈地法令，围圈公田和荒田的数目为 428,000 英亩，而通过议会私法围圈的相应的土地数量为 1,880,000 英亩，前者为后者的 22% 左右。①

七、圈地运动对土地分配的影响

圈地运动结束于 20 世纪初。如第一章所述，工业化后期，英国形成了以大地产为主、小地产为辅的土地分配结构，在这种土地分配结构形成的过程中，圈地运动发挥了怎样的作用？协议圈地运动是早期圈地运动的主要形式，这里先从协议圈地运动入手，探讨村民们在圈地运动中的土地分配状况。在伯克郡奇夫利地区的奥尔村，1649 年，罗伯特·斯密斯、威廉·莱福德、威廉·奥斯特尔、托马斯·斯莱德、寡妇哈奇斯、寡妇霍姆斯、寡妇波科克就公田的围圈达成了协议。根据协议，罗伯特·斯密斯分得 4 块份地，一块位于村东，两块位于村西，一块位于离村庄较远的地块的中央。威廉·莱福德分得 3 块份地，一块位于村东，两块处于远离村庄的地块上。威廉·奥斯特尔分得两块份地，一块位于村东，另一块位于村西。托马斯·斯莱德在村东土地上分得 3 块份地。寡妇霍姆斯分到两块份地，分别位于村东和村西。寡妇波科克在临近其住宅的村东分到一块份地。②

在奥尔村的这场协议圈地运动中，罗伯特等 7 人分配到份地的具体面积不得而知。根据上述资料，作为公田围圈的结果，上述 7 人分配到的份田数量并不相等。这表明：在协议性圈地运动中，需要考虑到待圈土地上每个人的利益；由于每个人圈地前在村社内拥有的土地或享有公共权利的多少不同，他们分得份田的数量也不尽相同。

"蚕食式"圈地运动是早期圈地的另外一种形式（如前所述）。在这种圈地运动中，人们通过自愿协商而缓慢地、渐进地围圈土地。③ 在拉

---

① G. E. Mingay, *Parliamentary Enclosure in England: An Introduction to its Cause, Incidence and Impact, 1750 – 1850*, Essex: Addison Wesley Longman Ltd., 1997, p.30.

② Ross Wordie (ed.), *Enclosure in Berkshire*, Reading: Berkshire Record Office, 2000, pp.214 – 215.

③ J. A. Yelling, *Common Field and Enclosure in England, 1450 – 1850*, London: The Macmillan Press Ltd., 1977, p.117.

克斯顿村（如表2.2所示），截至1635年，通过"蚕食式"圈地，出现了53块持有地；根据面积大小，可以把这些持有地划分为5个类别：200英亩以上、100—199英亩、50—99英亩、25—49英亩、10—24英亩。五类持有地的数量分别为3份、3份、14份、13份、20份。这些数据表明：在拉克斯顿村为个案的"蚕食式"圈地中，形成了面积大小不等的持有地，持有地面积与数量呈现出反向运动的趋势，即持有地面积越小其份数越多。这就意味着，在"蚕食式"圈地的村庄，村民们在协商围圈土地并重新分配的过程中，既要考虑土地较多者的利益，也要顾及土地较少者的利益。

表2.2 拉克斯顿村"蚕食式"圈地与持有地的面积（1635年）

持有地面积	200英亩以上	100—199英亩	50—99英亩	25—49英亩	10—24英亩
持有地数目	3	3	14	13	20
总面积	928	429	995	460	288
公田面积	205	291	671	296	187
围圈的比重	78	32	33	36	35

资料来源：J. A. Yelling, *Common Field and Enclosure in England*, 1450–1850, London: The Macmillan Press Ltd., 1977, p.118.

议会圈地运动是工业化时期英国圈地的主要方式。议会圈地运动持续时间长，影响范围广。那么，有多少土地通过议会圈地的方式得以围圈呢？如表2.3所示，议会圈地运动始于17世纪初，止于1914年；议会以私法和一般圈地法令的形式，发布法令5,362项，对耕作性敞田、草地和荒地进行了围圈，影响范围涉及到42个郡和地区。据统计，英格兰和威尔士的可耕地面积为11,000,000英亩，草地和牧场面积为10,000,000英亩，房产、果园、花园的面积为1,000,000英亩，合计起来总耕地面积为22,000,000英亩；1710—1760年，圈地面积达334,974英亩，1760—1843年达7,000,000英亩。[①] 由以上数字可推断，1710—1843年，英格兰和威尔士圈地面积达到了可使用土地面积的1/3。从时间上说，圈地较为集中的时段为17世纪、18世纪和19世纪前期。以米德兰南部地区为例，1450—1850年，圈地总面积为2,850,866英亩，其中1450年之前

---

① Arnold Toynbee, *Lectures on the Industrial Revolution of the 18th Century in England*, London: Waterloo Place, 1887, p.38.

为 103,439 英亩,1450—1524 年为 182,824 英亩,1525—1574 年为 62,044 英亩,1575—1749 年为 477,500 英亩,1750—1849 年为 1,562,073 英亩,1850 年之后为 85,293 英亩,日期不详者为 234,399 英亩。① 在米德兰南部地区圈地的总面积当中,工业化时期通过议会圈地运动围圈的比例至少在 63% 以上。

表2.3 英国议会圈地法令和圈地判定书数量统计（1603—1914 年）

	A 1603—1845	B 1606—1873	C 1836+	D 1840+	E(i)	E(ii)	F(i)	F(ii)	总计
贝德福德 1	82	4	3	2	1	4	1	1	98
伯克郡 2	86	9	12		5	4		13	129
白金汉郡 3	102	6	4		1	6		11	130
剑桥郡和伊利岛 4	102	12	4		2	8		3	131
柴郡 5	1	37		1				18	57
康沃尔郡 6		3	3					17	23
坎伯兰郡 7	6	79	4	6	3			30	128
德比郡 8	72	62	2					7	143
德文郡 9		31	1		3			35	70
多塞特郡 10	49	19	5	11	11	3		17	115
达勒姆郡 11	6	33	1					2	42
埃塞克斯 12	13	29	5		4	8	2	21	82
格洛斯特 13	134	20	13		2	10		24	203
汉普郡和怀特岛 14	58	37	3		2	1+2	+1	58+1	163
赫里福德郡 15	26	22	3	1	2	2	1	16	73
赫特福德郡 16	27	8	6	1	10	10	1	14	77

① R. C. Allen, *Enclosure and the Yeoman: The Population History of Britain and Ireland, 1500 - 1850*, Oxford: The Clarendon Press, 1992, p. 31.

（续表）

	A 1603—1845	B 1606—1873	C 1836+	D 1840+	E(i)	E(ii)	F(i)	F(ii)	总计
亨廷登郡 17	68	1	2		2	2			75
肯特郡 18		17					3	15	35
兰开郡 19		69＋4	1				1	18＋3	96
莱斯特郡 20	148	7	1						156
林肯郡 21	263	53	31		6	1		12	366
米德尔塞克斯郡 22	25	10	2			1		2	40
蒙茅斯郡 23	1	3			3		1	5	13
诺福克郡 24	194	92	2		2	4	2	25	321
北安普敦和比得伯勒郡的索科地区 25	193	7				4		8	212
诺森伯兰郡 26	9	19						49	77
诺丁汉郡 27	116	18	5	5	1	2	1	6	154
牛津郡 28	130	7	13	1	6	19		15	191
拉特兰郡 29	26		1		1	5			33
萨洛普 30	7	42						27	70
萨默塞特郡 31	47	104	3	4	2			18	178
斯塔福德郡 32	24	68		1	1			14	108
萨福克郡 33	52	35			2	3	2	22	116
萨里郡 34	23	30	2		5		1	22	83
苏塞克斯郡 35	24	17	4		1	1	4	36	87
沃里克郡 36	125	25	2	1		5	4	13	175

(续表)

	A 1603—1845	B 1606—1873	C 1836+	D 1840+	E(i)	E(ii)	F(i)	F(ii)	总计
威斯特摩兰郡 37	4	45	10				9	28	96
威尔特郡 38	120	34	10	3	1	5		13	186
伍斯特郡 39	68	35	5	4	2	5		8	127
约克郡 E.R. 40	152	21	8	3	3	2		2	191
约克郡 N.R. 41	51	72	5	4	1	1	1	20	155
约克郡 W.R. 及约克郡的埃恩斯蒂 42	158	147	7	1	1	3	6	34	357
总计	2792	1393	183	49	86	121	41	697	5362

说明：A 表示通过私法等对耕作性敞田的围圈；B 表示通过私法等对公田的围圈（不包括可耕作性敞田）；C 表示通过 1836 年一般圈地法令主要对可耕作性敞田的围圈；D 表示通过 1836 年一般圈地法令以及作为 1836 年圈地法令延伸的 1840 年一般圈地法令，对任何种类其他敞田的围圈；E（i）表示 1845 年通过的一般圈地法令以及此后每年颁布的圈地法令，包括对耕作性敞田的围圈、经过议会特别审批的判定书；E（ii）表示 1845 年通过的一般圈地法令以及此后每年颁布的圈地法令，包括对耕作性敞田的围圈、未经过议会特别审批的判定书；F（i）表示 1845 年通过的一般圈地法令以及此后每年颁布的圈地法令，不包括对耕作性敞田的围圈、经过议会特别审批的判定书；F（ii）表示 1845 年通过的一般圈地法令以及此后每年颁布的圈地法令，不包括对耕作性敞田的围圈、未经过议会特别审批的判定书。

资料来源：W. E. Tate, *The Enclosure Movement*, New York: Walker and Company, 1967, pp. 183 – 184.

在单个郡内，利用议会圈地运动围圈的土地同样占相当大的比重。比如，牛津郡的土地总面积为 478,112 英亩，1758—1867 年，在 89 个镇区内，3/4 的土地通过议会圈地运动得以围圈，占整个郡土地面积的 29%。在 58 个镇区内，1/2—3/4 的土地通过议会圈地被围圈，占整个郡土地面积的 22.1%。在 28 个镇区内，有 1/4—1/2 的土地通过议会圈地被围圈，占整个郡土地面积的 12.6%。在 16 个镇区内，被议会圈地围圈的土地少于 1/4，占整个郡土地面积的 7.55%。根本没有议会圈地运动记录的土地面积占牛津郡的 28.75%。① 不过，有些议会圈地法令的执行是为了圈地，有些议会圈地法令只是对早期圈地的一种证实。在上述米德兰地区围圈的 2,850,866 英亩土地中，利用非议会圈地运动形式进行围圈的土地面积为 1,221,236 英亩，利用议会法令进行围圈的土地面积为 1,599,272 英亩，议会法令对早期圈地运动进行证实的土地面积为 30,358 英亩。②

圈地委员会经过无数次协商所制定的圈地判定书，其实就是根据村社每个成员享有利益的多少而制定的土地分配方案。在单个教区里，不仅产生了极少数拥有较多地产的地主，也出现了大量的小土地所有者，尽管后者单个人拥有的土地数量较少，但其作为一个群体拥有地产的总数却并不小。比如，在斯坦韦尔教区，根据 1789 年议会圈地法令，要对 2,126 英亩的可耕作性敞田、草地、公田、荒田和沼泽进行围圈，圈地判定书对土地重新配置的内容可分列如下：

> 卖掉 14 块土地，合计 123 英亩，弥补圈地费用 2,512 英镑；31 英亩土地分给庄园领主威廉·吉本斯爵士、托马斯·萨莫斯·科克斯、托马斯·格雷厄姆，以替代他们作为庄园领主的权利；490 英亩土地分给威廉·吉本斯爵士，以替代其自由持有地、公共权利等；69 英亩土地分给年轻的 J. 吉本斯爵士，作为他原来的抵押贷款；6 英亩土地分给 J. 吉本斯爵士的信托人；100 英亩土地分给亨利·布洛克先生；72 英亩土地分给托马斯·汉基先生；45 英亩土地分给卡拉科先生；面积为 20—40 英亩的份田分给 11 个人；面积为 10—20 英亩的份田分给 12 个人；面积为 12 杆—9 英亩的份地分给 75 个人；24 位原先在敞田上拥有地产者分到了相应的小块份田（包括 6 位份田面积小于 2 英亩者）。剩下的 55 位原先在敞田上享有公共权利或他项权利者也分到了份地，以替代这些权利；66 位茅舍农从中得到补偿，分到了从 1/4 英亩到 1 英亩不等的份田。③

---

① H. L. Gray, *English Field System*, Harvard University Press, 1959, pp. 113–114.
② R. C. Allen, *Enclosure and the Yeoman: The Population History of Britain and Ireland, 1500–1850*, Oxford: The Clarendon Press, 1992, p. 34.
③ J. L. Hammond and Barbara Hammond, *The Village Labourer*, New York: Longman Group Ltd., 1978, p. 266.

从斯坦韦尔教区的圈地判定书看，500 英亩以上的大土地所有者并未出现一例。拥有 0.25—100 英亩土地的所有者的数量倒是比原来增加了，这是因为许多没有土地但享有公共权利的茅舍农成了小土地所有者，尽管他们拥有的土地很少，但他们作为一个群体分得的份地在围圈的土地中占取的比重却相当大。作为议会圈地运动的一个个案，斯坦韦尔教区的圈地在英国圈地运动中只是一个普通的范例，但正是这样无数个普通的范例，却构成了英国的圈地运动。因而，圈地运动的实质就是在村社范围内进行土地的重新分配，人们分得土地的多少以他们圈地前在村社内享有利益的大小为依据；圈地运动本身并没有直接形成大地产，也没有使小土地所有者失去土地。议会圈地运动的确衍生出不可忽视的结果：一方面，人们在村社内所拥有的传统权利（如公共权利）转化为对土地的所有权，没有土地但享有公共权利的茅舍农也得到了相对应的小块份地；另一方面，以土地分散为特征的传统敞田制寿终正寝，村社内单个土地所有者分散的小块土地集中为完整的地块。

在关注世俗力量的同时，圈地判定书对宗教界在村社中应分得的利益也作了统筹兼顾。通过圈地运动，宗教界人士或者什一税收取者失去了征收什一税的权利，作为补偿，他们获得了与什一税份额相对应的土地。下面以莱斯特郡大威格斯顿教区的议会圈地判定书为个案，分析圈地运动中什一税向土地的转化。这份圈地判定书有关土地分配的内容可列举如下：

> 1766 年 11 月 17 日，圈地委员会制定了圈地判定书，对 2,887 英亩 2 路德 14 杆土地围圈。首先得到份地的是圣奥尔本斯公爵，分得份地面积为 387 英亩 1 路德 9 杆，占大威格斯顿教区土地面积的 13.4%。其中，291 英亩 2 路德 25 杆替代其应收什一税；21 英亩 3 路德 16 杆为草地，因在这次圈地前他已经围圈了相应的几块草地；73 英亩 3 路德 8 杆替代了公爵作为大威格斯顿教区敞田上土地经营者的土地。第二个得到土地的是教区主教，他分得了与其每年征收 62 英镑什一税相对应的份地，即 88 英亩 3 路德 37 杆。接着，其他 99 位土地经营者也都得到了份地。[①]

---

① W. G. Hoskins, *The Midland Peasant*: *The Economic and Social History of a Leicestershire Village*, London: Macmillan & Co. Ltd., 1957, pp. 247–253.

这则案例说明，圈地判定书对人们在村社内利益的斟酌十分周全，对于圈地前在教区内既拥有土地又享有什一税征收权利的人，其世俗经营的土地面积在圈地前后变化不大，什一税征收权利则转化为土地。

在议会圈地运动的过程中，小土地所有者没有失去土地，这是否意味着他们的数量在圈地前后没有变化呢？表6.7给出了1780—1802年149个教区、1802—1832年158个教区在议会圈地运动前后自耕农数量的变化数据。在表6.7-Ⅰ中，经过1780—86年至1802年的圈地，土地所有者的数量由1,546人增加到1,955人，增加了409人；应交纳土地税在4先令及4先令以上的土地所有者由1,168人增加到1,322人，增加了154人；应交纳土地税在10先令及10先令以上的土地所有者由655人增加到808人，增加了153人。经过1780—86至1802年的圈地法令，在各类自耕农中，数量增加最多的是那些交纳土地税在4先令以下的小自耕农，增加了255人。表6.7-Ⅱ说明了158个教区在1802—1832年圈地法令实施前后自耕农的数量变化，从数据上判断，小自耕农数目经过圈地得以明显增加。这是由于圈地判定书对小土地所有者以及仅享有公共权利者的利益给予肯定，他们得到了小块份地。在威格斯顿教区，如表2.4所示，按照议会圈地判定书，200英亩以上的份地数量为3份，共861英亩27杆，占围田面积的29.8%；除此之外，绝大多数份地的面积都在200英亩以下。这是由于小土地所有者并未随着圈地运动而消失，而是随着议会圈地判定书对人们在圈地前利益的肯定，没有土地但享有公共权利的茅舍农也分配到了相应的土地，因而，小土地所有者的数量比原来明显增加。比如，在诺福克郡，宾垂忒福德村有26英亩公共土地，供人们取燃料，46户人家在上面享有公共权利，根据1795年的圈地判定书，公共权利享有者对这些土地实施了分割；在布兰克斯特村，有65英亩公共土地，每个住户可以在上面放牧两头母牛（或小母牛），或者一匹母马和一个马驹，也可以在那里采集荆豆，他们根据1755年的圈地判定书，分割了这些土地；在卢德姆村，1801年，公共土地得以围圈，所有的茅舍农都从中分到了份地。①

---

① Arthur Young, *General View of the Agriculture of the Country of Norfolk*, London: B. M. Millan, 1804, pp. 82 – 94.

表 2.4　1766 年威格斯顿教区圈地判定书关于土地的分配

份地的大小	份地的数量	份地的面积			在围田中占的比率
		英亩	路德	杆	
3 英亩以下	14	24	1	37	0.8
3—5 英亩	14	55	3	16	1.9
5—10 英亩	22	161	1	27	5.6
10—20 英亩	17	222	0	14	7.7
20—50 英亩	15	472	1	32	16.4
50—100 英亩	8	619	0	22	21.5
100—200 英亩	4	470	0	19	16.3
200 英亩以上	3	861	0	27	29.8
总计	97	2,886	2	34	100.0

资料来源：W. G. Hoskins, *The Midland Peasant: The Economic and Social History of a Leicestershire village*, London: Macmillan & Co. Ltd., 1957, p.253.

以上论证说明，英国圈地运动是一场进程缓慢的土地流动与分配过程，是一场法制化的经济活动。它开始于 13 世纪中叶，终结于 20 世纪初，先后经历了早期协议圈地、议会圈地和一般法令下的圈地。从圈地运动的最基础层面——村社的角度看，前两种圈地、特别是议会圈地的进展相当缓慢，程序也特别复杂；第三种圈地运动的进展相对较快，但围圈土地的比例较小；三种圈地运动的共同点就是需要考虑每一个土地所有者和每一位公共权利享有者的利益，征求绝大多数土地所有者的同意。圈地运动废除了中世纪以来土地上存在的公共权利以及沿袭了一千多年的什一税，具有明显中世纪烙印、杂乱分散的条田被整合起来，形成了完整的地块。作为土地重新分配的一种方式，圈地运动本身并没有促成大地产的诞生，反而因为庄园主、土地所有者、什一税所有者、公共权利或他项权利的享有者失去了中世纪以来在村社土地上的传统权利，得到了相应的补偿——份地，这些份地的大小与他们在圈地运动前各种利益的总和一致，小土地所有者在这个过程中反而增多了。因而，圈地运动并不是促成工业化时期英国大地产形成的直接原因，因为议会圈地判定书对土地的分配使小土地所有者的数量增加了。这就意味着，在圈地运动之外，存在着其他的促成土地流动形成大地产的直接因素。

第三章 社会心态与土地流动

经过17世纪的内战和王位复辟,到工业化时期,土地作为不动产替代了国王的宠幸,成为人们获得名望、地位与政治权力的重要凭借。几乎所有的贵族、乡绅都深深地卷入了国家或地区间的政治。土地是旧贵族、地主保持家族地位与威望的物质基础,也是新的精英人物进入贵族、乡绅阶层的入场券。像第三任布里奇沃特公爵那样对政治丝毫没有兴趣的贵族和乡绅,只在少数①。以贵族、乡绅、自耕农为代表的土地阶级垄断了土地,掌控了政权。土地获得了超经济价值的社会属性,是获得政治权力和社会声望的基础。为取得政治权利,永久性地融入中上层社会,旧的土地家族、各类职业者、工商业者竞相购置土地。同时,各类土地不断涌向市场,这几类土地包括:因筹集圈地资金而出卖的土地、圈地后自耕农出售的土地、旧地主因为欠债而抛售的土地、土地家族为强化主体地产而卖掉的外围土地。这样,以地产为凭借加盟土地阶级、继而掌控政治的社会心态,成为工业化时期英国土地流动的一种重要推动力量。

一、英国土地的"社会价值论":观点讨论

19世纪晚期以来,欧洲学者在研究工业化时期英国农村社会某些问题的过程中,触及了社会地位和土地拥有之间的关系,提出了有关土地社会价值的观点。阿诺德·汤因比是土地社会价值的首倡者。在本书第一章,笔者罗列了汤因比关于"土地是人们获取社会政治地位的基础"的简单论断。汤氏论断是西方学者探讨此类问题的经典依据。

20世纪初叶,亚瑟·H. 约翰逊从"土地与政治权力的关系"出发,

---

① J. R. Wordie, *Estate Management in Eighteenth-century England: The Building of the Leveson-Gower Fortune*, London: Royal History Society, 1982, p. 227.

分析了地主和工商业者购买土地的动机。他写道:"1688—1900 年,英国社会剧烈变动,土地所有权是人们长期以来确立和稳定其社会地位的唯一依据,是获得政治权力最为简单的凭借。在 18 世纪,这种观念与日俱增,新富们为此介入土地的购买。一旦拥有地产,绅士就能够在地方社会确立自己的地位;如果言谈举止彰显了其低微的出身,他就会把希望寄托在下一代的身上。如果郡守不能代表所在的郡参加议会,他就会削减自由持地农的数量,增加终身租地农的数目,以此扩大自身的影响,使其投票变得日益重要。土地所蕴含的社会价值超越了农业经济价值,资产者通过购买土地以满足个人嗜好,准备投机,施展志向。"①

20 世纪 60 年代,F. M. L. 汤普森考察了 19 世纪土地社会内部主要群体的生活,提出了土地的"社会投资功能"概念。他说:"利用新增财富获得社会地位的重要方法就是购买土地。这并不是一种崭新的现象。长期以来,人们在商业、财政、法律中获得的财富通过土地市场进入了地产领域。18 世纪,地产购置作为纯粹经济投资的功能以及安全储蓄的功能已经减弱,但其社会投资功能、建立土地家族的功能却在延展。"② 在谈及购买土地的动机时,汤普森指出:"尽管人们购买土地的目的多种多样,但其中一个动机与社会地位密切相关。"③

20 世纪 60—90 年代,在其不同的作品内,明格多次提出土地的"两重价值"。他认为,土地是衡量人们社会地位的价值尺度。他写道:"一般说来,在乡绅中,财富与级别相一致。16 世纪中期,对修道院土地的没收以及王室土地的变卖,为人们社会地位的上升提供了条件。此后一百年间,由于内战、王位复辟等事件,一些家族的社会地位上升,有些家族则反之。"④ 明格指出了土地具有的两重价值。他说:"第一,土地受到投资者的青睐,因为它作为财富贮藏的手段既安全又长远,与

---

① Arthur H. Johnson, *The Disappearance of the Small Landowner*, Oxford: The Clarendon Press, 1909, pp. xiii, 119 – 121.

② F. M. L. Thompson, *English Landed Society in the Nineteenth Century*, London: Routledge & Kegan Paul, 1963, p. 21.

③ F. M. L. Thompson, "Stitching it together again", *Economic History Review*, Vol. 45, No. 2, May 1992, p. 371.

④ G. E. Mingay, *The Gentry: The Rise and Fall of a Ruling Class*, London: Longman Group Ltd., 1976, p. 4.

房屋、政府公债、英格兰银行股份以及海外贸易公司相比较，其危险性可以忽略不计。它还可以用财富的形式传之子孙，或作为担保借贷，或作为筹码同其他富豪家庭联姻。第二，当人们拥有土地的数量到达一定程度，它就能够赋予拥有者以社会地位、声望以及他们作为郡的法官或议会成员而享有的权力。"① 明格还找出了积极扩展土地的两类群体。"第一类是较大的土地所有者，他们拥有丰厚的土地收入，常常通过把持职位的方法扩大土地收入。这些土地所有者对土地怀有深厚的感情，因为购置土地可以巩固他们现有的财产，发展他们的田园，增加他们对选举人的影响力。第二类是新近的土地购买者，他们通常来自商界和职业界，这其中包括新任的政治家、战争供货商、工业家、海军和陆军军官。他们时常购买中等或小块地产，以它们为中心，反复购买小块土地，建立较大的地产。"②

20世纪70年代，卡洛·M.奇波拉说明了政治与土地的关系。他写道，"至于其社会性质，我们必须记住一点：到了十七世纪末，由于政治结构发生了剧烈变化，一个人要想在社会上与政治上崭露头角，几乎最重要的一个条件就是他必须是地产拥有者；而在过去，一个人要想在土地所有者阶层中谋取较高的地位，他就必须从事政治活动。"③ 20世纪80年代，J. V.贝克特提出了"土地与社会优先权"的论点。他说："从17世纪起，既定的社会模式为家庭购买土地提供了前提。直到第一次世界大战前夕，土地仍是人们进行社会和政治考量的关键。一个家庭拥有的土地越多，获得优先权的机会就越频繁。土地代表着财富、稳定性与持续性，还代表着获得统治权利的固定利益。大量土地的拥有意味着其所有者早晚要进入社会或政治权力的圣地。"④ 又说，"一个人的社会地位取决于他所控制的土地数量，社会向地主赋予从地方治安法官到议员

---

① G. E. Mingay, *Parliamentary Enclosure in England: An Introduction to its Causes, Incidence and Impact, 1750–1850*, Essex: Addison Wesley Longman, 1997, pp. 55–56.

② G. E. Mingay, *The Gentry: The Rise and Fall of a Ruling Class*, London: Longman Group Ltd., 1976, p. 69.

③ ［意］卡洛·M.奇波拉：《欧洲经济史》第2卷，贝昱等译，北京：商务印书馆1988年版，第265页。

④ J. V. Beckett, *The Aristocracy in England, 1660–1914*, Oxford: Basil Blackwell Ltd., 1986, pp. 43, 128.

等一系列责任。"①

20世纪90年代，E. P. 汤普森提出了"土地与权力基础"说。他认为，"土地仍旧是富有影响力的指数，是权力的基础。人们倾向于把土地与乡绅联系起来。如果一个人的土地财富和地位同时得以提高，他将会发现，财富的规模至关重要。这种财富既包括直接服务于农业的产业（如运输业、马具业、辐轮制作业），也包括农产品加工业（如酿造业、鞣皮业、磨粉业、毛纺业等）。不论伦敦、利物浦、曼彻斯特、布里斯托尔、伯明翰、诺里奇取得怎么样的发展，1760年代的英国仍然是一个农业国家。许多在城市中、商业中发了家的人们，仍旧通过把财富转化为土地的方法，取得乡绅的地位。"② 21世纪初，托马斯·威廉·海克提出了"土地与社会等级阶梯"的论点。他说："土地财产是社会等级的基础，土地创造了国家的财富，并赋予劳动者工作的机会。土地是声望的源泉、通向地位的阶梯。拥有地产会使人们的地位上升到社会等级阶梯的顶部，并获得相应的政治权力。在18世纪，土地价格昂贵，土地流动呈现出两大规律：一、财富拥有者争先恐后地购买土地；二、地主要保证其土地的完整性。"③

以上探讨表明：19世纪晚期以来，西方学者以不同的措辞，表达了工业化时期英国土地社会价值的论点；也有的学者以此为基础，看到了土地社会价值与土地流动之间的关系。不过，关于工业化时期英国土地社会价值与土地流动之间的关系，西方学者的研究仅限于观点提出阶段。在本章，笔者尝试使用实证的方法，从土地阶级和社会权力的关系入手，探索土地家族、政府官员等职业者、工商界人士等群体，为获得社会地位、权力和名望而对土地的追逐和向土地阶级的融入，进一步分析工业化时期英国社会心态与土地流动的关系。

二、融入土地阶级、谋求社会权力：一种心态

在英国，土地与家族声望、政治地位之间的关系历史悠久。从中

---

① J. V. Beckett, "Landownership and Estate Management", in Joan Thirsk (ed.), *The Agrarian History of England and Wales, 1750–1850*, Vol. 6, Cambridge: Cambridge University Press, 1989, p. 545.
② E. P. Thompson, *Customs in Common*, London: Penguin Books Ltd., 1991, p. 16.
③ Thomas William Heyck, *A History of the Peoples of the British Isles from 1688 to 1914*, London: Routledge, 2002, p. 53.

世纪开始,二者之间就显现出牢不可破的联系。按照马克垚先生的研究,在中世纪的西欧,"国外学者所说的庄园,不但是一块地产,而且往往是一个政治权力单位,甚至单纯是一个政治权力单位。"① 下面,以利文森-高尔地产为例,说明地产与社会声望、政治地位之间的关系。

  17世纪,利文森和高尔两大家族合并为一。早在1344年,尼古拉斯·高尔作为约克郡的代表参加了议会。1460年,托马斯·高尔代表斯卡伯勒选区参加了议会。不过,当时高尔家族的政治活动仅仅局限于地方上的职位,如郡守。托马斯·高尔勋爵(1605—1672年)是高尔家族第一位进入国家政治层面的家族成员。利文森家族的地产面积十倍于高尔家族,有着更为辉煌的政治经历。1432年,斯塔福德郡维伦豪尔的詹姆斯·利文森作为纽卡斯尔的代表参加了议会下院。詹姆斯·利文森(1500—1546年)建立了土地家族,并于1536年参加了议会改革。沃尔特·利文森爵士是詹姆斯·利文森的孙子,先后于1575—1576年、1586—1587年担任什罗普郡和斯塔福德郡的郡守,同时又于1577—1585年代表斯塔福德郡当选上院议员,1587年被封为骑士,1584—1589年代表什罗普郡当选下院议员,1597—1598年代表纽卡斯尔当选下院议员。理查德爵士(1570—1605年)是沃尔特·利文森爵士的继承人,1604年被封为海军上将;同时,1588—1589年、1604年,他先后代表什罗普郡当选议会下院议员。豪林的利文森爵士是理查德爵士的远房侄子,1624—1625年是卡斯泰尔的议会代表,1626年又当选什罗普郡议会代表。1640—1642年,他在长期议会担任议员。②

从高尔和利文森两大家族的历史看,无论在议会君主时期,还是在绝对君主时期,英国的土地与政治权力、家族名望就是一对孪生姐妹,后者

---

① 马克垚:《西欧封建经济形态研究》,北京:人民出版社1985年版,第151页。
② J. R. Wordie, *Estate Management in Eighteenth-century England: The Building of the Leveson-Gower Fortune*, London: Royal History Society, 1982, pp. 228–229.

以前者为基础，是前者社会功能的表现形式。①

伴随着内战的发生、复辟的结束，英国社会经历了急剧变动。在这场变动中，作为不动产的土地成了稳定人们社会地位与家族名望的根基。从此以后，土地替代了国王的宠幸，成为人们政治地位高升的依托。这一时期，许多家族以土地为依靠，获得显赫地位。比如，塞缪尔·惠特布雷德是伦敦著名的酿造商，后退休还乡，回到贝德福德郡，在那里，他的家族很早就是地主兼农场主，当时正在卡丁顿教区筹措购买一块新的土地；赫尔是英格兰东北部的一个港市，那里的一些商人，如查尔斯·希利、弗朗西斯·德拉普利姆出生于乡绅之家，其他的一些成功商人，如迈斯特尔家族、霍拉肖的赛克斯家族和布罗德利家族在乡间购买土地，建立土地家族；霍拉肖·帕拉维西诺是金属冶炼商、借贷商、国王的财政顾问，因为伊丽莎白女王的宠信而被封为骑士，并在三个郡拥有地产，在伯拉海姆建造了富丽堂皇的宅邸，拥有大批羊群；罗伯特·怀尔德是沃彻斯特郡一位著名布商的儿子，他在城市的边沿地区购买了原来属于医院的土地，放弃布业从事地产经营，收取地租；威廉·马克洛是一位丝绸商，其父亲是黑尔斯欧文地区的自耕农，其儿子在埃雷地区建立了土地家族，当上了绅士。②

一些原先没有任何地位和声望的家族，通过对土地的购买与家族地产的积累，提高其社会地位，获取社会认同。比如，托马斯·威尔逊是一个非常讨厌律师的人，他把同一时期律师通过购买土地、提高地位的手段作以白描。他写道：

> 除了安格尔西岛，那些自诩没有律师也没有狐狸的郡、城市、市镇、乡村，一个也避免不了律师纠缠的厄运。这些律师地位的升

---

① 美国弗吉尼亚大学社会学教授贾恩弗兰科·波齐把中世纪至近代早期欧洲的国家分为"封建制、等级制和绝对主义王权"三种类型。他说，"绝大多数国家在12世纪后期到14世纪初期向等级制国家制度转变；从等级制国家向绝对主义统治制度的转变，我认为是在16世纪和17世纪之间。到了18世纪初期，处在它们中有许多并不具有特别的政治性质的发展压力下——我把它们称为'市民社会的兴起，绝对主义已经在一些重要的国家衰落'"（[美]贾恩弗兰科·波齐：《近代国家的发展——社会学导论》，沈汉译，北京：商务印书馆1997年版，译者序第1页、第21页）。按照佩里·安德森的研究，"英国绝对主义是在17世纪被铲除的"（[英]佩里·安德森：《绝对主义国家的系谱》，刘北城等译，上海：上海人民出版社2001年版，第4页）。

② G. E. Mingay, *The Gentry: The Rise and Fall of a Ruling Class*, London: Longman Group Ltd., 1976, p. 8.

迁，靠的就是买断市场上出售的土地。那些年轻的绅士以及那些涉世不深的群体，一旦陷入官司，就不得不变卖土地还债，成为律师的牺牲品。①

透过托马斯的陈述，可以窥视律师借购买土地彰显社会地位的一斑。17世纪末期，统计学家格雷戈里·金分析了英国的社会结构，按照自高向低的原则，把社会分层状况列举如表3.1。根据表3.1，工业化时期，地主家庭占英国家庭数量的1.2%，农场主和自耕农家庭占24.3%。同时，根据第一章所述（详见表1.2），这一时期，以"大地主和乡绅"为内容的地主阶级拥有全国土地份额的比重为60%—70%，以"约曼、家庭农场主和其他小土地所有者"为内容的中小土地所有者占全国土地份额的25%—33%。格雷戈里·金把这一时期英国的社会等级按照自高向低的顺序，归纳为：大贵族（公爵、大主教、侯爵、伯爵、子爵、男爵、主教）、小贵族（从男爵、骑士、乡绅、绅士、牧师、教士）、约曼、自耕农、工匠与商人、雇工、茅舍农、乞丐（见表3.2）。

上述论证表明：在工业化初始阶段，英国是一个以土地为基准的分层社会，贵族是土地巨头，处于社会顶端；乡绅次之②，是社会的中坚力量；在乡绅以下，是约曼、家庭农场主阶层，他们靠经营农场为生。按照明格的研究，工业化时期，"在贵族、乡绅、自耕农三个阶层中，每个阶层都在政府中发挥着重要而独特的功能。贵族充任议会上院和政府的成员，或者担当各郡的地方军务长；乡绅充任下院成员，在更多的情况下担当地方行政长官；自耕农则充任选民，或者在教区担任教会委员、监督员、测量员。这三个阶层在等级制度中构成了一个具有特殊地位、并且发挥政治作用的联合体"③。以上分析说明：以拥有土地的不同数量为基础，英国形成了贵族、乡绅、自耕农三个阶层，这三个阶层的联合体，既左右了国家的土地，又主宰着国家的政治权力，构成了工业化时

---

① G. E. Mingay, *The Gentry: The Rise and Fall of a Ruling Class*, London: Longman Group Ltd., 1976, p. 8.
② 17世纪晚期，英国的土地乡绅数量为15,000个（Roy Porter, *English Society in the Eighteenth Century*, Middlesex: Penguin Books Ltd., 1982, p. 81）。
③ G. E. Mingay, *English Landed Society in the Eighteenth Century*, London: Routiedge and Kegan Paul, 1963, pp. 7 – 8.

期英国的土地阶级。①

表 3.1　17 世纪晚期英国各类家庭的数量比重

地主	1.2%
农场主和自耕农	24.3%
职业者（包括神职人员）	3.4%
商人和店主	3.7%
工匠	4.4%
雇工、在外佣工	26.8%
茅舍农和乞丐	29.4%
武装力量	6.8%

资料来源：Roy Porter, *English Society in the Eighteenth Century*, Middlesex: Penguin Books Ltd., 1982, p. 63.

表 3.2　斯图亚特王朝时期英国的社会分层

等级		头衔	称呼	地位名称	职业名称
大贵族	1. 公爵、大主教	老爷 夫人	尊贵的等	贵族	无
	2. 侯爵				
	3. 伯爵				
	4. 子爵				
	5. 男爵、主教				
小贵族	6. 从男爵	勋爵 夫人	可敬的等	绅士	军官 大夫 商人等
	7. 骑士				
	8. 乡绅				
	9. 绅士				
	牧师、教士		阁下		阁下
	10. 约曼	户主	可敬的	约曼	农民
	11. 自耕农				
	12. 工匠、商人	无	绰号	无	工匠
	13. 雇工				雇工
	14. 茅舍农、乞丐				无

资料来源：Peter Laslett, *The World we Have Lost*, Cambridge: Cambridge University Press, 1965, p. 38.

---

① 近代早期，英国社会出现了中间阶级，"社会上层的下限——骑士、缙绅、乡绅、绅士——和社会下层的上限——约曼、自耕农——融合在一起，出现了乡绅。现代早期的中间阶级——乡绅开始崛起"［郭爱民：《中古英格兰的社会结构与中间阶级的崛起》，载《天津师范大学学报》（社会科学版），2005 年第 3 期，第 31—34 页］。

直到 19 世纪晚期，地主在英国社会中的地位仍然牢不可破。如果地产营运状况良好，地租处于上升状态，土地阶级的时运就会持续下去，即使议会改革也改变不了他们在政治中的支配地位和作用。在乡间，土地阶级仍然把持着地方官员的位置，他们作为社会领袖的地位无可挑战。1881 年，布罗德里克记录了乡绅在土地社会中的作用，他写道：

> 所有这些变化都没有削弱乡绅的力量。和乡村社会的其他阶级相比较，他们的实力比原来更为强大，因为具有独立精神的约曼不再同他们竞争，簇拥在他们身边的是不断地献媚的佃农和雇工。郡的地方官通常由这些大地主担任。即使做不了郡的长官，他们也会在所处的领域内起主宰作用。在乡间，他们是主要的雇主，也是慈善事业的重要支持者。①

布罗德里克的记录表明，在英国乡村社会，直到 19 世纪晚期，土地与人们的地位和声望仍然密切相关，它是人们获得社会地位、把持乡村政治权力的基础。

在英国上层社会，无论是政界要员还是法律界的杰出法官，一般都拥有贵族的身份和头衔。贵族的身份和头衔建立在一定数量的土地之上，19 世纪英国系谱学家伯克论证了二者的关系。1861 年，他写道：

> 在头衔授予问题上，不动产难题永远存在。国王把不动产作为册封世袭头衔的基础，世袭头衔的接受者与地产之间的联系不可分割。从男爵的限定条件为每年土地收入 500 英镑，贵族的限定条件为每年土地收入 2,000 英镑。②

伯克关于世袭贵族和土地之间关系的论断说明：直到 19 世纪中后期，在英国民众的心目中，世袭贵族头衔和地产之间仍然存在着共生关系；在世袭贵族梯级中，每个级别都有着最低的地产要求，低于此标准

---

① Susanna Wade Martins, *A Great Estate at Work: The Holkham Estate and its Inhabitants in the Nineteenth Century*, Cambridge: Cambridge University Press, 1980, p. 35.

② F. M. L. Thompson, *English Landed Society in the Nineteenth Century*, London: Routledge & Kegan Paul, 1963, p. 62.

被认为是不体面的事情。在这样的前提下，为了获得头衔、提高地位、进入政界，待册封者会大量地购买土地。F. M. L. 汤普森把19世纪30到80年代英国贵族的财富状况统计如下：

> 1832年到1885年，共册封176位贵族，议会上院招纳了139名新成员。这些新贵族大多为政客，他们利用头衔在政府部门或在议会下院供职。在这139名新招募的上院贵族中，地产少于3,000英亩、年地租收入少于3,000英镑的贵族没有超过26名，占总数的1/5。
>
> 在这26位贵族中，5位是政客，其中3名自由党人，2名保守党人，他们都拥有地产。迪斯雷利是他们当中财富最少的，他从波特兰公爵那里借钱购买了休顿地产。这块地产达1,000英亩，年地租收入为1,494英镑，这能够使他以地主的身份担当托利党领袖。卡尔·格林是自由党人，担任上院议员达21年之久，他把主要精力投入了铁路业和银行业，被授为沃尔弗顿勋爵；他没有过多地把财富转化为地产，去世时留下了近两百万英镑的财富；在五位政客中，他最为富有。他拥有的地产面积不是很大，仅712英亩，分布在多塞特郡和米德尔塞克斯郡，但这些地产价值高昂，年地租收入为2,216英镑。科特斯尔勋爵是保守党人，在皮尔政府中任职，退休后担任海关委员会主席（1846—1873年），此外，他还是白金汉郡的乡绅，拥有2,683英亩土地，年地租收入为5,675英镑。伊伯里勋爵是辉格—自由党成员，威斯敏斯特侯爵的第三个儿子，1857年当选上院成员。他在赫特福德郡和米德尔塞克斯郡拥有地产，这些地产以里克曼斯沃斯为中心组建而成，年地租收入为5,803英镑。蒙塞尔是自由党成员，1874年，被授为埃姆林勋爵，他是爱尔兰地主，在里默立克拥有地产，每年可以带来2,683英镑的地租收入。
>
> 在26位拥有地产在3,000英亩以下的新贵族中，14名是律师，其余的包括：3位将军，拉格伦、马格戴拉的内皮尔、沃里莱；2位印度总督，哈丁和劳伦斯；1名外交官，安普西尔；1名诗人，坦尼森。在总体上，拉格伦、马格戴拉的内皮尔、沃里莱几乎没有地产，其他人则拥有少量的地产，从拉格伦的95英亩到劳伦斯的923英亩不等。拉格伦是博福特公爵的第八个儿子，每年给妻子1,000英镑的寡妇金，给儿子2,000英镑的年金。马格戴拉的内皮尔在1867年参

加过阿比西尼亚战役后，每年得到 2,000 英镑的年金。沃里莱除了参加议会活动，通过服役总共得到 55,000 英镑。劳伦斯勋爵的地产被儿子继承，1879 年，后者声称在汉普郡拥有 10,000 英亩地产。坦尼森勋爵阿尔弗雷德是他们当中唯一的艺术界代表人士，也是唯一没有地产、没有贵族血统的新贵族。①

根据以上数据，从 1832 年到 1885 年，英国共册封了 176 位新贵族。在这些新贵族中，拥有地产在 3,000 英亩以上者为 150 名，占总数的 85.2%；26 名新贵族的地产在 3,000 英亩以下，仅占总数的 14.8%。在这些地产数量少于 3,000 英亩的贵族当中，绝大多数拥有与其头衔相匹配的地租收入，还带有贵族血统；那些既没有地产也没有贵族血统的新贵族，数目寥寥。

长久以来，在英国存在着贵族是应该拥有充足地产，还是应该具备特殊才能和经历的争论。为履行作为法律机构的职能，议会上院需要不断招募具有才能的杰出律师。按照 19 世纪早期的惯例，大法官法院的法官和王座法院的法官必须具有贵族身份。这两种法官为上院提供了法律天才的来源。在厄尔顿就任大法官法院的法官期间，由于法律事务日益增多，这两种法官后备力量缺乏，尤其缺乏精通衡平法和苏格兰法律的律师。因而，1830 年，以律师应该具有地产与才能、还是仅仅具有职业能力就可胜任的争论为基础，提出了仅供本人享有的终身贵族的建议。其原因是，在选择上述两种具有贵族身份律师的过程中，总会遇到地产规则限制的难题，由于这两种律师的儿子不可能像父亲那样勤奋，因而，具有贵族身份的世袭律师为数极少。

1856 年，当 1834 年以来在财政部任职的詹姆斯·帕克被提升为终身的文斯利代尔男爵的时候，人们就终身贵族的合理性和合法性问题展开了激烈辩论。作为保守党的喉舌，德比伯爵强烈反对这种"侵犯"宪政的做法。他认为，议会上院还面临着海军和陆军人员蜂拥而至的威胁。他说："这将破坏上院世袭的传统，标志着上院的灭亡。"莱昂纳茨勋爵是保守党人，大法官法院的前任法官，他宣称议会上院的终身贵族永远都不要反对由公众选举出来的下院。"当议会需要时，没有足够财产的律师能否成为终身贵族？"他对这一问题持否定态度。格雷伯爵作为政府的发言人，回

---

① F. M. L. Thompson, *English Landed Society in the Nineteenth Century*, London: Routledge & Kegan Paul, 1963, pp. 52 – 62.

击了上院。他说:"议会上院担心两件事情。一是议席中将会挤满贵族,这些人没有充足的物质手段维持其头衔。二是在上院中,有相当多的成员依靠天才和勤奋取得了贵族的尊贵地位;问题的关键在于律师、将军、准将是否应当被排除在上院之外,直到他们取得其尊贵和级别赖以依存的物质基础。"① 格兰威尔伯爵在这场争辩中引用了1818年阿博特被委任为王座法院大法官时厄尔顿写给凯尼恩勋爵的一封信,厄尔顿在信中说:

> 我同意王座法院大法官应该是贵族,阿博特是最为适合的人选。下面看看历届大法官的家庭状况。曼斯菲尔德勋爵出身于贵族家庭,长期在法庭从事报酬丰厚的职业,没有后代。令尊曾经在法庭供过职,是我们这个时代最杰出的律师,他比同一时代任何一个专业人员创造的财富都要多。拉夫伯勒勋爵也在法庭上供过职,创造了一些财富,他没有后代,贵族爵位不能传世,他的职位足够供养他度过余生。当我在高等法院供职时,通过担任律师创造了一些财富。假如我没有接受贵族的头衔,这无论对家族还是对公众都是一大损失。阿博特一直从事律师工作,没有担任过公职,他认为自己没有足够的财产支撑贵族头衔;如果没有贵族头衔,他不愿接受王座法院大法官的职务。②

以上关于职业贵族问题的争论说明:工业化时期,在广大民众固有的观念中,英国贵族应该与地产联系在一起,没有地产或地产不足以善其身的人士没有资格进入贵族圈子;由于议会上院、王座法院对精通法律人士的需要,出现了杰出律师可以被封授为终身贵族的现象,这些终身贵族在授爵前大多创造了丰硕的财富,这些财富的表现形式就是地产。

1880年以后,由于第三次议会改革③和农业经济的衰落,地主在英国经济和政治中的地位开始下降。比如,在来自诺福克郡的9名下院议员中,7名为地主;和这些具有传统身份议员相并列的,是一些新人,

---

① F. M. L. Thompson, *English Landed Society in the Nineteenth Century*, London: Routledge & Kegan Paul, 1963, pp. 52-53.

② F. M. L. Thompson, *English Landed Society in the Nineteenth Century*, London: Routledge & Kegan Paul, 1963, pp. 52-55.

③ 19世纪,英国分别在1832年、1867年、1883—1885年进行了三次议会改革,民主政治逐渐扩大,满足了工业资产阶级的意愿,提供了工人参政的可能性。

其中 E. H. K. 莱肯勋爵是来自北诺福克的代表，他是酿造商，并在诺里奇从事芥末行业。① 农业的衰落主要表现为地租收入下降。在诺福克郡，1894—1896 年议会报告把农业的衰退状况统计如下：

> 地租平均下降了 33%。在那些土质过轻或过重的地区，地租下降到每英亩 2 先令 6 便士，下降幅度为 50%—75%。在中性土壤地带，地租下降的幅度为 20%。地租下降幅度最大的区域包括布雷克兰的大部分地区以及土质较为粘重的地区，这类地区面积占整个郡的比例为 1/4。在霍尔克姆地产上，直到 1880 年代，地租才开始下降；到 1894 年，地租收入较 1873 年降低了 45.5%。土地的价值下降了一半，直到出售地产时，地主才确切地知道亏损了多少。2/3 的乡绅难以支付家庭开支，把射猎场出租给几个月前破落的佃农们，远走他乡，当地事务对他们已无利益可言。②

以上材料说明，到 19 世纪末，土地对广大乡绅地主的吸引力逐渐减少，地方事务与地产的联系日益松弛，乡绅地主纷纷抛售土地。应该注意的是，尽管存在着以上状况，地主并没有退出政治舞台，在议会中，他们仍控制着绝大多数议席。在议会内部，一方面新人不断涌入，另一方面具有地主身份或地主背景身份的群体仍牢牢地把持着进入上层的门槛。F. M. L. 汤普森把这一时期贵族把持政治的数据统计如下：

> 1886—1914 年，265 个新头衔获得批准。在这 265 名新头衔获得者当中，除了那些出生于皇室家族和那些具有贵族血统者，200 名是首次进入贵族圈子者；其中 70 名是工业新财富的代表，占总数的 1/3；另外 1/3 是职业者的代表，包括律师、外交人员、殖民官员、军人；有 1/4 是旧土地家族的家长，在过去，他们是贵族的脊梁。许多工业贵族，比如乔伊西勋爵，来自拥有地产的家族。假如我们排除那些继承土地地位的贵族，那么，白手起家的新贵族数量

---

① Susanna Wade Martins, *A Great Estate at Work: The Holkham Estate and its Inhabitants in the Nineteenth Century*, Cambridge: Cambridge University Press, 1980, p. 35.

② Susanna Wade Martins, *A Great Estate at Work: The Holkham Estate and its Inhabitants in the Nineteenth Century*, Cambridge: Cambridge University Press, 1980, pp. 35 – 36.

不会超过 1/4。在上述第二类团体的构成成分中，相当比例的成员属于贵族或乡绅的儿子，尽管他们本身不是地主，但仍旧属于地主阶级的成员。因而，一多半的贵族出生于土地家族。自 1885 年开始，具有土地背景的贵族的比例开始下降，不过，和土地有渊源的新贵族的比例仍多于 3/4。①

以上材料说明：到了工业时代晚期，尽管工业财富的代表进入了贵族圈子，但出身于土地家族的新贵族仍占有相当高的比率，土地阶级仍旧发挥着较大的社会影响力；追逐土地、进入土地阶级仍然是一种重要的社会心态。

三、土地家族购买土地：巩固并扩大社会影响力

在地产集中、地块齐整的前提下，决定土地家族社会影响力大小的因素在于地产的面积和价值。为巩固、提高社会地位，土地家族经常大面积地购买土地。比如，拉格利地产所有者的主要目标是成为侯爵，达到这一目标的途径有两个，一是在政治上谋求官职，二是积聚地产上的收入，购买土地是该家族提高地产收入的手段，以此为基础，该地产所有者于 1793 年荣获了侯爵的称号；1805 年和 1810 年，第十七任斯托顿勋爵总共投资 193,315 英镑，购买茅尔弗勒家族的土地，在约克郡获得了阿勒顿园，早在 1713 年，其祖先第十三任斯托顿勋爵变卖了家族在威尔特郡主地产的绝大部分，获得 19,400 英镑，此后，博纳姆成为家族主地产，第十七任斯托顿勋爵又卖掉一块地产，获得 7,288 英镑，可能因为妻子成为其岳父（约克郡地主）——第五任兰代尔勋爵唯一的继承人，再加上对阿勒顿地产的购买，斯托顿家族重新恢复了富裕地主的地位；第一任里奇蒙公爵来自土地家族，花费 4,100 英镑购买了古德伍德地产，这在当时还是一块小地产，公爵本人收入不菲，但地产面积不大，1730 年，由于接收到卡多根家族陪送的结婚嫁妆，公爵家族的地产得以向北延伸，到了第三任公爵的时候，家族地产迅猛扩大，1750 年，年仅 15 岁的第三任公爵从父亲那里继承了家族地产，共 1,100 英亩，从 1760 年开始到 1806 年去世，第三任公爵通过购买的方法，使家族地产扩大到 17,000 英亩，例如，1765 年投资 48,000 英镑购买了邻近的豪尔内克地

---

① F. M. L. Thompson, *English Landed Society in the Nineteenth Century*, London: Routledge & Kegan Paul, 1963, p. 294.

产，1772 年投资 17,000 英镑购买了东黎凡特庄园，到第五任公爵的时候，家庭地产再次拓展，仅 1820 年代，在苏塞克斯郡就购买了几座庄园；由于受到王室的青睐，泽西伯爵的地位得以上升，可是截至 1736 年前，伯爵家里尚无半寸土地，1736 年，第三任伯爵投资 6,000 英镑在牛津郡购买了米德尔顿斯托尼地产，1737—1765 年，他又投资 20,000 英镑，4 次购买邻近的农场。① 以上材料说明，工业化时期，英国地主和贵族大规模购买土地目的明确，即通过扩大地产面积的方法提高家族影响力；有些地主购买土地就是要以之为介质跨入贵族行列，挤入上流社会；有些带有头衔的土地家族由于过去曾经变卖土地，逐渐呈现出破落之相，为重振地位和声誉，通过与女继承人结婚、购买的方法获得大片地产；有些土地家族在获得贵族头衔的时候，地产还相当少，或通过几代人的努力购买，或通过获得结婚嫁妆的途径，逐步建立与家族头衔相适应的地产；有些家族由于某种特殊原因获得了贵族称号，但手中没有土地支撑这种头衔，于是大张旗鼓地购买土地，建立土地家族。

在沿着社会梯级向上攀爬的道路上，英格兰的地产比爱尔兰的地产具有更大的社会价值。比如，国王乔治三世拒绝册封希尔斯伯利勋爵担任爱尔兰郡长，原因在于他在爱尔兰以外没有拥有地产。② 正因如此，许多爱尔兰地主极力在英格兰购置土地，以英格兰地产为依托寻求相应的地位和头衔。比如，爱尔兰菲茨威廉伯爵于 1746 年荣升为英国爱尔兰菲茨威廉伯爵；爱尔兰谢尔本伯爵在威尔特郡拥有大地产，1784 年被提升为兰多恩侯爵；德拉万原先是爱尔兰男爵，同时又是北安普敦郡的重要地主，1786 年开始拥有英国西顿德拉万的德拉万男爵身份；爱尔兰格利姆斯顿子爵是地地道道的英国地主，1790 年开始以格勒姆伯利的韦鲁拉里男爵的身份出现；罗伯特·史密斯是位银行家，他的生涯开始于爱尔兰卡林顿男爵，从 1797 年起，他开始以厄普顿的卡林顿男爵身份出现；弗朗西斯·安的头衔是伦敦德里侯爵夫人，1823 年，她的丈夫爱尔兰侯爵被封为魏恩伯爵和达勒姆郡威纳德与瑟姆的瑟姆子爵，侯爵夫人

---

① John Habakkuk, *Marriage, Debt, and the Estates System*, Oxford: The Clarendon Press, 1994, pp. 481–482.

② John Habakkuk, *Marriage, Debt, and the Estates System*, Oxford: The Clarendon Press, 1994, pp. 483.

说:"在贵族的阶梯上每前进一步,都需要在外交部门长期服务。"① 这些个案表明,爱尔兰地主在英格兰积极地寻求土地,以期在那里建立土地家族,获得贵族的头衔和称谓,真正提高家族的社会地位和声望。

爱尔兰贵族在英格兰获得土地的方式可谓门类众多。1750—1760年代,伊格伯爵约翰·潘西尔用他在爱尔兰的地产抵押贷款,在英格兰购买土地;约翰·霍尔罗伊德是一个爱尔兰地主的儿子,1768年,他以设菲尔德勋爵的身份继承了母亲的地产,次年又投资31,000英镑在苏塞克斯郡购买了设菲尔德园,到1883年,这块地产的面积达到4,537英亩;托马斯·菲茨是首相舍尔伯恩的弟弟,他在爱尔兰继承了土地,1780年代,又在登比郡(威尔士原郡名)购买了莱温妮豪尔地产以及科顿家族的部分土地;在复辟后的岁月里,阿加家族的查尔斯·阿加以购买格罗朗堡地产为开端,在爱尔兰建立了大地产,查尔斯的孙子通过同韦尔伯埃里斯的密斯主教唯一的女儿结婚的方法扩展了家族地产,1781年,他们的儿子被封为克里夫顿子爵,他们的孙子第二任克里夫顿子爵继承了舅舅的财产,1792年同英格兰贵族第三任马尔伯勒公爵的长女结婚,并于1802年在北安普敦郡购买了岳父的地产——豪尔顿伯地产,以该地产为基地建立了宅邸,1830年又在白金汉郡购买了勒恩伯勒地产;威尔伯·埃里斯是第二任伯爵(1778—1868年),他的父亲是都柏林大主教,从1822年开始,威尔伯在汉普郡购买地产,并把这里的土地作为家族主地产,共计9,236英亩,同时,他又在其他郡购置地产,这包括威尔特郡的9,811英亩、林肯郡克罗兰周围的6,981英亩、多塞特郡的556英亩;约瑟弗·戈夫是英格兰地主的儿子,拥有的地产并不是很多,1831年后,他购买了黑尔帕克地产,到1833年,其家族在汉普郡和威尔特郡拥有地产2,848英亩,在爱尔兰拥有地产791英亩;詹姆斯·伯格尔·德拉普是海军上校,同时又是爱尔兰多恩戈尔地区的地主,他同吉尔福德附近斯托克帕克的女继承人结婚,获得了白金汉郡的鲍布利克尔庄园,1847—1854年,在多恩戈尔地区拥有6,000英亩土地的基础上,他的儿子雷夫德·罗伯特·德拉普又以罗克斯顿为中心在贝德福德郡、白金汉郡和北安普敦郡购买土地,总共购买土地达4,377英亩。②

---

① F. M. L. Thompson, *English Landed Society in the Nineteenth Century*, London: Routledge & Kegan Paul, 1963, pp. 10 – 11.

② John Habakkuk, *Marriage, Debt, and the Estates System*, Oxford: The Clarendon Press, 1994, pp. 483 – 484.

以上资料说明,在工业化时期,爱尔兰地主设法在英格兰建立土地家族。有些爱尔兰地主将自己在爱尔兰的地产以抵押贷款的方式抵押出去,获得资本,再行购买土地;有些爱尔兰人出身于地主之家,通过继承母亲在英格兰地产的方式获得爵位,以此为基础在英格兰购买土地;有些英国人在爱尔兰继承了土地,然后,以此为依托在威尔士购买地产;有些爱尔兰土地家族,通过子孙后代同英格兰贵族或地主联姻的方法在不列颠获得土地,同时,不失时机地购买地产,在不列颠建立土地家族;有些爱尔兰人出身于宗教之家,在不列颠购买土地确立主体地产,还通过购买的方式确立外围地产。爱尔兰地主在英格兰建立土地家族最基本的方式就是购买,再辅以婚姻继承的方法。

有时候,贵族、乡绅为控制选举局面而购买土地。他们往往利用土地出租的机会,把合乎投票资格的租佃农场主牢牢地控制在手中。例如,在利文森-高尔家族的地产上,代理人吉尔伯特明显青睐于用购买土地而不是在啤酒馆贿赂的方法拉拢选票。基于此举,他自诩为能干的政治代理人。1754年,在给雇主第一任高尔伯爵的一封信里,他这样写道:

> 正如阁下所期望的那样,我检查了近两次选举以来利奇菲尔德地产上的财务状况。这是一项非常耗时的工作,比我预先的设想要麻烦得多。尽管科布先生的账目和单据非常规范,我仍感到乏味和烦闷。鉴于您以及安森勋爵想要急切地知道费奇菲尔德地产上的状况,我早就期待着寻找机会向您汇报一切。您已经从土地购买中受益,而且您将继续从这项既定策略中受益。您可以省去宴请这些选民到啤酒馆消费的巨额开支。如果他们中的某些人打算与您作对,不让他们有第二次机会是最好的方法。①

在写给伯爵的另一封信里,吉尔伯特进一步表达了购买土地与控制选举之间的关系。他写道:

> 需要额外说明的是,如果把更新租地持有田的罚金、租地持有田的开支以及购买这些土地的财产转让费折合在一起,这笔开支的

---

① J. R. Wordie, *Estate Management in Eighteenth-century England*: *The Building of the Leveson-Gower Fortune*, London: Royal History Society, 1982, pp. 250 – 251.

优越性就会展现眼前。我非常高兴地看到，起初购买这块地产的时候，我们的总支出为 7,894 英镑 9 先令 4 便士，现在每年从这块地产上收到的地租为 300 英镑 14 先令 11 便士，而且这些地租中的许多部分还可以再提高。除去维修费用、意外开支、更新部分租地持有田的罚金三笔费用 50 英镑 14 先令 11 便士，这块地产每年的纯收入为 250 英镑。更为重要的是，在这块土地上的租地持有农中，选民不少于 36 人，他们都参加了上一次选举。因而，我们可以用较小的代价取得众多的选票。在这块地产上，还有 36 张不错的自由持地农选票。通过这块地产，您不仅可以获得利润，还可以得到租地持有农和自由持地农的选票。根据宪章，这些自由持地农是这里的居民，他们缴纳赋税和份额税，并享有选举权。①

在前一封信里，代理人吉尔伯以隐讳的笔触告诉第一任高尔伯爵，通过购买土地、控制租用这些土地的选民是操纵选举的有效途径，这种方法不仅可以大大降低选举的成本，还可以驯服伯爵土地上的选民。信中所说"不让他们有第二次机会"，是指伯爵土地上的选民在选举中如果不唯其马首是瞻，就可能被驱逐。在后一封信里，吉尔伯特通过购买土地的特定个案，说明购买土地不仅可以带来经济利益，还可以控制更多的选民。

利用土地出租控制选民的情况，在其他地区同样存在。比如，1852 年，北安普敦郡乡绅查尔斯·蒙克在给其林肯郡北部佃农的一封信中，这样写道：

> 大宪章以及古代自由的观念深入人心。希望我的佃农们在与我取得联系并且明白我的意图之前，不要参加投票。如果你我之间的意见相反，我会在你我之间做出全面的解释和权衡。我向你发誓我会尊重绝大数人的意见。②

上述三封信件的节选内容表明，购买土地是英国地主拓展政治势力的重

---

① J. R. Wordie, *Estate Management in Eighteenth-century England*: *The Building of the Leveson-Gower Fortune*, London: Royal History Society, 1982, p. 251.

② G. E. Mingay, *The Gentry*: *The Rise and Fall of a Ruling Class*, London: Longman Group Ltd., 1976, p. 119.

要途径。在工业化时期,这是英国大地产形成的原因之一。例如,1797年,对纽卡斯尔土地的调查表明,利文森-高尔家族在该地区拥有的土地面积很小,仅有21英亩,但这些地产处于市区的中心地带,被183位租佃者租用,每年的地租收入接近600英镑。1813年之前,利文森-高尔家族开始扩展在纽卡斯尔的地产,以确保他们对这里政治的控制。1813年,对纽卡斯尔土地的调查表明,租用利文森-高尔家族城市地产的佃户达到了343位,其中328位佃户租用的地产环绕着该城。1797—1813年,利文森-高尔家族在纽卡斯尔的地产迅速扩展,由21英亩增加到863英亩,每年的地租收入达到2,650英镑。① 以上论证表明,在急剧变幻的社会环境中,土地是人们的社会地位得到保障的凭证。从18世纪开始,这种趋势在英国日益凸显,土地本身所包涵的价值不仅仅局限于农业经济,而且还涵盖了政治价值和社会价值。基于土地的政治、社会价值,各类职业者、工商业界人士以及土地家族大规模地购买地产,以之为介质控制选区的选票,最终达到操纵政治的目的。

四、各类职业者:竞相购买与自身地位相匹配的地产

为了巩固政治和社会地位,政府官员不断从薪水中拿出钱款,用于土地的购买,或者把任职过程中创造的财富用于地产的购置,使其原来的地产得以巩固、扩大,使地产的价值同自身的职位相匹配。下面,以英王对抗法王路易十四的战争中英国著名政治家利用自己创造的财富或薪水购买地产的材料为个案,略加论证。这些政治家原本就拥有相当面积的地产。例如,罗伯特·沃波尔是其中的重要代表,他利用从职位和从南海泡沫②投机中所获得的财富,在诺福克郡东部地区扩展土地,这使他从祖先那里继承来的地租收入扩大了2—3倍;第二任诺丁汉伯爵从其职位所获得的财富中抽取了80,000英镑,用于地产的购买和宅第的建造,其中50,000英镑用于土地购买,30,000英镑用于地产上房屋的建造;查尔斯·赫奇爵士担任海军上将级别的法官,并于1700—1706年担任国务

---

① J. R. Wordie, *Estate Management in Eighteenth-century England: The Building of the Leveson-Gower Fortune*, London: Royal History Society, 1982, pp. 255 – 256.
② 18世纪初,英国私人资本膨胀,闲置资金迫切寻找出路。1711年,南海股份有限公司成立。1720年,南海公司接收全部国债。2—6月,股票价格暴涨,平均涨幅超过5倍。6月,国会通过了《泡沫法案》。从7月份开始,南海股价一落千丈,"南海气泡"破灭。历经一个世纪之后,英国股票市场才走出"南海泡沫"的阴影。

大臣，1700年在威尔特郡购买了康普敦坎伯韦尔地产，以此为基础，建立了大地产；亨利·博伊尔是幼子，后被封为卡尔顿爵士，1701—1708年担任财政大臣，1708—1710年担任国务大臣，1720年他从侄子奥斯伯利那里购买了两块土地，分别位于威尔特郡和牛津郡；1686年之前，威廉·坦普尔爵士居住在什恩地区一块长期租有地的房屋中，1686年，他在法纳姆附近购买了一块地产，称之为博尔园，此后，他的后代拥有这块地产，直到1858年；罗伯特·本森曾担任财务大臣，购得了国王在约克郡的大片田地，还于1700—1710年建造了布拉莫姆宅邸，并改造为田园。①

工业化时期的英国，土地也是那些初出茅庐、财产尚不足以支撑其地位的政治家们得以在政坛驰骋的重要凭借。就是通过这样的途径，英国财政部的许多官员们建立起土地家族。比如，亨利·格里为财政部官员，购买了特林园；威廉·朗兹也是财政部官员，他用自己创造的财富在白金汉郡购置了土地，在三个儿子结婚的时候把这些地产分给了他们，在温斯洛地区成家的大儿子罗伯特分得了韦斯罗地产，二儿子威廉分得在阿斯特伍德伯利的地产，三儿子得到在切合姆的地产；布鲁克·布里奇（1643—1717年）是安妮女王时代财政部的审计员，他购买了肯特郡的古迪斯托地产，并在那里建立土地家族；威廉·克莱顿是财政部的副审计员，身兼马尔伯勒地产的经理，他在贝德福德郡购买了萨顿地产，这块土地每年的地租收入为1,000英镑；乔治是第六任金诺尔伯爵的长子，1711年被封为贵族（即杜珀林子爵），1711—1714年在财政部担任出纳员，这是一个有利可图的职务，1713年他在约克郡南部购买了布劳德斯沃斯地产，这块地产面积巨大，以此作为参政的资本；斯蒂芬·波因茨担任税务署的司库，1722年在伯克郡米德盖姆地区购买了一块地产，总花费为21,530英镑；詹姆斯·韦斯特是财政部的官员，出生于沃立克郡的一个土地家族，同一个带来十万英镑嫁妆的新娘结婚，1783年在沃立克郡购买了一块面积达2,749英亩的地产，直到1919年，他的后代仍拥有这块地产；爱德华·埃利斯的父亲在美洲从商，他继承了父亲的商业活动和父亲在北美的大地产，并于1830—1832年当上了财政部的

---

① John Habakkuk, *Marriage, Debt, and the Estates System*, Oxford: The Clarendon Press, 1994, p. 415.

官员，他以因弗内斯郡的因弗加里为中心，购置了大片土地。① 以上材料表明，为使自己的职位更为稳妥、可靠，政界人士不断购买土地，最终建立土地家族。

在法律界，法律从业者为了能够得到法律贵族的头衔而置田买地；也有许多法律界人士为了能够拥有与其头衔相匹配的地产，不断购买田产。比如，1832—1835年，在26位被授封为新贵族且地产少于3,000英亩的人士中，14位是法官或法律界的官员；上院大法官贵族厄尔顿的哥哥在海军法院做了20年法官，1828年退休，1821年，他被授予斯托厄尔勋爵，在做法官期间，适逢战争，业务繁忙，这使他收入颇丰，大量购置田地，在1817年之前，他积攒了丰厚的钱财，并买下了彻德沃斯勋爵送给雅茅斯的药剂师托马斯·佩雷斯的地产，这项购买花费300,000英镑，到1836年去世时，斯托厄尔地产的年地租总收入达到8,000英镑。②

那些较为成功的辩护律师以及其他种类的律师，同样忙于土地购买，建立土地家族。伦敦律师托马斯·格林去世于1810年，他的儿子小托马斯（1794—1872年）与一个男爵的女儿结了婚，这为家庭地位的上升铺设了道路，1821年，小托马斯购买了600英亩土地，并将之描述为"十分适合上流社会家庭的居所"，3年后，他代表兰开斯特市参加了议会，同时他还主持地方上每季召开的地方法庭，1830年代，他在韦灵顿建立一座新的庄园宅邸，以后，逐渐购买零星土地扩展这块地产，他的儿子道森执行同样的购地策略，后来，由于遗产税的征收，土地扩展策略才中断下来。③ 安布罗斯·霍尔比奇是一位杰出的律师，1662年，他在牛津郡购买了茂灵顿地产，随后不断扩充这块田产，到1873年，面积达到2,958英亩，到20世纪中叶，这块地产仍是该家族一个分支的宅邸所在地；安布罗斯·菲利普斯是复辟之后的著名律师，1683年，他花费28,000英镑，从第二任白金汉公爵手中购买了位于莱斯特郡的盖伦德恩地产，以此为基础建立了土地家族；艾兰·布利德里克被尊称为第一任米德尔顿子爵，曾经在爱尔兰经历过辉煌的律师生涯，他在萨利郡购买了

---

① John Habakkuk, *Marriage, Debt, and the Estates System*, Oxford: The Clarendon Press, 1994, pp. 417–418.

② F. M. L. Thompson, *English Landed Society in the Nineteenth Century*, London: Routledge & Kegan Paul, 1963, pp. 55–56.

③ J. V. Beckett, *The Aristocracy in England, 1660–1914*, Oxford: Basil Blackwell Ltd., 1986, pp. 129–130.

佩珀哈罗地产，建立了土地家族；托马斯·迈德里科特是一名辩护律师，18世纪初，在萨默塞特郡的赫恩斯利奇地区购买土地；威廉·皮尔·威廉姆斯是安妮女王时代一位活跃的律师，1727年，儿子结婚的时候，他投资10,000英镑在米德尔塞克斯郡购买了诺索尔特庄园，每年的收入为430英镑，后来又在北安普敦郡购买了卡拉普顿庄园；托马斯·杜里勋爵是一位律师，1737年，在北安普敦郡购买了奥弗斯通地产，后来不断购买土地，到1759年去世时，他留给儿子的土地每年可创造2,600英镑的财富；律师弗朗西斯·布勒是德文郡一个乡绅的第四子，1763年，时年17岁的弗朗西斯同德文郡彻斯顿·费勒斯和奥特里·圣玛丽地产的女继承人结婚，后来又在德文郡和克伦威尔郡购得大地产，他的儿子通过同女继承人结婚的方法，得到了斯塔福德郡的蒂尔赫恩豪尔地产；约翰·贝尔（1764—1836年）是伦敦大法官法院的杰出律师，他在坎特伯雷附近的米尔顿购买了土地，唯一的儿子继承了地产，并于1817年购买了伯恩园，1850年就任肯特郡守，拥有地产3,573英亩；克罗内尔·伊尼戈·威廉·琼斯的先辈们是布罗姆伯利的杰出律师，他在巴斯附近购买了克尔斯顿园，于1868年当上了萨默塞特郡守；本杰明·邦德·坎贝尔是杰出的辩护律师，父亲是药剂师，在米德尔塞克斯郡拥有财产，叔父是银行家，本杰明购买了诺福克郡的克罗默豪尔地产，面积达1,664英亩。①

购买地产、建立土地家族也是律师及其子孙由法律界步入政界的物质保障，为数不少的法律勋爵通过购买土地，巩固自己的地位，步入了地主的行列，成为名副其实的殷富地主。比如，布鲁厄姆勋爵每年从坎伯兰郡和威斯特摩兰郡地产上可以得到2,500英镑的收入，登曼勋爵在其德贝郡地产上的收入也接近这个数字，不过，他们二位尚不能步入殷富地主的行列；塞尔博恩勋爵每年来自汉普郡主地产上的收入为1,755英镑；1832—1885年，在担任衡平法院大法官的11人当中，6人根本没有土地。② 以上论证表明，在法律界，到19世纪中叶，虽然贵族律师对地产方面的要求呈现放松的趋势，但在总体上，地产仍与律师的地位有着密切联系。

---

① John Habakkuk, *Marriage, Debt, and the Estates System*, Oxford: The Clarendon Press, 1994, p. 446.
② F. M. L. Thompson, *English Landed Society in the Nineteenth Century*, London: Routledge & Kegan Paul, 1963, pp. 56-57.

许多地产管家或代理人把积累的财富用于土地购置，建立土地家族，进入乡绅行列。比如，在18世纪前半叶，约翰·斯佩丁担任怀特黑文的詹姆斯·鲁瑟爵士的地产管家，他培养儿子詹姆斯从小从事这一职业，1740年代，在怀特黑文的烟草生意红火之时，约翰发了一笔横财，1740年代晚期，他在当地成为地主，其长子成为乡绅。① 1740年代，阿斯瓦德柏的威廉·布恩每年给独生女儿1,500英镑，后来留给她40,000英镑，布恩唯一明显的收入来自大规模经营的农牧场，但其大部分财产都来自作为土地代理人和圈地委员会委员的薪水以及从事土地测量、借贷和其他商业活动的收入；达比的伯恩家族在做地产代理人的过程中，财产增加，社会地位得以提升；截至1815年，帕克家族已经为安卡斯特公爵的家族做了两三代土地代理人，在这期间，他们在凯斯蒂文地区购置了一块相当大的地产；1710—1756年，约翰·多布斯担任蒙森勋爵在林肯郡东部的地产管家，在离家30英里的地方购买了一块地产，该地产足以支撑儿子的乡绅头衔，尽管他不能像绅士一样将土地租出去、过着舒适的生活。② 彼特·沃尔特是阿克斯布里奇伯爵的管家，同时担任着几个土地家族的财经和地产顾问，1700年，时年38岁的彼特在多塞特郡的舍尔伯恩附近购买了斯托尔布里奇园，1746年彼得去世的时候，其地产价值达到300,000英镑；兰姆土地家族肇始于两兄弟——佩尼斯顿和沃尔特，他们出生于萨赛韦尔，双双成为代理人，佩尼斯顿成为德贝郡墨尔本的科克家族知名的土地代理人，有时候，沃尔特和佩尼斯顿在土地业务方面相互合作，比如，1710年，蒙塔古公爵夫人伊丽莎白的地产由兄弟二人共同监护，1735年，佩尼斯顿去世之时，他将其所有的证券都交给了侄子马修，马修继续父辈开辟的事业，成为那一时代著名的地产代理人，1740年，马修同墨尔本的约翰·科克勋爵唯一的女儿夏洛特结婚，夏洛特是科克家族的地产继承人，1746年，马修在赫特福德郡购买了博罗科特地产，并在那里建筑了宅邸，1753年，他又在诺丁汉郡购买了萨顿家族在格里斯雷地区的地产，在适当的时候，他又在墨尔本和梅尔顿莫布雷周围购买地产，1768年，马修去世的时候，留下的不动产价

---

① J. V. Beckett, *The Aristocracy in England, 1660 - 1914*, Oxford: Basil Blackwell Ltd., 1986, p. 129.
② B. A. Holderness, "The English Land Market in the Eighteenth Century: The Case of Lincolnshire", *Economic History Review*, Vol. 27, No. 4, November 1974, p. 572.

值 500,000 英镑，这些不动产的年收入为 16,000—17,000 英镑；罗伯特·帕尔默是伦敦的法律业务代理人，后来成为贝德福德公爵的代理人，1760 年代，他在家乡伯克郡桑宁附近购买了霍尔姆园，1873 年，他的后代在牛津郡和伯克郡拥有地产 4,000 英亩。①

由于地产管理费用不断上升，不在地主出售土地的情形日益增多。这就为土地代理人地位的提升创造了良好时机，他们不断购买不在地主的土地，成为处理乡村事务的关键人物。查尔斯·安德森勋爵把土地代理人在这方面的表现总结如下：

> 埃尔姆赫斯特家族靠土地代理和圈地业务发了家。据说他们从来不在圈地的围篱内种植树木，这就是林肯郡围田中缺乏树木的原因。本人以为这是代理人和农场主暗中勾结的缘故。在那些不在地主的土地上，这种现象非常普遍。长期以来，我已经形成了林肯郡处于土地代理人统治之下的观念。有些土地代理人通过购买雇主土地的方法，上升到了地主的位置。②

在其他地产上，情况也是如此。比如，在利文森-高尔家族地产上，代理人历来就有购买地产、在政府中任职的传统。1758—1788 年，托马斯·吉尔伯特担任该家族的地产代理人。J. R. 沃迪把托马斯购置地产以及作为代理人管理地产的资料汇聚如下：

> 1787 年，年近 70 岁的吉尔伯特决定辞职，回到自己在科顿的地产上去。他是一个非常富有的人，其财产来自法律业务、管理业务、商业活动、工作清闲而报酬丰厚的政府任职。比起前任代理人罗伯特·巴伯尔，他作为农场主和农业改造者的角色要淡薄一些。令人啼笑皆非的是，直到生命最后十年，他才把精力转移到土地的改造和提高上来，不过此举局限于他所在的科顿地产上。③

---

① John Habakkuk, *Marriage, Debt, and the Estates System*, Oxford: The Clarendon Press, 1994, pp. 447.
② B. A. Holderness, "The English Land Market in the Eighteenth Century: The Case of Lincolnshire", *Economic History Review*, Vol. 27, No. 4, November 1974, p. 574.
③ J. R. Wordie, *Estate Management in Eighteenth-century England: The Building of the Leveson-Gower Fortune*, London: Royal History Society, 1982, pp. 46–53.

这段材料表明，土地代理人购买地产既与其提高社会地位、参与政府任职有关，也为将来退休还乡做出了一定的物质准备。

宗教职业者也把自己积累的财富用于土地购买，建立土地家族。一方面，大多数主教和牧师是出生于土地家族的幼子们，他们可以从家族分得一份合适的财产。另一方面，主教和牧师在租有地换户的过程中获得了大量财富，因为新的租有地持有者要缴纳相当数额的入户金。在内战的王位空白时期，众多土地租约失去效力，到了复辟时期，租有地入户费收入急剧增加，神职人员从这场变动中大获其利，创造了巨额财富。这些财源为幼子出身的宗教人士购置地产、建立土地家族提供了物质基础。纳撒尼尔·克鲁是达勒姆郡佩莱提恩地区最后一个主教，他利用自己积累的大笔财富购买土地，又筹措资金整修班姆布尔城堡，该城堡被其第二任妻子多萝西·福斯特继承；约翰·怀恩是巴斯和韦尔斯地区的主教，1720年，他通过婚姻在卡纳封郡和梅里奥尼斯郡获得了面积巨大的地产，1732年，他又在弗林特郡购买了索顿豪尔地产，这块地产通过其女儿传到了金斯顿莱西的班克家族手中；乔治·普雷蒂曼长期担任主教，同时身兼小皮特的家庭教师，1803年，他在汉普郡的米尔福德地区购买了地产，同年，与乔治没有亲属关系的林肯郡地主马默杜克·汤林将他在里彼格罗福的地产送给了乔治，再加上乔治后来的购买，家族地产面积不断地扩大，到1840年代，其后代利用乔治积累的财富在萨福克郡购买了一块较大的土地——奥韦尔地产；约翰·伯特是坎特伯雷大主教，1742年，他在贝德福德郡购买了伊顿园地产；托马斯·古奇爵士先后担任诺威奇和伊利地区的主教，1743年，他投资15,800英镑在萨福克郡购买了贝克内尔地产，后来他的家庭定居在这块地产上；托特纳姆主教不仅在爱尔兰拥有地产，还在梅里奥尼斯郡和登比郡购买了普拉斯伯利地产，他的后代在这些地产上生息繁衍；查尔斯·阿加身为都柏林大主教，死于1809年，被封为第一任诺曼顿子爵，他是爱尔兰宗教界在不列颠购买巨幅地产的唯一人士，他的儿子继续在不列颠广置田产。① 以上材料说明，那些主要出身于幼子的宗教界职业人士，出于提高社会地位的需要，将创造的财富源源不断地用于地产购置，建立土地家族。同时，那些爱尔兰的宗教界职业人士，不仅在爱尔兰拥有地产，还在不列

---

① John Habakkuk, *Marriage, Debt, and the Estates System*, Oxford: The Clarendon Press, 1994, pp. 418 – 419.

颠扩展土地，建立土地家族。

在谋求社会地位的心态下，医生、军人作为职业群体积极参与地产购置和土地家庭的建立。比如，尼沃科的塞缪尔·戈登医生积累了巨额财富，这些财富有两个来源，一是作为大夫的收入；二是从詹尼森的商业家庭那里继承来的财产，他在斯利福德附近购买了一大块土地，并于1760年代获得了从男爵的头衔；林肯郡著名医生爱德华·格雷萨德于1730—1740年代购置了大片土地；弗朗西斯·威利斯由于为国王乔治三世医好了病，声名鹊起，并获得了经济上的实惠。① 再如，詹姆斯·布里奇斯是军队的出纳人员，他从公款中挪用了600,000英镑，在七个郡购买地产，并在米德尔塞克斯郡的坎奴兹地区建造了自家的宅邸。1714年，詹姆斯进入贵族行列，1719年，被封为坎奴兹公爵，以对艺术的赞助而闻名于世。②

五、工商界人士购买土地：谋求社会地位

内战结束后，土地贵族和土地乡绅在英国呈现出至高无上的地位。他们居于社会上层，不仅完全垄断了地方政权，而且控制了国家政权。作为社会声望、政治影响力源泉与基础而存在的土地，成了人们激烈追逐的目标。在工商界，商人凭借巨大的经济实力，广泛地购买土地，使自己具有地主的身份，以此为基础，获得政治权力和社会地位。因而，诸多贵族、乡绅的诞生都与工商业密切相关。H. R. G. 格里福斯对这种现象解释道："来自商业界的财富转化成了地产，土地购买者的身份也由此提升为从男爵，随着地产增多又成为议员，最后晋升为贵族。"③

在城市地区，随着工商业的迅猛发展，商人积累了巨额财富。他们利用这些财富购买土地，通过地产确立政治地位和社会声望。比如，古笛弗里·韦伯斯特是伦敦市民，经营布业，1697年，他送儿子托马斯到中殿法学协会深造，古笛弗里把他在伦敦创造的财富在埃塞克斯郡和伦敦购买土地，托马斯（1667—1751年）渐渐获得了贵族地位，1703年荣获了男爵头衔，同年，当上了埃塞克斯郡守，1705年代表科尔切斯特参

---

① B. A. Holderness, "The English Land Market in the Eighteenth Century: The Case of Lincolnshire", *Economic History Review*, Vol. 27, No. 4, November 1974, p. 567.

② Julian Hoppit, *A Land of Liberty? England, 1689 – 1727*, Oxford: The Clarendon Press, 2000, p. 377.

③ H. R. G. Greaves, "Personal Origins and Interrelations of the House of Parliament", *Economica*, No. 26, June 1929, p. 181.

加了议会，1721年，托马斯爵士把女儿嫁给了一个土地乡绅，自己在农村过着绅士生活，到了19世纪晚期，韦伯斯特家族的地产达到了6,000英亩，每年的土地收入为5,000英镑。① 威廉爵士是一位著名的伦敦商人和金匠，他在家乡莱斯特郡的彼默纳购买地产，建立了乡间宅邸，又由于他向国王詹姆士一世贷款，获得到了大量封地；翁格利是康希尔地区的亚麻商人，同时又兼任东印度公司总裁，1896年，他在贝德福德郡购买了地产，并建立了土地家族。② 詹姆斯·劳瑟是土耳其商人的长孙，1784年被封为劳斯代尔伯爵；安东尼·佩蒂是汉普郡拉姆西地区的布匹商人，从女方世系来讲，又是佩蒂-菲茨莫利斯家族的祖先，菲茨莫利斯家族继承了佩蒂家族的财产。③ 18世纪，约瑟夫·威戈尔、亨利·汤奇、托马斯·弗里克靠奴隶贸易积累了丰厚的财富，他们在布里斯托尔附近大量购田买地，以这些地产为凭借，他们的后代进入了绅士圈子。④ 以上资料表明：工业化时期，新兴商人大量地购买土地；一些古老的土地家族通过和商业巨贾联姻的方法扩大家业，继续购买土地。这样，新的地主不断出现，旧地主的家产继续得以巩固。

在金融界，银行家把财富转化为地产，进而取得贵族身份的进程加快了。1830年之后，从事金融活动的一系列家族，如科克家族、贝特曼-利家族、帕金顿家族、波尔科-斯特尔特家族作为新贵族涌现出来，先后成为地产行业的脊梁。⑤ 从18世纪末到20世纪，在从事银行业的家族中，史密斯家族代代人丁兴旺，他们通过购买土地融入了社会上层。F. M. L. 汤普森把史密斯家族购买田产的状况摘录如下：

> 埃布尔·史密斯是来自史密斯家族的第一代银行家，他在诺丁汉附近的东斯托克拥有地产。他的长子成为男爵，次子是商人，银

---

① J. V. Beckett, *The Aristocracy in England, 1660-1914*, Oxford: Basil Blackwell Ltd., 1986, p. 129.

② G. E. Mingay, *The Gentry: The Rise and Fall of a Ruling Class*, London: Longman Group Ltd., 1976, p. 6.

③ Arnold Toynbee, *Lectures on the Industrial Revolution of the 18th Century in England*, London: Waterloo Place, 1887, pp. 62-63.

④ Madge Dresser, *Slavery Obscured: The Social History of the Slave Trade in an English Provincial Port*, London: Continuum, 2001, p. 117.

⑤ F. M. L. Thompson, *English Landed Society in the Nineteenth Century*, London: Routledge & Kegan Paul, 1963, p. 63.

行业务由三儿子埃布尔发扬光大。三儿子埃布尔的四个儿子都建立了土地家族,其中,塞缪尔建立的土地家族位于赫特福德郡的伍德豪尔园,乔治建立了海默伍德的史密斯土地家族,约翰是米德赫斯特的史密斯土地家族创立者。三儿子埃布尔的第三个儿子罗伯特是第一任卡丁顿勋爵,他是一位大的土地买主,1780 年结婚的时候,他拥有的土地还不多。1792 年,他在林赛购买了亨伯斯通地产。此后,他又在诺丁汉郡温特灵厄姆地区、斯波尔丁附近以及阿普顿地区购买了地产。在白金汉郡,他也购买了一系列土地。此外,他的儿子在威尔士购买了妻弟的一部分地产。①

以上材料表明,购买地产、建立土地家族是金融界人士获得地位与声望的重要途径,为了达到这一目标,银行家及其子孙后代购买土地的努力可谓代代相传。

在工业界,为获得身份和地位,工业家将资本源源不断地注入地产业,建立土地家族,获得乡绅或贵族的头衔。比如,大道勒斯钢铁公司是英国钢铁巨头之一,1873 年霍梅·布鲁斯被授以阿波戴尔勋爵的头衔,1880 年格斯特成为威姆伯恩勋爵,他们二人购买土地的资金来源于大道勒斯钢铁公司。② 威廉·赫顿是伯明翰造纸商,在回忆录中,他记述了第一次购买土地(1766 年)的情形:"从 8 岁那年起,我就对土地充满炽热的情感。希望拥有自己的地产,这种隐藏在污垢后面的强烈欲望从来没有放弃过。"③ 理查德·阿克赖特是工业革命时期纺织界的巨头,他并没有把资本仅仅集中在工业行业内,而是通过购买地产的方法建立了土地家族,19 世纪初,他的五个孙子中,四个拥有地产,他们分别是德贝郡的萨顿斯卡斯代尔的阿克赖特、德贝郡韦拉斯利的阿克赖特、埃塞克斯郡马克霍尔的阿克赖特、赫特福德郡汉普顿克特的阿克赖特,他们的帽子上佩带一束银白色的棉花;罗伯特·史密斯是皮特政府的财政顾问,头衔是卡林顿勋爵,1801 年,他的弟弟塞缪尔在赫特福德郡购

---

① John Habakkuk, *Marriage, Debt, and the Estates System*, Oxford: The Clarendon Press, 1994, p. 436.

② F. M. L. Thompson, *English Landed Society in the Nineteenth Century*, London: Routledge & Kegan Paul, 1963, p. 63.

③ E. P. Thompson, *Customs in Common*, London: Penguin Books Ltd., 1991, pp. 16–17.

买了伍德霍尔园，并以此为中心建立了著名的土地家族——埃贝尔·史密斯家族，他的另一个弟弟乔治在萨里郡购买了塞尔斯顿园，几年后，两个弟弟的地产分别得以扩展，前一个弟弟又在赫特福德郡建造了赛卡姆园的史密斯土地家族，后一个弟弟在东赖丁建立了菲里彼的史密斯土地家族；约翰·马歇尔是利兹城的亚麻纺织商，19世纪早期，他在坎伯兰郡和兰开郡广置地产，还涉足北赖丁地区的土地，他的四个儿子各自分得一块土地，四块地产的名称分别为帕特代尔豪尔、孟克科尼斯顿园、库克利奇豪尔、韦特伍德豪尔，每个儿子每年来自这些地产的收入均超过了1,000英镑，皆获得了乡绅头衔。① 这些资料表明，诸多的工业巨头并未将资本完全投入企业运营之中，他们用部分资本购买地产，建立土地家族，使后代成为知名人士；有些工业家不仅自己获得了头衔，在政府中谋取高位，其家人也广置田地，建立土地家族；有的工业家利用资金广购地产，并分于诸子，使他们获得相应的头衔和社会地位；有的工业家在购置地产兴办工业的过程中建立了土地家族，并以这些地产为依托进入土地精英的行列。

　　罗伯特·皮尔就是通过土地购置建立起土地家族的一位工业家。哈巴卡克把皮尔购买土地的状况作以白描，他写道："工业家罗伯特·皮尔购买了相当多的土地，并当上了下院议员。其动机就是成为土地精英。1790年，当第一任巴斯侯爵出售他在斯塔夫德郡塔姆沃斯地区周围的4,755英亩土地时，罗伯特出资19,000英镑，购买了其中的一部分。他还投资15,500英镑，购买了塔姆沃斯选区的地产。至于塔姆沃斯地产的主体部分，是他与莱斯特郡米沙姆的约瑟夫·威尔克斯（1733—1805年）合伙购买的，费用为104,000英镑，二人各自支付了27,000英镑的现金，其余的50,000英镑是以这块地产为抵押而筹集的。威尔克斯分得了这块地产的大部分，因为他付给皮尔40,000英镑，并承担起偿还50,000英镑抵押贷款的责任。通过以上购买，皮尔获得的土地不会超过4,755英亩中的1/4。皮尔购买土地的目的，是为了建立一个同曼彻斯特相竞争的工业中心，提高其印花布产业的利润，并不是为了在地产上享受安逸的生活。1783年，威尔克斯就已购买了米沙姆庄园，并与皮尔合伙在那里建设了几座工厂，使之成为一座工业区。1790年代，威尔克斯

---

① F. M. L. Thompson, *English Landed Society in the Nineteenth Century*, London: Routledge & Kegan Paul, 1963, p.120.

作为抵押贷款的承担人遭受了厄运,他将垂顿庄园卖给了女婿费希尔,得到 54,880 英镑,余下的 20,000 英镑没有兑现。看来费希尔要保留这块地产,因为他在上面建立了新的农场,1796 年,他又把这块地产卖给了皮尔。"① 以上材料表明,土地是实业家们沿着社会阶梯向上攀爬时使用的主要搭载工具。在工业化时期的英国,这样的例子不胜枚举。黑斯利园、迪乌园的所有者马修·皮尔斯·瓦特·伯尔顿利用来自工程的利润,购买了 8,000 英亩土地,社会地位得以提升,不过 19 世纪英国系谱专家伯克没有把他列入土地乡绅的行列;奇平诺顿地区西斯勒普宅邸的阿尔波特·布拉西用他在铁路工业中获得的利润大量购买土地,并得到了与这些土地相对应的社会地位;工程师爱德华·埃肯齐于 1853 年在亨莱地区购得了弗雷克尔特地产,还在诺福克郡、萨福克郡购买了大片供休闲运动的地产;阿斯顿罗安特的托马斯·泰勒是来自威根的工业家;克拉莎姆园的所有者伊莎贝拉·克劳谢是钢铁工业巨头威廉·克劳谢的遗孀。② 以上论证说明,地产是工业界人士建立新的土地家庭、进入乡绅或绅士群体、社会地位得以提升的重要基石。

通过购买地产、建立土地家族的方法,新兴的财富创建者渐渐地融入了上层社会。约翰·巴克来自柴郡的霍顿地区,19 世纪初期,在斯塔福德郡、什罗普郡、威尔士南部一带,他是一位有名的大型钢铁企业主,1830 年代,他购买了奥尔布莱顿豪尔地产,凭着这块地产,他在 1851 年当上斯塔福德郡守,在他的 13 个孩子中,两个儿子就任斯塔福德郡的副郡守兼治安法官,一个儿子当上了什罗普郡的治安法官,一个儿子当上了萨福克郡亨斯特德修道院院长,一个儿子在陆军中服役,一个儿子经历了军旅生活的洗礼后当上了伯肯黑德市的警察总长;马修·伯尔顿是牛津郡伯尔顿家族地产的创建者,他的儿子当上了副郡守兼治安法官,并于 1848 年就任郡守,还同北安普敦郡古老的安赫的卡特赖特家族的女儿结了婚。③

这样,为获得政治地位和声望而积极融入土地阶级的社会心态促动

---

① John Habakkuk, *Marriage, Debt, and the Estates System*, Oxford: The Clarendon Press, 1994, pp. 411–412.

② F. M. L. Thompson, *English Landed Society in the Nineteenth Century*, London: Routledge & Kegan Paul, 1963, p. 119.

③ F. M. L. Thompson, *English Landed Society in the Nineteenth Century*, London: Routledge & Kegan Paul, 1963, pp. 128–129.

了工业化时期英国土地的市场流动。据笔者的计量，工业化时期英国的土地市场流动率为 0.496%。按照这样的流转速率，英国的土地平均 202 年周转一轮，这个流转率相对较慢，然而较为平稳。① 这意味着，无论对于律师、牧师、公司职员，还是对于工商界的新富们来说，通过购买土地建立土地家族，确立自己社会地位和声誉的过程较为漫长，一般要经过家族成员两三代人至少 50 年坚持不懈的积极努力。比如，诺丁汉伯爵是芬奇家族的头衔，该家族通过两代人才彻底地成为大地主。丹尼尔·芬奇是第二任伯爵，他的父亲曾担任衡平法院大法官，但拥有的地产却不多，以父亲的基业为依托，丹尼尔又投资 30,000 英镑，购买土地，兴建宅邸。② 克里斯托夫勋爵是商业家族——斯莱德米尔的塞克斯家族的第二代成员，他购置土地建立宅邸，成为著名的农业改良家，并且逐渐放弃对金融业和商业的关注；马克·马斯特曼爵士是家族的第三代成员，在这一代，马斯特曼家族开始进入了受人尊重的骑马、打猎阶层的行列。③

以上论证表明，在工业化时期的英国，以贵族、乡绅、自耕农为代表的土地阶级，控制了国家和地方政权；土地是人们获得社会地位、把持政权的凭借；以土地为物质媒介、融入土地阶级、获得政治权力和社会声誉，成为一种社会心态。地产既给土地阶级带来了社会声望、政治权力，又带来了经济利益，然而，人们购买土地的动机似乎更倾向于前者。取得政治地位、家族声望的社会心态使土地获取了一种超越经济价值的社会属性；通过市场等途径购买土地、成为土地阶级的一员或扩展家族地产并以之为介质实现这种来自土地的社会价值，是工业化时期英国的一种心态。同时，由于圈地运动需要筹集资金而销售部分土地，圈地后许多自耕农要抛售土地，旧的土地家族因为债务而出售土地，许多土地家族为扩大主体地产而卖掉外围地产，市场上待售土地源源不断。④ 以土地为凭借取得头衔，融入土地阶级，进而获取社会地位并掌控政治权力的社会心态，是工业化时期英国土地流动的一种重要推动力量。

---

① 郭爱民：《转型时期英格兰、长三角土地市场发育程度的比较》，载《中国农史》，2007 年第 4 期，第 64—74 页。

② G. E. Mingay, *English Landed Society in the Eighteenth Century*, London: Routledge and Kegan Paul, 1963, pp. 75 – 76.

③ F. M. L. Thompson, *English Landed Society in the Nineteenth Century*, London: Routledge & Kegan Paul, 1963, p. 129.

④ 关于土地的卖方，参见本书第四章。

第四章　资本与土地的市场流动

工业化时期的英国，有些土地家族因债务问题被迫抛售土地，有些土地家族因扩展主体地产而逐渐卖掉外围地产，有些身处城市的旁系亲属因不愿迁移而卖掉在乡间继承的土地，圈地运动后众多的自耕农因各种缘故而销售土地，这就构成了土地的卖方。同时，这一时期国内市场动荡，土地作为保值的商品成为商业资本、工业资本、金融资本和海外资本竞相追逐的对象。有的商人把地产作为投机的途径，有的商人把地产作为一种价值贮藏手段，有的商人则把土地作为一种生产经营工具。买卖双方的博弈，促成了土地的市场流动。

一、工业化时期英国土地市场：西方学者的争鸣

20世纪中叶至晚期，西方学者对18世纪英国土地市场的讨论，大致分为两个派别。一派以H. J. 哈巴卡克为代表，肯定18世纪晚期以前土地市场流动的重要性。1940年代，哈巴卡克探讨了18世纪英国的土地市场与土地社会。他认为，"在1690年后的60年间，地产运动的总趋势有利于大地产的形成。富有的新来者没有被排除在外，他们进入土地市场、购买旧乡绅的土地，日益形成土地巨头。"① 又认为，"随着贵族与乡绅（或小的自由持地农）之间经济差距的拉大，18世纪初期活跃的市场为土地集中增加了机会，随之而来的是土地销售量的减少。到18世纪晚期，靠购买小块土地膨胀起来的大地产所有者维护并巩固着他们已经获得的地位。"② 1960年代，G. E. 明格把大部分土地集中于贵族之手的

---

① H. J. Habakkuk, "English Landownership, 1680 – 1740", *Economic History Review*, Vol. a10, No. 1, February 1940, pp. 2 – 17.

② B. A. Holderness, "The English Land Market in the Eighteenth Century: The Case of Lincolnshire", *Economic History Review*, Vol. 27, No. 4, November 1974, pp. 557 – 576.

时段确定为 18 世纪①,并进一步肯定了哈巴卡克的观点。

另一派以 F. M. L. 汤普森为代表,否认哈巴卡克、明格的论断。在 1960 年代晚期出版的一本论文集中,汤普森写道:"哈巴卡克逻辑的坚固性和信服性令人质疑,我们至少怀疑那种认为土地的销售量在 18 世纪下半叶减少了的观点。"②在汤普森研究的基础上,B. A. 霍尔德内斯以林肯郡为个案,探索土地市场的运作状况。他认为,"在总体上,土地市场的活跃和大地产形成之间的关系与哈巴卡克和明格的研究结果并不完全一致。18 世纪中期,林肯郡的土地对于赫尔、利兹、设菲尔德和诺丁汉郡的新富们具有强劲的吸引力,对于都市里的购买者来说,这种吸引力仍在持续。在 18 世纪,林肯郡居民购买土地的活动比任何时期都要活跃,购买者包括放牧人、制革商、法律界人士、土地管家等"③。1990 年代,C. G. A. 克莱以斯陶尔黑德地产为个案,研究 18 世纪晚期以后的土地市场问题,批驳了哈巴卡克及其追随者的观点。他说:"哈巴卡克爵士在其早期关于土地社会的论述中,认为随着储蓄灵活性和回报的增加,18 世纪的商人们已不像先辈那样把储蓄投资于土地。近来,还有一些学者得出相同的结论,比如,尼古拉斯·罗杰斯、劳伦斯·斯通、J. C. F. 斯通。我对这一时期土地市场的研究则得出与之相反的结论:至少到北美战争时期,尚有更多的货币资本投放到地产市场,用于土地购置。"④

20 世纪 90 年代,西方学者以《经济史评论》⑤ 杂志为阵地,就富商在 19 世纪是否参与英国土地市场展开激烈争论。这场争论主要在两派之间展开。一派以 F. M. L. 汤普森、D. 斯普林、E. 斯普林、珀金、多顿为

---

① G. E. Mingay, *English Landed Society in the Eighteenth Century*, London: Routledge and Kegan Paul, 1963, pp. 19 – 107.

② F. M. L. Thompson, "Landownership and Economic Growth in England in the Eighteenth Century", in E. L. Jones and S. J. Woof (eds.), *Agrarian Change and Economic Development*, London: Methuen, 1969, pp. 42 – 49.

③ B. A. Holderness, "The English Land Market in the Eighteenth Century: The Case of Lincolnshire", *Economic History Review*, Vol. 27, No. 4, November 1974, pp. 557 – 576.

④ C. G. A. Clay, "Henry Hoare, Banker, His Family, and the Stourhead Estate", in F. M. L. Thompson (ed.), *Landowners, Capitalists, and Entrepreneurs: Essays for John Habakkuk*, Oxford: The Clarendon Press, 1994, p. 113.

⑤ 1926 年 7 月,由艾伦·鲍尔(Eileen Power)、R. H. 托尼(R. H. Tawney)、E. 李普森(E. Lipson)三人倡导,在牛津大学成立了"经济史学会"(Economic History Society),出版会刊《经济史评论》(*Economic History Review*)。1927 年,《经济史评论》正式创刊。

代表，他们强调富商对 19 世纪土地市场的参与。1992 年，F. M. L. 汤普森在《经济史评论》上发表一篇题名为《问题重新缝合》的文章，与反对派人物 W. D. 鲁宾斯坦展开商榷。汤普森在文中指出："鲁宾斯坦坚持认为 19 世纪的商人没有参与任何规模的土地购置，其研究对象为 1873—1875 年间死亡、遗产为 100,000 英镑以上的少数富有者。我的文章《死亡之后的生命》则以 1809—1893 年死亡、遗产在 1,000,000 英镑以上和 1809—1860 年死亡、遗产为 500,000—1,000,000 英镑的上层富有者为研究对象，总共 111 人。这些人及其下一代把商业财富源源不断地输入农村。文章中的每一个体都占有重要地位，要颠覆我的结论就必须对他们逐一检验。这种方法在技术上叫做'查尽富豪'。不论怎么检验，都可以得出维多利亚时代富豪们购买土地的结论。"① 另一派以 L. 斯通、J. C. F. 斯通和 W. D. 鲁宾斯坦为代表，否认富商参与土地的购买。1992 年，在一篇题名为《查尽富豪》的回复汤普森的文章中，鲁宾斯坦开宗明义地写道："汤普森声称从新材料出发论证此类问题，但他的主要结论并不精确，具有误导性。这里，我将利用新资料再次说明：19 世纪商人并未参与任何规模的地产购置。"②

以上讨论表明，1940—1990 年代，西方学者对英国土地市场问题争论的时段集中在 18 世纪，主要讨论商人对土地的购置；1990 年代以来，他们争论的时段转移到 19 世纪，主要讨论富豪购买土地的问题。这里，笔者拟拉长研究的时段，对工业化时期英国资本与土地的市场流动作以考察。

二、类别众多的土地卖方

一些旧的土地家族因为债务问题被迫出售土地，这是土地走向市场的重要途径之一。在债务问题较为严重的情况下，土地家族往往采取严格的家庭经济紧缩策略，避免变卖地产偿还债务。一般而论，土地家族的债务负担通常有一上限，逾此界限，紧缩性的家庭经济策略注定失败，出售一定数量的土地在所难免。不过，人们对债务上限的度量颇有争议。

---

① F. M. L. Thompson, "Stitching It together again", *Economic History Review*, Vol. 45, No. 2, May 1992, pp. 362–375.
② W. D. Rubinstein, "Cutting up Rich: A Reply to F. M. L. Thompson", *Economic History Review*, Vol. 45, No. 2, May 1992, pp. 350–361.

汤普森考察了19世纪初期土地家族的债务上限，写道：

> 当债务的利息达到等于或超过可支付性家庭收入（disposable income，即家庭总收入减去地方济贫税、国税、雇工工资、法律费用、建筑和维修费用之后的收入）的临界点，将通过举借新债偿付旧债时，一段时期的经济紧缩常常会拯救土地家族，使之避免变卖土地的厄运。那些尚处欠债初期、债务问题不太严重的地主往往采取紧缩办法。在债务达到上限的情况下，摆脱困境的最好办法是把债务维持在现有水平，或者出售相当规模的土地把债务削减到适当的地步。19世纪时事评论员常常把债务达到土地资产价值的一半作为临界点。当土地以30年地租的价格买入，抵押贷款的利息为3%时，承担此债务的地主将会交纳总收入的一半支付利息。1848年，当议会商谈爱尔兰债务土地法总则时，规定债务超过纯地租的一半就可变卖土地。严格地说，在土地资产和债务之间，并不存在简单地变卖地产的数学比率。在是否决定出售土地问题上，地主的威望、债权人的性格和态度、债务的内容以及地产的性质、特别是地产受到家庭限嗣继承①约束的程度都起一定的作用。②

一些土地家族的债务尽管很重，但由于采取的经济紧缩措施发挥了应有的作用，结果他们不仅偿清了全部债务，而且避免了地产的出售。比如，1845年，首任埃尔斯伯里侯爵可支付的年收入在24,000—25,000英镑之间，每年支付债务的利息高达23,000英镑，他采取的经济紧缩策略使债务得以有效控制，利息支出减少，在家族史上，这一阶段没有出现变卖土地现象。③ 再如，1667—1676年间，首任汤什德子爵的债务高达24,000—33,000英镑，这些债务的年利息为1,400—2,000英镑，他每年的可支付性收入为5,500英镑，到1687去世之时，子爵已经偿还了绝大部分债务，他采取的措施包括：动用1673年再婚时的嫁妆9,200英镑，在余生

---

① 关于家庭限嗣继承问题，参见本书第五章。
② F. M. L. Thompson, "The End of a Great Estate", *Economic History Review*, Vol. 8, No. 1, August 1955, pp. 36–52; W. A. Maguire, "Lord Donegall and the Sale of Belfast: A Case History from the Encumbered Estates Court", *Economic History Review*, Vol. 29, No. 4, November 1976, p. 572.
③ F. M. L. Thompson, "English Landownership: The Ailesbury Trust, 1832–56", *Economic History Review*, Vol. 11, No. 1, August 1958, pp. 121–132.

紧缩家庭开支，改革地产管理。①

为了保持家族地产的稳定性，地主在考虑出售土地时极其谨慎，即使债务缠身，也不愿轻易出售地产。正如资深财产转让师约翰·沃纳在1854年所说："只要存在持有的可能性，地主就不愿放弃土地。许多地主抵押贷款达三、四次以上，尽量逃避土地的出售。"同一时期，一流的财产转让师乔舒亚·威廉姆斯表达了同样的看法。他说，"在这个国度，存在着大量的在几代人期间没有走向市场的土地，如果所有者打算出售这些土地，会遇到极大的困难。人们保护家族土地的愿望是如此强烈，即使销售成本降到零，土地销售的数量也不会大量增加。只有在客观原因的逼迫下，人们才被迫卖地。"②

如果债务达到临界点而经济紧缩措施又不能有效地发挥作用，土地家族只能忍痛割爱，把土地推向市场。在债务的逼迫下，卖掉外围地产是地主的首选，因为这种做法既不会威胁祖产，也不会使家族的传统地位受到削弱。比如，利文森-高尔家族史上，变卖外围地产是摆脱债务的常用方法，经济史家沃迪把该家族的此举记录如下：

> 1712年，第一任高尔伯爵结婚时，家族的所有地产得以限嗣。1744年，伯爵的长子结婚，家庭地产再次限嗣。伯爵还继承了其他家族的地产。1711年，他继承了巴斯的末任格兰维尔伯爵的地产，这是其外祖母简于1669年和首任巴斯伯爵结婚的结果。这次继承包括当时接管巴斯家族1/3的地产，又包括1/3阿尔伯玛尔公爵夫人寡妇地产③的未来继承权，直到1734年公爵夫人去世，伯爵才得到这些地产。1736年，伯爵通过和塔内伯爵的女儿玛丽的婚姻，又得到了阿尔伯玛尔公爵夫人1/6的地产，这些地产分布在斯塔福德郡、汉普郡、萨里郡、赫特福德郡。除了一部分寡妇地产分布在斯塔福德郡的格林登地区，他所继承的地产都不在利文森-高尔家族的主体地产附近，也没有包括在1744年其长子结婚时家庭限嗣地产的范围内。

---

① John Habakkuk, *Marriage, Debt, and the Estates System*, Oxford: The Clarendon Press, 1994, p. 369.

② John Habakkuk, *Marriage, Debt, and the Estates System*, Oxford: The Clarendon Press, 1994, pp. 361–362.

③ 关于寡妇地产问题，参见本书第五章。

在从事政治活动的生涯中，伯爵欠下的债务数额庞大，他最终卖掉一大片地产偿还债务。1733 年之前，他卖掉了继承的巴斯家族地产的一部分，剩余的土地陷入严重的抵押贷款漩涡。1751 年 8 月，在他继承的巴斯家族地产中，又一部分卖给了约翰·克利夫兰。在 1754 年去世之前，伯爵变卖了从汉普郡、萨里郡、赫特福德郡继承的部分土地，把剩余的部分通过遗嘱交给了信托人，要求他们卖掉这些地产、偿还债务并筹集 16,000 英镑分于诸幼子。在这些继承的地产中，格林登地产是伯爵与其信托人唯一希望能够保存下来的；1734 年，公爵夫人死后，伯爵买断共同继承人在这块地产上的利益，并于 1736 年完成对整个庄园的测量，但到 1765 年，格林登地产还是被抛向市场。①

利文森-高尔家族抛售外围地产的个案说明：在处理债务问题上，当土地家族遭受外债的逼迫而走投无路时，总是想方设法地保持主体地产或与主体地产相邻近的地产，出售那些较为分散的外围地产，以达到摆脱债务的目的。

在债务缠身的情况下，地主总是将那些不受家族限嗣的土地抛向市场，既达到了摆脱债务的目的，又使限嗣地产受到保护，不会给家族主体地产带来损失，可谓一石二鸟。比如，在诺福克郡，科克家族在扩展地产的过程中曾有过此类经历。1776 年，文曼·科克去世，留给儿子托马斯·威廉·科克的遗产包括限嗣地产、30,193 英镑 5 先令 3 便士的债务、一处位于诺福克郡没有受过限嗣的地产。后者把这块没有受过限嗣的土地卖给了莱斯特伯爵，弥补了家庭的亏空。② 陷于债务漩涡的地主逐渐发现，从议会获得法令，打破限嗣，然后，把家族外围土地推向市场，是摆脱经济困境的一剂良方。比如，斯卡伯勒伯爵曾经三次求助于议会，这并不是因为他无力担负债务，而是因为限嗣授产制度把家族的地产牢牢地控制起来。③ 这一个案说明，议会法令是打破家庭限嗣授产

---

① J. R. Wordie, *Estate Management in Eighteenth-century England: The Building of the Leveson-Gower Fortune*, London: Royal History Society, 1982, pp. 75 - 94.

② R. A. C. Parker, *Coke of Norfolk: A Financial and Agricultural Study, 1707 - 1842*, Oxford: The Clarendon Press, 1975, p. 69.

③ John Habakkuk, *Marriage, Debt, and the Estates System*, Oxford: The Clarendon Press, 1994, p. 367.

制度，出售土地、弥补债务的重要前提。即使在没有议会法令的情况下，不堪债务重负的地主也能够想出办法，等待时机，打破原有的家族财产限嗣，卖掉早先受嗣的外围地产。比如，1748年，德文郡第三任公爵的长子威廉结婚，他利用这一良机，打破限嗣，把家族在约克郡、德贝郡、斯塔福德郡、诺丁汉郡的主体地产重新限嗣，同时，他们把两块外围地产转给信托人，要求他们卖掉这两块地产以抵债务，这两块土地分别是亨廷顿郡的索特里庄园、兰开郡的布林德尔庄园和恩司克珀庄园。① 以上个案表明，在债务的逼迫下，即使受到限嗣授产制度保护的外围地产也难以逃脱被甩卖的命运，处在债务漩涡中的地主总是处心积虑地打破限嗣，卖掉外围地产。

有些土地家族，由于不能成功地摆脱经济困境，被迫卖掉包括主体地产在内的大部分或全部家族地产。这些土地家族多为旧的土地家族，他们因欠债而丧失作为祖业的地产，只留下空空的头衔。克拉伦登伯爵的后代就属于这样的类型，经济史家哈巴卡克把这一家族丧失祖业的过程摘录如下：

> 克拉伦登伯爵原名爱德华·海德，是王位复辟的主要受益者之一。通过国王的赏赐，这个家族的地产得以扩展。大概从克拉伦登伯爵本人开始，家庭背上了债务。长子亨利在欧洲大陆长大。1674年，36岁的亨利继承父业时，拖欠公证人19,860英镑。1675年，亨利和他的兄弟卖掉了伦敦的克拉伦登宅邸，获得25,000英镑。1678年，他以牛津郡的家族地产——康伯利地产为抵押而贷款，到1700年，这项欠款达到17,310英镑，他继续借贷。从1678年起，亨利打算卖掉康伯利地产。1700年，他的同母异父弟弟罗彻斯特伯爵购买了康伯利地产上的宅邸及周围土地。这样，亨利时期，伯克郡的斯沃罗菲尔德是家族仅仅剩下的土地。亨利的儿子爱德华生活奢侈，这加重了家庭的经济困境。1684年，爱德华行成年礼，踏上大旅游之路，欠下巨额债务。人们几次为他提亲，都因债务沉重而作罢。
>
> 1688年，爱德华和一位"淡泊特权与债务"的奇女子克利夫顿

---

① John Habakkuk, *Marriage, Debt, and the Estates System*, Oxford: The Clarendon Press, 1994, pp. 367-368.

女士私奔北美大陆。1702年，爱德华被任命为新纽约州总督，避开了英国的债权人。然而，他在北美继续借债。1709年，爱德华从总督的职位上下台，欠债10,000英镑，被纽约的债权人推为阶下囚。是年，他继承了家族的头衔，成为第三任伯爵，也继承了他父亲的剩余地产。爱德华的儿子放荡不羁、到处欠债，更加重了他的负担；1713年，儿子夭亡。1719年，爱德华以35,825英镑的价格把伯克郡的斯沃罗菲尔德地产卖给了托马斯·皮特。四年以后，身处债务漩涡的爱德华"在贫穷卑贱"中死去。他的继承人即其再婚生子从他这里继承到的，仅仅是空空的头衔。①

由于债务世代相传，再加上不肖后代的出现，一些旧的土地家族很可能陷入失地的困境。稍有不慎，那些新建立的土地家族也会跌入债务的危谷，造成地产尽失。有时候，土地的主人尽管勤勉持家，也无济于事。比如，1812年去世的第四任托林顿子爵乔治·宾，被时人尊称为"克勤克俭的好里手"，但由于债务的原因，他最终也没有逃脱变卖家族主体地产的厄运。经济史家拉普把乔治·宾丧失地产的过程记录如下：

> 十七、十八世纪之交，乔治·宾的祖父购置了贝德福德郡的萨斯希尔地产。1760年，这块地产上每年的总收入约为2,500英镑。1750年，当第四任子爵乔治·宾继承这份地产时，上面承担了供养两个寡妇的份金，分别是第二任子爵的遗孀，第三任子爵的遗孀，她们先后于1756年和1759年去世。其他的唯一负担就是向其弟弟提供5,000英镑。第四任子爵尚未成年就开始继承家族的地产，成为限嗣继承人；成年后，他打破限嗣，于1765年7月以地产为抵押向财政署官员詹姆斯·哈利斯借款8,000英镑；又以抵押的办法借款2,000英镑，作为弟弟约翰的抚养费；同月，第四任子爵完婚，家族的整个地产得以限嗣；在没有子嗣的情况下，子爵授权信托人处置任何地产，还清17,000英镑的债务，这些债务包括欠其弟弟的7,000英镑，欠詹姆斯·哈利斯的8,000英镑，以及他为自己举借的2,000英镑。这些抵押贷款的年利息为600英镑。到1774年，信托

---

① John Habakkuk, *Marriage, Debt, and the Estates System*, Oxford: The Clarendon Press, 1994, pp. 379–380.

人已经两次变卖萨斯希尔地产附近的土地，得款9,120英镑，还清了拖欠詹姆斯·哈利斯的抵押贷款。然而，导致第四任子爵负债的家庭事务并没有减少。由于他的土地已被限嗣，除了土地信托人有权通过变卖土地得到的17,000英镑、为幼子们准备的6,000英镑、变卖自己的养老金外，子爵已借不到款项。

到1777年，债务高达36,000英镑，子爵没有能力偿还；同年，变卖了家族在萨斯希尔地区的所有动产。以后20年，土地信托人被迫卖掉了萨斯希尔地产，并制订计划偿清养老金、恢复贝德福德地产。子爵三个儿子早年相继夭折，1784年，按照结婚时的限嗣条款，最后一个儿子可以根据自己的意愿处理家族地产。1792年，子爵的妻子亡故，家庭地产不再受寡妇地产的约束。子爵有四个女儿，他希望她们能够嫁入好人家。1786年，次女嫁给了贝德福德公爵的长子；1788年，长女嫁给了第一任布拉德福德伯爵；1794年，小女儿嫁给了第二任巴思侯爵。最后，继承子爵头衔的是乔治·宾72岁的弟弟。1795年，4,300英亩萨斯希尔地产被塞缪尔·惠德布雷德买断。这位弟弟及其后嗣一直使用上述"子爵"头衔，但随着萨斯希尔地产的抛售，土地家族——宾家族的主支已不复存在。①

以上个案表明，家族经济管理不善、身陷债务囹圄不能自拔是一些土地家族卖掉祖传土地的基本原因。在英格兰之外的英国其他地区，这种情况屡见不鲜。比如，1799年，在首任多恩格尔侯爵去世之前，奇切斯特家族的地产面积与富裕程度在爱尔兰名列榜首。除了在斯塔福德郡菲什维柯园的乡村宅邸，多恩格尔侯爵在安特里姆郡拥有90,000英亩土地，在多恩格尔郡拥有100,000英亩以上的土地，在威科斯福德郡拥有11,000英亩土地。1797年，来自地产的年收入达到48,000英镑。多恩格尔侯爵去世后，幼子继承了家族在英格兰、威科斯福德郡的全部地产以及多恩格尔郡的伊尼舒恩地产的一部分。家族的大部分地产都通过限嗣继承落入长子之手，这些地产每年可以为他带来30,000英镑以上的地租收入；1850年，债务地产法庭把这些地产中相当大的比例进行拍卖，解

---

① D. Rapp, "Social Mobility in the Eighteenth Century: The Whitbreads of Bedfordshire, 1720-1815", *Economic History Review*, Vol. 27, No. 3, August 1974, pp. 382-383; John Habakkuk, *Marriage, Debt, and the Estates System*, Oxford: The Clarendon Press, 1994, pp. 383-384.

决债务问题。① 尽管限嗣继承可以使家族地产以整块的形式保留下来，一代代地流传下去，但由于家庭限嗣继承受婚姻限嗣、寡妇地产限嗣、幼子限嗣的制约，再加上土地家族参与国家或郡里的政治活动，非常容易背上债务；一旦借了债，这笔款项就像滚雪球似的愈益增大；为了还债，土地家族的后代可能先卖掉外围土地，如果解决不了问题，只能通过特定的方式，重新限嗣或通过议会法令，把家族的主体地产卖掉。这样，土地家族的地产就会因为债务问题而涌向市场。

在扩展地产的过程中，地主们常常卖掉凌乱的外围地产，然后扩大、集中、巩固主体地产。这种策略可以达到两个目的：一是便于集中统一管理，二是以扩大了的主体地产为基础提高土地家族在家乡的影响力。要达到这样的目标，往往需要地主付出几代人的努力。这样，为扩展主体地产而卖掉外围地产，是土地走向市场的又一途径。第九任林肯郡伯爵就是众多个案中的一例。哈巴卡克把第九任林肯郡伯爵扩展地产的过程记录如下，他写道：

> 1744年，第九任林肯郡伯爵同亨利·佩勒姆的女儿结婚。后者是纽卡斯尔公爵在诺丁汉郡、约克郡、米德尔塞克斯郡的地产继承人。通过婚姻而将要继承的地产，面积巨大。这一预期使伯爵对林肯郡祖业的态度发生了变化，因祖业中的相当部分位于沼泽地带。由于祖业地产受到婚姻限嗣，1743年和1744年，伯爵以之为抵押借债5,000英镑。鉴于祖业地产位于沼泽地带，管理繁琐、费用高昂，1750年代中期，当金融家桑普森·吉迪恩在该地区求购土地时，伯爵抓住机会，从议会取得私法条例，打破限嗣，从彼得伯勒和芬兰德莱尔地产中抽出10,000英亩，售给吉迪恩，还清了外债。1768年，伯爵继承了佩勒姆·霍利斯地产；1770年，他将家族宅邸由林肯郡搬到诺丁汉郡的克兰伯地区，并在那里斥巨资购置土地；同时，他扩充在约克郡继承的地产；在扩展地产的资金中，有一部分是来自于销售林肯郡土地的款项。1775年，伯爵的长子结婚，把约克郡和诺丁汉郡的地产重新限嗣，并继续保持销售林肯郡地产的权力。②

---

① W. A. Maguire, "Lord Donegall and the Sale of Belfast: A Case History from the Encumbered Estates Court", *Economic History Review*, Vol. 29, No. 4, November 1976, p. 570.

② John Habakkuk, *Marriage, Debt, and the Estates System*, Oxford: The Clarendon Press, 1994, pp. 389-390.

在以上个案中，第九任林肯郡伯爵以牺牲位于林肯郡、地理位置欠佳的祖业地产为策略，获取资金，进而购置、扩展、巩固在诺丁汉郡和约克郡的地产。这样的例子不胜枚举。比如，诺福克公爵是执行这种策略的又一位代表人物。1815 年，诺福克公爵的祖传地产传到了他的第三个侄子手中，该侄子成为第十二任诺福克公爵。1827 年，第十二任公爵买下谢利家族的宅邸——麦克尔格罗福地产，将他的阿伦德尔地产扩大了一倍。1839 年，他卖掉家族的沃克索珀地产，取得 375,000 英镑，然后，用这笔资金扩展他在萨里郡和苏塞克斯郡的地产。和第十二任诺福克公爵一样，沃克索珀地产的买主——第四任纽卡斯尔公爵采取同样的策略，扩展了他在诺丁汉郡的地产。通过以上途径，诺福克家族和纽卡斯尔家族都把土地集中起来。①

有些地主为加强主体地产而销售外围地产的力度特别大。比如，1749—1756 年，莱斯特伯爵大面积地变卖自己的外围地产；18 世纪后半叶，他的继承人诺福克的科克继续执行同样的策略，大面积地销售土地，强化主体地产。② 这些材料说明，在建立家族地产的过程中，人们并不是一味地购买土地、单向度地拓展地产；他们通常选准要建立家族主体地产的位置，然后卖掉外围地产，用这笔资金在主体地产周围逐渐购置土地，逐渐扩大并强化主体地产。在拓展主体地产的过程中，地主们通常向议会请愿，要求议会授权他们的土地信托人卖掉外围地产并用这笔资金在主体地产周围购置面积相当的土地。1727—1813 年，议会通过这样的法令 203 项，1813—1834 年，通过了 90 项。③ 在出售外围地产、建立主体地产的过程中，大量土地涌向了市场。

在缺少子嗣的情况下，地主时常会把土地传给旁系亲属。一般情况下，如果绝嗣的地主把土地传给了一个没有地产的旁系幼子，后者会欣然接受，并把这些地产传承下去。不过，旁系亲属接受地产的情况千差万别。在有些情况下，如果继承土地的旁系亲属是城市居民，不乐意到农村当地主，便会将土地推向市场。这种情况在乡绅中较为常见。比如，

---

① John Habakkuk, *Marriage, Debt, and the Estates System*, Oxford: The Clarendon Press, 1994, pp. 389-390.

② J. V. Beckett, "English Landownership in the Later Seventeenth and Eighteenth Centuries: The Debate and the Problems", *Economic History Review*, Vol. 30, No. 4, November 1977, p. 575.

③ John Habakkuk, *Marriage, Debt, and the Estates System*, Oxford: The Clarendon Press, 1994, p. 390.

1603年，威廉·比彻购得贝德福德郡的林豪尔德地产，这块地产在其直嗣子孙中流传了五代。1751年，第五代孙子威廉·比彻死后，这块地产由其表弟约翰继承，后者是腌制商。这块土地每年地租收入达1,400英镑，但要支付威廉遗孀寡妇金，还要从中拿出30%，用作维修资金并交纳赋税。约翰不可能到农村作乡绅。1766年，威廉的寡妇亡故后，约翰把庄园上的房屋租赁出去，然后又以这块地产为抵押而贷款，贷款总额为17,500英镑。如果约翰居住在这一地产上，就不可能以之为抵押而贷款，即使有了抵押贷款，单靠对这块土地的经营也能偿还得上，但他是伦敦人，其唯一的儿子是勒格赫恩的商人，他的弟弟在印度。到1781年，约翰卖掉这块地产以偿还抵押贷款。①

有时候，在旁系继承人拥有地产并欠有外债的情况下，他往往会把继承来的外围地产卖掉。比如，1797年和1804年，比德勋爵出售了他在剑桥郡和诺福克郡的地产，这些土地是他通过婚姻方式继承而来的。②在有的情况下，如果绝嗣地主的土地由原先已拥有地产的旁系继承人继承，如果后者原先的地产和这些新继承的地产不在同一地区，这些新继承的地产往往逃脱不了被抛售的命运。比如，1762年，斯塔福德郡什格伯勒地产的主人托马斯·安森从当海员的弟弟那里继承了莫尔帕克地产，他第二年就卖掉了这块土地。③

小土地所有者即小乡绅和自耕农也是市场上主要的土地供应者。在圈地运动中，真正的自耕农通常拥有三四十英亩土地；根据各地的情况，他们的围圈费用通常为30—250英镑；即使圈地的费用非常高，一般也不会比这个数据高出50—100英镑；如果自耕农的土地比较肥沃，而且在圈地前大部分处于敞田状态，围圈后土地的价值至少要翻一番，每英亩土地的市场价值达到25—30英镑，整个农场的市场价值达到900英镑左右；因而，只要支付50—100英镑的圈地费用，自耕农土地的价值就

---

① John Habakkuk, *Marriage, Debt, and the Estates System*, Oxford: The Clarendon Press, 1994, p. 392.

② J. V. Beckett, "Landownership and Estate Management", in Joan Thirsk (ed.), *The Agrarian History of England and Wales, 1750–1850*, Vol. 6, Cambridge: Cambridge University Press, 1989, p. 549.

③ John Habakkuk, *Marriage, Debt, and the Estates System*, Oxford: The Clarendon Press, 1994, p. 393.

可能从450英镑增加到900英镑。① 在这样的背景下，自耕农会毫不费力地借到抵押贷款以支付圈地费用，或卖掉半打土地以达到这一目的，或按照提高了的价格在市场上出售土地，再用这笔资金租赁更大的农场。值得注意的是，那些以土地为抵押而借贷进行圈地的小土地所有者，或者那些以土地为抵押而贷款欲将可耕地转化为牧场的小土地所有者，到头来会发现自己身陷债务的泥潭，不得不出卖仅有的小土地。18世纪的一封书信，把当时小乡绅的破落状况描述得淋漓尽致，信中说："这里有许多小乡绅，他们是古老家族的家长或继承人。他们依靠家族地产名义价值的支撑，成为乡里的关键人物。他们被迫担当一些无利可图的职位，诸如郡守、治安法官、税务员等。一旦孩子长大，他们就必须安置幼子，出嫁女儿，对于这些巨额开支，他们显得无能为力。这些杂乱的事务使他们家道中落，只有让长子继承这些无法承担的抵押贷款。"②

不过，1760—1813年，粮价飞涨，大多数小土地所有者处于经营的黄金时代，上述状况对他们的影响并不十分明显。一份对林肯郡70次议会圈地运动的调查报告显示：在得到份地的土地所有者中，82%的土地所有者都是面积在50英亩以下的小土地所有者；在9个村庄中，圈地前后有七八十宗土地买卖，当然，也有一些土地买卖无从溯源；这些土地的销售并未导致小土地所有者总数的下降，土地税征收册表明，在18世纪末叶的物价上涨时期，变卖地产、失去土地的小土地所有者的位置又被新的小土地所有者补充。③ 在柴郡、德比郡、莱斯特郡、林肯郡、诺森伯兰郡、诺丁汉郡、沃立克郡，小土地所有者在1832年的数量与1780年的数量同样多。④

然而，从较长的时段看，例如，从19世纪初到19世纪晚期，小土地所有者拥有的地产总数明显下降。1800年，自耕农耕种的土地数量占

---

① J. D. Chambers and G. E. Mingay, *The Agricultural Revolution, 1750 – 1880*, London: B. T. Batsford Ltd. , 1966, p. 89.

② G. E. Mingay, *English Landed Society in the Eighteenth Century*, London: Routledge and Kegan Paul, 1963, p. 84.

③ J. D. Chambers and G. E. Mingay, *The Agricultural Revolution, 1750 – 1880*, London: B. T. Batsford Ltd. , 1966, p. 89.

④ E. Davies, "The Small Landowner, 1780 – 1832, in the Light of the Land Tax Assessment", *Economic History Review*, Vol. 1, No. 1, January 1927, pp. 87 – 113.

英国土地总量的20%；19世纪末，这一比重下降到12%。① 同时，在19世纪，自耕农的数量也明显下降。1846年，不动产负担专门委员会在埃塞克斯郡进行调查时，罗伯特·贝克，一个经营着560英亩土地的农场主，说道："全部的小土地都并入了大地产当中，市场上已经没有可流动的土地；这个郡约曼（即自耕农）的数量比原来更少了。"在约克郡，当不动产负担专门委员会向一个当事人问及约曼的数量问题时，他说："比原来少多啦。"② 以上材料表明，从较长的时段看，自耕农的数量以及自耕农作为一个群体经营的土地总数呈现出动态的变化，一些自耕农的土地经过市场的分化与整合，最终合并到大地产中。③

三、土地投资：财富贮存与增值手段

工业化时期的英国，社会和政治动机是人们购买土地的主要目的之一。即使那些欲通过购买地产建立土地家族以显示社会名望的人，那些欲通过土地实现政治抱负的人，也都非常关注土地的产出状况。在购买地产的谈判中，他们会对土地的前景，诸如地租是否足额、土地的质量、农场主的素质、地产的地理位置等问题进行一应俱全的调查。有时候，即便获取利润并不是他们购买土地的主要目的，这些买主也希望自己地产上的收入稳定而可靠。正是在这个意义上，每一个地产购买者都着眼于未来的经济回报，关注着对土地的投入能否支撑得起他们的预期。

作为一种长效投资，土地吸引着众多的投资者，这与它的两大特质密切相关。其一是土地作为财富的安全性，这种特质以其自然的不宜破坏的基本属性为依据；如果土地被具有一定头衔的人物所拥有，其价值就不会因欺诈行为和玩忽职守而受到破坏，基于这一原因，土地适宜作为一种财富手段被人们长期持有。其二是土地作为财富的价值稳定性。与地产相比，政府债券容易受到借贷需求波动以及政治震动的影响，其资本价值呈现出不稳定性。假如人们在利率低而债券价格高的情况下买入债券，在利率高的情况下必须卖掉这些债券，否则，损失在劫难逃。

---

① J. D. Chambers and G. E. Mingay, *The Agricultural Revolution*, 1750 – 1880, London: B. T. Batsford Ltd., 1966, p. 92.

② J. V. Beckett, "Agricultural Landownership and Estate Management", in Joan Thirsk (ed.), *The Agrarian History of England and Wales*, 1850 – 1914, Vol. 7, Cambridge: Cambridge University Press, 2000, pp. 713 – 714.

③ 关于工业化时期英国自耕农数量的动态变化，参见本书第六章。

土地价格和政府债券之间具有一定的相关关系，但土地价格的波动幅度不大，一般不会因公共信誉的崩溃而价值扫地，相反，公共信誉的崩溃只能使地产作为安全投资的优越性充分显示出来，引发人们投资地产的积极性。基于土地作为财富的安全性和价值稳定性的考虑，那些为家庭和团体安置财富的信托人总是乐于把资金投于地产，以期通过这种形式把财富永久地保存下去。

由于土地作为财富具备安全性和稳定性两大特质，诸多财富的拥有者为了给妻子儿女提供可靠的生活来源，常常把积累的财富转化为土地。有时候，他们购买土地的最初目的并不是为了建立土地家族，只是出于对下一代特别是未成年幼子生存的考虑。土地的婚姻限嗣继承①可以很好地说明这种情况。另外，在女孩出嫁的时候，父亲（或哥哥）会陪送一定数目的金钱作为嫁妆，以此要求新郎家庭配套一定数量的土地，作为新娘的寡妇地产。比如，约翰·尼克尔森是约克郡的主治医师。1769年，当他的女儿将要嫁给商人塞缪尔·伊伯森的儿子的时候，约翰要求对方要提供每年纯收益至少为100英镑的寡妇地产，以与其女儿1,800英镑的嫁妆相匹配。②

一些商人零星地购买土地是为了以安全的方式把财富贮存起来，以便在商业出现困顿时能够提取资金；有的商人则把这种零星购买土地的行为当作财富积累的手段，当分批购买的土地面积累积到一定程度，再进行财富形式的转换。通过一系列零零碎碎的购买，一些商人最终建立起自己的大地产。比如，威廉·丹尼森靠购买土地储蓄财富，拒绝购买政府债券与抵押贷款。这种理财的方法使他获得了丰厚的回报，到去世时，他的财富估计达到了500,000—700,000英镑。他购买的地产包括一处宅邸，即诺丁汉郡的奥辛顿园。不过，他购买土地的目的并不是要建立土地家族，而是看中了这块地产的产出。威廉后来在诺丁汉郡建立了土地家族，他最终把这处地产送给了弟弟。后者的后代一直拥有这处地产，成为诺丁汉郡的地主。③ 威廉的个案表明，即便那些没有建立土地

---

① 关于婚姻限嗣问题，参见本书第五章。
② John Habakkuk, *Marriage, Debt, and the Estates System*, Oxford: The Clarendon Press, 1994, p. 410.
③ R. G. Wilson, "Ossington and the Denisons", *History Today*, Vol. 18, March 1968, pp. 164 – 172, 221.

家族预期的富有者，在陆续购买土地储蓄财富的过程中，也可能逐渐积累起面积巨大的地产。有些富有者则视购买土地为投资的手段，把多次购买的小地产经过置换合并起来，建立起大地产和土地家族。比如，塞缪尔·惠特布雷德有一个儿子，在其垂暮之年，塞缪尔费尽心力地购买土地，然后又和邻居进行置换，结果在萨斯希尔地区积累了规模相当的地产，为建立土地家族奠定了基础。起初，他在这个地区购买小块地产只是为了投资，并没有建筑乡间宅邸的意向，但最终还是挑选了乡间宅邸的位置。① 塞缪尔的个案表明，有些工商业者在购买土地贮存财富的过程中，随着财富的增加，手中拥有的地产面积和数量也呈现出上升的趋势，最终促成了大地产的建立。

有些人购买土地的目的是为了投机，通过地产的买进和卖出而获利。从1536年宗教改革到1660年王位复辟，政府对修道院土地以及王位空缺期间充公土地大量拍卖，这给土地投机商以可乘之机。1660年以后，政府很少介入这种大型的土地买卖活动，但土地市场依然活跃。如果一个地主需要当即卖掉自己的土地而又没有直接买主对其整个地产感兴趣的话，投机商就会抓住时机，非常便宜地盘下这处地产，而后伺机整块或分为若干小块出售。比如，1676年，亨利·波尔从帕姆布里尔伯爵手中买下了威尔特郡的拉姆伯利庄园。此后，亨利卖掉了其中的几个农场。1681年，他又把庄园上的房屋及其剩余的地产卖给了前任检察总长威廉·琼斯爵士。后者购买土地的目的是为了建造宅邸。②

如果遇到有利的投机环境，有些商人会千方百计地买断市场上抛售的土地。在缺少现款的情况下，他们会用抵押贷款的方法筹集资金。比如，1778年，怀特俱乐部的主人罗伯特·麦克利斯从其债务人詹姆斯·福克斯手中买下了萨里郡的东霍利斯地产。该地产的售价为39,500英镑。由于罗伯特没有现金支付，11,097英镑和詹姆斯欠下的债务相抵消，剩余的款项由罗伯特以这块地产为抵押而贷款。罗伯特本来打算把这处地产分成小块，再行销售。然而，没过多久，他便以整块的形式把它卖给了邻近的托马斯·佩奇，售价为50,500英镑。托马斯在该地区拥

---

① D. Rapp, "Social Mobility in the Eighteenth Century: The Whitbreads of Bedfordshire, 1720 - 1815", *Economic History Review*, Vol. 27, No. 3, August 1974, pp. 380 - 394.

② John Habakkuk, *Marriage, Debt, and the Estates System*, Oxford: The Clarendon Press, 1994, p. 406.

有地产,他的出价高于他人。① 以上个案表明,土地投机商购买土地的目的并不是要建立土地家族,而是在土地所有者需要整块出售土地而购买者又暂时短缺的情况下出现的一种投机行为。投机商的存在,活跃了土地市场。

　　南海事件的发生更彰显了土地的保值功能。南海公司组建于1711年,是托利党对抗辉格党主宰的英格兰银行的产物。南海公司实质上是一个财政公司,其目标是要发行9,000,000英镑的公债。由于公债数额庞大,公司管理失误,1720年初,投机成了普遍的现象。年初,股票价格与票面价值之间的比例为128∶100;到了6月24日,这一比例达到了高峰1050∶100;8月份,泡沫开始破裂;到了10月1日,跌落到290∶100。大约30,000名债权人受到南海事件的影响,除少部分人在泡沫破裂前头脑清醒,抛售股份外,绝大多数债权人损失惨重。比如,托马斯·科克在南海事件中损失了37,928英镑14先令8便士。② 钱多斯公爵记录了当时南海公司债权人的惨状,他写道:人们为家产的全面破产忧心忡忡,他们痛苦的程度无法想象。③ 南海事件改变了人们的投资观念。通过利文森-高尔地产的拥有者高尔勋爵,可窥知人们投资理念转变的现实。J. R. 沃迪把这一事实摘录如下:

> 没有证据表明第二任男爵对土地外的其他产业产生丝毫的兴趣。这是因为和当时许许多多的贵族一样,他曾经卷入过南海泡沫事件。南海事件前,第二任男爵购买了价值20,000英镑的公债;在泡沫破裂前,他及时地抛售了这些公债,成为南海事件中为数极少的幸运者之一。正因为此举,他曾被怀疑是导致南海事件的同谋案犯之一,直到后来,人们才撤销对他的控诉。南海事件后,第二任男爵和其他贵族都对商业和其他行业的投资充满了反感,除了土地,他们几

---

① John Habakkuk, *Marriage, Debt, and the Estates System*, Oxford: The Clarendon Press, 1994, p. 406.
② R. A. C. Parker, *Coke of Norfolk: A Financial and Agricultural Study, 1707 – 1842*, Oxford: The Clarendon Press, 1975, p. 19.
③ J. V. Beckett, *The Aristocracy in England, 1660 – 1914*, Oxford: Basil Blackwell Ltd., 1986, p. 82.

乎不再对商业投资。①

这些资料表明，南海泡沫事件使人们的投资理念发生了彻底的转变，他们从一定程度上开始放弃对股票和公债的购买，把资本转移到地产行业。

四、商业资本与土地购置

16、17世纪，英国商人大批出现，他们把商业资本用诸土地的购买，采用地产的形式把资本贮存起来。以伦敦商人为首的城市商人可谓一马当先。比如，1664年，伦敦商人爱德华·拉奇购买了埃威瑟姆庄园；1666年，托马斯·拉奇投资5,000英镑，在肯特郡买下了阿克里斯庄园；威廉·乔里弗（1660—1750年）是不信奉国教的伦敦商人，曾经在萨里郡、埃塞克斯郡、约克郡购置地产；1665年，地中海东部累范特地区的商人亨利·阿什赫斯特投资5,000英镑，在牛津郡购买了埃明顿庄园，他的儿子亨利·阿什赫斯特爵士（1642—1711年）是一位出色的土耳其商人，业务范围波及北美，投入16,000英镑，买下了距埃明顿庄园仅几英里之遥的沃特斯托克庄园，直到20世纪中期，阿什赫斯特家族仍控制着这处地产，亨利·阿什赫斯特爵士的弟弟威廉也是商人，于1693年就任伦敦市长，1680年代和1690年代，曾在海格特地区购置土地，1713年，他的三个儿子买下了黑蒂娜姆城堡，后来由长子限嗣继承，到1873年，这块地产的面积为1,889英亩，仍为阿什赫斯特家族的后代拥有；托马斯·韦伯斯特是伦敦一个商人家族的第二代成员，其父在埃塞克斯郡购置地产，1700年，他从多塞特伯爵查尔斯手中购置了沃尔瑟姆的考皮斯尔，1705年购买了奥格园，1726年购买了贝克林的阿尔伯林黑奇地产，1721年购买了蒙塔古子爵在苏塞克斯郡和肯特郡的地产，直到1976年，他的后人仍旧拥有此处地产；18世纪初，亚麻商人克劳德·福纳利在奇尔斯特彻公园中心地带建立了自己的大地产。② 丹尼尔·笛福注意到，在伦敦商人中间，流行着到埃塞克斯郡购买土地的时尚。他写道："伦敦商人在埃塞克斯郡购买了相当多的土地，诸如钢铁商

---

① J. R. Wordie, *Estate Management in Eighteenth-century England: The Building of the Leveson-Gower Fortune*, London: Royal History Society, 1982, p. 138.

② John Habakkuk, *Marriage, Debt, and the Estates System*, Oxford: The Clarendon Press, 1994, pp. 420–421.

人威斯顿先生在克尔弗顿附近购买了土地；杂货商人克里斯纳被称为郡长，在俄斯科恩地区购置了地产；商人奥勒穆斯在布里恩垂地区购有地产；维斯特考姆先生在梅尔顿附近买有土地；托马斯·韦伯斯特勋爵在沃尔瑟姆附近的考皮瑟尔购有地产，等等。"① 通过购买土地的方式，伦敦日益增加的财富扩散到了周边的乡村。

在各个郡的城市里，城市商人也不断购置庐田，建立起土地家族。比如，到1790年代，在伯明翰和考文垂，许多商人、工业家都在沃立克郡购买了土地；在米德兰东部地区，来自诺丁汉郡、莱斯特郡和约克郡南部工业城镇里的商人在这里置田买地、建立土地家族；18世纪，来自伦敦、赫尔、西赖丁的商人们与来自诺丁汉郡、纽马克、约克郡和兰开郡的银行家们在林肯郡都购有土地。② 马蒂亚斯·克里森（1742—1827年）出生于牧师家庭，通过商业积蓄了财富，垂暮之年，他在萨福克郡和诺福克郡不断购买田产，总面积达12,000英亩以上，1818年，他从第三任梅纳德子爵手中买下了霍克森豪尔地产以及附近的艾伊地产，同年，他在萨福克郡购下了彼克莱尔地产、泰莱斯家族宅邸，1823—1825年，他从第二任康沃尔侯爵手中买下了康沃尔宅邸及其附属土地，其长子在拥有巨幅地产之前已经拥有显赫的战功和丰富的阅历，后来在豪克森建立了新的宅邸，改名为奥克莱园；亚伯拉罕·埃尔顿爵士是一位富足的布里斯托尔商人，1709年，他在萨默塞特郡购买土地，1718年，在靠近布里斯托尔和怀特斯顿的地方为二儿子和三儿子购买了温福德地产；在1680年去世前，纽卡斯尔商人威廉·布莱克特把他的一部分财富留给了长子爱德华，后者在约克郡购买了纽伯地产并建立了土地家族，布莱克特把他其余的财产留给了另外一个儿子威廉，1688年之前，威廉在诺森伯兰郡购买了沃灵顿地产。③

新商业中心的崛起为农村土地市场注入了活力。来自这些商业中心的商人们积极参与土地购买。比如，在林肯郡，西赖丁吸引着新地主们

---

① Daniel Defoe, *A Tour through England and Wales*, Vol. 1, London: J. M. Dent & Sons Ltd., 1928, p. 15.
② J. V. Beckett, "Landownership and Estate Management", in Joan Thirsk (ed.), *The Agrarian History of England and Wales, 1750 - 1850*, Vol. 6, Cambridge: Cambridge University Press, 1989, pp. 554 -555.
③ John Habakkuk, *Marriage, Debt, and the Estates System*, Oxford: The Clarendon Press, 1994, pp. 423 -424.

的眼球，约翰·贝科特是巴恩斯利城的杂货商，兼做亚麻生意，从1750年代开始，他把目光转向了农村的土地；他的儿子是利兹的银行家，为强化自身地位，于1786年在盖恩斯伯勒附近的萨默斯比购置了一大片带有田产的宅邸；他们在巴恩斯利城从事亚麻产业的邻居也都参与土地的购买，比如威尔逊一家，用抵押贷款的方法购买了土地；同一时期，利兹城的威廉·丹尼尔在该地区购买了大片土地，其中包括1759年购买的科尔斯顿庄园；19世纪初叶，丹尼尔家族的另一分支在宾布鲁克购置了一大块田产。①

许多英国海外商人也纷纷把商业资本转化为地产，他们要么在伦敦，要么在其他郡置田买地。在这方面，东印度公司的商人和职员可谓独树一帜。比如，1714年，与荷兰商人的女儿结婚的东印度公司职员约翰·阿弗莱克在萨福克郡购买了达拉姆地产，阿弗莱克家族与当地乡绅联姻，成为下院议员，此后，阿弗莱克家族在当地乡绅中一直担当领导者的角色，直到他们把土地卖给赛西尔·罗兹；彼得·瓦西特（1651—1705年）有两个儿子，一个在波罗的海经商，另一个是东印度公司的总裁，他们都购置了地产；1717年，东印度公司大商人理查德·高夫在伯明翰附近买下了埃戈伯斯顿和其他地产；1753年之后的某个时间，东印度公司商人詹姆斯·法夸尔森在多塞特郡的利特尔顿地区购下了一处乡间宅邸以及其他地产，总共10,982英亩。②

旅居俄罗斯、土耳其、中国等地的英国商人也纷纷把在海外取得的财富用于国内地产购置，或作为储蓄的手段，或建立土地家族。例如，土耳其商人乔治·汉格爵士在格罗斯特郡的赛伦瑟斯特附近购买了一处地产，他的儿子——第一任科尔雷恩勋爵在该郡的凯姆斯夫德及伯克郡都购有地产；詹姆斯·马西森的公司主宰着中英间的贸易，他在苏格兰广置田产，他的侄子兼继承人也在苏格兰购有地产，他的合伙人罗伯特·贾丁也是一位大土地购买者；1850年代初期，俄罗斯商人贾尔斯·罗德在威尔特郡购买了面积达2,109英亩的威尔斯福德地产，在苏塞克斯郡的高彼齐教区购买了一处面积达718英亩的地产，他死后留下了价

---

① B. A. Holderness, "The English Land Market in the Eighteenth Century: The Case of Lincolnshire", *Economic History Review*, Vol. 27, No. 4, November 1974, p. 561.

② John Habakkuk, *Marriage, Debt, and the Estates System*, Oxford: The Clarendon Press, 1994, pp. 421–422.

值3,000,000英镑的家产,他的长子以诺森伯兰郡的4,687英亩地产为中心,1888年又投资335,000英镑,从南安普顿勋爵信托人的手中购置土地,建立了大地产。①

近代以来,随着环球联系的加强,烟草、蔗糖、黑奴"三角贸易"发展起来,即英国的制造业产品运往非洲,非洲的黑人奴隶被贩往加勒比海,加勒比海的蔗糖运往北美和不列颠。② 从环球性的"三角贸易"中,英国海外商人大发横财,其中利物浦、布里斯托尔、格拉斯哥的商人最为突出。约翰·塔尔顿是利物浦贩卖黑人奴隶的商人,从1748年到1773年,他的财富从6,000英镑增加到80,000英镑;另一位利物浦奴隶贩子托马斯·莱兰后来成为银行家,1827年去世时,财富达到了736,000英镑;布里斯托尔商人亨利·布赖特和理查德·迈勒在布里斯托尔、非洲和西印度群岛之间从事三角贸易,分别积累财富50,000英镑、30,000英镑。③ 从事环球"三角贸易"的海外商人把财富投入到国内土地市场,大片地购买土地。1755年之前,亚伯拉罕·伊萨克·厄尔顿购下了夫里曼特尔宅邸,1764年,他的儿子亨利·霍布豪斯买下了康沃利斯宅邸;布里斯托尔商人托马斯·佩德勒把他在西印度群岛开办种植园获取的部分财富用于比福特宅邸的建造。④ 威廉·利是利物浦商人的儿子,1845年,他在格罗斯特郡购买了伍德切斯特地产,面积达3,847英亩;1795年,利物浦奴隶贩子托马斯·克拉克投资45,000英镑,在什罗普郡购买了珀鲁地产;摩西·本森是一位在利物浦和牙买加之间从事奴隶转口贸易的商人,他投资25,000英镑,在什罗普郡的温罗克附近购置地产4,300英亩,建立了土地家族;威廉·卡尔顿·路森(1760—1817年)是利物浦的大商人之一,在利物浦附近购买了阿尔顿佩利地产,他唯一的儿子威廉在约克郡购买了两处面积巨大的地产,第一块被称为纽伯韦克地产,第二块被称为楠宁顿豪尔地产,1850年,威廉当上了约克郡郡

---

① John Habakkuk, *Marriage, Debt, and the Estates System*, Oxford: The Clarendon Press, 1994, pp. 421-422.

② Julian Hoppit, *A Land of Liberty? England, 1689-1727*, Oxford: The Clarendon Press, 2000, p. 267.

③ Kenneth Morgan, *Slavery, Atlantic Trade and the British Economy, 1660-1800*, Cambridge: Cambridge University Press, 2000, p. 37.

④ Kenneth Morgan, *Slavery, Atlantic Trade and the British Economy, 1660-1800*, Cambridge: Cambridge University Press, 2000, p. 109.

守；约翰·格拉斯顿在西印度群岛一带经营产业，他的财富主要来自商业，1830年，投资80,000英镑，在苏格兰东北部购买了菲斯克地产；乔治·格伦是一位利物浦商人，1858年，他在牛津郡购买斯特拉顿奥德利地产，面积达1,647英亩。① 需要说明的是，黑奴贸易终结于1840年代，这是因为"两个世纪以来英国反对黑人奴隶贸易的运动已经使与这场运动不相和谐的声音消失了"②。

战争供货商也是土地市场上一支活跃的购买力量。17世纪初叶以来，欧洲发生了一系列战争，如三十年战争、七年战争、奥地利王位继承战争、拿破仑战争。在这些战争中，英国出现了诸多的战争供货商，他们利用战争机会，向国家提供资金和物资，大发战争财，并把相当一部分财产转入土地行业。1688年之前，战争供货商彼得·布雷尔在贝肯纳姆地区购买了凯尔西斯地产，他的长子小彼得也是一位战争供货商，长期在西班牙经商，奥地利王位继承战争期间是约翰·布里斯托的主要供货商，小彼得继承了父亲的地产并通过婚姻关系在同一教区取得了另一处地产，彼得的次子梅里克也是战争供应商，支付10,780英镑在西格林斯蒂德地区购得一处地产；亚伯拉罕·休（1703—1772年）是商人、船主，后来成为军队的物资总供应商，1739年，他从赫特福德郡购买了沃姆雷柏利地产，1748年，又投资30,000英镑，从纽卡斯尔公爵手中购买了林肯郡的南凯姆地产；约瑟夫·古尔斯顿曾参与奥地利王位继承战争中的军需品供应，在埃林格罗福地区拥有一座村庄，又在赫特福德郡购买了年收入1,500英镑的地产一处；乔治·埃米亚德（1720—1766年）是七年战争时期的印花布供应商，在卡斯尔顿购买了小块地产，1762年又在伯克郡购买了较大的地产。③

银行信贷业在土地市场中的作用举足轻重。银行家常常投入巨额财富，用于土地的购置。亨利·霍尔是伦敦银行家，从1718年到1725年，

---

① John Habakkuk, *Marriage, Debt, and the Estates System*, Oxford: The Clarendon Press, 1994, pp. 423–424.

② Paul Michael Kielstra, *The Politics of Slave Trade Suppression in Britain and France, 1814–48: Diplomacy, Morality and Economics*, London: Macmillan Press Ltd., 2000, p. 267.

③ John Habakkuk, *Marriage, Debt, and the Estates System*, Oxford: The Clarendon Press, 1994, pp. 431–432.

他花费 37,150 英镑，在威尔特郡、多塞特郡、汉普郡购买地产。① 威廉·休尔从一系列金融交易中获取了丰厚的利润，除了在诺福克郡继承的三个庄园，他仅在克拉珀姆、伦敦、威斯敏斯特拥有为数不多的地产，1715 年，威廉去世，他的财富以货币、金银餐具、抵押贷款、支票、票据等形式传给了继承人休尔·埃杰雷，到休尔去世的时候，其遗产包括：从威廉那里继承的财富，12,400 英镑东印度公司的公债和股票，横跨汉普郡、约克郡、德贝郡、诺森伯兰郡的土地；彼得·特勒森是来自牙买加的伦敦商人兼银行家，1797 年去世时，其地产年收入为 5,000 英镑，他首次购买的小地产位于肯特郡，1787 年他买断约克郡南部最大的地产布罗德沃斯，他的长子艾萨克花费 51,400 英镑购买了伦戴尔沙姆地产，1797 年彼得去世，留下的不动产年收入为 5,000 英镑，动产价值 600,000 英镑，在遗嘱中他决定把这些动产全部购买土地，其信托人花了很大的气力，在诺福克郡、沃里克郡、赫特福德郡、米德尔塞克斯郡、达勒姆郡、约克郡购买土地，到 1883 年，他们在萨福克郡的地产达到了 19,869 英亩，在赫特福德郡的地产达到了 3,967 英亩，在约克郡的地产达到了 7,875 英亩。② 塞缪尔·琼斯·劳埃德在曼彻斯特和伦敦银行界负有盛名，也是土地市场上的活跃人物，1840 年代，他把巨额财产中的部分资金部署在地产上，以求通过这些土地得到相应的社会地位。③

五、工业资本与土地购置

在工业革命之前，英国的手工业生产者就有购买地产、建立土地家族的传统。他们把创造的财富投入土地市场，成为地产行业不可或缺的力量。例如，汉伯里家族是铁匠世家，祖父理查德·汉伯里在庞蒂浦设立铁匠作坊，1665 年，孙子卡佩尔·汉伯里买下庞蒂浦园，建立起土地家族；亨利·费瑟斯通豪是位商人，他在埃塞克斯郡、赫特福德郡、米德尔塞克斯郡、伦敦都购有土地，总价值达 400,000 英镑，1746 年亨利

---

① Julian Hoppit, *A Land of Liberty? England, 1689–1727*, Oxford: The Clarendon Press, 2000, p. 377.

② John Habakkuk, *Marriage, Debt, and the Estates System*, Oxford: The Clarendon Press, 1994, pp. 432–436.

③ F. M. L. Thompson, *English Landed Society in the Nineteenth Century*, London: Routledge & Kegan Paul, 1963, pp. 38–40.

去世后，儿子马修继承了遗产，马修在埃塞克斯郡从事砖与石灰的生产，继承遗产一年后，马修投资 19,000 英镑，从奥萨尔顿勋爵手中购买了苏塞克斯郡的阿帕克地产，1750 年代和 1760 年代马修又购买 5,983 英亩土地；亨利·波特尔出身于难民之家，后来成为纸张制造商，曾在汉普郡购买土地，1747 年亨利去世，唯一的儿子继承遗产，1759 年，后者在汉普郡购买拉弗斯托克地产，面积 10,566 英亩，并在这里建造了家族宅邸。①

在经典工业革命时期，大多数工业家不断把工业资本投入土地行业，建立土地家族。在英国的先导工业部门——纺织行业，工业家购买土地的情况尤为突出。纺织家族——皮尔家族就是其中的著名个案之一，该家族在早期纺织工业中的地位被英国经济史和政治史所认同。经济史家查普曼把皮尔家族扩展土地的主要过程总结如下：

> 皮尔家族是起源于布莱克伯恩地区的小自耕农，17 世纪中叶，开始经营羊毛纺织。1795 年，帕斯利·皮尔去世，后代不断购买土地，日益形成土地家族。帕斯利有七个儿子，第三个儿子罗伯特最为成功，他在斯塔福德郡购买了德雷顿庄园以及其他地产。第四个儿子乔纳森在克里瑟罗附近的诺尔米尔教区购买了地产。其他的儿子并未购买土地。孙子们通过婚姻和购买的方式，得到大片土地。1873 年，长子威廉的一个后代拥有康沃尔郡的垂恩提园，面积 1,094 英亩；另一个后代拥有卡马森郡的提利雅斯园，面积 3,197 英亩。第二个儿子帕斯利的儿子埃德蒙在诺福克郡拥有威灵顿豪尔地产，面积 2,689 英亩，在伯林-佩斯地区拥有宅邸，在登比郡、弗林特郡、蒙哥马利郡拥有土地 5,777 英亩。第四个儿子的一个后代拥有诺米尔地产，并在兰开郡和约克郡拥有土地；1843 年，另一个后代的分支将地产限嗣在卡马森郡的丹尼沃尔特地区，面积 1,662 英亩，在吉斯本和约克郡还拥有地产。在第五个儿子的孙子辈分中，两个孙子在彭布鲁克郡拥有地产，一个孙子在格罗斯特郡拥有地产。在帕斯利的后裔中，第三个儿子继承了家族的主支，地产达到了 9,923 英亩。皮尔家族其他分支拥有的土地尽管没有达到这一数量，

---

① John Habakkuk, *Marriage, Debt, and the Estates System*, Oxford: The Clarendon Press, 1994, p. 465.

但也足够支撑他们成为真正的乡绅。①

即便那些不大出名的纺织工业家庭也有着购买地产、建立土地家族的强烈愿望与行动。下院议员理查德·斯莱特·密尔内斯出生于韦克菲尔德市一个纺纱家庭，在约克郡购买弗里斯顿地产；托马斯·菲利普是曼彻斯特富有的纺织商，他的两个儿子先后购买土地并建立了土地家族，1816 年以后，大儿子乔治在沃里克郡购买土地，于 1820 年代搬到了那里，二儿子罗伯特购买了斯尼特菲尔德地产，又收购了邻近的沃尔弗顿庄园，他的儿子马克也购买了许多地产，并建立韦尔考姆宅邸，面积达 3,048 英亩；约翰·达格代尔的经营兴趣非常广泛，先后从事机械制造、布料印花、棉纱纺织，他在蒙哥马利郡的里温地区购买了 1,500 英亩土地，这些土地留给了次子，1861 年，长子詹姆斯在沃里克郡购买了罗斯豪尔修道院地产，达 1,896 英亩；到 1850 年，理查德·伯金是诺丁汉郡最大的花边加工商，他购买了埃斯珀雷霍尔地产，这处地产传给了长子，次子托马斯购买了拉丁顿格兰奇地产。②

在酿造行业，酿造商把工业利润投入到地产行业，购买土地，建立土地家族。比如，酿造商乔治·惠廷斯托尔死于 1822 年，讣告声明：乔治·惠廷斯托尔先生一生共积累 700,000 英镑，其中 400,000 英镑投在了公债上，200,000—300,000 英镑用于土地购置；有确凿的证据表明，他一生仅在赫特福德郡置买过两次土地，一处是朗雷柏利地产，到 1873 年这还是面积仅 101 英亩、年创造价值 1,520 英镑的小块土地；另一处地产是埃尔姆什伯利大庄园，1860 年代，乔治的后代卖掉了这座庄园。③ 再如，惠特布雷德家族是英国负有盛名的酿造世家，也是把酿造资本投入到地产行业的典型代表。17 世纪初，惠特布雷德家族只是贝德福德郡的小乡绅，18 世纪初到伦敦从事酿造业。到塞缪尔·惠特布雷德时，该家族成为伦敦大规模科学酿造的先驱之一，他不断地购买地产，成为贝德福德郡的大地主。他死后，儿子小塞缪尔·惠特布雷德（1764—1815

---

① Stanley D. Chapman, "The Peels in the Early English Cotton Industry", *Business History*, Vol. 11, No. 2, 1969, pp. 61–89.

② John Habakkuk, *Marriage, Debt, and the Estates System*, Oxford: The Clarendon Press, 1994, pp. 466–467.

③ F. M. L. Thompson, "Stitching it together again", *Economic History Review*, Vol. 45, No. 2, May 1992, pp. 362–375.

年）继承了家族的酿造业和地产。①

工业化时期的英国，由于长期对法战争，需要大量的重工业材料，短时间内涌现出一批重工业家族，他们积累了丰厚的财富。在遗产与继承税登记署，几份有关不动产与遗嘱价值检验的档案，透露了四位 19 世纪钢铁工业家的资产状况，这些档案的内容为：

> 乔赛亚·约翰·格斯特爵士，去世于 1852 年，没有条目显示他与钢铁工业的联系，他在多莱斯的钢铁产业并未包括在遗嘱价值检验册中。詹姆斯·福斯特，去世于 1858 年，是斯陶尔布里奇地区奇灵顿煤钢公司的合伙人，他的股份价值为 85,000 英镑。约瑟夫·贝莱爵士，去世于 1858 年，是楠蒂格罗钢铁公司的合伙人，股份价值为 166,365 英镑。威廉·汤普森去世于 1854 年，是潘尼德林和特德格钢铁公司的经营者，其遗产税为 77,961 英镑，并未包括在遗嘱价值检验册中。②

以创建重工业世家为基础，这些工业家大规模地扩展土地，建立土地家族。在这类土地精英中，钢铁工业家 J. J. 格斯特最为引人注目。格斯特是家族的第三代成员。这一时期，格斯特家族在多莱斯钢铁工业行业中非常活跃。格斯特一生的大多数时间都居住在多莱斯，1817—1818 年，他在该地建造了宅邸。在格拉摩根郡，他也广购田产。1846 年，61 岁即将退休的格斯特购买了德·马莱勋爵在多塞特郡的坎福德地产，这处地产幅员广阔，25 年后面积达 17,000 英亩，总购买金额为 335,000 英镑。③

有的工业世家，以从事重工业为基础，兼营金融业，并从中抽取巨额利润，用于地产的购置。比如，康沃尔郡凯黑斯堡的约翰·密歇尔·威廉经营青铜冶炼，还经营银行业，拥有的地产超过 8,000 英亩，年创造价值 16,000 英镑。1880 年，威廉去世时，个人财富达 1,600,000 英

---

① D. Rapp, "Social Mobility in the Eighteenth Century: The Whitbreads of Bedfordshire, 1720 – 1815", *Economic History Review*, Vol. 27, No. 3, August 1974, p. 380.

② F. M. L. Thompson, "Stitching it together again", *Economic History Review*, Vol. 45, No. 2, May 1992, p. 372.

③ John Habakkuk, *Marriage, Debt, and the Estates System*, Oxford: The Clarendon Press, 1994, p. 469.

镑。他的父亲密歇尔是康沃尔郡一个土地家族的幼子，该土地家族的建立可以追溯到18世纪早期。密歇尔早年和别人合伙成立福克斯-威廉姆斯公司，后来易名为威廉姆斯-福克斯公司，经营青铜冶炼。1839年，密歇尔当选为格拉摩根郡郡守，1854年购买凯黑斯堡地产，他是小乡绅的幼子通过工商业财富建立土地家族的典型。①

在威尔士，矿石产业的经营者创造了巨额财富。矿业开采公司的企业主、合伙人、上层管理人员以及他们的后代都参与土地购买，建构土地家族。比如，爱德华·休是帕利斯矿业公司的主要合伙人，1786年，他投资42,000英镑，在登比地区购买了金默尔园；1813年，他又投资209,000英镑，从约翰·菲茨莫里斯手中购买了卢埃林地产和其他地产。利安尼丹斯的托马斯·威廉是上述公司活跃的企业家兼土地和法律代理人，他在伯克郡购买了将近2,000英亩土地，并支付给长子10,000英镑、三个女儿92,000英镑、幼子20,000英镑，用于购买土地，最终建立了传统意义上的土地家族。帕斯克·格雷菲尔是托马斯·威廉的主任助理，每年来自铜业的分红达20,000英镑，他在白金汉郡的塔普洛地区购买了地产，以后又先后当选塔普洛地区、彭林地区的议员；次子在塔普洛地区跟随着他，后当选为议员，1819年同贵族女性结婚；1905年，他的长孙成为德斯伯勒勋爵。帕斯克·格雷菲尔的长子居住在格拉摩根郡，掌管着家族企业一半的资产；他的第四个儿子是出色的士兵，后来成为格雷菲尔勋爵。② 以上材料表明：在矿业领域，经营者没有把业务范围仅仅局限于本领域之内，他们参与金融业等工商行业，还把工业资本用于土地购买，建立土地家族。

六、农业资本与土地购置

工业化时期的英国，土地家族往往不失时机地在主体地产附近购买土地，以扩大、强化主体地产。他们购买的那些土地，有的属于自耕农，有的属于欠债地主，有的属于圈地村落。霍尔克姆地产被同一时代的人们奉为楷模，在主体地产周边地区购买土地是这一地产形成的重要途径

---

① F. M. L. Thompson, "Life after Death: How Successful Nineteenth-century Businessmen Disposed of their Fortunes", *Economic History Review*, Vol. 43, No. 1, February 1990, p. 46.
② John Habakkuk, *Marriage, Debt, and the Estates System*, Oxford: The Clarendon Press, 1994, p. 471.

之一。经济史家S. W. 马丁斯把霍尔克姆地产在16、17世纪的扩展简述如下：

> 17世纪，大法官爱德华·科克开始购买霍尔克姆地产。1550年，爱德华出生于米尔海姆的波尔伍德豪尔。1576年，他在邻近的蒂特歇尔教区购买了古笛维克庄园，并在这里安家；到1600年，附近的韦灵格姆庄园、韦斯纳姆庄园和厄尔马姆庄园都被爱德华收购。北诺福克地产的构架雏形显现。1606年，他买下比灵福德地产，1610年买下朗哈姆地产，1612年买下斯帕拉姆地产，1616年买下艾克堡。这些土地以霍尔克堡为中心，分布在诺福克郡的中部地带。1634年，爱德华去世，科克土地家族已具备相当的规模。①

另一位经济史家R. A. C. 帕克则把霍尔克姆地产在18世纪发展、壮大并形成诺福克郡主体地产的过程作以总结，他写道：

> 1718年，托马斯·科克长大成人。这一时期，家族地产分布在诺福克郡、萨福克郡、肯特郡、白金汉郡、牛津郡、斯塔福德郡、萨默赛特郡、伦敦。这些土地每年的地租与利润收入合计超过10,000英镑。其中，诺福克郡地产每年的地租和利润收入为6,120英镑。1758年，在托马斯去世的前一年，家族地产上的地租收入达到了13,500英镑。1749年，家族地产上地租收入为14,400英镑，不定利润收入为1,010英镑，总计超过15,000英镑；其中9,100英镑地租和238英镑不定利润来自诺福克郡地产，5,300英镑地租和800英镑不定利润来自其他郡的地产。此后，诺福克郡地产上的地租持续上升，到1758年，达到每年10,500英镑。托马斯把出售其他郡地产的收入作为资本，在诺福克郡主体地产周边购买土地。这样，科克家族地产日益集中在诺福克郡，成为诺福克地产。高昂的建筑费用、巨额的债务，从来没有使托马斯畏惧。去世前夕，他还

---

① Susanna Wade Martins, *A Great Estate at Work：The Holkham Estate and its Inhabitants in the Nineteenth Century*, Cambridge：Cambridge University Press, 1980, pp. 2 – 3.

投入 14,000 英镑，在怀顿地区购买了几处地产。①

诺福克地产的形成表明，为了方便管理，提高土地的利用效率，已建立的土地家族购买土地时常常奉行削弱外围地产、强化主体地产的策略，使地产主要集中于某一区域。

也有一些土地家族，倾向于在外围地产附近或距离主体地产较远的地方购买土地。他们的地产较为分散。比如，1706 年至 1711 年，纽卡斯尔公爵约翰·霍莱斯总共投资 100,000 英镑购买土地，这包括林肯郡的四处地产、亨廷登郡的奥顿地产、贝德福德郡的基索地产和韦姆珀尔地产；第一任赫特福德侯爵，扩展了沃立克郡雷利地区的主体地产，1753—1764 年，又通过购买的手法，在萨福克郡萨德伯恩地区建立了大地产；戈罗夫纳家族是伦敦的一个大地主，在弗林特郡广置地产，16 世纪以来，他们在弗林特郡出租矿产，1704 年在豪尔凯恩地区和诺萨地区购买土地，随后又进行了一系列土地购买，直到 1809 年的大宗土地购买，这包括霍利韦尔、福尔布鲁克、格林菲尔德三处地产；18 世纪前五六十年间，贝德福德公爵积极购买小块土地，他购买的土地集中在贝德福德郡沃本主地产的周边地区，有时候，他却在其他地区扩展土地，1842 年他从霍兰德勋爵手中购买了安特西尔园。②

土地家族购买土地的目的复杂多样。首先，最为普遍的购置类型就是对与主体地产相交叉或相毗邻土地的购买。这种购买方式有其内在的经济动因。通过这种土地购买途径，土地家族可以获得整齐而宽幅的地块，这有利于规模投资，诸如在建造排水系统、围圈地产、兴建房舍和仓库等方面，可以降低投资成本，使各项投资发挥最大效益，获得更多的经济回报。下面，以地产规模和投资之间的关系为例，予以说明。

19 世纪中期，圈地委员会为确保地主对土地的投资，颁布法令实施贷款，贷款的偿还方式是每年从地租中抽取一定数量的金额，通过若干年还清本息。起初，贷款主要用于地下排水设施的建造，后来又扩展到

---

① R. A. C. Parker, *Coke of Norfolk: A Financial and Agricultural Study, 1707 – 1842*, Oxford: The Clarendon Press, 1975, pp. 37 – 39.

② John Habakkuk, *Marriage, Debt, and the Estates System*, Oxford: The Clarendon Press, 1994, pp. 477 – 478.

地产改造的其他方面。1852年,第一批贷款获得批准,到1869年,地主为实施地产改造而举借的贷款共计1,250,000英镑。为确保投资的安全性,圈地委员会被授权管理贷款业务。圈地委员会任命若干调查员到各地调查勘测,取得第一手资料,向圈地委员会递交调查报告。根据调查员的勘测报告,圈地委员会向地主提供贷款。

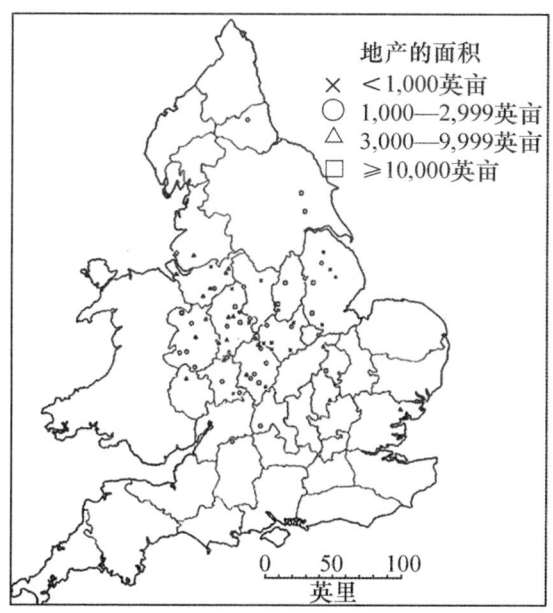

图4.1　1857—1869年安德鲁·汤普森调查71处地产的规模与分布

资料来源:A. D. M. Phillips, "Landlord Investment in Farm Buildings in the English Midlands in the Mid Nineteenth Century", in B. A. Holdnerness and Michael Turner (eds.), *Land, Labour and Agriculture, 1700–1920*, London: The Hambledon Press, 1991, pp. 191–210.

1857—1869年,调查员安德鲁·汤普森调查了英格兰71处地产上的贷款投资状况。这些地产分布在19个郡,涉及耕地面积349,328英亩,占英格兰土地面积的1.2%。[1] 如图4.1所示,这19个郡包括达勒姆郡、北约克郡、兰开郡、林肯郡、诺丁汉郡、德比郡、切斯特郡、什罗普郡、

---

[1] A. D. M. Phillips, "Landlord Investment in Farm Buildings in the English Midlands in the Mid Nineteenth Century", in B. A. Holdnerness and Michael Turner (eds.), *Land, Labour and Agriculture, 1700–1920*, London: The Hambledon Press, 1991, pp. 191–210.

斯塔福德郡、赫里福德郡、伍斯特郡、牛津郡、莱斯特郡、沃立克郡、北安普敦郡、贝德福德郡、埃塞克斯郡、格罗斯特郡、布拉克内尔弗里斯特郡。尽管71处地产占英国总耕地面积的比例不大，但分布地域十分广泛，具有一定的代表性。

由表4.1所示，按照面积规模，71处产可分为4组：1,000英亩以下、1,000—2,999英亩、3,000—9,999英亩、10,000英亩以上。由表4.2可知，71处地产贷款投资的建筑设施包括家宅、农场建筑物基址、农场建筑设施、农场住宅、农舍等项目。表4.3说明：随着地产面积规模的增加，改造地产的投资呈现出单位面积投资减少的趋向。表4.4、表4.5说明：无论是种植农场还是养殖农场，随着规模的递增，单位面积投资趋向于减少。安德鲁的调查表明：在改造地产的贷款中，规模投资呈现出单位面积成本递减的趋向。安德鲁投资调查从规模投资单位面积成本递减的视角，诠释了工业化时期土地家族倾向于在一个地区购买土地、建立主体地产的内在经济原因。

表4.1　1857—1869年基建贷款的71处地产

地产面积（英亩）	地产数量	面积（英亩）	平均面积（英亩）
<1,000	18	7,491	416
1,000—2,999	23	37,449	1,628
3,000—9,999	19	113,853	5,992
≥10,000	11	190,535	17,321
总计	71	349,328	4,920

表4.2　1857—1869年71处地产上用于农场建筑物的贷款分配

建筑的类别	用于此类建筑的农场数量	贷款支付（英镑）	新建筑物		旧建筑翻修	
			贷款支付（英镑）	占总资本的百分比	资本支出（英镑）	占总资本的百分比
家宅	32	68,141	13,153	19.3	54,988	80.7
农场建筑物基址	19	23,088	1,000	4.3	22,088	95.7
农场建筑设施	125	52,537	29,998	57.1	22,539	42.9

(续表)

建筑的类别	用于此类建筑的农场数量	贷款支付（英镑）	新建筑物		旧建筑翻修	
			贷款支付（英镑）	占总资本的百分比	资本支出（英镑）	占总资本的百分比
农场住宅	58	29,873	16,430	55.0	13,443	45.0
农舍	—	31,401	16,796	53.5	14,605	46.5
总计	—	205,040	77,377	37.7	127,663	62.3

表4.3　1857—1869年71处地产上用于农场建筑的贷款支出

地产规模（英亩）	农场的数量	面积（英亩）	农场建筑支出（英镑）	每英亩平均支出（英镑）
<1,000	19	3,201	12,877	4.02
1,000—2,999	27	5,823	23,334	4.01
3000—9,999	62	16,668	60,986	3.66
≥10,000	87	26,930	76,442	2.84
总计	195	52,622	173,639	3.30

表4.4　1857—1869年71处地产上农场规模与贷款支出

农场规模（英亩）	农场数量	总面积（英亩）	平均面积（英亩）	贷款支出（英镑）	每英亩农场支出（英镑）
<100	20	1,194	60	7,072	5.92
100—199	48	7,414	154	29,317	3.95
200—299	62	14,692	237	54,551	3.71
300—399	31	10,699	345	33,088	3.09
400—499	19	8,555	450	24,670	2.88
≥500	15	10,068	671	24,941	2.48
总计	195	52,622	270	173,639	3.30

表 4.5　1857—1869 年 71 处地产上农场建筑开支

A. 种植业农场

农场规模（英亩）	农场数量	农场总面积（英亩）	农场均面积（英亩）	贷款支出（英镑）	每英亩农场贷款支出（英镑）
<200	17	2,584	152	9,707	3.76
200—299	23	5,497	239	18,325	3.33
≥300	30	14,260	475	38,582	2.71
总计	70	22,341	319	66,614	2.98

B. 牧业农场

农场规模（英亩）	农场数量	农场总面积（英亩）	农场均面积（英亩）	贷款支出（英镑）	每英亩农场贷款的支出（英镑）
<200	30	3,680	123	19,192	5.22
200—299	21	4,939	235	23,756	4.81
≥300	13	6,099	469	19,096	3.13
总计	64	14,718	230	62,044	4.22

资料来源：A. D. M. Phillips, "Landlord Investment in Farm Buildings in the English Midlands in the Mid Nineteenth Century", in B. A. Holdnerness and Michael Turner (eds.), *Land, Labour and Agriculture, 1700 – 1920*, London: The Hambledon Press, 1991, pp. 191 – 210.

其次，从土地占有和所有的关系来看，土地家族同样倾向于购买与主体地产相毗邻或相交织的土地。许多情况下，在一个地区内部，分属于不同所有者的土地相互交割，这些犬牙交错的土地往往又被同一个租地农场主占有，这就导致了土地的所有结构远远零碎于占有结构的状况。租地农场主往往倾向于整齐划一地经营这些所有结构零碎的土地，形成完整的占有结构，但地主却对这种完整的占有结构充满了疑虑，因为在这种结构下，地主很难执行当初签订的农业协议，很难避免其地产不遭受其他地主的侵害。因而，在土地所有结构集中的情况下，假如单个地主控制了整个村庄或教区，他就可以把控制的土地转化为永久性牧场，也可以把这些土地改造为种植农场与牧场轮作的可转换性地产。鉴于土地占有结构和所有结构之间的矛盾，地主购买相邻土地、强化家族地产的愿望非常强烈。比如，1800年，当海斯庄园的所有者出售这处地产的时候，地主罗伯特·蔡尔德的信托人准备购买。这是因为此处地产不仅与蔡尔德家族的地产相邻，而且交织在一起；更为重要的是，海斯庄园所有者曾经对蔡尔德家族的部分地产提出过庄园权利的要求。①

另外，在工业化时期，许多农牧场主利用做佃农的机会，向身处困境的地主购买土地，进而成为乡绅。这是农业资本参与土地市场流动的又一动因。这类例子不胜枚举。比如，18世纪末，菲利普·斯科沃斯在林肯郡的阿里士柏经营着一处利润丰厚的农场，并兼任诸多圈地委员会的测量员。到1810年，他在北克塞拥有一大块地产。到1840年，其儿子拥有的土地达到5,000英亩。② 再如，18世纪，约翰·葛朗特是林肯郡最大的养兔农场主，他通过经营农场创造了100,000英镑的财富；1783年，他在沃兹地区购买了一处庄园。③ 又如，在阿斯合姆地区，斯托芬斯是殷实的自耕农，在渐进购买土地的过程中，这户人家在林肯郡的不同地方建立了三个土地家族。④

以上论述说明，资本参与是工业化时期英国土地市场流动的重要方式。一方面，有些地主为偿还债务而不得不将祖传的土地或刚刚购置的土地推向市场，一些准备圈地的教区为换取一笔圈地费用而把某类土地销售于人，诸多的小土地所有者因经济环境恶化、负债累累而抛售土地，也有一部分小土地所有者为了经营更大的农场而把自己的土地卖掉，筹措资金以租赁更大的农场。这就形成了类型众多的土地卖方。另一方面，为贮存财富或者建立土地家族，工商业资产者、土地家族甚至某些佃农不断把资本用于土地购买。在实际操作的过程中，许多视土地购买为财富贮存手段者投资于地产行业，客观上建立了自己的土地家族。一般而论，只要土地家族建立起来，地产的所有者就会从经济利益考虑，把分散于各地的土地逐渐集中起来，这在一定程度上促进了资本对土

---

① John Habakkuk, *Marriage, Debt, and the Estates System*, Oxford: The Clarendon Press, 1994, p. 480.

② B. A. Holderness, "The English Land Market in the Eighteenth Century: The Case of Lincolnshire", *Economic History Review*, Vol. 27, No. 4, November 1974, pp. 571-572.

③ B. A. Holderness, "The English Land Market in the Eighteenth Century: The Case of Lincolnshire", *Economic History Review*, Vol. 27, No. 4, November 1974, p. 571.

④ B. A. Holderness, "The English Land Market in the Eighteenth Century: The Case of Lincolnshire", *Economic History Review*, Vol. 27, No. 4, November 1974, p. 571.

地流动的参与。另外,根据笔者的研究,在工业化时期,英国土地市场流动率为 0.496%,按照这个流转速率,全部耕地周转一轮的时间为 202 年[①]。平缓的土地市场流动,是工业化时期英国乡村秩序相对稳定的一大原因。

---

① 关于土地流动率问题,参见本书第三章。

第五章　血亲关系与土地流动

家庭限嗣授产制（strict family settlement）在近代英国大地产形成过程中究竟处于怎样的地位？19 世纪晚期—20 世纪 60 年代中期，西方学者一直强调这一制度在家庭地产积累过程中的作用。19 世纪晚期，持这种观点的学者包括 G. C. 布罗德里克、G. 肖-勒费弗尔、P. M. 劳伦斯、T. E. 斯克鲁顿、E. 塞西尔。① 至 20 世纪中叶，H. J. 哈巴卡克是这种观点的代表人物。他认为，"限定继承是地主为子孙提供土地、保持土地在家庭传承的核心内容；为了给女儿嫁妆（dowry），地主抵押土地贷款，女婿用这笔款项购买土地，作为新娘的寡妇地产（jointure），女婿的女婿又重复这一过程；由于家族限嗣授产的作用，地主阶级作为一个整体相互提携、拥有更多的土地；限嗣授产制是使旧的大地产紧密凝聚、同时又是防止新形成的大地产分散的制度安排"②。在其研究的链条中，哈巴卡克既忽略了绝嗣现象，又忽略了土地抵押贷款利率高于土地资本投资收益率的事实，20 世纪 60 年代中期之后，其学术观点受到了严峻挑战。

---

① 关于 19 世纪晚期强调家庭限嗣授产制促成地产积累的作品，参见 G. C. Brodrick, *English Land and English Landlords*, London: Cassell, Petter, Galpin & Co., 1881, p. 152; G. Shaw-Lefevre, *Agrarian Tenures: A Survey of the Laws and Customs Relating to the Holding of Land in England, Ireland, and Scotland, and of the Reforms therein during Recent Years*, London: Cassell & Company, Ltd., 1893, pp. 5 – 9; P. M. Laurence, *The Law and Custom of Primogeniture*, Cambridge: J. Hell & Son, 1878; T. E. Scrutton, *Land in Fetters, or the History and Policy of the Laws Restraining the Alienation and Settlement of Land in England*, Cambridge: Cambridge University Press, 1886; E. Cecil, *Primogeniture: A Short History of its Development in Various Countries and its Practical Effects*, London: J. Murray, 1895.

② H. J. Habakkuk, "English Landownership, 1680 – 1740", *Economic History Review*, Vol. a10, No. 1, February 1940, pp. 6 – 8; H. J. Habakkuk, "Marriage Settlement in the Eighteenth Century", *Transactions of the Royal Historical Society*, Vol. 32, 4th series, 1950, pp. 28 – 29.

20世纪60年代中期，T. H. 霍林斯沃思发表了《英国贵族的人口统计》一文。该文以量化数据表明，1660年后的一个世纪内，英国贵族经历了一个绝嗣周期。① 以霍林斯沃思关于英国贵族绝嗣的数据为基础，西方学者开始质疑家庭限嗣授产制在地产积累中的作用。克里斯托弗·克莱从女性和旁系继承的视角诠释了工业化时期英国大地产的兴起。他认为，"1670—1749年，英国贵族存在着生物上的失败（biological failure），在5位贵族男性中，能够繁育下一代男性继承者的仅有4位。"以此为基础，他提出假设，贵族在生物学上的失败同样适用于乡绅；并进一步推断，由于部分地主在生物上的失败，更多的家庭没有男嗣，更多的土地落入女性继承人或旁系亲属之手。又提出，"女性或旁系继承人获得的土地面积越大，出售的可能性就越小，而小乡绅和自耕农家庭通过这种继承方式在市场上出售土地的频率较高。18世纪中期以后，地主阶级从生物失败中得以缓解，断绝男嗣的土地家庭愈益减少，越来越少的土地通过女性继承人和旁系家族在市场上转手，土地社会变化的节奏趋缓"。又认为，"嫁妆在扩展土地方面的作用被人们夸大了。在哈巴卡克研究的时段，土地抵押贷款利率（5%—6%）高于土地的资本投资收益（4%），即使在对地主和农场主特别有利的1790—1813年，农业投资利率的快速增长也难以弥补这个沟壑"②。克里斯托弗关于乡绅在生物学上的失败并没有依据，只是一种假设，其解释逻辑的链条出现了中断的一环；同时，他也没有验证自己提出的小乡绅和自耕农出售旁系继承土地的假设。

劳埃德·邦菲尔德通过建立贵族跨代继承模型，否定了家庭限嗣授产制在大地产兴起中的作用。他根据模型，计算出1680—1740年英国贵族的再授产率（rate of resettlement，即能够活到长子结婚时父亲的比重）还不到1/3。他认为，"跨代继承模型对再授产率的计量说明，哈巴卡克的再授产模式是例外而不是规律；晚婚、高死亡率和男孩偏少这几大因素排除了再授产的发生；没有再授产，男性继承人就以自由之手占有祖

---

① T. H. Hollingsworth, "The Demography of the British Peerage", *Supplement to Population Studies*, Vol. 18, No. 2, 1965, pp. 103 – 108.
② Christopher Clay, "Marriage, Inheritance, and the Rise of Large Estates in England, 1660 – 1815", *Economic History Review*, Vol. 21, No. 3, December 1968, pp. 508 – 509, 515 – 517. （克莱用材料证明，许多货币嫁妆被新郎的家庭用作以后的嫁妆。）

产；家庭限嗣授产和大地产兴起之间的联系只是人们的错觉"①。J. V. 贝克特认为，"1660—1880 年，家庭限嗣授产在土地巨头积累土地过程中的作用有限，主要原因在于绝嗣，男嗣断绝率为 1/6。肯特郡、约克郡等地的个案说明，仅有极少数的新郎家庭利用嫁妆购买土地；土地上附带的政治和社会特权是工商业资本对之趋之若鹜的原因"②。

需要指出的是，克里斯托弗等挑战者忽略了一个事实，那就是，那些绝嗣地主的继承者会再次通过家庭限嗣的方法，把继承的土地纳入家庭限嗣继承的范畴。另外，无论是 19 世纪晚期—20 世纪 60 年代中期赞成家庭限嗣授产制促就家庭地产积累的学者，还是 20 世纪 60 年代后期以来对此问题持否定态度的学者，他们讨论的主题都局限于家庭限嗣授产制与土地家族地产扩展之间的关系。另外，在上述争论之外，一些否定家庭限嗣继承制促成大地产的学者，比如克里斯托弗·克莱，开始关注婚姻继承和旁系继承与大地产的兴起。值得注意的是，无论是家庭限嗣继承，还是婚姻继承和旁系继承，都涉及血亲关系和土地的传承，但上述争论的双方均没有从血亲关系的视角观察土地流动。血亲关系与土地流动问题超越了上述两派学者的视野，为本文的探讨留下了空间。

在《1500—1800 年英国的家庭、性与婚姻》一书中，劳伦·斯通归纳出土地阶级家庭计划的三重性：一是保持男性血脉的连续性；二是保证家庭财产完整地传承；三是通过婚姻获得更多的财产或有用的政治联盟。③ 在工业化时期的英国，地产是土地阶级最为重要的财富，是贯穿家庭计划三重性的纽带。这里，笔者以家庭计划为立足点，以血亲关系为视角，探索工业化时期英国的土地流动。

一、家庭限嗣授产的制度安排：土地沿嫡长子血亲流动

有效利用制度性安排保护家族的社会地位是工业化时期英国土地阶级最为显著的特征之一。无论这种社会地位是祖上流传下来的还是新近取得的，地主都希望把它传承下去。土地是家庭收入、社会地位、政治

---

① Lloyd Bonfield, "Marriage Settlement and the 'Rise of Great Estates': The Demographic Aspect", *Economic History Review*, Vol. 32, No. 4, November 1979, pp. 491 – 492.

② J. V. Beckett, "The Pattern of Landownership in England and Wales, 1660 – 1880", *Economic History Review*, Vol. 37, No. 1, February 1984, pp. 8 – 9.

③ Lawrence Stone, *The Family, Sex and Marriage in England, 1500 – 1800*, London: Weidenfeld and Nicolson, 1977, pp. 42 – 43.

影响的基础,地主采取一切措施防止其继承者可能会出现的鲁莽、草率和奢侈行为,以达到阻止继承者变卖家族土地、特别是主要宅邸坐落地点土地的目标。基于这一目标,工业化时期土地家族的策略(或计划)往往以获取家族影响的持续性和继续扩大财富、加强地位为原则。为达到这一目标,地主常常精心策划其财产的传承以及子女们的婚姻。

在工业化时期,家庭限嗣授产制是土地家族确保土地在直系血亲内流动的制度保障。这项制度有着深深的历史背景。在诺曼封建法实施之前,限定继承(entail)已在英国广为流传。常见的形式是赠与封地受赠人及其后嗣的土地,在实施的期限内,该土地不允许从第一受赠人那里转让出去。如果该受赠人没有后代,这块土地就要回到赠与人手中。在实施的过程中,具有在世后嗣的受赠人常常把土地转让他人,剥夺了赠与人后代的继承权利。鉴于此,1285年,《限定赠与法》(Stature De donis)得以通过,内容包括:受赠人没有权利把受赠的土地转让他人;受赠人死后,其后嗣继承该土地;如果受赠人没有后嗣,该土地回到赠与人或其后嗣手中。通过《限定赠与法》,土地受赠人及其后嗣们得到的土地称为限定继承土地(estate tail, or an estate in fee tail)。[1] 在具体的执行过程中,如果O"向X以及X的后嗣"赠与土地,就是把限定继承土地赠与X;X成为限定占有者(tenant in tail),并且终生享用该土地;X死后,该土地传给其长子,该长子成为限定占有者。[2] 密尔松的研究表明:"当只存在可继承性的时候,[……《限定赠与法》]确立了限定土地继承权,一种完全不同于非限定继承土地的可继承土地的保有权。"[3]

到了中世纪晚期,在国王看来,限定继承土地无论在财政上还是在军事上都对王权构成了威胁。与这类地产相关的案件时常充斥国王法院。1472年,在处理一桩题名为塔兰拉姆案(Taltarum's Case)的限定地产案件时,经国王批准,王座法院利用串供的方法,推翻了这一案件。按照这个判例,限定占有者只要从法院领取一份判决,就拥有处理地产继承

---

[1] 词条"限定赠与"(De donis conditionalibus),参见 http://en.wikipedia.org/wiki/De_donis_conditionalibus#,2015年6月10日。
[2] 词条"限嗣地产"(The Fee Tail Estate),参见 http://freepages.genealogy.rootsweb.ancestry.com/~jcat2/feetail.html,2015年6月10日。
[3] [英] S. F. C. 密尔松:《普通法的历史基础》,李显冬等译,北京:中国大百科全书出版社1999年版,第189页。

的绝对权利。塔兰拉姆判例的出炉以及应用，标志着限定占有者的不动产开始受到制约。自塔拉姆兰案至共和时期，地主可以对地产的传承进行限嗣，但不能保证限嗣不会中断。哈巴卡克的研究表明，那一时期，在大多数情况下，限定继承仍旧是家庭限嗣继承的基础，原因有二：一方面，它仍可以提供有限的保护措施，使限定占有者在成年之前不能破坏它；另一方面，保持家族土地完整性的责任感使一些地主不愿破坏限定继承。① 塔拉姆兰案之后的 200 年间，英国土地市场几乎完全不受限制，土地所有形式呈现出多样化。乡绅、约曼农场主拥有劳作的田场，英国成了他们的王国。② 据统计，1436 年，乡绅、约曼拥有的耕地数量占英格兰耕地总量的 45%，1688 年这一比重达到了 70%—88%。③ 同时，根据明格的研究，在 16、17 世纪的社会变革中，商人、律师、皇家官员、商人纷纷购买土地，成为新兴的地主阶级；他们采取限嗣继承的方式巩固刚刚取得的土地以及与这些土地相对应的社会地位，限嗣继承的数量与日俱增。④ 这些新的土地购买者，热切期望建立土地家族，并确保他们新近购买的土地不被让渡出去。为了达到这个目的，他们不断地采取措施，以确保家族土地的完整性和家族的长久存在。正是在这一背景下，复辟之后，法院开始接受地主保护不动产的要求，引入了家庭限嗣授产制。⑤

家庭限嗣授产制实施的具体方式是长子继承制（primogeniture），其关键内容是婚姻授产契（marriage settlement）。按照家庭限嗣授产制，土地必须由男性继承，该男性不能出售土地或削减土地的数量。在长子继承制的制度安排下，一个没有立下遗嘱的土地所有者死后，其土地排他

---

① H. J. Habakkuk, "English Landownership, 1680 – 1740", *Economic History Review*, Vol. a10, No. 1, February 1940, p. 6.

② C. G. A. Clay, *Economic Expansion and Social Change: England, 1500 – 1700*, Cambridge: Cambridge University Press, 1984, p. 143; Mark Overton, *Agricultural Revolution in England: The Transformation of the Agrarian Economy, 1500 – 1850*, Cambridge: Cambridge University Press, 1996, p. 168.

③ C. G. A. Clay, *Economic Expansion and Social Change: England, 1500 – 1700*, Cambridge: Cambridge University Press, 1984, p. 143; Mark Overton, *Agricultural Revolution in England: The Transformation of the Agrarian Economy, 1500 – 1850*, Cambridge: Cambridge University Press, 1996, p. 168.

④ G. E. Mingay, *English Landed Society in the Eighteenth Century*, London: Routledge & Kegan Paul, 1963, pp. 32 – 33.

⑤ 1666 年，家庭限嗣授产制度由奥兰多·布里奇曼爵士提出（Arnold Toynbee, *Lectures on the Industrial Revolution of the 18th Century in England*, London: Waterloo Place, 1887, p. 64）。

性地传给长子。① 限嗣授产的理想模式可以总结为：土地所有者把长子设定为终身权益享有者（life interest），长子又把长孙设定为终身权益享有者，依次类推，惠及后代。限嗣授产契通常在长子结婚前签署，被称为婚姻授产契；同时，由于英国法律反对永恒性，一份地产只与三代人相联系，即父亲、长子、未出生的长孙（21 岁之前）。② 根据威廉·阿什利的研究，英格兰的贵族和乡绅阶层、苏格兰的地主、爱尔兰的地主都接受了长子继承制。③

在家庭限嗣授产制的制度安排下，一家之主只是限嗣继承土地的终身权益享有者，在理论上，他对于下一代的继承问题不能造成破坏性影响。因而，限嗣授产契约通过嫡子血亲，把土地传承给后代，使家族地产免遭败家型一家之主的祸害。例如，1691 年，利文森-高尔只是普通的男爵家族，经过三代的时间，到 1833 年，该家族的一家之主成为首任萨瑟兰公爵，是土地贵族的优秀代表。和其他的土地家族一样，婚姻授产契是利文森-高尔家族积累土地的主要方式。④ 在乡绅阶层，家庭限嗣授产的现象同样普遍存在。比如，罗伯特·格里夫斯是一个乡绅家庭的一家之主，在德贝郡拥有英格利豪尔地产，在斯塔夫德郡拥有梅菲尔德豪尔地产；1809 年，他把 1,300 英亩地产作以限嗣。再如，18 世纪末，兰开夏郡的布伦德尔家族把 1,700 英亩的地产进行了限嗣；1816 年，贝德福德郡的布鲁克家族把 900 英亩土地作以限嗣。又如，在肯特郡，约翰·塔斯克对 500 英亩地产作以限嗣，埃德穆德·巴瑞尔对 700 英亩土地作以限嗣；在东莱丁的凯特威克地区，詹姆斯·扬对仅有的一个农场进行了限嗣。⑤ 以上论证表明，在中世纪的限定继承与工业化时期的家庭限嗣授产制之间，存在着"继承反动"现象，通过这种现象，长子继承得到加强。

寡妇地产是家庭限嗣授产制不可或缺的内容，在寡妇地产与家庭主

---

① J. V. Beckett, "The Pattern of Landownership in England and Wales, 1660 – 1880", *Economic History Review*, Vol. 37, No. 1, February 1984, pp. 2 – 3.

② F. M. L. Thompson, *English Landed Society in the Nineteenth Century*, London: Routledge & Kegan Paul, 1963, p. 64.

③ William Ashley, *The Economic Organization of England: An Outline History*, London: Longmans, Green and Co. Ltd. , 1928, pp. 124 – 127.

④ J. R. Wordie, *Estate Management in Eighteenth-century England: The Building of the Leveson-Gover Fortune*, London: Royal History Society, 1982, pp. 2 – 3.

⑤ F. M. L. Thompson, *English Landed Society in the Nineteenth Century*, London: Routledge & Kegan Paul, 1963, p. 66.

体地产之间，存在着划定与回归的问题。寡妇地产与嫁妆之间关系密切。根据劳伦·斯通的研究，16—19世纪，嫁妆制度支配着有产阶级的家族结构。① 在英国，那些不是女性继承人的女性出嫁时，由于不能给丈夫的家庭带来土地，后者期望前者能够带来一笔数目不菲的现金——嫁妆。这笔金钱直接进入新郎父亲的腰包，这位父亲把这笔现金用作其一个女儿的嫁妆，并给予新娘相应的年金，为新娘丧偶之后提供生活保障。寡妇地产是这种年金的表现形式。寡妇地产通常在婚姻授产契开始实施的时刻划定。从当时流行的乡村求婚模式上，可以窥视这一习俗。彼得·拉斯莱特把从求婚到寡妇地产的酝酿过程白描如下：

> 通常，年轻男子的父亲或他本人给女孩的父亲写信，试探能否到女孩家里去或有无深入交往的可能性。如果女孩的父亲只是感谢男方的好意，便是婉言谢绝。如果男方的这一意向赢得好评，男孩可能有两次机会到女孩家里，和女孩会面。一旦男孩和女孩之间的恋情得到双方家庭的认可，并且订了婚，女孩的父亲就会带领女孩到男孩家里，试探男孩家庭对女孩喜爱的程度。同时，男孩的父亲会就嫁妆、寡妇地产等事宜与女方家长磋商。②

一般而言，在寡妇地产和嫁妆之间，有一个标准的比例，即娘家每提供1,000英镑的嫁妆，丈夫家就配给具有100英镑地租收入的土地。③ 寡妇地产在其持有者去世之后要回归家族主地产。比如，在利文森-高尔家族，1668年，威廉·高尔继承了理查德·利文森爵士的地产。直到1674年，理查德爵士的遗孀凯瑟琳女士去世后，威廉才接管了凯瑟琳的寡妇地产。同样，1669年，威廉与简·格兰维尔完婚。1696年，简去世，她的寡妇地产回归家族主地产。④ 又如，在科克家族，1707年，家族的土

---

① Lawrence Stone, *The Family, Sex and Marriage in England, 1500–1800*, London: Weidenfeld and Nicolson, 1977, p. 88.

② Peter Laslett, *The World we Have Lost*, Cambridge: Cambridge University Press, 1965, pp. 100–101.

③ G. E. Mingay, *English Landed Society in the Eighteenth Century*, London: Routledge & Kegan Paul, 1963, p. 35.

④ J. R. Wordie, *Estate Management in Eighteenth-century England: The Building of the Leveson-Gover Fortune*, London: Royal History Society, 1982, pp. 15–16, 74.

地由 10 岁的托马斯·科克继承。这些地产分布在诺福克郡、白金汉郡、牛津郡、萨默塞特郡、伦敦。科克家族还有相当规模的土地分布在斯塔夫德郡、肯特郡、多塞特郡、萨福克郡，这些土地是托马斯祖母的寡妇地产。直到该祖母去世，这些寡妇地产才回归家族主地产。① 这表明，在家庭限嗣继承的框架内，寡妇地产和家庭主体地产之间同样存在着土地流动问题。

二、信托的条件继受权：土地沿嫡长子血亲流动的关键环节

在家庭限嗣授产制的框架下，按照婚姻授产契，新郎是祖产的终身权益享有者，在这场婚姻中能够存活下来的长子被限定为未来的祖产继承人。② 在这种制度安排下，新郎去世后，土地继承人受到条件的限定，那就是，必须是新郎存活下来的未来的长子才拥有继受祖产的权利，这就形成了条件继受权（contingent remainder）。H. J. 哈巴卡克的研究表明，地主以条件继受权为"策略"，试图维护家族土地的完整性。③ 需要说明的是，当一个地主的长子进行婚姻授产时，根据条件继受权的原则，该长子以后又要把土地传给将来的继承者——长孙。显然，将来继承者是一个不确定的人，即尚未存在的人。

在将来继承者尚未存在的前提下，作为土地所有人的父亲是否能活到再次授产，监督长子向长孙传承土地呢？根据彼得·拉斯莱特的统计，如表 5.1，可以推算，普通男性平均的初婚年龄为 26.65 岁。同时，根据韦格雷的统计，1700—1774 年，在德文郡克莱顿地区，人们出生时的平均预期寿命为 41.8 岁；根据格雷戈里·金的统计，1690 年代，在英格兰和威尔士，人们出生时的预期寿命为 32 岁。④ 在普通男性平均初婚年龄为 26.65 岁的前提下，无论按照韦格雷还是按照格雷戈里关于出生时预期寿命的数据，工业化初期，父亲都不可能活到长孙出生之时。不过，需要说明的是，韦格雷和格雷戈里的统计数据都是平均数。因而，不能

---

① R. A. C. Parker, *Coke of Norfolk: A Financial and Agricultural Study, 1707 - 1842*, Oxford: The Clarendon Press, 1975, p. 1.

② Lloyd Bonfield, "Marriage Settlement and the 'Rise of Great Estates': The Demographic Aspect", *Economic History Review*, Vol. 32, No. 4, November 1979, p. 484.

③ H. J. Habakkuk, "English Landownership, 1680 - 1740", *Economic History Review*, Vol. a10, No. 1, February 1940, p. 6.

④ Peter Laslett, *The World we Have Lost*, Cambridge: Cambridge University Press, 1965, p. 97.

排除一部分父亲可以活到长孙出生。作为土地所有者，到底有多大比例的父亲可以活到长子结婚呢？即土地再授产率多大呢？

表 5.1　工业化初始阶段英国男女初婚平均年龄统计

	新郎平均年龄	新娘平均年龄
所有申请结婚的人 （坎特伯雷主教辖区 1007 对新郎、新娘）	26.65	23.58
申请结婚的乡绅 （坎特伯雷主教辖区 118 对新郎、新娘）	26.18	21.75
贵族初婚年龄 （325 位新娘、313 位新郎）	24.28	19.39
贵族初婚年龄 （510 位新娘、403 位新郎）	25.99	20.67

资料来源：Peter Laslett, *The World we Have Lost*, Cambridge: Cambridge University Press, 1965, p.86.

劳埃德·邦菲尔德建构的再授产模型提供了解决以上难题的线索。他根据长子结婚的年龄以及长子结婚时父亲的生命预期，对 1680—1740 年贵族家庭可能的再次授产率作以计量。其模型数据表明，1625—1649 年出生的人，能够活到长子结婚的比率为 49.1%；1650—1674 年出生的人，这一比率为 51.8%；1675—1699 年出生的人，这一比率为 47.1%。[1] 不过，在这组数据中，劳埃德忽略了绝嗣的情况。根据他修正后的数据，如表 5.2，1625—1649 年、1650—1674 年、1675—1699 年出生的贵族男性，能再次授产的比率分别为 31.7%、33.4%、28.0%。同时，根据 1680—1740 年肯特郡和北安普顿郡贵族家庭土地继承的实证数据，共有 185 个家庭进行了祖产传承，其中只有 62 个家庭的父亲活到了长子再婚，并对祖业重新授产，再授产率为 33.5%。[2] 模型数据和个案数据表明：1680—1740 年，英国贵族家庭的土地再授产率大致为 33%。

---

[1] Lloyd Bonfield, "Marriage Settlement and the 'Rise of Great Estates': The Demographic Aspect", *Economic History Review*, Vol.32, No.4, November 1979, pp.490-491.

[2] Lloyd Bonfield, "Marriage Settlement and the 'Rise of Great Estates': The Demographic Aspect", *Economic History Review*, Vol.32, No.4, November 1979, p.492.

表 5.2　1680—1740 年英国贵族再授产模型——对再授产比率的修正

出生时段	再授产率的修正
1625—1649 年	31.7%
1650—1674 年	33.4%
1675—1699 年	28.0%

资料来源：Lloyd Bonfield, "Marriage Settlement and the 'Rise of Great Estates': The Demographic Aspect", *Economic History Review*, Vol. 32, No. 4, November 1979, pp. 491 - 492.

劳埃德·邦菲尔德的再授产率表明，1680—1740 年，在 67% 的贵族家庭中，父亲不能活到再次授产，或者父亲绝嗣了。以此为前提，终身权益享有者可以凭借简单的法律程序打破将来财产权（future interest）。17 世纪晚期之前，普通法法院以不稳定性和易毁坏性为借口，通过一套复杂的立法阻止限嗣地产的产生。① 按照哈巴卡克的研究，在 17 世纪早期，限嗣易被打破的可能性并没有阻止地主限嗣继承的做法。②

在绝大多数土地家庭，父亲不能活到再次授产，在这种前提下，地主如何摆脱条件继受权的不稳定性呢？内战时期，领衔财产转让律师奥兰多·布里奇曼爵士以条件继受权为基础，创造性地委托信托人（trustee），保持条件继受权。③ 于是，在终身权益享有者和条件继受权之间，介入了一种新的制度性因素——信托制度。在信托制度下，信托人的职责就是在条件继受财产传承受到阻碍的时候发挥作用，确保土地由长子传到长孙手上，不给破坏长孙利益的长子留下空间。④ 这样，为保障土地在家族的再传承，一方面，地主以条件继受为手段，以终身权益的形式把土地传给长子，由长子传予男性后人；另一方面，地主又把土地委托给信托人，时效为长子的一生，由信托人监督长子实施条件继受权，

---

① H. J. Habakkuk, "English Landownership, 1680 - 1740", *Economic History Review*, Vol. a10, No. 1, February 1940, p. 6; Lloyd Bonfield, "Marriage Settlement and the 'Rise of Great Estates': The Demographic Aspect", *Economic History Review*, Vol. 32, No. 4, November 1979, p. 484.

② H. J. Habakkuk, "English Landownership, 1680 - 1740", *Economic History Review*, Vol. a10, No. 1, February 1940, p. 7.

③ H. J. Habakkuk, "English Landownership, 1680 - 1740", *Economic History Review*, Vol. a10, No. 1, February 1940, p. 6.

④ G. E. Mingay, *English Landed Society in the Eighteenth Century*, London: Routledge & Kegan Paul, 1963, p. 33; W. S. Holdsworth, *A History of English Law*, Vol. 4, London: Methuen & Co. Ltd., 1924, p. 475.

把土地传给长孙；信托人监管下的条件继授权由此诞生。这种制度使不能活到再次授产的父亲可以防止长子对长孙继承地产权利的剥夺。① 哈巴卡克的研究表明，普通法对信托人监管下条件继受权的接受始于 17 世纪晚期。② 按照 A. W. B. 辛普森的研究，17 世纪晚期，英国法律混乱不堪，法庭对领衔财产转让师的判例充满了敬意，信托人监管下的条件继受权被法院广泛地模仿；到了 1740 年，这种制度的有效性得到了议会上院的充分肯定。③

在信托人监管的条件继受权制度安排下，家庭限嗣授产制的实质内容就是使限定占有者作为终身权益享有者控制土地的权限受到约束，这是因为，限定占有者可能轻易地获得支配土地的全部权利，打破限嗣，随心所欲处理地产。典型的安排可归纳为：土地传承给了终身权益享有者 A，接着传给 A 的长子 B——下一个终身权益享有者，B 的长子则是限嗣继受权享有者（remainder in tail），B 的幼子也可能成为限嗣继受权享有者；B 不可能拥有让渡土地的全部权利，因为信托人拥有限制 B 的权利，信托人的职责就是保全 B 未出生的长子的利益，使之享有条件继受权；最终的情况是，B 的长子将成为限定占有者并拥有处置土地的权力，B 和他的长子一起对土地重新限嗣，B 的长子成为终身权益享有者，同时，B 的长孙成为条件继受权的享有者。④

以上论证表明，信托的条件继受权是家庭限嗣授产制实施链条的关键环节。信托制度下的条件继受权就是要通过信托人，确保不动产在土地家族的长子们当中代代相传。例如，1707 年，卡里·科克去世。去世之前，她把丈夫托付的让 10 岁儿子继承家族土地的监护权交给了 4 位亲属，由他们充任信托人。这 4 位亲属分别为约翰·牛顿爵士、查理·博泰、爱德华·科克爵士、约翰·科克。⑤ 再如，1726—1732 年，第二任

---

① F. M. L. Thompson, *English Landed Society in the Nineteenth Century*, London: Routledge & Kegan Paul, 1963, pp. 68 – 69.

② H. J. Habakkuk, "English Landownership, 1680 – 1740", *Economic History Review*, Vol. a10, No. 1, February 1940, p. 7.

③ A. W. B. Simpson, *An Introduction to the History of the Land Law*, Oxford: Oxford University Press, 1961, pp. 214 – 215.

④ G. E. Mingay, *English Landed Society in the Eighteenth Century*, London: Routledge & Kegan Paul, 1963, pp. 33 – 34.

⑤ R. A. C. Parker, *Coke of Norfolk: A Financial and Agricultural Study, 1707 – 1842*, Oxford: The Clarendon Press, 1975, p. 1.

金斯顿公爵的地产由信托人接管。该家族委任信托人并不是由于债务，而是由于地产的继承人尚未成年。1726 年，首任金斯顿公爵去世，留下了大片地产，分布在诺丁汉郡、林肯郡、约克郡、德贝郡、什罗普郡、萨默塞特郡、白金汉郡、威尔特郡、汉普郡。他的继承人为 15 岁的孙子伊夫林·皮尔庞特。伊夫林的父亲威廉·皮尔庞特是首任公爵唯一的儿子，在伊夫林两岁的时候就去世了。伊夫林的母亲雷切尔·贝恩顿曾把威尔特地产带入皮尔庞特家族，她于 1755 年去世。在祖父去世的时候，年幼的公爵的监护人承担起了信托人的角色，直到他 21 岁为止。①

19 世纪，英国掀起了"诸子平分地产的辩论"。19 世纪初，有人提议，就无遗嘱死亡者的不动产平均分配进行立法。1836—1870 年代，每年都有这样的议案在议会下院提出。针对这种议案，土地阶级反对强烈，他们提出，篡改长子继承制的做法将导致地产的分割，毁坏贵族与土地所具备的公正性与合理性。1859 年，帕莫斯顿说，这样的议案与土地乡绅的存在不相匹配。在这场辩论中，两种观点针锋相对。以威廉·格雷厄姆勋爵为代表的领地派认为，长子继承法是英国人的性格、风俗和感情固有的本质。自由派认为，这个国家的中间阶级反对把父亲的全部不动产留给一个儿子的制度。直到 1925 年，作为无地者所理解的公平和正义取得了胜利。②"诸子平分地产的辩论"以及上述分析表明：在工业化时期，信托制度下的条件继受权是确保土地在家族内传承并保障其完整性的制度安排，是家庭限嗣授产制的核心内容。

婚姻授产契、条件继受权、寡妇地产、份金（下文将介绍）这些大地主和乡绅家庭传承土地的制度安排，在富有的自耕农家庭中同样得以广泛应用。比如，在坎伯兰郡，在 16 世纪，自耕农当中就开始推行长子继承制；在肯特郡，1770 年，长子继承完全替代了其他的继承制度。③在租地农场主当中，类似的继承制度也在流传。在沃里克郡斯通利村，约翰·富兰克林于 1677 年成为租地农场主，1717 年去世；约翰·富兰克林死后，长子约翰继承了租地农场；1754 年，长子约翰去世，长孙约翰

---

① G. E. Mingay, *English Landed Society in the Eighteenth Century*, London: Routledge & Kegan Paul, 1963, pp. 67 – 68.

② F. M. L. Thompson, *English Landed Society in the Nineteenth Century*, London: Routledge & Kegan Paul, 1963, p. 69.

③ Arnold Toynbee, *Lectures on the Industrial Revolution of the 18th Century in England*, London: Waterloo Place, 1887, p. 64.

接着继承该租地农场。① 在斯通利村，1674 年，理查德·卡米尔成为终身土地租有农，并获得了绅士的地位。理查德于 1693 年（或 1694 年）去世，其寡妻伊丽莎白·霍罗威继承了租有地。1709 年，伊丽莎白去世，其子霍罗威继承了这份租有地。1758 年，霍罗威去世，其寡妻和孙子托马斯先后成为继承者，一直延续到 1815 年。② 同时，在一些地区，略微偏袒于长子的诸子均分制度在自耕农当中非常普遍。例如，在肯特郡，约曼博纳姆·海斯把总面积为 400 英亩的 3 个农场、350 英镑现金、一些房产和码头分给了三个儿子。再如，乔治·胡德是苏塞克斯郡的约曼，1708 年，他立下遗嘱，按照结婚时定下的寡妇地产，他把自己在沃布尔顿的全部土地都留给了妻子；遗嘱声明，他在其他地方的土地由大儿子和二儿子均分；遗嘱附加条款声明，大儿子和二儿子应该给两个幼子和两位幼女每人 100 英镑。又如，在苏塞克斯郡，一位名叫韦斯特菲尔德的约曼把他的土地分给了两个较长的儿子，给大女儿 200 英镑，小女儿 120 英镑。③ 在有的地区，流行诸子均分地产的制度。比如，在皮克林地区，诸子均分地产制度一直存在，使得这里的小土地所有者存活下来。④ 在奇番海姆地区，父亲们极力为所有的儿子们提供土地。1680 年，在调查的 12 位留下遗嘱的父亲当中，仅有 2 位把土地直接分给一个儿子，7 位父亲把土地分给了所有的儿子们。⑤

三、家庭限嗣授产土地比重的估算

在工业化时期的英国，到底有多大比例的土地处于家庭限嗣授产的状态？由于没有专门的统计数据，这里只能就人们的估量，做出粗略的

---

① N. W. Alcock, *People at Home: Living in a Warwickshire Village, 1500 – 1800*, Sussex: Phillimore & Co. Ltd., 1993, p. 79.

② N. W. Alcock, *People at Home: Living in a Warwickshire Village, 1500 – 1800*, Sussex: Phillimore & Co. Ltd., 1993, p. 94.

③ G. E. Mingay, *English Landed Society in the Eighteenth Century*, London: Routledge & Kegan Paul, 1963, p. 86.

④ Arnold Toynbee, *Lectures on the Industrial Revolution of the 18th Century in England*, London: Waterloo Place, 1887, p. 64.

⑤ Margaret Spufford, "Peasant Inheritance Customs and Land Distribution in Cambridgeshire from Sixteenth to the Eighteenth Centuries", in Jack Goody, Joan Thirsk and E. P. Thompson (eds.), *Family and Inheritance: Rural Society in Western Europe, 1200 – 1800*, Cambridge: Cambridge University Press, 1976, pp. 163 – 164.

统计。根据明格的数据,在18世纪,英国大约有一半以上的土地处于家庭限嗣继承之下。① 在19世纪,不断有人对这一比例做出估计。伊夫林·丹尼森是菲茨威廉勋爵的忠实顾问,同时拥有大地产,1847年,他说,"英格兰有一半或2/3的土地处于家庭限嗣授产状态"。1848年,特别委员会对一名法官询问道:"你能估量出这个国家处于婚姻授产契下土地的比重吗?"法官回答道:"这一比重大致为2/3。"1874年,在《新末日审判书》发表前夕,戴斯勋爵的继承人说,"在这个国家,70%的土地控制在限嗣授产继承者的手中"。阿瑟·阿诺德以《新末日审判书》的数据为基础,以所有1,000英亩以上的地产都处于家庭限嗣授产契之下为假设,得出结论,"联合王国4/5的土地都处于家庭限嗣之下"②。这组数据表明:工业化初期,英国家庭限嗣授产土地的比重在50%以上;以后逐渐增长;到1850年前后,这一数字达到70%左右;到1875年,这一数字大致上升到90%。

由以上关于家庭限嗣授产土地比重的量化数据,可以发现,在工业化时期,英国还有一部分土地没有受到家庭限嗣授产契的约束,即这部分土地处于非限嗣继承(fee simple)的状态。对土地阶级来说,把田产的一部分保持为非限嗣继承状态是一种正常的举措。造成这种情况的原因大致有二:一是由于某些地区工商业的发展,使非限嗣继承在这里成为权宜之计;二是以土地或现金的形式为妻子们和幼子们提供给养。在一个大的土地家族内,如果土地在某些较长的时段内处于非限嗣继承状态,一家之主就会拥有这些土地完全的所有权。这种情形,有时是偶然为之,有时是故意为之。例如,1875年,格拉德斯通以非限嗣继承的形式把哈登地产移交给了儿子,后者成了这份地产真正的所有者,对这份土地拥有不受束缚的权力和责任。在白金汉地产上,1847年以后,为了拥有出售大部分地产的权利,土地拥有者不再对这份地产进行限嗣。在格雷地产上,情况依然。③ 需要说明的是,这种举措可能主要局限于大地产上,因为大地产的规模能够容纳部分土地的非限嗣继承状态,乡绅

---

① G. E. Mingay, *English Landed Society in the Eighteenth Century*, London: Routledge & Kegan Paul, 1963, p. 33.

② F. M. L. Thompson, *English Landed Society in the Nineteenth Century*, London: Routledge & Kegan Paul, 1963, pp. 66 – 67.

③ F. M. L. Thompson, *English Landed Society in the Nineteenth Century*, London: Routledge & Kegan Paul, 1963, pp. 67 – 68.

基本上不会使用这种方法。不过，即便是在大地产上，这种举措也不是普遍的现象。据统计，19世纪，在贝德福德地产、克利夫兰地产、菲茨威廉地产、诺森伯兰地产、波特兰地产、拉特兰地产、威斯敏斯特地产上，处于非限嗣继承状态的地产面积为 1/10—1/2 不等。19 世纪晚期，一份涉及英格兰大地产总面积 1/8 的抽样调查显示，大约 25% 的土地处于非限嗣继承状态；这份调查涉及的大地产，有些整个处于限嗣继承状态，有些整个处于非限嗣继承状态，有些兼而有之。① 以上关于大地产上非限嗣状态土地的数据分析表明，到 19 世纪晚期，对大的地主家庭田产的总面积而言，尚有大约 25% 的土地保持为非限嗣继承状态。

上述分析说明，工业化时期，在英国的田产总面积中，家庭限嗣授产土地的比例处于上升趋势，由 18 世纪的 50% 以上，逐渐扩展到 1870 年代的 90% 左右。结合前文论证，可以判断，沿嫡长子血亲传承土地的家庭计划是促使英国家庭限嗣授产土地比重较高的一大原因。

四、土地阶级人口危机与旁系男性血亲的土地继承

根据上文，工业化时期的英国，绝大多数土地处于家庭限嗣授产的状态。然而，这并非意味着这些土地可以在一个家族的直系血亲内永久地传承下去。根据 J. V. 贝克特的研究，从 17 世纪晚期到 1760—1770 年，在格拉摩根地区生活着的乡绅们，54% 的人已经不在人世。有关他们当中 40 个家庭的资料显示，14 个家庭把土地传给了侄子、堂兄弟或者远亲，18 个家庭把土地传给了唯一的女儿，8 个家庭把土地传给了两个或两个以上的女儿。② 在这 40 个家庭内，旁系血亲土地继承的比重为 35%，女系血亲土地继承的比重为 65%。这组取自格拉摩根地区的数据表明：第一，除了直系血亲，旁系血亲和女系血亲也是较为重要的土地传承方式；第二，处于家庭限嗣状态的土地频繁地在旁系血亲和女系血亲内转换门第。旁系血亲和女系血亲继承了相应的土地之后，会再次通过家庭限嗣授产的方法把这些土地重新限嗣，这是工业化时期英国家庭限嗣授产土地比重较高的又一原因。

---

① F. M. L. Thompson, *English Landed Society in the Nineteenth Century*, London: Routledge & Kegan Paul, 1963, pp. 67 - 68.

② J. V. Beckett, "The Pattern of Landownership in England and Wales, 1660 - 1880", *Economic History Review*, Vol. 37, No. 1, February 1984, p. 20.

工业化时期的英国，处于家庭限嗣状态下的土地频繁地在旁系血亲和女系血亲内流动，这种现象由这一时期的人口危机所致。17世纪中期至18世纪中期，英国的土地阶级经历了一场人口危机。在贵族当中，1660—1760年，6对夫妇就有一对没有男性继承人；在诺丁汉郡和肯特郡的第一代大地主中，能够对21岁及21岁以上的儿子进行土地限嗣授产者仅占33%。17、18世纪，在约克郡的93个男爵家庭中，能够把土地连续限嗣者只有3个家庭。① 在乡绅当中，1600—1664年，兰开郡有45户较大的乡绅家庭消失，1665—1695年，这一数字达到了71户。在埃塞克斯郡，到1770年代，那些在1700年之前成为地主的家庭仅剩少数；1873年统计认定的102位乡绅中，一半源自18世纪，1/4源自19世纪。在格拉摩根郡和蒙默思郡，16、17世纪基本稳定的乡绅家庭在18世纪上半叶遭到分化瓦解。在英格兰和威尔士的东北部诸郡，西雷丁、剑桥郡、卡那封郡，情况类似。在什罗普郡，到1896年，1715年的193位乡绅仅剩下42位。在牛津郡，那些1873年土地收入在1,000英镑以上的乡绅，1/3起家于18世纪，1/4起家于19世纪。② 这些数据表明，工业化时期，英国土地阶级绝嗣的比重相当高。

如果没有子嗣，土地拥有者往往立下遗嘱，同姓的旁系亲属是其传承土地的重要人选。比如，在埃格尔顿家族，1803年，第三任布里奇沃特公爵去世。由于没有后嗣，他的爵位失传，土地就得按照最初授让者——其父亲斯克罗普·埃格尔顿的血脉传承。尽管工业企业传给了他最宠爱的外甥，其名号与大量财富仍由家族的男性后人继承，这些财富包括阿什里奇宅邸和限嗣的地产。公爵的父亲有一个弟弟，名叫亨利·埃格尔顿（死于1746年）。亨利的儿子名叫约翰（死于1787年）。约翰的儿子威廉（死于1823年），即第七任布里奇沃特伯爵，继承了第三任布里奇沃特公爵的地产，二者之间当属旁系远亲关系。③ 在许多情况下，当一个家族的幼子分支行将断绝的时候，最后一位当家人竭力避免把土

---

① J. V. Beckett, "The Pattern of Landownership in England and Wales, 1660–1880", *Economic History Review*, Vol. 37, No. 1, February 1984, pp. 9–10.

② J. V. Beckett, "The Pattern of Landownership in England and Wales, 1660–1880", *Economic History Review*, Vol. 37, No. 1, February 1984, p. 14.

③ Michael Turner, "Land, Industry and Bridgewater Inheritance", in B. A. Holderness and Michael Turner (eds.), *Land, Labour and Agriculture, 1700–1920*, London: The Hambledon Press, 1991, pp. 5–6.

地传给家族主支的当家人,他会从家族主支中选择那些没有土地的幼子,传之以土地,保持这些土地的独立性。例如,1762年,彼得家族的幼子分支——斯坦福德里弗斯分支的最后一位传人去世,此前,他把土地交给了家族主支的掌门人——彼得勋爵。然而,后者只是以托管的方式管理这些地产,待他的次子长大成人后,再行继承。这样,斯坦福德里弗斯的彼得的土地得以传承。①

在断绝男嗣的前提下,有的土地所有者并不把土地传给女儿,而是传给侄子。比如,霍尔克姆地产是科克家族的主地产。1784—1790年,科克能够有大量的时间和其家庭生活在霍尔克姆地产上。和简·达顿结婚后,科克过着幸福的日子。婚后第一年,由于妻子流产,科克多少有些悲伤。随后的1777年,女儿简·伊丽莎白出生;1779年,女儿安·玛格丽特出生。由于没有儿子,1793年,当科克的弟弟爱德华生下儿子托马斯·威廉的时候,科克把托马斯作为霍尔克姆地产未来的预定继承者。1822年,科克同第二任妻子安·埃默里结婚,生育了四个儿子和一个女儿。② 结果可想而知,由于科克后来生育了儿子,其侄子托马斯没有继承霍尔克姆地产。不过,可以推断,如果科克一直没有儿子的话,侄子托马斯将是霍尔克姆地产的继承人。

有时候,在土地传承的过程中,没有后嗣的土地拥有者立下的遗嘱会多次发挥效用。比如,理查德·利文森爵士无嗣而终,按照遗嘱,他的土地不能传给富裕的或者拥有土地的亲属,而应传给他的外甥理查德·福勒。福勒是什罗普郡的绅士,财产有限。1667年,福勒去世,次年,其子也亡。按照理查德爵士早年的婚姻授产契以及他本人立下的遗嘱,如果福勒家族绝嗣,他传给福勒家族的特伦特姆地产、里特舍尔地产、沃夫姆敦地产将传给他的第二个甥孙——威廉·高尔。1688年,这笔意想不到的财富促使威廉肩负起利文森-高尔这个姓氏。③ 再如,1759年4月29日,莱斯特勋爵辞世。早在1756年5月和1757年5月,他就签订了遗嘱及其附录。遵照这些文书,土地与房产由其妻子玛格丽特终

---

① Christopher Clay, "Marriage, Inheritance, and the Rise of Large Estates in England, 1660–1815", *Economic History Review*, Vol. 21, No. 3, December 1968, p. 505.

② S. W. Martins, *A Great Estate at Work: The Holkham Estate and its Inhabitants in the Nineteenth Century*, Cambridge: Cambridge University Press, 1980, pp. 42–46.

③ J. R. Wordie, *Estate Management in Eighteenth-century England: The Building of the Leveson-Gover Fortune*, London: Royal History Society, 1982, pp. 15–16.

身拥有；玛格丽特死后，土地由勋爵的妹妹安·罗伯特继承；安死后，土地由安的儿子文曼·科克继承。事实上，安没有继承到这些土地，因为她在玛格丽特之前去世。1775 年，玛格丽特辞世，文曼继承了地产。1775 年，文曼去世，他的儿子托马斯·威廉·科克以甥孙的名义继承了地产，这完全符合其舅爷的遗嘱。①

在没有旁系后人的情况下，具有旁系血缘关系的前辈也可担当继承人。比如，第三任辛迪纳姆男爵是威廉·高尔的外甥，出身行伍。1689 年，年仅 24 岁的男爵在顿达尔科营地死亡。由于男爵没有结婚，其舅父威廉作为最亲近的继承人，继承了辛迪纳姆地产，并且成为第四任辛迪纳姆男爵。利文森-高尔家族地位的提升就是始于这次头衔与土地的继承。②

五、女系血亲下的土地传承

在没有直系男性后代继承的情况下，女儿往往是土地所有者传承土地的首选。不过，在考虑是否把女儿立为女性继承人的时候，许多没有直接男嗣的土地所有者往往注意到一个前提条件，那就是既要把土地传承下去，又要保持这份土地的独立性。诸多没有直接男嗣的地主传承土地并保持其独立性的方法是，允许女儿成为地产的女性继承人，女性继承人和其丈夫在有生之年享有这些土地，但这些土地应该限定给他们的一位幼子继承。这就意味着女婿家族的主支并不能通过女性继承人获得新的土地，一代人之后，女性继承人继承而来的土地仍旧保持着独立性。比如，彼得家族在埃塞克斯郡和英国西部拥有大片土地。1712 年，彼得勋爵和凯瑟琳·沃姆斯利完婚。作为女性继承人，凯瑟琳要继承的地产包括位于兰开郡和约克郡的大片土地以及位于英国南部的一些不大重要的土地。1786 年，凯瑟琳去世，其孙子以及该孙子的长子继承的只是上述不大重要的土地，上述大片土地限定给了该孙子的幼子们。③

在有些情况下，在女儿血亲和旁系男性血亲之间，存在着由谁继承

---

① R. A. C. Parker, *Coke of Norfolk: A Financial and Agricultural Study, 1707 – 1842*, Oxford: The Clarendon Press, 1975, p. 61.

② J. R. Wordie, *Estate Management in Eighteenth-century England: The Building of the Leveson-Gover Fortune*, London: Royal History Society, 1982, p. 16.

③ Christopher Clay, "Marriage, Inheritance, and the Rise of Large Estates in England, 1660 – 1815", *Economic History Review*, Vol. 21, No. 3, December 1968, p. 505.

直系男嗣缺失的地主土地的矛盾。这类矛盾的根源在于，在没有直系男嗣的情况下，如果一位地产所有者的女儿同另一位大地主的长子婚配，该地主就会为祖先传承下来的土地被女婿吞并而担忧。女婿所在家族的名望越大、地产越多，该地主在土地传承方面的担忧就会越加强烈。在这种情况下，地主会采取断然措施，挽救家族濒于灭绝的名号。他常常把土地传给女儿和女婿之外的旁系男性亲属，以确保其独立存在；必要的时候，他会确保继承者采用其家族的姓氏和徽章。比如，1687 年，哈利法克斯侯爵的长子同伊丽莎白·格里姆斯顿完婚。伊丽莎白是赫特福德郡男爵萨缪尔·格里姆斯顿唯一的女儿。哈利法克斯侯爵希望他的后代将来可以继承格里姆斯顿家族的地产。由于不愿看到家族地产被女婿所在的家族吞并，不愿意看到家族名号的丧失，塞缪尔男爵立下遗嘱，把土地传给了甥孙威廉·勒恩。威廉继承土地的条件就是采用塞缪尔男爵的姓氏——格里姆斯顿。这样，作为女儿的伊丽莎白没有成为父亲萨缪尔男爵的继承人，后者只是遗赠给前者一大笔钱财，并没有把土地传承给她。① 以上论证说明：当女性继承和旁系男性继承出现交集的时候，地主以家族土地的完整性、独立性以及家族姓氏的秉承为先决条件，决定土地的传承。

如果土地所有人有两个或两个以上的女儿、姐妹、侄女或外甥女继承土地，那么，这些女性就被称为女性共同继承人。女性共同继承人继承土地之后，可以通过婚姻的方式把这些土地带给丈夫的家族，传于子孙。例如，1809 年，第五任安卡斯特公爵去世，由于没有直系继承人，两个外甥女成了其地产的共同继承人。大外甥女得到了维罗比的男爵领地、林肯郡的地产与威尔士的地产。由于她于 1779 年嫁给了彼得·伯勒尔，这些地产落到了伯勒尔家族的手中。1807 年，彼得·伯勒尔与该大外甥女生下的儿子同珀斯勋爵詹姆士·德拉蒙德的女继承人结婚，得到了德拉蒙德家族在佩思郡的大片地产。1870 年，这个儿子去世，他的两个妹妹成了共同继承人；大姐继承了维罗比的男爵领地、大部分复合地产（the combined estates）。1827 年，该大姐嫁给了吉尔伯特·希思科特，新郎是土地巨头，在拉特兰郡和林肯郡拥有地产。1888 年，该大姐去世，其儿子继承的地产达到 163,505 英亩，这为他在 1892 年成为安卡斯

---

① Christopher Clay, "Marriage, Inheritance, and the Rise of Large Estates in England, 1660 – 1815", *Economic History Review*, Vol. 21, No. 3, December 1968, pp. 504 – 505.

特伯爵奠定了基础。① 有些时候，通过祖母的血缘关系，男性也可成为共同继承人。比如，1711年，第三任巴思伯爵去世，没有后嗣，高尔勋爵由于他的爷爷和简·格兰维尔于1669年的婚配而成为巴思伯爵祖产的共同继承人，在德文-康沃尔郡边界得到大片土地。②

在直系男性继承人缺失，同时应该成为家族地产的女性继承人也不在人世的情况下，土地所有者会沿着女性继承人的血脉，传承土地。在这种情况下，外甥往往是继承土地、传承姓氏的首选人物之一。有时候，即使存在着旁系的同姓继承人，一些受人溺爱的外甥也会从舅舅的财富中分得一杯羹。在埃格尔顿家族，1803年，第三任布里奇沃特公爵去世。由于没有后嗣，按照遗嘱，他的地产一分为二。一部分为工业地产，这部分地产使公爵的名字流芳千古；一部分为围绕宅邸的乡村地产。位于英格兰西北部的工业地产，位于兰开郡、柴郡、北安普顿郡巴克利地区的土地以及位于伦敦的布里奇沃特宅邸转入了信托状态，时间长达100年。第一位受益者是其外甥，即公爵的妹妹路易莎·埃格尔顿的儿子。1748年，路易莎嫁给了格兰维尔·利文森-高尔。1754年，格兰维尔成为第二任高尔伯爵；1786年，他又成为斯坦福德侯爵。格兰维尔是公爵的工业和运输业盟友。两人皆于1803年辞世。按照公爵的遗嘱，外甥乔治·格兰维尔·利文森-高尔继承了布里奇沃特的工业和交通业地产。③

如果没有外甥，土地所有者会沿着其姐妹的血脉，把土地传给外甥女。如果外甥女也不在人世，土地所有者会继续沿着血脉，把土地传给外甥女的后人，但土地的继承者必须冠以传承者的姓氏。比如，在埃格尔顿家族，第七任布里奇沃特伯爵（1753—1823年）认识到，在他和弟弟弗兰西斯（没有结婚，1756—1829年）百年之后，伯爵的爵位和地产行将失传。他不能阻止弟弟成为第八任伯爵，但他可以处置自己的绝大部分财产。接受财产者应该是埃格尔顿家族的人，然而，这些人都已不

---

① F. M. L. Thompson, *English Landed Society in the Nineteenth Century*, London: Routledge & Kegan Paul, 1963, pp. 35-36.

② J. R. Wordie, *Estate Management in Eighteenth-century England: The Building of the Leveson-Gover Fortune*, London: Royal History Society, 1982, p. 80.

③ Michael Turner, "Land, Industry and Bridgewater Inheritance", in B. A. Holderness and Michael Turner (eds.), *Land, Labour and Agriculture, 1700-1920*, London: The Hambledon Press, 1991, pp. 3-5.

在人世。利文森-高尔家族的后代是候选人之一,不过,该家族已经继承了埃格尔顿家族占布里奇沃特财富一半的工业和商业,据此前者要传承后者的姓氏。唯一符合继承条件的,是伯爵的姐姐艾默莉·埃格尔顿(1751—1809年)的两个外孙——约翰·休谟·卡斯特(1812—1851年)和查尔斯·休谟·卡斯特(1813—1875年),伯爵姐姐的女儿索菲亚·休谟于1814年去世。1823年3月31日,伯爵立下遗嘱,对70,000英镑的年度收入和价值2,000,000英镑的资产做出安排。遗嘱的主要目的是对埃格尔顿家族的姓氏和贵族头衔作以传承。按照遗嘱,时年12岁的约翰是第一继承人,不过,要到伯爵夫人死后,约翰方能继承,因为伯爵夫人对阿什里奇地产享有终身产权。遗嘱还规定,约翰继承财产后,必须采用埃格尔顿家族的姓氏,佩戴埃格尔顿家族的徽章,并在五年内获得侯爵或公爵的称号;否则,财产传给查尔斯。1849年,伯爵夫人去世,时年86岁;这一年,已经38岁的约翰继承了遗产。两年后,约翰去世。在伯爵立下的遗嘱中,没有涉及伯爵夫人的长寿和男性继承人早逝。约翰的长子威廉继承了土地,包括阿什里奇地产和布里奇沃特遗赠动产。约翰的弟弟对此提出异议,他认为,伯爵的遗嘱并没有被认真执行。①

在一些情况下,女性血脉对土地的继承往往带有偶然性成分。有些女性在结婚的时候并没有继承娘家土地财产的资格,由于男性继承人的意外死亡,这些女性反而成为娘家地产的继承人,为丈夫和子孙获得大片土地。诸多土地不大充裕的家庭通过这样的途径成为富裕之家。比如,威廉·温德姆是英国西南部的乡绅。1708年,他同第六任萨默塞特公爵的女儿凯瑟琳完婚。由于家有兄长,凯瑟琳不是女性继承人。第七任萨默塞特公爵没有子女。1750年,他去世的时候,其姐妹们(即第六任公爵的女儿们)继承了土地。温德姆家族继承的那部分土地分布在六个郡,而且还附带有埃格雷蒙特伯爵的头衔。②又如,18世纪前半叶,考珀家族拥有的土地较为有限。到了18世纪后半叶,考珀家族成为英国几个最

---

① Michael Turner, "Land, Industry and Bridgewater Inheritance", in B. A. Holderness and Michael Turner (eds.), *Land, Labour and Agriculture, 1700 – 1920*, London: The Hambledon Press, 1991, pp. 20 – 21.

② Christopher Clay, "Marriage, Inheritance, and the Rise of Large Estates in England, 1660 – 1815", *Economic History Review*, Vol. 21, No. 3, December 1968, p. 506.

大的土地家族之一。该家族扩展土地的方法既不是依靠良好的土地管理，也不是依靠婚姻继承策略，而是由于娘家的绝嗣而意外地继承了土地。1706年，第一任考珀伯爵同玛丽·克拉弗林成婚。半个世纪后，玛丽的弟弟去世，由于没有子嗣，玛丽的儿子——第二任考珀伯爵继承了克拉弗林家族的土地。1732年，第二任考珀伯爵同格兰瑟姆伯爵的女儿亨丽埃塔完婚。由于亨丽埃塔的侄子——格兰瑟姆伯爵的继承人在对法战役中阵亡，于是，格兰瑟姆伯爵的土地传给了亨丽埃塔及其子嗣。①

通过女性继承的方式，有些家族获得了大片土地，借以成为较大的土地所有者。例如，格罗夫纳是柴郡的一个乡绅家庭，通过婚姻继承的方式，该家族得到了位于伦敦的土地，社会地位得以提升。又如，1677年，出身于乡绅家庭的托马斯·格罗夫纳与玛丽·戴维斯成婚，玛丽是伊伯里庄园的继承人。同时，玛丽在伦敦继承的地产从伦敦街扩展到沃克斯豪尔和切尔西两个地点的河边。玛丽继承的地产使格罗夫纳家族日后稳妥地晋升为公爵之家。② 有时候，土地所有人去世后，由于既没有直系亲属又没有旁系亲属，与土地所有人妻子有血缘关系的人会因此获得继承土地的机会。比如，理查德爵士是沃斯利庄园的主人，唯一的孩子早年夭折。他去世后，妻弟托马斯爵士继承了理查德的沃斯利庄园以及上面附属的煤矿。③

大量个案表明，女系血亲继承对土地家族的兴起发挥着至关重要的作用。比如，利文森-高尔家族经过3代人的努力在由普通男爵家庭上升为公爵家庭的过程中，就是通过婚姻继承的方式获得了大量地产。1711年，对巴思家族地产的继承，使利文森-高尔家族在德文郡和康沃尔郡边界得到了大片土地。1736年，对阿尔比马尔家族的继承，使利文森-高尔家族得到了大片分散的土地。1785年，第二任伯爵同萨瑟兰的伊丽莎白女伯爵的婚配，使该家族在苏格兰北部得到了近百万英亩的土地。

---

① Christopher Clay, "Marriage, Inheritance, and the Rise of Large Estates in England, 1660 – 1815", *Economic History Review*, Vol. 21, No. 3, December 1968, pp. 506 – 507.

② G. E. Mingay, *English Landed Society in the Eighteenth Century*, London: Routledge & Kegan Paul, 1963, pp. 76 – 77.

③ Michael Turner, "Land, Industry and Bridgewater Inheritance", in B. A. Holderness and Michael Turner (eds.), *Land, Labour and Agriculture, 1700 – 1920*, London: The Hambledon Press, 1991, pp. 6 – 7.

1803 年，通过 1748 年的婚姻联盟，该家族继承了布里奇沃特家族大量的财富，这包括布里奇沃特运河以及与之相关的工业。① 再如，纽卡斯尔公爵托马斯·佩勒姆-霍利斯的地产分布在十个郡，他每年参与政治活动花费的 40,000 英镑就是来自这些土地上的地租。他的家族古老而殷实，在 17 世纪之前，地位却不高。佩勒斯家族通过积累和婚姻的方式，扩展地产。特别是纽卡斯尔公爵的父亲佩勒斯爵士和第三任克莱亚伯爵的女儿格雷丝·霍利斯的婚姻，把两大家族的财富集中了起来。又如，拉塞尔家族原先是伯爵家族，后来发展为公爵家族。在复辟之后的那些年代，他们的年收入在 10,000 英镑以上。该家族财富的增长在某种程度上归因于地产开发，特别是把沼泽地区的土地开垦出来。不过，通过 1669 年和 1695 年的两次婚姻，拉塞尔家族得到了布鲁姆波利家族的大片土地，获得了豪兰德和蔡尔德商业家族在埃塞克斯郡与萨里郡的土地。同赖奥思利·拉塞尔结婚的伊丽莎白·豪兰德是乔赛亚·蔡尔德爵士的外孙女，乔赛亚在东印度公司长期担任要职，极其富有。②

六、血亲传承中土地的市场流动与集中

（一）血亲传承中的土地抛售

新的家庭限嗣授产契往往在长子成婚时得以草拟，其作用之一就是不仅仅为长子，还要为其他家庭成员提供衣食来源。首先是妻子们的花费。当丈夫在世的时候，妻子们往往支出过量的零花钱；守寡的时候，寡妇地产提供的收入则要使她们过上富足的生活。例如，在科克家族的地产上，托马斯·科克的祖母安女士的寡妇地产每年可以为她提供 1,200 英镑地租。③ 其次，要为女儿们提供嫁妆，这可使她们嫁得更好，或者从最坏的角度说可以给她们提供生活来源、减轻独身的苦楚。最后，还要向幼子们提供份金，幼子的财产只是从长子继承的祖产中分割出来的

---

① J. R. Wordie, *Estate Management in Eighteenth-century England: The Building of the Leveson-Gover Fortune*, London: Royal History Society, 1982, pp. 2 – 4.

② G. E. Mingay, *English Landed Society in the Eighteenth Century*, London: Routledge & Kegan Paul, 1963, p. 78.

③ R. A. C. Parker, *Coke of Norfolk: A Financial and Agricultural Study, 1707 – 1842*, Oxford: The Clarendon Press, 1975, p. 37.

微薄的一份。这些嫁妆、份金的依托为信托土地（trust estates）①，来自这类土地上的收入不归终身权益享有者掌管，而是由信托人监管，用来支付份金以及其他义务。比如，查尔斯·布鲁德内尔被称为首任艾尔斯伯里侯爵，1814年，父亲去世时立下遗嘱，把家族在约克郡的一份解除了限嗣的地产转入了信托人的手中，信托人用地租的余额偿还债务。根据父亲的遗嘱，侯爵在几年之内不能享有来自这份地产的收入。② 当然，婚姻授产契实际上是新郎、新娘两个家庭的折中方案，他们期望通过这种方式限制终身权益享有者（即新郎）的权利，保护新娘、新郎的亲属、子女以及新郎个人的利益。透过婚姻限嗣契给未出生孩子的份金，可以一览土地家族的负担。1762年，T. C. 邦伯利勋爵和萨拉·伦诺克斯成婚。他们的婚姻授产契规定，如果将来只生育一个女儿或儿子，份金为6,000英镑；如果生育一儿一女，份金分别为5,000英镑；如果将来生育几个女儿，没有儿子，那么，她们共同的份金为10,000英镑。③

家庭限嗣授产契所包含的家庭开支往往涉及好几代人，在支付了婶母、姑妈、叔叔、兄弟姐妹以及自己孩子的份金之后，限定占有者可能会发现，其总收入已被严重地耗竭了。如果这位终身权益享有者更加不幸的话，也许会有三四位寡妇一齐从其土地上抽取寡妇地产。④ 在家庭限嗣授产制的安排下，限定占有者经济负担沉重，不能出售土地，只能以土地为抵押，举借度日。按照明格的研究，一般的土地家庭，经历三四代以后，债务数额巨大，不得不打破限嗣，变卖部分土地。⑤ 在债务负担沉重的情况下，某些土地所有者会根据自己的需要，援引议会法令，打破限嗣，出售一些土地，应对家庭急需。据统计，18世纪以及19世纪前半期，议会每年会通过二三十项这样的土地法令。1749—1756年，在莱斯特伯爵的地产上，相当大的几片土地得以出售；1813—1840年，

---

① G. E. Mingay, *English Landed Society in the Eighteenth Century*, London: Routledge & Kegan Paul, 1963, p. 34.

② F. M. L. Thompson, "English Landownership: The Ailesbury Trust 1832-56", *Economic History Review*, Vol. 11, No. 1, August 1958, pp. 121-122.

③ G. E. Mingay, *English Landed Society in the Eighteenth Century*, London: Routledge & Kegan Paul, 1963, p. 35.

④ F. M. L. Thompson, *English Landed Society in the Nineteenth Century*, London: Routledge & Kegan Paul, 1963, pp. 69-70.

⑤ G. E. Mingay, *English Landed Society in the Eighteenth Century*, London: Routledge & Kegan Paul, 1963, p. 36.

德文郡公爵处置了他在诺丁汉郡、约克郡以及伦敦的土地，总卖价超过1,000,000英镑；白金汉公爵借贷严重，到1847年，他陷入了财务危机，不得不变卖土地；萨瑟兰家族也许是19世纪最富有的土地家族，即便是他们也于1850年代出售土地，以抵消奢侈过度造成的后果。①

有时候，在直系男性继承人缺失的情况下，有些土地所有者既不通过女性血亲传承土地，也不把土地传给旁系亲属，而是直接抛向市场。比如，1651—1683年，哈博特尔·格里姆斯敦爵士在赫特福德购买了4,350英亩土地，价值54,183英镑，其中面积为66%的土地（或价值为61%的土地）是前任土地所有者由于男性继承人缺失而变卖的；1691—1729年，钱塞勒·考珀爵士在赫特福德郡购买了2,404英亩土地，价值31,279英镑，其中面积的75%（或价值的66%）是前任地主由于缺失直系的男性继承人而抛售的；1717—1734年，考珀在肯特郡购买了2,189英亩土地，价值31,722英镑，其中面积的70%（或价值的65%）是前任地主由于缺失直系的男性继承人而出售的土地；1773—1815年，第三、第四、第五任考珀伯爵在赫特福德郡购买了3,961英亩土地，价值104,916英镑，其中面积的70%（或价值的54%）是前任地主由于直系继承人缺失而变卖的土地。②

如果一个地主去世的时候没有儿子，又没有把土地传给女儿（或女儿们），而是把土地传给了旁系亲属，他会给女儿（或女儿们）一大笔嫁妆作为补偿。继承土地后，土地的继承人会发现自己置身于债务之中。为了偿还债务，他们不得不卖去部分土地。例如，1700年，塞缪尔·格里姆斯顿爵士把他的土地传给了侄外孙威廉·勒基。外孙女虽然没有继承到土地，却得到了30,000英镑的嫁妆。威廉还继承了17,000英镑的债务，即支付塞缪尔的女儿结婚时没有得到的嫁妆，同时，还要承担其他义务。威廉面临着总数为54,500英镑的债务负担，而他继承的土地每年的收益为4,400英镑。受债务驱使，威廉把继承的土地出售了1/5，用30年的时间才彻底摆脱了债务。③

---

① J. V. Beckett, "The Pattern of Landownership in England and Wales, 1660 – 1880", *Economic History Review*, Vol. 37, No. 1, February 1984, p. 10.

② Christopher Clay, "Marriage, Inheritance, and the Rise of Large Estates in England, 1660 – 1815", *Economic History Review*, Vol. 21, No. 3, December 1968, p. 510.

③ Christopher Clay, "Marriage, Inheritance, and the Rise of Large Estates in England, 1660 – 1815", *Economic History Review*, Vol. 21, No. 3, December 1968, pp. 511 – 512.

在非父子相传的前提下,土地继承者继承的土地往往距离家族主体地产甚远。无论是否需要货币,他们内心中都充斥着出售这些土地的潜在动机。原因在于这些远离主体地产、受不在地主支配的土地管理成本较高。18世纪,在英国的大部分地区,乡村律师可以代管土地收租业务,并监督佃户们的经营,每年的服务费为几个几尼①。存在的问题是,由于远离不在地主或其土地代理人的监督,乡村律师对土地的监管往往拖沓懈怠。在这种情形下,佃户对土地的毁坏性经营往往使地租的上涨难以为继。事实上,1790年代以后,英国地价大幅度上涨,在这类远离不在地主、受乡村律师监管的地产上,地租的水准难以反映土地价值的总体态势。一旦地租的水准跟不上土地价值上涨的总体态势,地主就需要付出艰辛的努力,诸如与租佃农场主进行长期的谈判或投入重资改造这些地产。因而,对于在距离主体地产较远的地区继承了地产的那些人来说,卖掉这些土地的可能性往往较大,除非他继承的这部分土地的价值远远大于不在管理(absentee management)带来的弊端。比如,1651—1683年,哈博特尔·格里姆斯顿爵士在赫特福德郡购买的地产中,仅仅面积23%或价值28%的土地来自当地卖主;1691—1729年,钱塞勒·考珀在赫特福德郡购买的地产中,仅仅面积8%或价值20%的土地来自当地卖主;1773—1815年,第三、第四、第五任考珀伯爵在赫特福德郡购买的地产中,仅仅面积1.9%或价值3.4%的土地来自当地卖主。②

(二)血亲传递中的土地购置

按照婚姻授产契,新娘的嫁妆应该用来购买土地。比如,1677年,赫伯特勋爵同意给他的妻子安·拉姆齐安置每年收入为730英镑的寡妇地产。安是一个富有的伦敦商人的女儿,她的嫁妆为8,000英镑,其中5,000英镑用来购置土地,来自这些土地的地租刚好支付安每年应该从寡妇地产得到的那部分份金。③ 根据劳埃德·邦菲尔德的研究,1660年以后,在涉及肯特郡的104桩婚姻授产契中,对嫁妆做出相应安排的仅

---

① 几尼,英国的旧金币,值一镑一先令。
② Christopher Clay, "Marriage, Inheritance, and the Rise of Large Estates in England, 1660 – 1815", *Economic History Review*, Vol. 21, No. 3, December 1968, pp. 514 – 515.
③ G. E. Mingay, *English Landed Society in the Eighteenth Century*, London: Routledge & Kegan Paul, 1963, p. 35.

有 8 桩；在这 8 个个案中，明确规定嫁妆钱用来扩展土地的仅有 3 个。特姆贝奇对 30 个家庭在 1690—1780 年的研究表明，90 年间，这些家庭总共进行了 38 次婚姻限嗣，只有 5 例婚姻授产契决定把嫁妆用于土地购置。① 这组数字表明，并非所有的嫁妆都用来购买土地，用来购买土地的嫁妆只占少数。

不过，在工业化时期的英国，还是有不少的家庭通过连续和富有家庭女子的婚配，利用嫁妆购买土地，成为大地产持有者。比如，阿什伯纳姆家族致力于增加地产，一系列良好的姻缘使这个家族彻底改变了命运。第二任男爵的新娘的到来，使家族在贝德福德郡的地产得以扩大，然而，这对夫妇婚后不到五个月便死于天花。1730 年，第二任男爵的弟弟成为首任阿什伯纳姆伯爵，并且结了三次婚，每位新娘带来的嫁妆都超过 10,000 英镑。1750 年，第二任伯爵成婚，新娘伊丽莎白·克劳利是制造商兼金融家安布罗斯爵士的女儿，带来的股票价值为 20,250 英镑，这只是她的财富的一部分。这样，在不到 100 年的时间里，阿什伯纳姆家族由苏塞克斯郡的一个乡绅发展为拥有大片土地的伯爵，家族的土地遍布威尔士、贝德福德郡、萨福克郡、多赛特郡、兰开郡等地。②

在积累土地的过程中，为克服资金不足，有些家族往往援引议会法令，打破限嗣继承，卖掉部分土地，利用这些资金购买新的土地，使家族的土地集中起来。比如，科克家族在诺福克地区拥有不少零散土地，对沃诺姆地产和额格米尔地产的购买，把这些分散的土地联结起来。不过，对沃诺姆地产的购买是一笔艰辛而昂贵的交易。这块地产的购买价格为 57,750 英镑。购买这份地产需要援引 1785 年的议会法令，筹备款项。然而，科克家族的土地是从莱斯特勋爵那里继承来的，勋爵通过遗嘱把这些土地进行了限嗣。根据遗嘱，继承人不允许变卖或抵押其土地得到资金，以在诺福克或其他地区购买地产。援引议会法令是一个昂贵的程序，支付了 1,360 英镑。信托人波特兰公爵和沃波尔勋爵把科克家族在萨默塞特郡的土地卖给了詹姆斯·戈登，获取 31,840 英镑；把科克家族位于肯特郡的金斯地产卖给了邓肯·坎贝尔，得到 21,458 英镑；把

---

① J. V. Beckett, "The Pattern of Landownership in England and Wales, 1660 – 1880", *Economic History Review*, Vol. 37, No. 1, February 1984, p. 9.

② G. E. Mingay, *English Landed Society in the Eighteenth Century*, London: Routledge & Kegan Paul, 1963, p. 76.

肯特郡两块分散的地产卖给了惠特克先生，获得 2,729 英镑。沃诺姆地产的购置是一笔不错的交易，购买之后，每年给科克家族带来的收入不少于 2,000 英镑。①

这样，在土地通过血亲关系而流动的过程中，一方面，有些土地家族由于欠债等原因，不得不把部分土地推向市场；另一方面，有些土地家族不断利用新娘的嫁妆或新娘带来的财富购买土地，或者利用销售零星土地的资金在主体地产附近购买土地。为了确保土地的完整性，土地家族会把这些购买的土地纳入家庭限嗣授产制管辖的范畴。同时，由于土地家族存在着绝嗣问题，包括购买的土地在内的整个家族的土地很可能会通过血亲关系传承给旁系男性亲属或者女系亲属；这些通过血亲关系而流动的土地，会被继承的家族以家庭限嗣授产的方式行使管理，以维持其完整性。这是工业化时期英国家庭限嗣授产土地比重较高的又一原因。

以上论证表明，按照血亲关系传承是工业化时期英国土地流动的一种重要方式，它在一定程度上保证了这一时期英国土地的集中。首先，家庭限嗣授产制是土地在嫡亲血脉中传承的制度安排，无论在土地贵族当中，还是在土地乡绅之间，这项制度都得以广泛推行。由于家庭限嗣授产制常常在长子结婚前夕实施，长子继承制和婚姻授产契成为家庭限嗣授产制具体的运作方式。在家庭限嗣授产制实施的过程中，需要父亲监督长子把土地传给长孙；鉴于当时人均寿命较短和绝嗣现象的存在，信托人替代父亲对长子作以监督，信托的条件继受权成为实施家庭限嗣授产制的核心内容。通过长子继承制、婚姻授产契、信托的条件继受权三种土地传承形式，家庭限嗣授产制在一定程度上确保了直系血亲内土地的完整性。其次，在工业化前期阶段，英国土地阶级中流行的人口危机，使土地所有者不得不选择旁系男性亲属传承土地和家族的名号；同时，女性继承人或女性共同继承人也担当着土地传承的重要角色，诸多家族依靠这两种方式成为大的土地所有者。当旁系男性血亲和女系血亲继承到土地之后，他们所在的家族会按照限嗣授产制来保证这些土地的完整性。再者，血亲传承导致了土地市场行为，由于家庭限嗣授产制下的土地终身权益享有者要向姐妹支付嫁妆、向幼子提供份金、向寡妇划

---

① R. A. C. Parker, *Coke of Norfolk: A Financial and Agricultural Study, 1707 – 1842*, Oxford: The Clarendon Press, 1975, pp. 89 – 92.

定寡妇地产，许多土地家族经历了3—4代以后便负债累累，不得不通过议会法令，打破家庭限嗣，变卖部分土地，成为土地的卖方。与此相反，有些家族利用嫁妆或新娘带来的其他财富购买土地；也有的家族为了土地的集中，利用议会法令打破限嗣，获取资金购买新的便于连接成片的土地；这些家族成为土地的买方。这样，通过市场，土地从一些家庭流入其他的家庭，每一个家族都按照限嗣授产制的方式行使管理，保证其完整性。因而，在工业化时期的英国，在土地所有者与他们的血亲关系纽带之间，存在着土地再积累关系，即土地在血亲间传承，家庭限嗣授产制确保其完整性。家庭限嗣继承土地在英国田地总面积中的比重，由18世纪的50%扩展到1870年代的90%左右，就是有力的例证。

第六章 自耕农——家庭农场主数量的动态变化

工业化时期，英国形成了以大地产为主、小土地所有为辅的土地分配结构。以是否占有土地为依据，可以把小土地所有者划分为自耕农和非自耕农。自耕农，又被称为家庭农场主。在工业化时期的不同阶段，以自耕农为代表的小土地所有者的数量及其拥有土地的数量呈现出动态变化，自耕农数量动态变化的内在原因在于其农业劳动生产效率的波动状况。

一、西方学者关于自耕农消失问题的探讨

西方学者对自耕农问题的探讨，始于19世纪中后期。就自耕农消失的时间问题，存在两派争议。一派认为，自耕农主要消失于18世纪晚期或19世纪初叶。1867年，马克思在《资本论》一书中写道：从15世纪中后期至1750年，主要是通过圈地运动这种大地产吞并小土地所有者的方式，英国传统的自耕农逐渐被剥夺了土地，成为租地农场主或大农场上的雇佣工人，最后，于18世纪末，议会圈地运动夺取了这些雇佣工人仅剩余的一点公共权利，为新型的城市工业提供了没有土地的劳动力。[①] 约翰·雷认为，自耕农真正衰落的时期可以推迟到拿破仑战争时期。1883年，他在《当代评论》杂志上撰写了题名为《自耕农缘何毁灭》的文章，提出："直到18世纪末，自耕农的地位还未受到任何致命的打击，他们的命运跌落于滑铁卢。"[②] 1894年，在《英国皇家农业协会》杂志

[①] [德]马克思：《资本论》，第1卷，北京：人民出版社1975年版，第784—801页；David Grigg, *The Dynamic of Agricultural Change*, London: Huchinson & Co. Ltd., 1982, pp. 153 - 194.

[②] J. V. Beckett, "The Decline of the Small landowner in England and Wales, 1600 - 1900", in F. M. L. Thompson (ed.), *Landowners, Capitalists and Entrepreneurs*, Oxford: The Clarendon Press, 1994, p. 91.

上，T. 斯特顿发表了《小持有地》一文，对 1660 年前后颁布、剥夺小土地所有者的限嗣继承法加以谴责。他说："自 18 世纪早期起，这项法律促成了大地产的增长，削减了自耕农的数量。"①

1909 年，利用土地税征收册研究小土地所有者问题的先行者 A. H. 约翰逊提出，"小土地所有者消亡的主要时期为 1688—1780 年，这一时期英国农村发生了社会转型，大的租地农场主替代了先前大量的小土地持有者，小农场主和茅舍农沦为邻近繁荣地区的雇工"②。1911 年，H. 利维提出，"从 18 世纪后半叶开始，小块持有田合并为大农场的风潮开始掀起，那一时期，这种趋势还不太引人注目"③。1911 年，哈蒙德夫妇从议会圈地运动的视角分析了小土地所有者的衰落。他们认为，"圈地前的村庄是一个没有阶级分化的村社共同体，富裕农场主、自耕农和乡村雇工之间没有太大的差别；村庄的每一个层面都与土地相联系，公共文化强调集体的义务凌驾于个人权利之上；圈地运动打破了这种局面，代之以资本主义的阶级关系，加速了早年开始的小土地持有者衰败的进程"④。1965 年，H. J. 哈巴卡克在《年鉴》杂志上发表《试析自耕农的消失》一文，对英国自耕农的消失作系统论证。他提出，"1680—1780 年，小自耕农受到恶劣经济环境的影响，其中以 1690—1715 年的低物价高税收尤甚。在这期间，那些欲成为地主的人从乡绅手中取得土地非常艰难，他们便采用积累的办法从小土地所有者手中获得土地，再集中起来。长此以往，小土地所有者的地位受到严重削弱"⑤。

另一派认为，18、19 世纪之交，自耕农并没有消失。J. D. 钱伯斯于 1940 年撰文指出，"在早期圈地运动地区，小土地所有者数量较少，而

---

① J. V. Beckett, "The Decline of the Small Landowner in England and Wales, 1600 – 1900", in F. M. L. Thompson (ed.), *Landowners, Capitalists and Entrepreneurs*, Oxford: The Clarendon Press, 1994, p. 91.

② A. H. Johnson, *The Disappearance of the Small Landowner*, Oxford: The Clarendon Press, 1909, pp. xi, 135 – 142.

③ H. Levy, *Large and Small Holdings: A Study of English Agricultural Economics*, Cambridge: Frank Cass & Co. Ltd., 1911, p. 3.

④ J. L. Hammond and Barbara Hammond, *The Village Labourer*, New York: Longman Group Ltd., 1978, pp. 1 – 35; H. Levy, *Large and Small Holdings: A Study of English Agricultural Economics*, Cambridge: Frank Cass & Co. Ltd., 1911, p. 24.

⑤ H. J. Habakkuk, "La Disparition du Paysan Anglais", *Annales*, Vol. 20, No. 4, Jul. - Aug. 1965, pp. 649 – 663.

在1790年之前尚未圈地的地区,以及1790—1832年圈地的地区,小土地所有者的数量则多"①。G. E. 明格认为,"到圈地运动为止,小土地所有者仅仅是乡村人口中一个尚未发育完全的组成部分。拿破仑战争期间,小土地所有者的数量继续增长。他们并未因为高额的圈地费用而放弃自己的土地,圈地委员们也并非大土地所有者的帮凶,圈地运动确实是小土地所有者的权利得以认同的进步举措。在1688年之后的百余年间,小土地所有者的数量大幅度下降,到18世纪末,其耕地所占的比重已不是很大,到19世纪末,自耕农拥有土地的比重仅为10%—12%。"② 20世纪90年代,D. E. 金特尔反思了对小土地所有者研究的方法论问题,提出,"18世纪末19世纪初,小土地所有者的数量没有增加也没有减少"③。

以上学术回顾表明,西方学者关于小土地所有者消失与否问题的讨论,在时段上主要集中于18世纪晚期或19世纪初叶。这里,笔者拟拉长研究的时段,以整个工业化时期为时限,对以自耕农为代表的小土地所有者和经营者的数目作动态考察,并对自耕农的农业劳动生产效率作以计量,分析其数量动态变化的根本原因。

二、自耕农概念的界定及其于1660—1780年的衰退

英国土地所有者的类别划分非常棘手。对于某些土地阶级,比如贵族、教士,区分起来相对容易得多。要区分较富裕的土地经营者和小乡绅以及独立的土地经营者、自己拥有部分土地的雇工和茅舍农,难度要大得多。在诸多的圈地判定书中,圈地委员会对人物头衔的运用带有很大的随意性和非连贯性,在一份圈地判定书中,某位地主可能被冠以绅士头衔,在另一份圈地判定书中,他可能没有头衔。而且,把约曼(yeoman)作为单独的阶级并没有太大的意义,这是因为,在圈地判定书中,那些带有约曼头衔的土地所有者拥有的土地往往从一二英亩到几百英亩不等。在工业化时期的英国,农村的社会划分并不等同于经济划

---

① J. D. Chambers, "Enclosure and the Small Landowner", *Economic History Review*, Vol. 10, No. 2, December 1957, p. 127.
② G. E. Mingay, *Enclosure and the Small Farmer in the Age of the Industrial Revolution*, London: Macmillan and Co Ltd., 1968, pp. 15 – 16.
③ D. E. Ginter, "Measuring the Decline of the Small Landowner", in B. A. Holderness and Michael Turner (eds.), *Land, Labour and Agriculture, 1700 – 1920: Essays for Gordon Mingay*, London: The Hambledon Press, 1991, p. 40.

第六章 自耕农——家庭农场主数量的动态变化 | 157

分,把阶级划分和经济划分联系起来的做法并不令人十分满意。不过,在一定程度上,这种划分方法有助于人们理解英国土地的集中状况。

这里从西方学者的研究出发,对自耕农的概念作以梳理。保尔·芒图的研究表明,自耕农(owneroccupier),即约曼,就是耕种自己土地的自由持地农;有时,这个概念扩大到公簿持有农、终身租佃农。① E. 戴维斯的研究也表明了这一点,他说,"公簿持有农、终身租佃农常被冠以自耕农的头衔。"② 同时,按照约翰·贝特曼的研究,在工业化时期,英国小土地所有者是对土地平均拥有量在 170 英亩以下所有者的称谓。③ 根据 H. G. 亨特的研究,那些 200 英亩以上的土地所有者通常被称为庄园领主或土地巨头,100—200 英亩的土地所有者是较为贫穷的乡绅,100 英亩以下的土地所有者为农民。④ 按照 A. H. 约翰逊的研究,"100 英亩以下的土地持有者包括自由持地农、公簿持有农、终身佃农,在大多数情况下,他们躬耕陇亩;超过 100 英亩,躬耕陇亩不大可能,因而这几种土地持有者就是自耕农"⑤。这些研究表明:自耕农是小土地所有者的一种,其中包括公簿持有农和终身租佃农;他们躬耕自家所有的土地;自营农场的面积一般在 100 英亩以下。

获取研究英国小土地所有者的资料具有多种途径,诸如圈地判定书、选举人名册、土地税征收册、济贫税统计册等。圈地判定书记录了圈地委员会对土地重新分配的决定,反映了圈地教区各个阶级对土地的所有状况,但它并不能充分说明土地的所有状况。原因有三:一是圈地判定书表达的是未围圈土地的重新分配状况,不能反映圈地的土地所有者的土地面积;二是圈地判定书并不能说明特定的土地所有者在邻近教区的土地所有状况;三是圈地判定书仅仅反映单一年度的土地分配状况。选举人名册排除了公簿持有农和年收入在 40 先令以下的土地所有者,对自

---

① Paul Mantoux, *The Industrial Revolution in the Eighteenth Century: An Outline of the Beginnings of the Modern Factory System in England*, London: Jonathan Cape Ltd., 1961, pp. 137–138.

② E. Davies, "The Small Landowner, 1780–1832, in the Light of the Land Tax Assessment", *Economic History Review*, Vol. 1, No. 1, January 1927, p. 100.

③ John Bateman, *The Great Landowners of Great Britain and Ireland*, Leicester University Press, 1971, p. 501.

④ H. G. Hunt, "Landownership and Enclosure, 1750–1830", *Economic History Review*, Vol. 11, No. 3, April 1959, pp. 497–505.

⑤ A. H. Johnson, *The Disappearance of the Small Landowner*, Oxford: The Clarendon Press, 1909, pp. 132–133.

耕农和非自耕农之间的界限没有任何区分，对游离于选举人之外的自由持地者的状况没有任何记录。济贫税统计册仅仅限于记录土地经营者——佃农和自耕农的状况。尽管济贫税统计册提供了巩固与扩大农场的有用信息，但不能反映小土地所有者的命运。

土地税征收册源于内战时期长期议会每个月份收支的估算，复辟后主要表现为对土地财产的征税状况，按照土地的年度价值每英镑征收4先令，为官员薪水提供来源。威廉以及玛丽时期的9—11和10—11法令宣布，按照每英镑收取1先令的额度征收赋税，以达到1,484,015英镑1先令11.75便士的定额，每郡每镇区的定额按照1692年最后那次估算为准。于是，出现了定额分配不均的状况，由于长期议会进行估算时对支持议会的地区（如伦敦和米德尔塞克斯郡）分配的定额高，而北部和西部地区的定额则低。从那以后直到1798年，土地税的征收率浮动在1—4先令/英镑。1798年成文法使这种定额固定下来，一直延续到1963年。① 土地税征收册列出了土地所有者、土地占有者以及茅舍所有者的姓名，对他们每年在土地上的收入状况做出估价。因而，根据土地税征收册可以洞悉土地税缴纳者拥有地产的变动趋向。不过，需要注意的是，在1780年以前，土地税征收册并未把土地的所有者和经营者区分开来，1780年以后，这项工作才付诸实施。② 因而，1780年以后，大多数土地税征收册才具备完整性。

在工业化初始阶段，英国自耕农的数量是多少呢？根据保尔·芒图的研究，17世纪晚期，英国（英格兰和威尔士）自耕农人数不少于160,000；如果把他们的家庭人口包括在内，自耕农阶层人数占整个王国人数的1/6。③ 同时，以自耕农为代表的小土地所有者拥有的土地在全国土地总面积中所占的比重为25%—33%。④ 下面，以9郡500个教区在16、17

---

① D. E. Ginter, "Measuring the Decline of the Small Landowner", in B. A. Holderness and Michael Turner (eds.), *Land, Labour and Agriculture, 1700–1920: Essays for Gordon Mingay*, London: The Hambledon Press, 1991, p. 31.

② E. Davies, "The Small Landowner, 1780–1832, in the Light of the Land Tax Assessments", *Economic History Review*, Vol. 1, No. 1, January 1927, pp. 87–113.

③ Paul Mantoux, *The Industrial Revolution in the Eighteenth Century: An Outline of the Beginnings of the Modern Factory System in England*, London: Jonathan Cape Ltd., 1961, pp. 137–138.

④ C. G. A. Clay, *Economic Expansion and Social Change: England, 1500–1700*, Cambridge: Cambridge University Press, 1984, p. 143; Mark Overton, *Agricultural Revolution in England: The Transformation of the Agrarian Economy, 1500–1850*, Cambridge: Cambridge University Press, 1996, p. 168.

世纪的统计数据以及 18 世纪 70、80 年代的土地税征收册为资料，以自耕农为个案，分析 1660—1780 年小土地所有者的数量与土地拥有量的动态变化。在这 500 个教区中，301 个来自牛津郡，50 个来自威尔特郡，40 个来自诺福克郡，10 个来自格洛斯特郡，3 个来自汉普郡，4 个来自苏塞克斯郡，40 个来自肯特郡，27 个来自赫里福德郡，24 个来自兰开郡。①

17 世纪初期至 1780 年，英国自耕农的数量及其持有地面积呈现怎样的变化趋势？首先，以牛津郡和格洛斯特郡为个案，作以分析。根据表 6.1-Ⅰ，都铎时期和早期斯图亚特时期，在牛津郡的 24 个教区，100 英亩以下的自由持地者、公簿持有农、终身佃农总共有 482 位。这些人基本靠自己的劳动力耕种他们的土地，合计起来，此类土地总面积达 13,674 英亩。到了 1782—1785 年，100 英亩以下土地持有者的数量减少到 212 位，他们持有土地的总面积减少到 4,494 英亩。在格洛斯特郡的 10 个教区中，17 世纪，100 英亩以下小土地持有者的数量为 229 位，他们持有地的总面积为 6,458 英亩；到了 1782—1785 年，自耕农的数量为 80 位，持有地为 1,104 英亩。牛津郡的统计资料说明：1660—1780 年，小土地所有者的数量减少了一半多，他们持有土地的总面积减少了 2/3。格罗斯特郡的统计资料说明：1660—1780 年，小土地持有者的人数减少到原来的 1/3，持有地的总面积减少到原来的 1/5。

其次，在其他郡内，自耕农数量呈现怎样的变化趋势呢？表 6.1-Ⅱ 是 6 郡 15 个教区内相关的统计数据，时间段涉及亨利八世时期至 1786 年。在亨利八世时期至 1704 年，这 15 个教区总共有 472 位自由持地农或公簿持有农，外加 59 位茅舍农。到 1786 年，自耕农的数量降到 92 位，茅舍农的数量降到 35 位；土地所有者的数量下降到 225 位，外加 41 位茅舍农，以及 13 位情况不详者（他们可能是土地所有者，也可能是土地占有者）；也就是说，到了 1786 年，土地所有者的数量为 330 位，再加上 76 位茅舍农（表 6.1-Ⅱ 中的土地所有者没有包括莱斯特勋爵，如果加上莱斯特勋爵，土地所有者的数目为 331 人）。由以上 15 个教区的相关数据，可以进一步估算，工业化初始阶段，平均每个教区自耕农的数量为 472/15＝31 个；到了 1786 年，平均每个教区内自耕农的数量减少到 92/15＝6 个。

---

① A. H. Johnson, *The Disappearance of the Small Landowner*, Oxford: The Clarendon Press, 1909, p. 132.

再次，考察 1780 年前后 9 郡 500 个教区内自耕农数量的整体状况。这里，从 9 郡 500 个教区中，选出 6 郡 443 个教区。如表 6.1-Ⅲ，1785 年，在牛津郡 301 个征收土地税的教区中，96 个教区根本没有自耕农，75 个教区自耕农的数量少于 6 个；1780 年，在威尔特郡 50 个征收土地税的教区中，4 个教区没有自耕农，17 个教区自耕农的数量在 6 个之下；1753 年，在肯特郡 40 个征收土地税的教区中，10 个教区没有自耕农，13 个教区自耕农的数量少于 6 位；1772 年，在汉普郡 3 个征收土地税的教区中，不存在没有自耕农的教区，2 个教区自耕农的数量少于 6 位；1772 年，在诺福克郡 25 个征收土地税的教区中，2 个教区没有自耕农，7 个教区自耕农的数量在 6 个之下；1781 年，在兰开郡 24 个征收土地税的教区中，不存在无自耕农的教区，5 个教区自耕农的数量在 6 个之下。从以上 443 个教区的相关数据来看，1785 年前后，在 231 个教区内，自耕农的数量少于 6 个。

以上 500 个教区的统计数据表明：从 17 世纪中期到 1780 年代，以自耕农为代表的英国小土地所有者的数量以及他们拥有的土地面积都呈现下降趋势。有据可证，小土地所有者数量明显减少的时期应在 1688 年之后。比如，在表 6.1-Ⅱ 中，女王特区的统计资料表明：60 多年间，小土地所有者的数量至少减少了 6 个，由 1704 年的 19 位减少到 1772 年的 13 位；这 13 位中的一些土地所有者（这些人不是土地占有者），很可能已从领主自领地上购买了土地，不过，1704 年的统计资料并未包括自领地的数据。再如表 6.1-Ⅳ，1760—1785 年，在 8 个牛津郡教区中，土地所有者的数量由 69 位减少到 41 位，25 年间平均每个教区减少了 3 个土地所有者。

表 6.1　17—18 世纪晚期英国小土地所有者的变迁

Ⅰ

	16、17 世纪的调查材料			1782—1785 年土地税征收册	
	教区数量	100 英亩以下持有地（个数）	100 英亩以下持有地（面积）	自耕农的数量	占有土地的面积
牛津郡	24	482	13,674	212	4,494
格洛斯特郡	10	229	6,458	80	1,104

说明：在这些"调查材料"中，自领地被排除在外，因这些土地已出租；自领地以外，"调查材料"也没有涉及拥有 100 英亩以上的土地所有者，因这些人可能不耕作自己的土地。

第六章 自耕农——家庭农场主数量的动态变化

Ⅱ（15个教区）

	调查材料的统计		土地税征收册的统计		
	时期	自有持地农、公簿持有农（庄园领主除外）	土地税统计时期	土地所有者	自耕农
诺福克郡：（莱斯特勋爵）科克庄园	亨利八世伊丽莎白	208+27名茅舍农	1772—1786	97（不包括莱斯特勋爵）	25
苏塞克斯：韦斯特伯恩庄园	1640	151+32位茅舍农	1780	70+36位茅舍农	48+35位茅舍农
肯特郡：加斯顿庄园	1610	14	1753	5+2位茅舍农	0
威尔特郡：内特尔顿庄园 温特伯恩-曼克顿庄园	亨利八世	34 12	1780 1772	17 14+1茅舍农	11 0
汉普郡：奈顿庄园 萨尔里庄园	詹姆士一世	20 14	1772 1772	15+2茅舍农 7	5 3
莱斯特郡：女王特区	1704	19	1772	13（除了那些不太显眼的所有者与自耕农）	
总计		472+59位茅舍农		225+41位茅舍农和13位身份不详者，或6英亩以上土地持有者330位、6英亩以下所有者76位	92+35位茅舍农

说明：这15个教区从不同的郡抽取；"调查材料"囊括了自领地以外所有的持有地；在"土地税征收册"中，土地所有者既包括耕种自己土地的人，也包括不耕种自己土地的人。

Ⅲ

	土地税征收时间	教区数	在土地占有者中，没有包含所有者的教区数量	在土地占有者中，所有者数目至多5位的教区数量
牛津郡	1785	301	96	75
威尔特郡	1780	50	4	17
肯特郡	1753	40	10	13
汉普郡	1772	3	0	2
诺福克郡	1772	25	2	7
兰开郡	1781	24	0	5

Ⅳ

	年代	调查教区的个数	土地所有者的数量
牛津郡	1760	8	69
牛津郡	1785	8	41

资料来源：A. H. Johnson, *The Disappearance of the Small Landowner*, Oxford: The Clarendon Press, 1909, pp. 133–136.

三、自耕农数量激增：1780—1832 年

由上文可知，1780 年以后，土地税征收册是考察英国小土地所有者数目消长状况的可靠材料。下面，以将近 2,000 个教区的土地税征收册为资料，对 1780—1832 年自耕农数量的动态变化作以分析。这些教区分别来自柴郡、德比郡、莱斯特郡、林肯郡、北安普敦郡、诺丁汉郡、牛津郡、沃里克郡。在这些教区，土地税征收册较为完整。除了柴郡，其他六郡是英国主要的农业区，并且在 18 世纪后半期进行了较为剧烈的圈地运动。选择柴郡只是为了和其他几郡作比较，因为在 18 世纪后半期，柴郡围圈的土地相对较少。

根据支付土地税的多少，可以把 1780—1832 年英国的土地所有者分为三个等级。第一个等级是约曼农场主和小自耕农，即自耕农，按照缴纳土地税的多少，分为如下类别：4 先令以下土地税缴纳者，4—10 先令土地税缴纳者，10 先令—1 英镑土地税缴纳者，1—2 英镑土地税缴纳者，2—4 英镑土地税缴纳者，4—5 英镑土地税缴纳者，5—8 英镑土地

税缴纳者，8—10英镑土地税缴纳者，10—20英镑土地税缴纳者，20英镑以上土地税缴纳者。第二个等级指那些缴纳土地税在20英镑以下、并没有占用自己土地的小土地所有者。第三个等级是大土地所有者，他们缴纳的土地税在20英镑及20英镑以上，常常占有自己土地的面积达到一半以上。

首先，讨论1780—1832年自耕农绝对数量变动的情况。表6.2-Ⅰ罗列了柴郡、德比郡、莱斯特郡、林肯郡、北安普敦郡、诺丁汉郡、沃里克郡7郡1,706个教区所有自耕农（或约曼农场主）在1780—1786年和1802年的数量。表6.2-Ⅱ表明了1780—1786年、1802年、1832年德比郡、莱斯特郡、林肯郡、北安普敦郡、诺丁汉郡、沃里克郡6郡1,395个教区所有自耕农的数量。表6.2-Ⅲ给出了1780—1786年和1802—1804年1,943个教区所有级别自耕农的总数，即表6.2-Ⅰ 1,706个教区以及牛津郡237个教区。表6.2-Ⅳ则表明了1780—1786年、1802—1804年、1832年，1,632个教区自耕农的数量，即表6.2-Ⅱ 6郡1,395个教区加上牛津郡237个教区。

表6.2 自耕农数量的变动

Ⅰ. 1780—1786至1802年，柴郡、德比郡、莱斯特郡、林肯郡、北安普敦郡、诺丁汉郡、沃里克郡7郡1,706个教区自耕农的数量

	土地税（在……下）									土地税20英镑以上	总计	总计4先令及4先令以上	总计10先令及10先令以上
	4先令	10先令	1英镑	2英镑	4英镑	5英镑	8英镑	10英镑	20英镑				
1780—1786	2,766	3,061	1,696	1,555	1,106	287	359	171	138	24	11,163	8,397	5,336
1802	3,542	3,173	2,067	1,813	1,344	306	480	225	225	40	13,215	9,673	6,500
增加	776	112	371	258	238	19	121	54	87	16	2,052	1,276	1,164
减少	—	—	—	—	—	—	—	—	—	—	—	—	—

Ⅱ. 1780—1786年、1802年、1832年，德比郡、莱斯特郡、林肯郡、北安普敦郡、诺丁汉郡、沃里克郡6郡1,395个教区自耕农的数量

	土地税（在……下）									土地税20英镑以上	总计	总计4先令及4先令以上	总计10先令及10先令以上
	4先令	10先令	1英镑	2英镑	4英镑	5英镑	8英镑	10英镑	20英镑				
1780—1786	2,289	2,655	1,391	1,180	861	244	359	124	130	23	9,256	6,967	4,312
1802	3,074	2,738	1,776	1,488	1,129	266	480	168	215	40	11,374	8,300	5,562

（续表）

年代	土地税（在……下）									土地税20英镑以上	总计	总计4先令及4先令以上	总计10先令及10先令以上
	4先令	10先令	1英镑	2英镑	4英镑	5英镑	8英镑	10英镑	20英镑				
1832	4,303	2,660	1,700	1,129	978	262	409	156	231	45	12,043	7,740	5,080
增加：1780—1786至1832	2,014	5	309	119	117	18	50	32	101	22	2,787	773	768
减少：1780—1786至1832	—	—	—	—	—	—	—	—	—	—	—	—	—

Ⅲ. 1780—1786 至 1802—1804 年，1,943 个教区所有级别自耕农的总数（即表 6.2-Ⅰ 中 7 郡 1,706 个教区加上牛津郡 237 个教区）

年代	自耕农的数量
1780—1786	12,319
1802—1804	14,465
增加	2,146
减少	0

Ⅳ. 1780—1786 年、1802—1804 年、1832 年，1,632 个教区所有级别自耕农的总量（即表 6.2-Ⅱ 6 郡 1,395 个教区加上牛津郡 237 个教区）

年代	自耕农的数量
1780—1786	10,412
1802—1804	12,616
1832	13,107
增加（从 1780—1786 至 1832）	2,695

资料来源：E. Davies, "The Small Landowner, 1780 – 1832, in the Light of the Land Tax Assessment", *Economic History Review*, Vol. 1, No. 1, January 1927, p. 95.

由表 6.2-Ⅰ，1780—1786 至 1802 年，在 7 郡 1,706 个教区中，所有类别自耕农的数量都呈现增长的趋势。相对而言，增加幅度最小的是那些缴纳 4—5 英镑土地税的小土地所有者。如果把那些缴纳 4 先令以下土地税的小土地所有者包括在内，1802 年土地所有者的总数比 1780—1786

年要增加 2,052 人。如果除去那些缴纳 4 先令以下土地税的小土地所有者，1802 年土地所有者的总数比 1780—1786 年要增加 1,276 人。如果除去那些缴纳 10 先令以下土地税的小土地所有者，1802 年土地所有者的总数比 1780—1786 年要增加 1,164 人。这就意味着，1780—1802 年，缴纳土地税在 4 先令以下的自耕农增加了 2052 - 1276 = 776 人，缴纳土地税在 10 先令以下的自耕农的数量增加了 2052 - 1164 = 888 人。

由表 6.2-Ⅱ，从 1780—1786 至 1802 年，在 6 郡 1,395 个教区中，所有类别土地所有者的数量均呈现增加趋势，而且增加的程度比表 6.2-Ⅰ 所显示的更为明显，这显然是因为排除了柴郡（一个出现土地所有者减少的郡）的缘故。从 1802 年到 1832 年，除了缴纳 4 先令以下和 10 英镑及 10 英镑以上土地税的土地所有者，其他类型土地所有者数量的增长较缓。这说明，在拿破仑战争造成的土地价格上涨期间，缴纳 1—10 英镑土地税的小土地所有者竞相出售小块土地；同时，缴纳 4 先令以下土地税的小土地所有者的数量大幅增长，这是由于议会圈地运动迅猛展开的结果。与 1802 年相比，10 英镑以上土地税缴纳者的数量明显增加，缴纳 8—10 英镑土地税小土地所有者的数量略微下降，这说明，在拿破仑战争结束后，拥有土地较多的小土地所有者抗击市场风浪的能力相对较强。

由表 6.2-Ⅲ，在 8 郡 1,943 个教区（7 郡 1,706 个教区加上牛津郡 237 个教区）内，1780—1786 至 1802—1804 年，自耕农的数量由 12,319 名上升到 14,465 名，增加了 2,146 名。由表 6.2-Ⅳ，1780—1786 年，在 7 郡 1,632 个教区（6 郡 1,395 个教区加上牛津郡 237 个教区）内，自耕农的总数为 10,412 名，1802—1804 年增加到 12,616 名，1832 年又上升到 13,107 名；在 50 年左右的时间内，这些教区内自耕农的数量增加了 2,695 名。

表 6.2 从总体上说明：1780—1786 至 1802—1804 年，自耕农数量增长幅度较大；1802—1832 年，自耕农数量增长幅度有所下降；然而，如果与 1780—1786 年比较起来，1832 年自耕农数量又有明显的增加。

其次，分析自耕农以外、非自耕农类型土地所有者数量的变化情况，以反观自耕农数量的变动。非自耕农类型的土地所有者包括小土地所有者和大土地所有者。表 6.3 给出了非自耕农类型小土地所有者（即缴纳 20 英镑以下土地税的土地所有者）和大土地所有者（即缴纳 20 英镑或

20英镑以上土地税的土地所有者）的数量。表6.3-Ⅰ对表6.2-Ⅰ 7郡1,706个教区非自耕农类型土地所有者在1780—1786年和1802年的数量作以统计。表6.3-Ⅱ则对表6.2-Ⅱ 6郡1,395个教区非自耕农类型土地所有者在1780—1786年、1802年和1832年的数量作以统计。

表6.3 非自耕农类型土地所有者的数量

Ⅰ.1780—1786和1802年，柴郡、德比郡、莱斯特郡、林肯郡、北安普敦郡、诺丁汉郡、沃里克郡7郡1,706个教区非自耕农类型土地所有者的数量

	土地税在……之下															总计	总计：10先令及10先令以上
	10先令	2英镑	5英镑	20英镑	40英镑	80英镑	100英镑	300英镑	600英镑	800英镑	1000英镑	1100英镑	1200英镑	1300英镑	1400英镑	1500英镑		
1780—1786	5,643	5,468	3,010	2,158	381	264	88	216	29	3	5	1	—	1	—	—	17,267	11,624
1802	5,251	4,374	2,393	1,920	381	280	78	199	31	2	7	1	—	—	1	—	14,918	9,667
增加	—	—	—	—	—	16	—	—	2	—	2	—	—	—	1	—		
减少	392	1,094	617	238	—	—	10	17	—	1	—	—	—	1	—	—	2,349	1,957

Ⅱ.1780—1786年、1802年、1832年，德比郡、莱斯特郡、林肯郡、北安普敦郡、诺丁汉郡、沃里克郡6郡1,395个教区非自耕农类型土地所有者的数量

	土地税在……之下															总计	总计：10先令及10先令以上
	10先令	2英镑	5英镑	20英镑	40英镑	80英镑	100英镑	300英镑	600英镑	800英镑	1000英镑	1100英镑	1200英镑	1300英镑	1400英镑	1500英镑		
1780—1786	4,593	4,141	2,320	1,837	344	233	79	202	26	3	5	1	—	1	—	—	13,785	9,192
1802	4,152	3,365	1,886	1,641	339	252	69	183	24	2	7	1	1	—	1	—	11,923	7,771
1832	5,699	3,549	1,736	1,670	340	232	66	198	28	5	4	1	—	1	—	—	13,530	7,831
增加：1780—1786至1832	1,106	—	—	—	—	—	—	2	2	—	—	—	1	—	1	—		
减少：1780—1786至1832	—	592	584	167	4	1	13	4	—	—	1	—	—	1	—	—	255	1,361

资料来源：E. M. Carus-Wilson（ed.）, *Esssays in Economic History*, Vol. 1, London: Edward Arnold Ltd., 1954, p. 278.

由表6.3的数据可以发现,1780—1786年,非自耕类型小土地所有者人数甚众。结合表6.2的内容,可以看出:1780—1786年,非自耕农类型小土地所有者的数量高于自耕农的数量;此后,非自耕农类型小土地所有者的数量开始缩减;到1832年,二者的数量呈现相同的趋势。表6.3-Ⅰ显示,从1780—1786年至1802年,非自耕农类型土地所有者的数量明显地减少,由17,267人减少到14,918人,减少了2,349人;减少幅度最大的是那些缴纳土地税在20英镑以下、小土地所有者的数目,减少的数量为392 + 1,094 + 617 + 238 = 2,341人。在大土地所有者方面,缴纳40—80英镑土地税的土地所有者增加了16人,缴纳300—600英镑土地税的土地所有者增加了2人,缴纳800—1000英镑土地税的土地所有者增加了2人,缴纳1300—1400英镑土地税的土地所有者增加了1人,总计21人;但大土地所有者减少的人数总计为10 + 17 + 1 + 1 = 29人。在表6.3-Ⅱ中,从1780—1786年至1832年,非自耕农类型土地所有者的数量变化呈现出和表6.3-Ⅰ数据一样的趋势。

由表6.3可以得出:从1780—1786年至1832年,在非自耕农类型土地所有者当中,不仅小土地所有者,而且大土地所有者的数量都在趋于减少,数量减少较多的则是小土地所有者。

再次,从土地税缴纳的数目,分析1780—1832年大土地所有者、全部小土地所有者和自耕农拥有土地增减的状况,从侧面观察自耕农数量的变化趋势。表6.4显示了大土地所有者、全部小土地所有者(包括自耕农、非自耕农)和自耕农缴纳的土地税数目。如表6.4-Ⅰ,1780—1786年至1802年,1,706个教区大土地所有者缴纳的土地税由91,694英镑15先令3便士上升到92,085英镑2先令10便士,增加了390英镑7先令7便士。这组数据表明:在20年左右的时间内,大土地所有者作为一个整体增加的土地并不多,当然,不能排除某些个体确实取得了一些土地。

同时,由表6.4-Ⅱ,土地税缴纳的数据显示,1780—1786年至1832年,1395个教区大土地所有者缴纳的土地税减少了49英镑11先令9便士,自耕农缴纳的土地税增加了3,840英镑3先令,全部小土地所有者缴纳的土地税增加了49英镑11先令9便士。与1802年相比,自耕农在1832年缴纳的土地税数额有所降低,但与1780—1786年相比,则增加了3,840英镑3先令。三种类别土地税数据表明:1780—1786年至1832年,大土地所有者手中的土地向自耕农手中转移;同时,非自耕农类型小土地所有者手中的土地也向自耕农手中转移。这是因为，自耕农拥有的土地数量呈现大幅度增长趋势，以自耕农和非自耕农为内容的小土地所有者掌握的土地略有增长，大土地所有者拥有的土地略显下降。以上分析进一步表明，1780—1786年至1832年，自耕农数量呈现大幅度增长的势态。

表6.4 土地税缴纳数量

Ⅰ.1780—1786和1802年，柴郡、德比郡、莱斯特郡、林肯郡、北安普敦郡、诺丁汉郡、沃里克郡7郡1,706教区大土地所有者（即每年缴纳土地税20英镑或20英镑以上者）所缴纳的土地税

年度	大土地所有者的土地税		
	英镑	先令	便士
1780—1786	91,694	15	3
1802	92,085	2	10
增加	390	7	7
减少	0	0	0

Ⅱ.1780—1786年、1802年、1832年，德比郡、莱斯特郡、林肯郡、北安普敦郡、诺丁汉郡、沃里克郡6郡1,395个教区大土地所有者、全部小土地所有者（包括自耕农、非自耕农）和自耕农缴纳的土地税

年度	大土地所有者的土地税			全部小土地所有者的土地税			自耕农的土地税		
	英镑	先令	便士	英镑	先令	便士	英镑	先令	便士
1780—1786	84,366	5	10	47,236	1	5	13,755	6	0
1802	83,571	1	11	48,031	5	4	18,490	2	0
1832	84,316	14	1	47,285	13	2	17,595	9	0
增加：1780—1786至1832	—	—	—	49	11	9	3,840	3	0
减少：1780—1786至1832	49	11	9						

资料来源：E. Davies, "The Small Landowner, 1780–1832, in the Light of the Land Tax Assessment", *Economic History Review*, Vol.1, No.1, January 1927, p.97.

最后，从数据上分析1780—1832年自耕农活跃教区（即自耕农数量多于6个的教区）的数量，进一步从侧面观察自耕农数量的变化趋势。表6.5把教区分为四类：被一个大土地所有者拥有的教区、被一个以上大土地所有者拥有的教区、没有自耕农的教区、自耕农少于6个的教区。由表6.5-Ⅰ，在1706个教区内，1780—1786年，上述四类教区的数量分别为203个、106个、547个、514个。比较起来，在1,706个教区中，自耕农较为活跃的教区数量为1,706－(547＋514)＝645。到了1802年，上述四类教区的数量分别转变为183个、107个、452个、503个；相应地，自耕农较为活跃的教区数量增加到1,706－(452＋503)＝751个。

由表6.5-Ⅱ，1780—1786年，在1,395个教区内，上述四类教区的数量分别为174个、98个、470个、400个，自耕农较为活跃的教区数量为1,395－(470＋400)＝525个。到了1832年，26个被一个大土地所有者单独拥有的教区得以分解，自耕农较为活跃教区的数量增加到1,395－(377＋372)＝646个，增加了121个。

表6.5　自耕农数量变动

Ⅰ. 1780—1786年和1802年，1,706个教区自耕农的数量

年度	被一个大土地所有者拥有的教区数量	被一个以上大土地所有者拥有的教区数量	没有自耕农的教区数量	自耕农少于6个的教区数量
1780—1786	203	106	547	514
1802	183	107	452	503
增加	—	1	—	—
减少	20	—	95	11

Ⅱ. 1780—1786年、1802年、1832年，1,395个教区自耕农的数量

年度	被一个大土地所有者拥有的教区数量	被一个以上大土地所有者拥有的教区数量	没有自耕农的教区数量	自耕农少于6个的教区数量
1780—1786	174	98	470	400
1802	150	93	480	392
1832	148	88	377	372
增加：1780—1786至1832	—	—	—	—
减少：1780—1786至1832	26	10	93	28

资料来源：E. M. Carus-Wilson (ed.), *Esssays in Economic History*, Vol. 1, London: Edward Arnold Ltd., 1954, p. 280.

表 6.5 说明，1780—1786 年至 1832 年，自耕农不仅在数量上得以增加，而且在一些土地被少数所有者掌控的教区，也出现了自耕农。

表 6.6 将德比郡、莱斯特郡、林肯郡、北安普敦郡、诺丁汉郡、沃里克郡 6 郡 1,395 个教区按照圈地的状态分为三类：737 个早期围圈的教区、315 个在 1780—1786 年前通过法令围圈的教区、343 个在 1780—1786 年仍处于敞田或半敞田状态的教区。

由 6.6-Ⅰ，在 737 个早期圈地的教区中，166 个教区的土地归一个大土地所有者单独所有，78 个教区的土地归一个以上大土地所有者所有，374 个教区没有自耕农，231 个教区的自耕农少于 6 人。根据这些数据，可以推算出自耕农较为活跃的教区数量为 737 –（374 + 231）= 132。同样，在 315 个于 1780—1786 年前通过法令围圈的教区，自耕农较为活跃的教区数量为 315 –（36 + 58）= 221；在 343 个 1780—1786 年仍处于敞田或半敞田性质的教区，自耕农较为活跃教区的数量为 343 –（60 + 111）= 172。

由表 6.6-Ⅱ，在 737 个早期围圈的教区，每个教区自耕农的平均数量为 3.0；在 315 个于 1780—1786 年前通过法令围圈的教区，每个教区自耕农的平均数量为 12.2；在 343 个于 1780—1786 年仍处于敞田或半敞田状态的教区，每个教区自耕农的平均数量为 9.3。

表 6.6　自耕农数量分类

Ⅰ. 以通过早期圈地运动的教区、在 1780—1786 年前通过法令围圈的教区、在 1780—1786 年仍处于敞田或半敞田状态的教区三种类型为依据，对德比郡、莱斯特郡、林肯郡、北安普敦郡、诺丁汉郡、沃里克郡 6 郡 1,395 个教区进行的分类

教区	归一个大土地所有者所有的教区数量	归一个以上大土地所有者所有的教区数量	没有自耕农的教区数量	自耕农少于 6 个的教区数量	没有自耕农或自耕农少于 6 个的教区数量
737 个早期围圈的教区	166	78	374	231	605
315 个在 1780—1786 年前通过法令围圈的教区	3	11	36	58	94
343 个在 1780—1786 年仍处于敞田或半敞田状态的教区	5	9	60	111	171

Ⅱ. 自耕农数量

教区	缴纳土地税少于10先令的自耕农		缴纳土地税10先令—10英镑的自耕农		缴纳土地税10英镑及其以上的自耕农		自耕农总数	平均每个教区内自耕农数量
	数量	每个教区内的平均数	数量	每个教区内的平均数	数量	每个教区内的平均数		
737个早期围圈的教区	952	1.3	1,200	1.6	64	0.9	2,216	3.0
315个在1780—1786年前通过法令围圈的教区	2,140	6.8	1,641	5.2	59	0.18	3,840	12.2
343个在1780—1786年仍处于敞田或半敞田状态的教区	1,852	5.4	1,318	3.8	30	0.09	3,200	9.3

资料来源：E. Davies, "The Small Landowner, 1780 – 1832, in the Light of the Land Tax Assessment", *Economic History Review*, Vol.1, No.1, January 1927, p.102.

表6.6说明：在早期进行圈地的教区，自耕农的平均数量较少；在1780—1786年仍处于敞田或半敞田状态的教区，自耕农平均数量较多；在1780—1786年前通过法令围圈的教区，自耕农平均数量最多。

另外，以土地税缴纳的相关数据为基础，讨论圈地运动与自耕农数量的关系。表6.7提供了议会圈地运动前后自耕农数量变化的数据。在表6.7-Ⅰ中，由149个教区缴纳土地税的数据可以看出，经过1780—1786年至1802年的圈地运动，土地所有者的数量由1,546人增加到1,955人，增加了409人。其中，缴纳土地税在4先令及4先令以上的土地所有者由1,168人增加到1,322人，增加了154人；缴纳土地税在10先令及10先令以上的土地所有者，由655人增加到808人，增加了153人；缴纳土地税在4先令以下的土地所有者，由378人增加到633人，增加了255人。这组数据表明：1780—1786年至1802年，在议会圈地的过程中，自耕农数量增加最多的是那些缴纳土地税在4先令以下的小自耕农。

表 6.7-Ⅱ 提供了 1802—1832 年 158 个教区在圈地法令实施前后自耕农数量的动态变化状况。表中数据表明：经过议会圈地运动，数量增加最多的土地所有者，是那些缴纳土地税数额在 4 先令以下的小自耕农。

表 6.7 议会圈地前后的自耕农数量

Ⅰ. 1780—1786 年至 1802 年 149 个教区通过法令进行的圈地

年代	土地税（在……下）									土地税20英镑以上	总计	总计4先令及4先令以上	总计10先令及10先令以上
	4先令	10先令	1英镑	2英镑	4英镑	5英镑	8英镑	10英镑	20英镑				
1780—1786	378	503	256	164	131	40	49	12	12	1	1,546	1,168	655
1802	633	514	302	212	155	43	45	26	19	6	1,955	1,322	808
增加	255	11	46	48	24	3	—	14	7	5	409	154	153
减少	—	—	—	—	—	4	—	—	—	—	—	—	—

Ⅱ. 1802 至 1832 年 158 个教区通过圈地法令进行的圈地

年代	土地税（在……下）									土地税20英镑以上	总计	总计4先令及4先令以上	总计10先令及10先令以上
	4先令	10先令	1英镑	2英镑	4英镑	5英镑	8英镑	10英镑	20英镑				
1802	417	408	244	200	151	31	52	17	34	31	1,585	1,168	760
1832	772	485	292	244	155	42	47	22	34	30	2,123	1,351	866
增加	355	77	48	44	4	11	—	5	—	—	538	183	106
减少	—	—	—	—	—	—	5	—	—	1	—	—	—

资料来源：E. M. Carus-Wilson（ed.），*Esssays in Economic History*，Vol. 1，London：Edward Arnold Ltd.，1954，p. 278.

以上论证说明，1780—1832 年，以自耕农为代表的小土地所有者的数量增加明显。其原因在于，在这一时段，议会圈地运动广泛展开，圈地判定书按照土地所有者圈地前在教区内拥有土地的比例以及人们对公共权利享有的状况，重新配置土地，于是教区内碎化的土地集中起来；以自耕农为代表的小土地所有者并未随着圈地运动的推进而消失，而是随着圈地判定书对小土地所有者和没有土地的茅舍农公共权利的肯定，这些人分得了相应的小块份地；因而，圈地后自耕农的数量比原来有了明显增长。① 钱伯斯关于圈地和小土地所有者的研究，也表明了这一点。如表 6.8，1790—1830 年，无论在 16 个村庄、18 个村庄，还是在 37 个村庄内，自耕农的总数以及平均每个村庄内自耕农的数量均处于动态的递进趋势。这就进一步说明，1790—1830 年，自耕农数量的增长不是某个村庄特有的现象，而是英国农村一种较为普遍的社会现象。

1780—1832 年，自耕农数量增加还与土地增值相关。G. E. 明格的研究表明，在沃里克郡，1760 年代，每英亩土地的围圈费用为 11 先令，1790 年代上升到 34 先令，到 1801 年上涨到 62 先令；对于小经营者来说，每英亩土地的围圈费用高达 3 英镑。② 尽管圈地费用的增长幅度比较大，但对小土地所有者来说，这并不是不可逾越的鸿沟。他们常常通过抵押土地获取贷款，或通过卖掉少量土地的办法筹集圈地资金，因为围圈以后土地价值更大。③ 在单个教区里，圈地时什一税所有者要分取一部分土地以替代原先的什一税，所以，圈地虽然废除了什一税，却使小块土地所有者的土地面积得以减少，在公田和荒田较少的地区更是如此。不过，这些小块土地的围圈费用和其市场价值往往不成比例。正因如此，非自耕农类型的小土地所有者往往把土地卖去，自耕农类型的小土地所有者则往往购买这些土地。

表 6.8　1790—1830 年小土地所有者数量的变化

	1790	1800	1812	1822	1830
16 个村庄自耕农的数量	71	116	126	114	130
平均每村的数量	4.4	7.25	7.9	7.1	8.1
18 个村庄自耕农的数量	181	275	450	469	492
平均每村的数量	10.1	15.3	25	26.1	27.3
37 个村庄自耕农的数量	277	427	623	630	675
平均每个村庄的数量	7.5	11.5	16.8	17.03	18.2

资料来源：J. D. Chambers, "Enclosure and the Small Landowner", *Economic History Review*, Vol. 10, No. 2, December 1957, pp. 118-127.

---

① 关于圈地判定书对茅舍农等公共权利享有者的肯定，参见本书第二章。
② G. E. Mingay, *Enclosure and the Small Farmer in the Age of the Industrial Revolution*, London: Macmillan and Co Ltd., 1968, p. 23.
③ 关于圈地以后围田价值更大的问题，参见本书第二章。

四、19 世纪中期至晚期：自耕农数量的变化

19 世纪中期，高产农业（high farming）带来的经济繁荣促使佃农通过协议购买持有田，小土地持有者的数量趋于增加。在这一时段，自耕农的数量有多少呢？根据 J. V. 贝克特的研究，到 1851 年，在英格兰和威尔士，5—300 英亩小土地所有者的数量为 215,000①，其中包括自耕农。《新末日审判书》，即 1873 年土地所有者登记表，对当时土地所有者的状况进行了详尽的统计。根据该书，到 1873 年，英格兰和威尔士自耕农的数量为 217,049②，远高于工业化初始阶段英国（英格兰和威尔士）自耕农的数量——160,000（见上文）。由这组数据可以推算，与工业化初始阶段相比较，在工业化晚期，英国自耕农的绝对数量增加了 36%。同时，根据《新末日审判书》，到 1870 年，在英格兰和威尔士的土地所有者当中，自耕农数量的比重为 16.1%③。

19 世纪中后期，自耕农拥有的土地，在英国土地中占有多大的比重呢？根据 J. V. 贝克特的研究，截至 1870 年代，在英格兰和威尔士，1/4 的非荒土地掌握在小约曼和小土地所有者手中；其中 13% 的非荒土地被 24,412 名小约曼拥有，每处田产的面积在 100—300 英亩之间，平均面积为 170 英亩；余下的非荒土地被其他小土地经营者拥有，这些小田产的面积为 1—100 英亩。④ 根据这组数据，可以进一步推算，到 1870 年，英格兰和威尔士约曼和小土地所有者拥有非荒土地的比重为 1/4，其中 87% 的面积为 1—100 英亩的自耕农场。因而，在约曼和小土地所有者所拥有的土地当中，自耕农拥有的土地占有绝大部分比重。另据 J. V. 贝克特的研究，到了 1873 年，在英格兰和威尔士，面积在 300 英亩以下的地产占土地总面积的 1/4，自耕农手中的土地占耕地总面积的 10%。⑤《新末日审判

---

① J. V. Beckett, "Landownership and Estate Management", in Joan Thirsk (ed.), *The Agrarian History of England and Wales*, 1750–1850, Vol. 6, Cambridge: Cambridge University Press, 1989, p. 561.

② John Bateman, *The Great Landowners of Great Britain and Ireland*, Leicester University Press, 1971, p. 515.

③ John Bateman, *The Great Landowners of Great Britain and Ireland*, Leicester University Press, 1971, p. 515.

④ J. V. Beckett, "The Decline of the Small Landowner in England and Wales, 1600–1900", in F. M. L. Thompson (ed.), *Landowners, Capitalists and Entrepreneurs*, Oxford: The Clarendon Press, 1994, p. 104.

⑤ J. V. Beckett, "Landownership and Estate Management", in Joan Thirsk (ed.), *The Agrarian History of England and Wales*, 1750–1850, Vol. 6, Cambridge: Cambridge University Press, 1989, p. 561.

书》中的相关数据与此大致相同。根据《新末日审判书》，到1873年，在英格兰和威尔士的耕地总量中，自耕农拥有的土地比重为9.7%。[1]

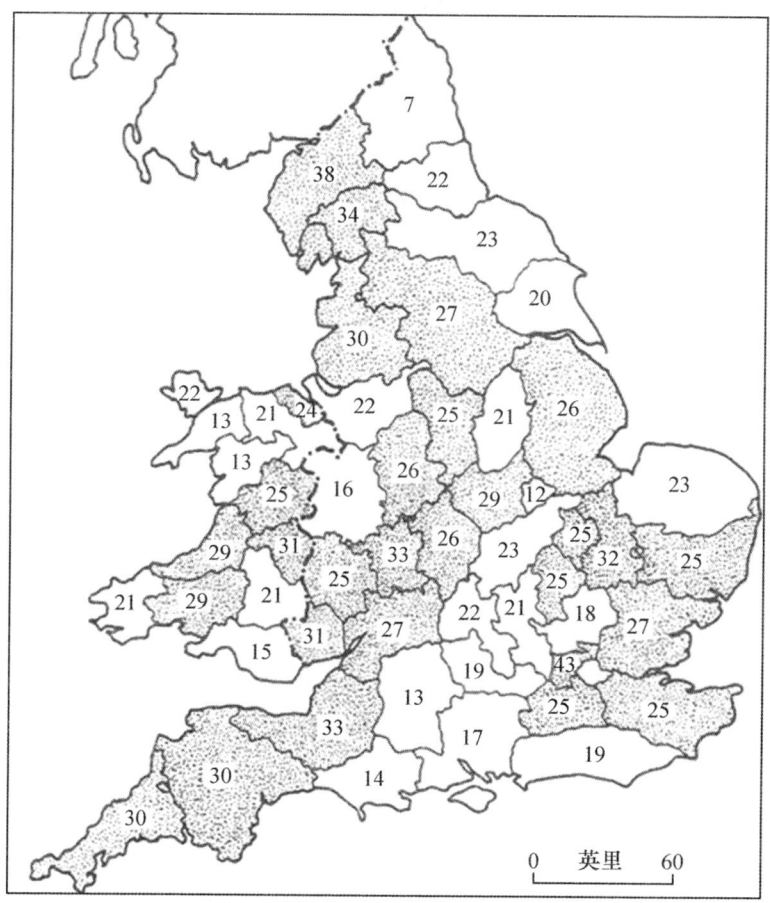

图6.1　1—300英亩非荒土地持有者的空间分布图（1873年）

说明：阴影部分表示小土地所有者拥有土地的比重在平均值以上；在英格兰，这一比重的平均值为24.5%；在威尔士，这一比重的平均值为22%。

资料来源：J. V. Beckett, "The Decline of the Small Landowner in England and Wales, 1600–1900", in F. M. L. Thompson (ed.), *Landowners, Capitalists and Entrepreneurs*, Oxford: The Clarendon Press, 1994, p. 104.

19世纪中后期，自耕农在英国的分布状况如何？如图6.1，J. V. 贝克特根据1873年英格兰和威尔士1—300英亩非荒土地持有者的空间分

---

[1]　John Bateman, *The Great Landowners of Great Britain and Ireland*, Oxford: The Clarendon Press, 1909, p. 515.

布，并按照小土地所有者拥有非荒田土地为 24.5% 的平均比重，把这两个地区的诸郡分为两类。在第一类郡中，小土地所有者拥有非荒土地的比重超过了 30%，这些郡位于英格兰西部，其中包括坎伯兰郡、威斯特摩兰郡、兰开郡、伍斯特郡、萨默塞特郡、德文郡、康沃尔郡、米德尔塞克斯郡、剑桥郡。在第二类郡中，小土地所有者拥有非荒土地的比重在 24.5% 之下，这些郡分布在英格兰南部地区；其中在多塞特郡、威尔特郡、汉普郡、苏塞克斯郡、伯克郡，小土地所有者拥有非荒土地的比重在 20% 以下。值得注意的是，诺森伯兰郡、拉特兰郡、什洛普郡、赫特福德郡四郡被排除在第二类郡之外。在大多数的东部和中部诸郡，小土地所有者拥有非荒土地的比例要么接近、要么略微超过上述平均值。贝克特关于小土地所有者持有的非荒土地地域分布的研究以及上述数据表明：到 19 世纪中期，在英格兰和威尔士的各个郡，包括自耕农在内的小土地所有者拥有的土地占有相当的比重。

有时候，"自耕农"并不一定都是靠单个家庭的力量经营他们的农场。比如，在诺丁汉郡，存在着这样一组数据，97 名自耕农总共使用 5,572 英亩土地，人均 57.4 英亩；25 名自耕农各自拥有的土地少于 10 英亩；7 名自耕农各自拥有的土地在 100—200 英亩之间；4 名自耕农各自拥有的土地在 201—300 英亩之间；5 名自耕农各自拥有的土地在 301—400 英亩之间。① 根据这组数据，可以推测：在这 138 位自耕农中，可能有 97+25＝122 位经营的家庭农场面积在 60 英亩以下，16 位经营的家庭农场在 100 英亩以上；前者是名副其实的自耕农，因为其农场的面积在 100 英亩以下，完全可以靠自家的力量经营这些土地；后者只是冠以"自耕农"的名号而已，并非真正的自耕农，因为他们的农场面积在 100 英亩以上，靠自家的力量躬耕陇亩不大可能。

19 世纪晚期，英国农业衰退，自耕农处境维艰。据报道，1882 年，在利奇菲尔德附近，小土地经营者由于缺少资本而遭殃；在林肯郡，自耕农处于悲惨的境地，他们中的许多人付不起借贷利息；在林肯郡东部地区，十分之九的小土地所有者处于债务之中；在威尔特郡、伯克郡、牛津郡、萨里郡、苏塞克斯郡、多塞特郡，小土地所有者的数量大幅度

---

① J. V. Beckett, "The Decline of the Small Landowner in England and Wales, 1600 – 1900", in F. M. L. Thompson (ed.), *Landowners, Capitalists and Entrepreneurs*, Oxford: The Clarendon Press, 1994, p. 106.

下降；在康沃尔郡、汉普郡、德比郡、斯塔福德郡、什洛普郡，小土地所有者似乎已经离开了他们的土地；在坎伯兰郡，这种情形变得异常可怕；在约克郡、格洛斯特郡、萨默塞特郡、威斯特摩兰郡、德文郡、肯特郡东部、林肯郡的阿克斯霍姆岛，尽管有少数小土地所有者生存下来，但他们不像过去那样充满活力；1890年，在诺福克郡，约曼"遭受了最为严厉的失败"，他们中的许多人通过为期25年的抵押贷款购得土地，却发现自己的处境比租佃农场主糟糕得多；在坎伯兰郡，小土地所有者背上沉重债务是十分普遍的现象，他们的境况比租地农场主糟糕多了。① 在19世纪晚期的农业衰退中，自耕农遭受了严重打击，但与1873年《新末日审判书》提供的数据相比，他们的数量以及他们作为一个群体拥有的土地总量并没有减少。据统计，1888年，在英格兰和威尔士种植作物和牧草的土地总面积当中，自耕农的经营面积占15.4%。② 根据1873年《新末日审判书》，在英格兰和威尔士，自耕农拥有的土地占非荒土地的9.7%（见上文）。与此同时，值得注意的是，与1873年相比，19世纪晚期自耕农场的平均面积不会有太大变化。综合以上分析，可以得出，与19世纪中后期相比较，在19世纪晚期，自耕农的数量没有下降的可能性。

19、20世纪之交，英国农业经济进入萧条阶段，政府的政策导向以及土地与人们地位和声望之间的联系③不再紧密，大面积购买土地的社会现象逐渐停顿下来。与过去追逐、购买土地相反，一些地主把自己的某些地产分割开来并行出售。F. M. L. 汤普森总结了这一时期地主分割出售地产的状况，他写道：

> 据统计，在1910年，至少104,000英亩土地得以易手。1911年，这类土地的数量达到了174,000英亩。到了1912年和1913年，这一数字更高。1911年，一家地产代理人公司手中待出售的土地是

---

① J. V. Beckett, "The Decline of the Small Landowner in England and Wales, 1600–1900", in F. M. L. Thompson (ed.), *Landowners, Capitalists and Entrepreneurs*, Oxford: The Clarendon Press, 1994, p. 108.

② J. V. Beckett, "The Decline of the Small Landowner in England and Wales, 1600–1900", in F. M. L. Thompson (ed.), *Landowners, Capitalists and Entrepreneurs*, Oxford: The Clarendon Press, 1994, p. 109.

③ 关于土地与人们地位和声望之间的关系，参见本书第三章。

如此之多，以至于以前所未有的速度印制一种插图说明书。贝德福德公爵尽管没有处于经济压力之下，但仍准备卖掉一半的土地，从经济利益方面考虑，这些地产已经变得毫无吸引力。1912年，19位贵族被列入了准备变卖土地的大地产者的名单，他们既包括那些可能欠有外债者，如伦德伯勒勋爵、温奇尔西勋爵，也包括那些没有外债者，如萨瑟兰德公爵和威斯敏斯特公爵。1913年，出售土地的贵族比原来更多。到1914年战争前夕，5年来市场上转手的土地达到了800,000英亩。①

另一方面，在贵族地主出售土地的同时，他们的佃户则出手购买自己租赁的土地。比如，朗家族就是向佃农出售土地的一个土地家族。1910年，沃特·朗声称准备卖掉其威尔特郡地产的相当一部分。在这些土地中，上好的牛奶农场每年的出租价格为每英亩2英镑。沃特·朗说，政府对待大地主的政策"迫使我们这些对土地感兴趣的人极其谨慎地考虑自己的处境。我们这些地主尽最大努力与佃农合作，不受唯利是图观念的左右。然而，形势正在发生变化，那些没有其他收入来源的地主必须相应地调整自己的事务"。在一封写给佃农的信中，沃特·朗补充道："我希望你做出决定，成为持有地的主人。"正如后来证实的那样，沃特·朗的大多数地产都被他的租地农场主购买。② 正是在地主向自家佃农出售农场的过程中，19、20世纪之交，自耕农的数量开始增加。比如，在牛津郡的30个教区内，1891年，自耕农的数量为153位；1907年，增加到212位。③

五、自耕农农业劳动生产效率的动态计量

农业劳动生产效率是一个农业生产单位在单位时间内生产农产品的数量。鉴于农业的生产周期以年度为单位，笔者拟对一个自耕农家庭单个劳动力常年下生产的谷物数量作以计量，以此考量工业化时期自耕农

---

① F. M. L. Thompson, *English Landed Society in the Nineteenth Century*, London: Routledge & Kegan Paul, 1963, p. 322.
② F. M. L. Thompson, *English Landed Society in the Nineteenth Century*, London: Routledge & Kegan Paul, 1963, pp. 332–333.
③ A. H. Johnson, *The Disappearance of the Small Landowner*, Oxford: The Clarendon Press, 1909, p. 151.

农业劳动生产效率的动态变化。

（一）1700年前后自耕农农业劳动生产效率的量化

首先，分析常年下一个自耕农家庭种植谷物的面积。由于缺乏这一时期整个英国的相关资料，这里只能选取一些地方性数据，以小见大，管窥英国。根据表6.1，工业化前夕，在牛津郡的24个教区内，100英亩以下小持有地的个数为482，总面积为13,674英亩。根据这组数据，可以得出这一时期牛津郡自耕农场的平均面积为13,674/482＝28英亩。同样，根据表6.1，在格洛斯特郡的10个教区内，100英亩以下小持有地的个数为229，总面积为6,458英亩。根据这组数据，可以得出这一时期格洛斯特郡自耕农场的平均面积为6,458/229＝28英亩。以上来自牛津郡和格洛斯特郡的相关数据表明，在工业化初始阶段，一个英国自耕农场的平均面积大致为28英亩。这一时期，在土地利用方面，英国盛行三圃制。在单个农场上，每年有1/3的土地用于休耕。① 常年下，自耕农家庭农场用于种植谷物的平均面积为28×2/3＝19英亩。

其次，探讨这一时期单个自耕农农场常年下生产谷物的数量。在工业化初始阶段，英国小麦的产量为每英亩14—17蒲式耳②，中间值为15.5蒲式耳。单个自耕农农场常年下生产的谷物为19×15.5＝295蒲式耳。同一时期，英国混合谷物的价格为27便士/蒲式耳。③ 可以据此推算出单个农家常年下生产的谷物可折合价值295×27＝7,965便士（合33英镑）。根据保尔·芒图的研究，这一时期，英国自耕农家庭的年收入为40—300英镑；其中，绝大多家庭的收入不会超过60—80英镑；土地并非自耕农收入的唯一来源，除了农业，自耕农常常从事工业方面的职业，他的妻子和孩子们则从事羊毛纺织业。④ 芒图的研究表明，这一时期，绝大多数自耕农的家庭收入在40—80英镑之间。另据K. D. M. 斯奈尔的研究，工业化初始阶段，在牛津诸郡，成年男性的年工资为4.05英镑，

---

① C. S. and C. S. Orwin, *The Open Fields*, Oxford: The Clarendon Press, 1954, pp. 54 – 55.

② Anne Digby and Charles Feinstein (eds.), *New Directions in Economic and Social History*, London: The Macmillan Press, 1989, p. 15.

③ Joan Thirsk and J. P. Cooper (eds.), *Seventeenth-Century Economic Documents*, Oxford: Oxford University Press, 1972, p. 782.

④ Paul Mantoux, *The Industrial Revolution in the Eighteenth Century: An Outline of the Beginnings of the Modern Factory System in England*, London: Jonathan Cape Ltd., 1961, p. 138.

成年女性的年工资为 2.58 英镑。① 这样,一个普通自耕农家庭的年收入为 33 + 4.05 + 2.58 = 39.63 英镑,如果再加上孩子从事童工的收入,年收入会微略地超过 40 英镑。上述关于普通自耕农家庭常年下谷物生产的量化数据与芒图的相关研究是一致的。这些数据进一步说明,笔者关于牛津郡单个自耕家庭谷物生产的计量数据可以反映整个英国的大致状况。

第三,在一个自耕农家庭,劳动力的数量是多少呢?根据格雷戈里·金的统计数据,17 世纪末,英格兰农村人口为 4,100,000,家庭数量为 1,000,000②,户均 4.1 人。同时,根据彼得·拉斯莱特的研究,这一时期绝大多数男女结婚的年龄分别为 26.65 岁和 23.58 岁;1625—1699 年,英国人的预期寿命为 36.9 岁。③ 按照格雷戈里和拉斯莱特的数据,一个普通的自耕农家庭大致四口人,即夫妻俩人和两个孩子;假如一对夫妻婚后一年得子(女),那么,在男子去世的时候,长子(或女)才 9 岁。这组数表明,在工业化初始阶段,一个英国自耕农家庭的正常劳动力数量大致为两个。

由以上数据,可以计量,工业化初始阶段,在自耕农家庭,一个劳动力常年下的农业劳动生产效率可折合的谷物数量为 295/2 = 148 蒲式耳谷物(合 3,404 公斤)。

(二)1780 年前后自耕农农业劳动生产效率的量化

首先,讨论 1780 年前后单个自耕农家庭常年下生产谷物的数量。根据表 6.1 提供的数据,1780 年前后,在牛津郡的 24 个教区和格洛斯特郡的 10 个教区内,自耕农农场的总面积分别为 4,494 英亩、1,104 英亩,两郡自耕农的数量分别为 212 和 80,单个自耕农家庭农场的平均面积为 (4,494 + 1,104)/(212 + 80) = 19 英亩。在土地利用方面,根据本书第七章的内容,这一时期,诺福克四茬轮作制成了轮作制的样板,人们利用三圃制下休耕的机会,种植萝卜、三叶草。因而,每年有 2/3 的土地用于谷物生产,即 13 英亩。同一时期,英国小麦常年下每英亩的产量为

---

① K. D. M. Snell, *Annals of the Labouring Poor: Social Change and Agrarian England, 1660 – 1900*, Cambridge: Cambridge University Press, 1985, p. 452.
② Joan Thirsk and J. P. Cooper (eds.), *Seventeenth-Century Economic Documents*, Oxford University Press, 1972, pp. 770 – 773.
③ Peter laslett, *The World we Have Lost*, Cambridge: Cambridge University Press, 1965, pp. 86 – 97.

15—20 蒲式耳①，中间值为 17.75 蒲式耳。由这些数据，可以得出，常年下，平均每个自耕农家庭农场生产谷物的数量为 17.75×13=231 蒲式耳。

其次，分析 1780 年前后一个自耕农家庭劳动力的数量。按照 E. A. 韦格雷和 R. S. 斯科菲尔德的研究，1781 年，英国人出生时的预期寿命为 35.8 岁；男女初婚的年龄分别为 25.7 岁、24.0 岁②。这意味着，如果结婚一年后得子（或女），那么，在男方离世之时，长子（或女）才 9 岁，女方离世之时，长子（或女）才 11 岁；一对夫妻在有生之年很难见到自己的孙子（孙女）。同时，彼得·拉斯莱特的研究表明，这一时期，一个英国家庭的人口数量大致为 4.75 人。③ 以上数据表明，这一时期，普通英国自耕农家庭的人口结构为一对夫妇和 2—3 个孩子，劳动力为夫妇二人。

根据以上数据，可以推算出，1780 年前后，在自耕农家庭，一个劳动力常年下的农业劳动生产效率可以折合谷物的数量为 231/2=116 蒲式耳（2,568 公斤）。

（三）1870 年前后自耕农农业劳动生产效率的量化

首先，讨论单个自耕农农场常年下生产谷物的数量。根据表 1.3 提供的数据，在工业化晚期阶段，英国的小土地经营者——自耕农的数量是 217,049，他们拥有土地的数量为 3,931,806 英亩，平均每个自耕农场的面积为 3,931,806/217,049=18 英亩。在土地利用方面，这一时期，由于化肥的推广和应用，农场主已经逐渐不再休耕，而是在土地上实行小麦、大麦和燕麦的轮作④。同时，在工业化晚期阶段，英国的主要谷物——小麦、大麦、燕麦每英亩的产量分别为 28.94、34.35、42.10 蒲式耳⑤，折合混合谷物的产量为每英亩 35 蒲式耳。常年下，一个普通自耕农农场生产的谷物数量为 35×18=630 蒲式耳。

---

① Anne Digby and Charles Feinstein（eds.），*New Directions in Economic and Social History*，London：The Macmillan Press，1989，p. 15.
② E. A. Wrigley and R. S. Schofield，*The Population History of England，1541–1871*，Cambridge：Cambridge University Press，1997，pp. 532，144.
③ Peter laslett，*The World we Have Lost*，Cambridge：Cambridge University Press，1965，pp. 93，86，97.
④ 关于作物轮作问题，参见本书第七章。
⑤ *Agricultural Produce Statistics of Great Britain*，London：Eyre and Spottiswoode，1889，pp. 30–40.

其次，分析单个自耕农家庭的劳动力数量。按照 E. A. 韦格雷和 R. S. 斯科菲尔德的研究，19 世纪中后期，英国人出生时的预期寿命为 40.5 岁，男性和女性初婚的平均年龄分别为 25.5、24.0 岁。① 根据这组数据，可以推测：如果一对夫妻婚后第二年得子（或女），那么，在男子离世之时，他们的长子（或女）年方 14 岁；夫妻双方很难在有生之年见到孙子（或孙女）。同时，根据彼得·拉斯莱特的研究，在 19 世纪晚期，一个英国家庭的人口数量为 4.75 人。② 上述数据表明，在工业化晚期，一个普通的自耕农家庭由夫妻二人与 2—3 个孩子构成，劳动力是夫妻二人。

由上述数据，可以推算，工业化晚期，在自耕农家庭，单个劳动力常年下的农业劳动生产效率可折合谷物 630/2 = 315 蒲式耳（合 7,245 公斤）。

以上量化数据表明，工业化时期，在普通的自耕农家庭，农业劳动生产效率呈动态的变化趋势。大体来说，1700 年前后，一个自耕农劳动力的农业劳动生产效率折合的谷物数量为 3,404 公斤；到了 1780 年，这一数据下降到 2,568 公斤；到了 1870 年，这一数据上升到 7,245 公斤。需要说明的是，在本书第十章，笔者根据整个农业领域内"谷物总产量"除以"农业劳动力总数"的方法，计量出工业化时期英国一个劳动力常年下的农业劳动生产效率（即社会农业劳动生产效率）折合的谷物数量由初期的 1,380 公斤提高到晚期阶段的 5,734 公斤。根据笔者的计量数据，从工业化时期的初始阶段到终结阶段，英国自耕农的农业劳动生产效率的绝对数字远高于同一时期的社会农业劳动生产效率。这就意味着，对于自耕农场面积在平均规模以上的自耕农来说，他们的收益要高于整个国家农业劳动力的平均收益。

以上论述说明，在工业化时期的不同阶段，英国自耕农的数量及其家庭农场的面积都呈现出动态的变化。从直接原因来看，在工业化时期，自耕农数量的动态变化是由于受到了农业经济波动、圈地运动、对法战争等因素的影响。大体说来，1660—1780 年，自耕农呈衰退趋势；作为

---

① E. A. Wrigley and R. S. Schofield, *The Population History of England*, *1541 – 1871*, pp. 532, 156; Roderick Floud, Kenneth Wachter and Annabel Gregory, *Heigh*, *Health and History*: *Nutritional Status in the United Kingdom*, *1750 – 1980*, Cambridge: Cambridge University Press, 1990, p. 292.

② Peter laslett, *The World we Have Lost*, Cambridge: Cambridge University Press, 1965, pp. 93, 86, 97.

一个整体，他们的数量大幅度减少，他们拥有的土地面积缩减。1780—1832 年，议会圈地运动推进相对迅猛，作为结果，自耕农数量激增，数量增加最多的则是那些缴纳土地税在 4 先令以下的小自耕农。19 世纪中后期至晚期，先是受到高产农业的影响，自耕农数量增加；后受到农业衰退的影响，自耕农经济损失严重，但他们的数量并没有减少。如果纵观整个工业化时期，就会发现，英国自耕农的数量在总体上呈上升趋势，由工业化初始阶段的 160,000 人上升到晚期的 217,049 人（英格兰和威尔士的数据）。自耕农数量增加的根本原因在于：从工业化初始阶段到晚期，这一阶层的农业劳动生产效率所提高到的绝对数字要高于社会农业劳动生产效率所提高到的绝对数字。这就意味着，在那些农场面积达到平均规模以上的自耕农家庭，单个劳动力得自土地的平均收益要高于整个国家农业劳动力的平均收益。不过，在工业化时期，英国自耕农的数量呈现动态的波动状态，比如，1700—1780 年，自耕农农业劳动生产效率处于下降趋势，相应地，他们的数量也呈现下降的趋势。可见，在工业化时期，自耕农数量动态变化的根本原因在于这一阶层农业劳动生产效率的波动状况，在于这一阶层的农业劳动生产效率和社会农业劳动生产效率的比较状况。

第七章　地主与租地农场主的博弈：大地产租佃经营

工业化时期，通过圈地运动、土地市场、社会心态、血亲关系等土地流动方式，英国绝大多数土地集中到少数人手中，形成了以大地产为主、小土地所有为辅的土地分配结构。在大地产制下，地主把土地出租给租地农场主，后者雇用农业工人，面向市场，展开经营。在具体的土地经营过程中，地主和租地农场主围绕农场，就固定资本和营运资本投资、租佃合约、模范农场、租佃权等问题进行博弈，展开各自的寻租活动。通过这些博弈，大地产得以运营。

一、地主与租地农场主概念的界定

到工业化晚期，英国绝大部分土地集中在少数大土地所有者手中。据《新末日审判书》统计，到1872—1873年，联合王国4/5的土地集中在不到7,000位资产者的手中。① 如表7.1所示，规模达10,000英亩以上的地产在英格兰各郡所占的比例，拉特兰郡为53%，诺森伯兰郡为50%，诺丁汉郡为38%，多塞特郡为36%，威尔特郡为36%，柴郡为35%，德比郡为31%，斯塔福德郡为31%，北安普顿郡为30%［……］，其总的平均数为24%。在大土地所有者拥有土地比重日益增加的同时，小土地所有者拥有土地比重逐渐减少；1873年，小土地所有者拥有的土地占英国地产总面积的比例下降到10%（见表7.2）。由表7.3数据可以推算，1873年，300英亩以上土地所有者和公共团体拥有地产占英格兰和威尔士地产总面积的75%，300英亩以下土地所有者拥有地产总面积的比重为25%。

---

① J. V. Beckett, "The Pattern of Landownership in England and Wales, 1660–1880", *Economic History Review*, Vol. 37, No. 1, February 1984, pp. 1–22.

表7.1 面积超过10,000英亩以上的大地产在英格兰各郡地产中所占的百分比（荒地除外）

1. 拉特兰郡	53	21. 汉普郡	21
2. 诺森伯兰郡	50	22. 什罗普郡	21
3. 诺丁汉郡	38	23. 德文郡	20
4. 多塞特郡	36	24. 萨默塞特郡	20
5. 威尔特	36	25. 白金汉郡	19
6. 柴郡	35	26. 坎伯兰郡	19
7. 德比郡	31	27. 莱斯特郡	19
8. 斯塔福德郡	31	28. 诺福克郡	19
9. 北安普顿郡	30	29. 伯克郡	17
10. 约克郡	28	30. 亨廷顿郡	17
11. 达勒姆郡	28	31. 格罗斯特郡	16
12. 林肯郡	28	32. 伍斯特郡	16
13. 威斯特摩兰郡	27	33. 牛津郡	15
14. 康沃尔郡	27	34. 肯特郡	12
15. 贝德福德郡	24	35. 剑桥郡	11
16. 兰开郡	24	36. 赫里福德郡	11
17. 沃立克郡	24	37. 萨里郡	10
18. 赫特福德郡	23	38. 埃塞克斯郡	9
19. 苏塞克斯郡	23	39. 米德尔塞克斯郡	4
20. 萨福克郡	22	平均	24

资料来源：F. M. L. Thompson, *English Landed Society in the Nineteenth Century*, London: Routledge & Kegan Paul, 1963, p. 32.

表7.2 1690—1873年英格兰、威尔士土地所有者地产所占的百分比

	1690	1790	1873
大土地所有者	15—20	20—25	24
乡绅	45—50	50	55
小土地所有者	25—33	15	10

资料来源：J. V. Beckett, "The Pattern of Landownership in England and Wales, 1660-1880", *Economic History Review*, Vol. 37, No. 1, February 1984, pp. 1-22.

表 7.3 1873 年英格兰、威尔士地产所有状况

土地阶级	所有者的数量	地产面积（英亩）	所占百分比
贵族	400	5,728,979	17.4
3,000 英亩以上的地主	1,288	8,497,699	25.8
1,000—3,000 英亩的地主	2,529	4,319,271	13.1
300—1,000 英亩的地主	9,585	4,782,627	14.5
100—300 英亩的地主	241,461	8,076,078	24.5
公共团体	14,459	1,443,548	4.4
茅舍农（1 英亩以下）	703,289	151,148	0.5
总计	973,011	32,999,350	100.0

资料来源：John Bateman, *The Landowners of Great Britain and Ireland*, Leicester University Press, 1971, pp. 501 – 515.

在私人大地产兴起的同时，一些公共团体也逐渐成为大地产所有者，尽管它们在总体上所占比重不大。如表 7.3 所示，到 1873 年，英格兰和威尔士公共团体的数量为 14,459，它们拥有的地产达 1,443,548 英亩，占地产总量的 4.4%。教会、大学和医院是公共团体中的大地产所有者。从 1880 年到 1910 年，英国国教教会拥有的地产从 226,000 英亩增加到 290,000 英亩。格林威治医院在坎伯兰郡和诺森伯兰郡拥有的地产达 38,177 英亩。从 1870 年到 1910 年，牛津大学的地产从 22,700 英亩增加到 146,000 英亩。剑桥大学圣约翰学院的地产达 15,000 英亩。1860 年，盖伊医院在埃塞克斯郡的地产达 229,000 英亩；1890 年，它在赫特福德郡和林肯郡的地产达 23,650 英亩。在某些郡，大学地产的比例相当高，在剑桥郡，大学地产占该郡地产总量的 12.2%；在米德尔塞克斯郡，这一比例高达 14.5%；在牛津郡，大学地产的比例为 10.4%；在达勒姆郡，大学地产的比例为 10.1%。根据林德特的推算，在不列颠和爱尔兰地区（去除了伦敦），这些具有私人性质的公共团体来自不动产的地租收入占地租总收入的 12.3%，而国王、海军、地方政府和济贫机构来自不动产的地租收入仅占地租总收入的 2.3%。[①] 可见，教会、医院、大学

---

① J. V. Beckett, "Agricultural Landownership and Estate Management", in Joan Thirsk (ed.), *The Agrarian History of England and Wales*, *1850 – 1914*, Vol. 7, Cambridge: Cambridge University Press, 2000, pp. 705 – 728.

等少数公共团体也是大地产所有者的组成部分。

地主如何经营管理自己拥有的土地呢？从凯尔德1850—1851年的游历中，可以窥其一斑。在牛津郡，他注意到，"一般状况下，地主是不关心和从事农业的，在他们当中，能熟练操持农活并真正地参加农业实践者极为少见。"在莱斯特郡，他写道，"令人遗憾的是，到目前为止，对地产改造与提高漠不关心的地主占相当大的比例。"[1] 不过，地主"躬耕陇亩"，亲自管理地产的例子并不少见。1878年，凯尔德对英国大地产者的地位和作用加以总结。在《土地的利益》一书中，他写道：

> 地主就是拥有土地的资本主义者。他们的财产既包括土壤以及土壤以下的所有物品，又包括土壤以上的建筑物和永久性工事。这些土地需要人们定居并开垦。在几乎所有促进农业发展的永久性改良中，地主是理所当然的地产改造成本的承担者。他们关注着经济繁荣和对地产的良好管理。除了矿产，地主每年来自地产的地租收入高达67,000,000斯塔林（sterling，英国货币），这些地产的资产价值为20,000,000,000斯塔林。在英国，除了地主，没有其他团体能够管理如此庞大的资产，没有任何一个团体的影响能够如此广泛。[2]

从凯尔德的记录，可以推断，地主是土地产权的所有者，他们在一般情况下并不从事农业生产，地租是其收入的重要来源。

何谓租地农场主？在《维多利亚时代的农场主》一文中，B. A. 霍尔德内斯对农场主一词作以限定。他说："农场主一词通常指代那些土地占有者阶级，他们是土地的占有者（holders）。土地的占有者并不是农业雇工、面对市场的园丁、磨坊主、旅店掌柜，而是农场主。租地农场主既包括占地2,000英亩的农业资本家，也包括5—10英亩的小土地占有者。"[3]

---

[1] J. V. Beckett, "Agricultural Landownership and Estate Management", in Joan Thirsk (ed.), *The Agrarian History of England and Wales, 1850 – 1914*, Vol. 7, Cambridge: Cambridge University Press, 2000, pp. 729 – 730.

[2] J. V. Beckett, "Agricultural Landownership and Estate Management", in Joan Thirsk (ed.), *The Agrarian History of England and Wales, 1850 – 1914*, Vol. 7, Cambridge: Cambridge University Press, 2000, pp. 728 – 729.

[3] B. A. Holderness, "The Victorian Farmer", in G. E. Mingay (ed.), *The Victorian Countryside*, London: Routledge & Kegan Paul Ltd., 1981, p. 227.

霍尔德内斯关于租地农场主一词的界定表明，租地农场主即为土地使用权的租用者，他们从土地产权的所有者——地主那里租得土地、缴纳地租，享有土地的使用权。就农场性质和大小而论，农场主的种类纷繁复杂。通常情况下，租地农场主有四种来源。第一种农场主由地主的雇工和佣人转化而来，他们依靠地主的恩惠，凭借自己的积蓄，加入到小农场主的队伍。处于农场主的底层。第二类是兼业农场主，他们租用地主几英亩草地，饲养猪、牛和家禽，或照顾用作牵引力的牲畜。他们同时还经营商业、工艺业或其他公共事业。他们可能整辈子都按照这样的模式进行经营。如果他们经营的农场相当成功，这些人就会放弃辅助性的商业，大面积租佃土地，一心一意地从事农场经营。第三种农场主一开始就把经营大面积的农场作为自己的农业生涯。这些人来路甚众，有的是乡绅、教士或富裕农场主的幼子，有的是退休军人或职业人员，有的是欲在农业领域弄潮的成功的工商业人士。乡村牧师经常租赁农场经营，以弥补其微薄的薪金。许多牧师积极投身租地农场的经营，并在农业的改良中获得赫赫威名。如哈克斯泰布尔先生，身兼多塞特郡萨顿沃尔特教区的教区长。① 第四类租地农场主是那些通过父子相承的方式，从做农场主的父亲那里继承经营农场的长子们。他们继承了父亲经营的农场，也继承了父亲投在农场上的资本。

对于租地农场的继承，地主并不反对。租地农场的继承往往呈现出父子相传、兄弟相传、父女相传、夫妻相传等多种形式。明格把父子传承租地农场的情况总结如下，他写道：

> 这些长子们从小就在父亲经营租地农场的环境中成长，他们可能被父亲送到其他地方，跟先进农场主学习农业新思想以及不同的农作方法，也可能到皇家农学院或其他农业机构学习。他们通过同其他大农场主的女儿结婚的方法，获得资本，或在毕业时凭运气租得较其父亲所经营的农场大得多的农场，一展抱负。②

---

① G. E. Mingay, "The Farmer", in Joan Thirsk (ed.), *The Agrarian History of England and Wales, 1850–1914*, Vol. 7, Cambridge: Cambridge University Press, 2000, p. 766.

② G. E. Mingay, "The Farmer", in Joan Thirsk (ed.), *The Agrarian History of England and Wales, 1850–1914*, Vol. 7, Cambridge: Cambridge University Press, 2000, p. 767.

大多数租地农场主尤其是大农场主都属于上述第四类。与长子相比，幼子没那么幸运，但他们可以从父母那里得到一笔资金，从经营小农场起步。通常情况下，那些资金丰厚的农场主在一个地区租得若干片农场，让代理人经营，等到儿子长大成人后再交给他们。

地主和租地农场主之间的关系并不是简单而直截了当的。一方面，二者之间存在着纯粹的商业关系。地产的所有者——地主及其代理人按照商业化的运行方式管理土地。地主总是热望自己出租的农场得到合理的利用和保护，祈求地租的缴纳按时而足额。地产的持有者和使用者——租地农场主渴望地主对土地不断地进行固定资本投资，而且持有地的租期灵活而富有弹性。另一方面，地主和租地农场主之间的关系又错综复杂。以商业关系为基础，二者之间又牵扯着复杂的社会和政治关系。这种关系反过来又对商业关系产生影响。在约克郡西雷丁的一些地区，凯尔德发现地主和租地农场主之间存在着"友好感情"。他写道："地主看上去都是和善可靠之人，并未利用租地农场主之间的竞争而表现出趁人之危的倾向。在这个世界上，没有一个阶级的人们能够像英国的地主那样在经营中高瞻远瞩，表现出慷慨仁义的气度。" 1890 年，在卡尔森郡的一次土地拍卖会上，高杰戴恩的普赖斯先生购得了地产，据目击者记录，"拍卖厅里传出了从来没有过的欢快声，租地农场主们为该地产有了一个和善、仁慈、富有远见的新主人而深感满意"①。

二、围绕固定资本与营运资本的主佃博弈

大地产上的资本由固定资本和营运资本两部分组成。何谓固定资本？根据 J. V. 贝克特的研究，固定资本涉及土地、农场建筑、栅栏、树篱、大门、通往农场的公路、排水灌溉系统、海边或河边的防波堤等设施，以及每年用于维护这些设施的开支。1750—1850 年间，许多地主在圈地、排水系统、农场建筑的建设与重建等方面面临着投资的可能性与必要性。② B. A. 霍尔德内斯把固定资产分为四个方面：其一，涉及农场上

---

① J. V. Beckett, "Agricultural Landownership and Estate Management", in Joan Thirsk (ed.), *The Agrarian History of England and Wales, 1850–1914*, Vol. 7, Cambridge: Cambridge University Press, 2000, pp. 741–742.

② J. V. Beckett, "Landownership and Estate Management", in Joan Thirsk (ed.), *The Agrarian History of England and Wales, 1750–1850*, Vol. 6, Cambridge: Cambridge University Press, 1989, p. 598.

的建筑设施、排水灌溉系统、漂浮水草种植设施;其二,树篱、栅栏和生长着的木材也属于固定资本的范畴;其三,对土壤施撒石灰、泥灰、粪肥的花费,打破可耕地或配置永久性草地的费用;其四,对地产围圈和开垦荒地的费用。① 以上两位学者的观点表达了一个共同的内容,那就是:在通常状况下,固定资产意味着地产以及地产上的固定设施属于土地所有者,并由土地所有者——地主进行投资。

相对于固定资本,营运资本投资则是租地农场主的分内之事。肯德尔对营运资本的范畴加以限定。他认为,租地农场主的营运资本包括三层含义:(Ⅰ)活的以及死的牲畜;(Ⅱ)租地农场主在租佃权下应从地主那里获得的赔偿金;(Ⅲ)缴纳地租、发放雇工工资和用作其他开支的现金。② B. A. 霍尔德内斯对肯德尔的观点加以补充。他认为,租地农场主的营运资本还应包括卖掉的作物和购进的设备器具。③

在固定资本和营运资本之间,存在着怎样的关系呢?两种资本都是维持地产运作的资金,相互协调、相互促进。二者的区别主要表现为两个方面。一是投资的主体不同,前者以地主为主,后者以租地农场主为主。二是投资的范围不同,前者涉及地产及其附属设施,后者包括"农具、种子、某些化肥以及使地主的固定投资处于良好运作状态的费用等。比如,在排水灌溉方面,地主提供固定资本——瓦管,租地农场主则提供放置瓦管的石料和灰渣"④。

固定资本投资是大地产运作的首要条件。为使自己的土地处于满佃状态,地主不断地把地租收入用作固定资本,投向地产。在利文森-高尔地产上,一封小代理人的信件反映了固定资本投资的运作状况。在信中,小代理人沃克这样写道:

---

① B. A. Holderness, "Investment, Accumulation, and Agricultural Credit", in Joan Thirsk (ed.), *The Agrarian History of England and Wales, 1850–1914*, Vol. 7, Cambridge: Cambridge University Press, 2000, p. 875.

② B. A. Holderness, "Investment, Accumulation, and Agricultural Credit", in Joan Thirsk (ed.), *The Agrarian History of England and Wales, 1850–1914*, Vol. 7, Cambridge: Cambridge University Press, 2000, pp. 909–910.

③ B. A. Holderness, "Investment, Accumulation, and Agricultural Credit", in Joan Thirsk (ed.), *The Agrarian History of England and Wales, 1850–1914*, Vol. 7, Cambridge: Cambridge University Press, 2000, p. 910.

④ J. R. Wordie, *Estate Management in Eighteenth-century England: The Building of the Leveson-Gower Fortune*, London: Royal Historical Society, 1982, p. 219.

> 昨天，从诺斯尔回来后，我到塔恩黑尔先生的农场察看建筑设施，这些设施损毁严重。仓库非常糟糕，下雪天不能在里面干农活。牛舍的一部分已经坍塌下来。这些设施已经禁不住这个冬天了，有必要重新修建。事实上，他的住房也像这些建筑一样糟糕透顶。不足 100 英镑的维修费用就能够让他舒适自在。①

地主阶层对其土地上固定资本的投资总额数量可观。在英格兰和苏格兰，1882 年，用于农业的固定资本投资达 13,597,620 英镑 18 先令 9 便士。其中排水灌溉投资为 8,259,404 英镑 8 先令 4 便士，农场建筑投资为 3,397,133 英镑 15 先令 10 便士，农舍投资为 823,910 英镑 2 先令 6 便士，河堤投资为 112,830 英镑 13 先令 6 便士，公路投资为 124,202 英镑 11 先令 5 便士，开垦荒地的投资为 61,913 英镑 9 先令，清理地产的投资为 79,468 英镑 5 先令 5 便士，植树造林的投资为 70,254 英镑 17 先令，用于圈地运动的投资为 237,846 英镑 10 先令 1 便士，改造农业的其他投资为 171,385 英镑 8 先令 1 便士，有关铁路的投资为 63,333 英镑 1 先令 1 便士，用于土地所有者住房的投资为 196,657 英镑 16 先令。②

各个地区、各个地产进行固定资产投资的幅度不尽相同。比如，在诺福克郡，在生产条件较为先进的霍尔克姆地产上，每年的固定资产投资占地租收入的份额为 11%—21%；1782 年，贝德福德公爵在地产改造和维护中的固定资本支出占其地租收入的 8%；在 18 世纪，金斯顿公爵在其诺丁汉郡地产上的支出为其地租收入的 1%—5%。③

在以大地产为主的土地分配结构前提下，英国绝大部分土地以大农场的形式存在着。这就使农场房屋设施的投资成为必要。这类设施包括房屋、仓库、畜舍、马车库房等。在不同的农场上，房屋设施的投资内容与金额不尽相同；即使在同一农场上，房屋设施的投资在不同的时期也呈现出较大的变化。如表 7.4 所示，在科克家族的地产上，宾特里霍尔农场在 1794—1800 年间用于建新房的投资为 1,482 英镑，1834—1840

---

① J. R. Wordie, *Estate Management in Eighteenth-century England: The Building of the Leveson-Gower Fortune*, London: Royal Historical Society, 1982, p. 218.

② David Spring, *The English Landed Estate in the Nineteenth Century: Its Administration*, Maryland: The Johns Hopkins Press, 1963, p. 193.

③ G. E. Mingay, *English Landed Society in the Eighteenth Century*, London: Routledge and Kegan Paul, 1963, p. 178.

年间用于建房和粮仓的投资为 1,971 英镑, 1779—1800 年用于牛舍和庭院的投资为 1,116 英镑; 洛奇农场 1797—1800 年用于营造新房屋的投资为 2,664 英镑, 1876—1879 年间用于庭院等的投资为 1,439 英镑。①

表 7.4　1850 年前后科克家族用于农场建筑设施的投资

农场名称	投资项目	投资数量（英镑）	投资年份
宾特里霍尔农场	1. 新房屋及附属建筑 2. 新牛舍、粮仓 3. 牛舍、庭院	1,482 1,971 1,116	1794—1800 1834—1840 1879—1882
洛奇农场	1. 新房屋及附属建筑 2. 庭院等	2,664 1,439	1797—1800 1876—1879
潘恩沃斯霍尔农场	1. 新房屋及附属建筑物 2. 庭院等	2,006 1,858	1813—1818 1871—1874
泰兹农场	1. 新房屋及附属建筑 2. 四个新庭院	1,696 1,212	1814—1816 1876
贝克霍尔农场	1. 新房屋及附属建筑 2. 两个庭院、牛舍、马厩	1,053 2,096	1822—1827 1879—1881
马诺农场	1. 房屋的增添部分 2. 四个庭院、车库、木匠和铁匠铺	1,034 1,422	1828—1831 1873—1875
邓顿农场	1. 新房屋及附属建筑 2. 庭院等	3,376 1,195	1835—1838 1883
威肯农场	1. 新房屋及附属建筑 2. 四个畜舍及庭院	4,247 1,850	1797 1868—1870

资料来源: S. W. Martins, *A Great Estate at Work: The Holkham Estate and its Inhabitants in the Nineteenth Century*, Cambridge: Cambridge University Press, 1980, p. 178.

大地产下, 地主面临着从地产上盈利和不断改建地产的双重任务。固定资本投资是一项长期的工程, 它既是地主从地产上获利的必要条件, 又是吸引租地资本家前来承租并进行营运资本投资的重要手段。农业繁荣之时, 地主通过向中央政府贷款、向私人公司借款、从地租收益中抽取部分资金等方法, 对地产的改造和提高进行投资。如表 7.5 所示, A. D. M. 菲利普斯对总面积为 27,727 英亩的 100 个农场进行了调查, 这些农场的所

---

① S. W. Martins, *A Great Estate at Work: The Holkham Estate and its Inhabitants in the Nineteenth Century*, Cambridge: Cambridge University Press, 1980, p. 178.

有者通过贷款获得固定资本，然后，把地租的一部分用于固定资本投资，每英亩的平均投资额为 0.22 英镑，占地租的平均比重为 17.9%。

表 7.5　100 个农场关于建筑设施的投资（1857—1869 年）

单位英亩地租收入分类（英镑）	农场数量	总英亩数	单位英亩平均地租收入（英镑）	每年每英亩地租转化为固定资本的数额（英镑）	作为固定资本的地租占地租收入的百分比
<1.00	27	7,756	0.74	0.27	36.5
1.00—1.49	46	12,608	1.22	0.19	15.6
≥1.50	27	7,363	1.77	0.24	13.6
总计	100	27,727	1.23	0.22	17.9

资料来源：A. D. M. Phillips,"Landlord Investment in Farm Building in the English Midlands in the Mid Nineteenth Century", in B. A. Holderness and Michael Turner（eds.）, *Land, Labour and Agriculture, 1700 – 1920*, London: The Hambledon Press, 1991, p. 207.

　　在农业萧条的年份，地主面临着来自租地资本家的双重要求：一是要求削减地租，二是要求生产条件进一步改造。如果地主对此无动于衷，退佃就会成为现实。在这种情况下，地主不得不用筹集资金改善生产条件的方法挽留佃农。比如，根据奈特利女士的说法，"她的丈夫雷纳尔德对他们在北安普敦郡一个农场的大量投资深感痛心。1880 年，当几位佃农告诉他们准备退佃的时候，雷纳尔德彻底绝望了。"再如，1877 年，第四任萨德莱爵士继承地产时，发现地产上的生产条件处于极度糟糕的状态。由于非常害怕这种情况会导致一些租地农场主撤佃，他冒着亏损的危险借贷巨资对这些农场的生产条件作以改善。①

　　在一个地区内，地主对固定资本的投入程度直接关系到地产是否盈利、佃户是否安心。比如，英格兰南部和东部是传统种植谷物和养羊的地区，19 世纪末期，这些地区的地租下降幅度相当大。缺少高水平的投资是这些地区某些地产收益下降的重要原因。在苏塞克斯郡，金斯顿的戈林家族拥有金斯顿教区的大部分地产，他们将该地产作为一个 1,300 英亩的农场出租。1870 年代早期，该地产的地租收入为 1,550 英镑。到 1880 年代，地租收入下降到 900 英镑。1896 年，该农场一分为三。在地

---

① J. V. Beckett,"Agricultural Landownership and Estate Management", in Joan Thirsk（ed.）, *The Agrarian History of England and Wales, 1850 – 1914*, Vol. 7, Cambridge: Cambridge University Press, 2000, p. 736.

租持续下降的情况下，戈林家族于 1912 年卖掉了这块地产。与戈林家族的情况相反，其邻居 H. B. 布兰德在地产投资改造方面是一位活跃的人物，在儿子托马斯的帮助下，他投资并鼓励农场主建立牛奶场，为伦敦、布赖顿、伊斯特本的市场输送牛奶。① 在不同的地区之间，地产投资的水平与地租收益、佃户稳定性之间的关系同样密切。比如，贝德福德公爵在贝德福德郡和白金汉郡的地产主要生产谷物，苦苦经营而收益不大，原因在于缺乏固定资本投资。在兰开郡，由于地主们进行了高水平的投资，并适时地削减地租，地租缴纳不仅较为及时，而且没有出现长期下降的状况，地产时常保持着满佃的状态。② 可见，地主对地产的投资以及投资的水平不但影响着自己的收益，而且还是其地产是否能招揽佃户的先决条件。

有时候，租地农场主进行固定资本投资，地主则对他们施以赞助。对土地施泥灰本是地主固定资本投资的范畴，这项投资可以使土地得益几十年，地主有时不在这方面进行直接的投资，但却承担着全部或部分费用。比如，在科克家族的地产上，每当新买的地产确定下来，大管家汉弗莱·史密斯就写信给租地农场主，告知他们土地承租的办法。在一封信里，他写道："默雷尔是一位好佃农，自己出资对承租的土地施撒泥灰，他起初并不知道地主老爷会给予赞助。据科克家族的《地产审计报告书》记载，对于自己施撒泥灰的租地农场主，地主会适当地减轻地租，以弥补其成本。租地农场主约翰·卡尔租用了 240 英亩土地，每年地租为 135 英镑，1715 年，他对承租的土地施泥灰，结果地主就将他的地租按每英亩减少 8 先令的比例总共减少了 96 英镑。"③

营运资本与农场主的日常经营活动息息相关。农场主不仅需要对牲畜、原料以及家庭用品投资，还必须对固定资本的运作进行投资。由表 7.6、表 7.7 提供的数据，可以看出，在整个联合王国，营运资本的投资往往数额巨大。比如，1869 年，约翰·赫德森开始经营在霍尔克姆地产

---

① J. V. Beckett, "Agricultural Landownership and Estate Management", in Joan Thirsk (ed.), *The Agrarian History of England and Wales*, 1850–1914, Vol. 7, Cambridge: Cambridge University Press, 2000, p. 738.

② J. V. Beckett, "Agricultural Landownership and Estate Management", in Joan Thirsk (ed.), *The Agrarian History of England and Wales*, 1850–1914, Vol. 7, Cambridge: Cambridge University Press, 2000, p. 738.

③ R. A. C. Parker, *Coke of Norfolk: A Financial and Agricultural Study, 1707–1842*, Oxford: The Clarendon Press, 1975, p. 7.

上租赁的农场。经过整地、施菜籽饼,土壤肥力渐渐得以提高。他每年用于购买菜籽饼和其他肥料的营运资本为2,000—3,000英镑,人工肥的投资为800—1,000英镑。①

表7.6　1867—1914年联合王国农场主的农业投资

(单位:百万英镑)

年代	牲畜[a]	作物[b]	机器和工具	其他项目	总投资
1867—1873	178.2	261.7	5.4	27.5	472.7
1874—1878	196.8	248.3	5.4	29.2	479.7
1879—1883	179.3	190.7	4.9	24.9	399.8
1884—1896	159.4	180.0	4.2	22.7	366.3
1897—1910	171.8	179.8	4.5	25.0	381.1
1911—1914	190.8	194.9	7.0	28.4	421.2

资料来源:B. A. Holderness,"Investment, Accumulation and Agricultural Credit", in Joan Thirsk (ed.), *The Agrarian History of England and Wales, 1850 – 1914*, Vol.7, Cambridge:Cambridge University Press, 2000, p.909.

说明:[a]包括牛、羊、猪、家禽、马;[b]用于小麦、黑麦、大麦、土豆、干草、稻草、萝卜、大豆、扁豆、甜菜的资本。

表7.7　1869—1911年联合王国农场主投资估算

(单位:百万英镑)

年代	投资额度	年代	投资额度
1869	300 [170投资于牲畜]	1895	308
1874—1875	440 [英格兰和威尔士300]	1896	200
1878	400	1897	330
1878	376 [英格兰和威尔士280]	1897	320
1885	300	1905	340
1887	300	1906	293
1893	367 [英格兰和威尔士235]	1909	348
1894	352 [英格兰和威尔士225]	1911	340—400 [英格兰和威尔士220]
1895	319		

资料来源:B. A. Holderness,"Investment, Accumulation and Agricultural Credit", in Joan Thirsk (ed.), *The Agrarian History of England and Wales, 1850 – 1914*, Vol.7, Cambridge:Cambridge University Press, 2000, p.911.

---

① S. W. Martins, *A Great Estate at Work:The Holkham Estate and its Inhabitants in the Nineteenth Century*, Cambridge:Cambridge University Press, 1980, pp.115 – 116.

在具体的操作过程中,固定资本和营运资本之间并不是截然分开的。这种偏差往往取决于经济形势有利于地主和租地农场主中的哪一方。在收成好的年份,地主可能利用适当的机会把部分固定资产投资的负担转嫁到租地农场主身上,租地农场主也可能不会坚持让地主承担对农场上固定设施维修的责任。相反,在农业萧条的年份,地主会把维修地产上固定资产的责任从租地农场主那儿收回,如果他想继续维持原先地租水准的话,还要再投以重资,或借款给租地农场主以作营运资本之用。明格对两种资本的分类作以总结,他说,"提供资本是地主对英国农业体系最显著的贡献之一。不过,资本也具有某些限定条件。除了在农业萧条的年份,地主的资本和租地农场主的资本之间有着严格的界限"①。因而,在农业经济萧条的年景,地主花在地产上的维护费用就呈现出上涨的趋势;在农业经济昌盛的年景,情况刚好相反。1820年代,贝德福德公爵在其地产上用于固定设施维护的投资在其地租总收入的份额中增加到25%—30%,用于永久性改造的投资所占比例为10%,这两项投资占其地租收入的份额远远超过了1/3。即使那些在经营中不太慷慨的地主,固定设施维护的投入也大为提高,在埃尔尼威克地产上,维修性质的投资占地租收入的份额上升到14%;而在米尔顿、萨弗纳克、威尔顿三块地产上,这一比例都为12%;在克利夫兰公爵的地产上,这一比例为9%。②

三、租佃合约下的主佃博弈

在大地产下,地主及其代理人通过租佃合约的方式干预租地农场主的经营活动,激励他们运用最新的农业技术。租佃合约既为地主及其代理人管理地产提供了依据,也为租地农场主的经营活动设置了框架。早在1696年,沃特顿地区的一份租佃合约声明:在规定的轮作数量之外,佃农不得犁耕可耕地;在用作草地和牧场之前,内田上种植的庄稼不能超过5种;在新近开垦的荒地上,庄稼的种植种类不能多于3种。1732年,租地农场主马辛厄姆的卡尔签署一份长达21年的租佃合约,内容规定:在夏耕、种植萝卜或饲草之前,不能连续种植三种谷物。1733年的

---

① G. E. Mingay, *English Landed Society in the Eighteenth Century*, London: Routledge and Kegan Paul, 1963, p. 177.
② F. M. L. Thompson, *Englilsh Landed Society in the Nineteenth Century*, London: Routledge & Kegan Paul, 1963, p. 236.

一份租佃合约声明：如果佃农两年内不在租有地上种植合适的饲草，就不得种植四种庄稼。1751 年，上述卡尔签订了一份新的租佃合约，其中一项条款的草拟文稿声明：不得将三种庄稼一起种植，只能在种植萝卜或夏耕之后、在播撒草种使租有地成为为期两年的牧场之前，种植三种庄稼中的任何一类。① 科克墓碑的一幅浮雕显示，科克和代理人布莱基坐在一张桌子前，与霍尔克姆地产上有名的租地农场主约翰·赫德森签署租佃合约。针对这幅浮雕，厄恩利勋爵写道："通过这些为期 21 年的租佃合约，科克既为那些用自己的力量和资本对地产的改造提高做出贡献的租地农场主提供了保障，又对土地上种植的作物类别进行了限定。"②

租佃合约是地主保证土地质量、提高土地产出的举措。正如 J. V. 贝克特所言，"多数租地合约的主要目标只是为了确保地主的地产不受不法农场主的侵害，并保障土壤的肥力不受损失"③。在中世纪和近代早期，利用两圃制、三圃制恢复土壤肥力的方法较为流行。H. L. 格雷写道："在实行两圃制的地区，人们留下一半可耕地用作休耕，三圃制的地区则留下 1/3 的可耕地休耕。"④ 到了 18—19 世纪初，诺福克四茬轮作制成了轮作制的样板。在《农民的游记》一书中，阿瑟·扬写道："在诺福克郡，经过精心地圈地和施泥灰，整个土地经营链条的关键环节就在于农民采用了较为明智的耕作制，轮作周期为萝卜—大麦—三叶草或其他人工草—小麦。"⑤ 三叶草等豆科作物可以增加土地氮的含量，萝卜、三叶草可作饲草喂养牲口。彼得·科里迪特为此而写道："诺福克四茬轮作制仍然保持了三圃制的种植周期，充分利用了三圃制下休耕的机会，种植扁豆、白羽扇豆、三叶草、萝卜、麻类作物，因而，被称为提高了的三圃制。"⑥ 以诺福克四茬轮作为基础，人们不断推陈出新，使轮作呈现出多样化的

---

① R. A. C. Parker, *Coke of Norfolk: A Financial and Agricultural Study, 1707 – 1842*, Oxford: The Clarendon Press, 1975, p. 55.

② S. W. Martins, *A Great Estate at Work: The Holkham Estate and its Inhabitants in the Nineteenth Century*, Cambridge: Cambridge University Press, 1980, p. 73.

③ J. V. Beckett, "Landownership and Estate Management", in Joan Thirsk (ed.), *The Agrarian History of England and Wales, 1750 – 1850*, Vol. 6, Cambridge: Cambridge University Press, 1989, p. 614.

④ Howard Levi Gray, *English Field System*, Harvard University Press, 1959, p. 17.

⑤ A. E. Bland, P. A. Brown and R. H. Tawney (eds.), *English Economic History Select Documents*, London: G. Bell and Sons, Ltd., 1914, p. 530.

⑥ Peter Kriedte, *Peasants Landlords and Merchant Capitalists*, Cambridge: Cambridge University Press, 1983, p. 108.

趋势，诸如，小麦—大麦—萝卜—大麦—草—草，小麦—萝卜—大麦—草—草，小麦—萝卜—大麦—草—休耕。

表 7.8　1789—1802 年科克家族地产临近公地的农场种植状况一览

	赫姆皮特农场 (50 英亩)	利姆科恩农场 (34 英亩)	贝顿农场 (50 英亩)	布特科内农场 (50 英亩)
1789	萝卜	大麦	草地	萝卜
1790	大麦	草地	草地	大麦
1791	扁豆	休耕	萝卜	草地
1792	萝卜	小麦	大麦	休耕
1793	大麦	萝卜	休耕	小麦
1794	草地	大麦	小麦	萝卜
1795	草地	草地	萝卜	大麦
1796	小麦、燕麦	草地	大麦	草地
1797	萝卜	扁豆	草地	草地
1798	大麦	萝卜	休耕	小麦
1799	草地	大麦	小麦	萝卜
1800	草地	草地	萝卜	大麦
1801	小麦	草地	大麦	草地
1802	萝卜	扁豆	草地	草地

资料来源：R. A. C. Parker, *Coke of Norfolk*: *A Financial and Agricultural Study*, *1707-1842*, Oxford: The Clarendon Press, 1975, p. 110.

通过租佃合约，地主及其代理人对租地农场主的作物轮作体系给予严格的限定。比如，在科克家族的地产上，代理人布莱基以诺福克四茬轮作制为基础，把作物轮作方案分为四茬、五茬、六茬，并用合约的形式作以规范。四茬方案的表现形式为：萝卜—大麦—人工草—谷物。五茬的形式为：萝卜—大麦—人工草—人工草—谷物或扁豆。六茬方案可分为四类：(1) 萝卜—大麦—人工草—人工草—豆类—大麦、小麦或燕麦；(2) 萝卜—大麦—人工草—人工草—小麦、大麦、燕麦—豆类；(3) 夏季休耕—大麦—人工草—小麦—豆类—大麦或燕麦；(4) 夏季休耕—大麦—人工草—人工草—豆类—小麦、大麦或燕麦。① 不仅如此，地主及其代理人对农场主用以轮作的作物也用租佃合约的形式加以严格

---

① R. A. C. Parker, *Coke of Norfolk*: *A Financial and Agricultural Study*, *1707—1842*, Oxford: The Clarendon Press, 1975, pp. 138—141.

限定。比如，1721年，在蒂特尔谢尔地产上，一份租佃合约要求种植人工草以便把租地用作短期牧场。1752年，霍尔克姆地产上的一份租佃合约禁止租地农场主连续种植三类庄稼，每类庄稼必须在种植萝卜或夏耕后播种。① 1801年10月，在沃特顿农场上，租佃合约规定，"禁止佃农连续种植任何种类的谷物，连续种植的庄稼应该是扁豆和野豌豆之类的作物。小麦、大麦、燕麦、黑麦是不能连续种植的。"一般而言，租地农场主往往严格执行租佃合约，按照合约允许种植的作物和轮作方式经营租地农场。表7.8是对1789—1802年科克家族地产临近公地最为贫瘠的农场上租佃合约执行状况的罗列。从表7.8提供的数据，可以看出，在科克家族的这些农场上，作物的轮作既没有单一的模式，也没有出现两种谷物连续种植的现象。以上论证说明，租佃合约的共同特征就是禁止农场主连续种植谷物，并通过谷物与豆科作物（或草类）的轮作增加土壤肥力，或间以休耕的方式以达到恢复土壤肥力的目的。

尽管地主及其代理人按照租佃合约规定严格地执行作物轮作，但在许多情况下，租地农场主不断寻找借口，按照自己的意愿，面向市场经营。对于租地农场主的要求，地主或其代理人通常采取默认的态度。在肯普斯顿地区，一位租地农场主写信给土地代理人布莱基，要求在15英亩小麦茬子地上播种小麦，其托词就是这块土地的条件非常优越。布莱基在回信中说，"你是一位非常优秀的佃农，我有完全的理由答应你的要求，但如果我答应了你的请求，我就会在地产上开启一个危险的先例。不过我要告诉你，这次我网开一面"②。有时候，租地农场主会以巧妙的措辞迫使土地代理人答应他们的请求。比如，1790年，科克家族的租地农场主里克斯先生打算在麦子收割完毕后播种大麦，在给土地代理人的信中，他谦恭地写道："我正在做一件让科克先生和您都反对的事。"在信中，他向代理人保证他在播种大麦前要好好地施肥。土地代理人最后勉强同意他的要求。③

18世纪晚期到19世纪初，受对法战争等因素的影响，英国谷物价格急剧上涨。在斯塔福德郡，每温彻斯特夸特谷物的价格由1804年的58

---

① S. W. Martins, *A Great Estate at Work*: *The Holkham Estate and its Inhabitants in the Nineteenth Century*, Cambridge: Cambridge University Press, 1980, p. 74.

② R. A. C. Parker, *Coke of Norfolk*: *A Financial and Agricultural Study*, *1707 – 1842*, Oxford: The Clarendon Press, 1975, p. 144.

③ R. A. C. Parker, *Coke of Norfolk*: *A Financial and Agricultural Study*, *1707 – 1842*, Oxford: The Clarendon Press, 1975, p. 144.

先令 8 便士上涨到 1813 年的 129 先令。在什罗普郡，同一时期，每温彻斯特夸特谷物的价格由 54 先令 2 便士上升到 134 先令。① 9 年之内，两郡谷物价格上涨的幅度分别为 122% 和 148%。在谷物暴利的吸引下，一些农场主开始铤而走险，他们打破租佃合约有关条款的限制，连续种植谷物。在蒂特尔歇尔地区的古迪克农场，租地农场主 J. B. 布兰福德在土地休耕之后种植了小麦，接着又连续三季种植大麦。在韦格顿农场上，租地农场主洛伯特·彼斯顿在同一块土地上 5 年之内四次种植谷物。这样，他就违反了 1783 年签订的租佃合约。当时的租佃合约规定：他要么实行八茬作物轮作制，要么实行四茬轮作制，但不能连续种植杆茎作物。② 在这一背景下，传统的租佃合约开始松动。这一时期，农业委员会来自达勒姆郡、米德尔塞克斯郡、萨里郡的报告表明了传统租佃合约的滞后性。同时，盖伊医院的主管人员在其赫里福德郡地产的租佃合约中引入了较为适应当时经济形势的条款，迪德莱伯爵在米德兰西部的地产上也采取了类似的做法。③

19 世纪中期以后，化肥得到推广和应用。在英格兰和威尔士，1850 年代，每英亩土地化肥的用量为 16 磅，1870 年代为 55 磅，1890 年代达到 67 磅。④ 化肥可以迅速补充土壤的肥力，这就为农场主打破传统的租佃合约提供了方便之门。那些准备广种谷物的农场主，纷纷向地主及其代理人要求打破以诺福克四茬轮作制为基础的经营方式，实施谷物的连续种植。例如，1864 年，朗哈姆地区的租地农场主约翰·黑廷斯向地主的地产办公室提出，他是否能用大麦的种植替代根茎作物。1867 年，地主允许他在收获小麦之后播种大麦或燕麦。1868 年，地主允许他根据自己对市场的判断种植合适的作物。再如，在诺福克郡，霍尔克姆是第一块抛弃传统的限制性租佃合约并允许租地农场主自由种植的地产。该郡的租地农场主亨利·奥福曼告诉皇家农业委员会：1870 年代早期，霍尔克姆地产首次推行新的租佃合约，这些租佃合约允许农场主们完全自由

---

① J. R. Wordie, *Estate Management in Eighteenth-century England: The Building of the Leveson-Gower Fortune*, London: Royal Historical Society, 1982, p. 67.

② R. A. C. Parker, *Coke of Norfolk: A Financial and Agricultural Study, 1707–1842*, Oxford: The Clarendon Press, 1975, p. 111.

③ J. V. Beckett, "Landownership and Estate Management", in Joan Thirsk (ed.), *The Agrarian History of England and Wales, 1750–1850*, Vol. 6, Cambridge: Cambridge University Press, 1989, p. 614.

④ Paul Brassley, "Plant Nutrition", in Joan Thirsk (ed.), *The Agrarian History of England and Wales, 1850–1914*, Vol. 7, Cambridge: Cambridge University Press, 2000, p. 544.

地种植作物，即便到了租地期限的最后四年也是如此。① 1881 年，亨利·奥福曼告诉皇家委员会，"我喜欢按照自己的方式经营，使农场达到最佳运作状态"②。看来，到 19 世纪晚期，租地农场主逐渐摆脱了旧的租佃合约对种植作物的限制，掌握了轮作和作物种植的主动权。

1881 年之后，政府开始使用法律规范地主和佃农之间的关系。租佃合约的运用说明：一方面，地主和代理人为确保地产上的利益，总是在字面上制定严格的租佃条款，对租地农场主种植的作物和轮作方法予以限定；另一方面，对于勤勤恳恳的农场主或那些头脑较为灵活的农场主，他们总会给予一定的机会，体现出某种人文关怀。这样，由于租佃合约执行中存在的偏差、市场的波动、新的农业技术的利用，到 19 世纪晚期，租地农场主逐渐冲破租佃合约的束缚，在主佃关系中开始处于主动地位。

四、模范农场：地主向租地农场主传播农业技术的媒介

18 世纪晚期以后，特别是在维多利亚时期，英国经历了"高产农业"时代。在 1840 年代，通过农业作家菲利普·波斯、雷恩·霍什恩斯和詹姆斯·凯尔德的笔触，"高产农业"一词渐趋流行。③ 所谓"高产农业"，就是"通过新技术和设备的广泛应用以取得丰硕产量的农业。通过排水，土地可以种植更多的谷物和饲草，牲畜可以生产更多的粪肥；为容纳更多的牲口，贮存它们的粪肥，还需要相应的农场建筑"④。在"高产农业"兴起的浪潮中，地主起了推波助澜的作用。他们推动高产农业的方式主要有两种：一是租佃合约的规范作用（前已述及），二是模范农场的示范作用。S. W. 马丁斯对此评论说，"如果说租佃合约是地主向租地农场主推行先进农业技术的途径，那么，地主的家庭农场则是展示并传播先进农业技术的典范"⑤。在

---

① S. W. Martins, *A Great Estate at Work: The Holkham Estate and its Inhabitants in the Nineteenth Century*, Cambridge: Cambridge University Press, 1980, pp. 75 - 76.

② J. V. Beckett, "Agricultural Landownership and Estate Management", in Joan Thirsk (ed.), *The Agrarian History of England and Wales, 1850 - 1914*, Vol. 7, Cambridge: Cambridge University Press, 2000, p. 744.

③ B. A. Holderness, "The Origins of High Farming", in B. A. Holderness and Michael Turner (eds.), *Land, Labour and Agriculture, 1700 - 1920*, London: The Hambledon Press, 1991, p. 149.

④ Stuart Macdonald, "Model Farms", in G. E. Mingay (ed.), *The Victorian Countryside*, London: Routledge & Kegan Paul Ltd., 1981, p. 218.

⑤ S. W. Martins, *A Great Estate at Work: The Holkham Estate and its Inhabitants in the Nineteenth Century*, Cambridge: Cambridge University Press, 1980, p. 77.

一般情况下，模范农场是地主亲自督种的土地，又被称为地主的"家庭农场"。在《现代农场主》一文中，斯图亚特·麦克唐纳对模范农场的示范效果作以白描，他写道："从理论上说，模范农场为最新、最好的农业技术提供了地方上的范例，使周边地区的地主或农场主能够从中模仿并受益。模范农场使英国农民抛弃了旧传统、进入了农业启蒙的新时代。"①

模范农场起源于18世纪，一些地主运用当时先进的农业技术经营家庭农场。比如，1757年，第二任厄格雷蒙特伯爵开始改造地产；其继承人第三任伯爵将面积800英亩的佩特沃思园改为模范农场。他们设立排水系统、发展优良畜种、运用新农具、种植萝卜。这些做法为他们赢得了声誉。再如，在文特沃斯地区，除了出租土地，罗金厄姆侯爵还控制了2,000英亩土地。他把这些土地改建成了两个模范农场，运用肯特郡和赫特福德郡的方式进行经营管理。新的工具得以引进，排水系统得以应用，还有一位擅长萝卜种植技术的赫里福德郡农场主被聘请过来。②

不论在新的农业技术传播方面，还是在农场经营方面，有些地主的家庭农场被租地农场主奉为楷模。在担任科克家族一家之主期间（1718—1759年），托马斯·科克把位于霍尔克姆地区的霍尔农场设置为家庭农场。在此之前，该农场每年的地租收入为75英镑。1724—1728年，霍尔农场上每年的利润为389英镑；1734—1738年，每年的利润上升到610英镑。1737年米迦勒节③，相当大一部分土地从家庭农场中分离出来，组成新的布兰斯尔农场。此后，1739—1743年，霍尔农场每年的地租收入为450英镑。1744—1748年，每年的利润增长到575英镑。1749—1753年，每年的利润为760英镑。在托马斯·科克生命的最后5年，霍尔农场每年的利润超过了900英镑。④ 由表7.9的数据，可以推算，1750—1753年4年间，各年的净余分别为597英镑19先令6便士、372英镑12先令8便士、218英镑14先令2便士、486英镑15先令12便士。到了维多利亚时代，模范农场开始在英国各地广泛出现，并成为

---

① Stuart Macdonald, "Model Farms", in G. E. Mingay (ed.), *The Victorian Countryside*, London: Routledge & Kegan Paul Ltd., 1981, p. 214.

② G. E. Mingay, *English Landed Society in the Eighteenth Century*, London: Routledge and Kegan Paul, 1963, p. 164.

③ 米迦勒节，即9月29日，英国四大结账日之一。

④ R. A. C. Parker, *Coke of Norfolk: A Financial and Agricultural Study, 1707 – 1842*, Oxford: The Clarendon Press, 1975, pp. 57 – 58.

传播当时先进农业生产技术和管理方式的重要途径。地主 J. C. 克恩是坎伯兰郡斯库斯农场的负责人，坎伯兰郡的大部分农业改良技术都是从这里传播出去的。

表 7.9　霍尔农场收入—支出一览

Ⅰ. 霍尔农场收入一览（英镑 £、先令 s、便士 d）

收入	1750			1751			1752			1753		
	£	s	d	£	s	d	£	s	d	£	s	d
谷物余额	192	5	9	96	7	3	186	0	6	242	18	7
小麦	87	10	0	33	13	9	332	0	8	460	9	11
燕麦、黑麦	34	14	11	23	15	5						
大麦、麦芽	328	18	4	391	14	9						
阉牛、牛奶	314	6	0	252	1	2	328	18	11	303	4	7
绵羊、羊糕	173	14	7	158	9	9	164	17	4	185	19	4
肥（公）猪	68	9	9	51	9	5	29	7	6	40	0	6
马、石灰窑	281	11	7	403	7	5	241	16	4	368	5	7
总计	1477	87	47	1407	77	45	1280	58	39	1598	55	42

Ⅱ. 霍尔农场支出一览（英镑 £、先令 s、便士 d）

支出	1750			1751			1752			1753		
	£	s	d	£	s	d	£	s	d	£	s	d
雇工周薪	49	7	0	62	5	9	82	13	4	71	3	8
雇工与其他活计	87	11	4	92	3	5	95	18	9	95	13	10
购买种子的费用	111	5	7	45	16	4	296	13	9	300	1	2
购买牲口的费用	31	10	0	124	12	0						
支付商人的账单	46	17	5	64	6	11	51	2	9	53	11	5
石灰窑、麦芽场	23	7	0	100	13	2	53	4	5	74	5	4
地租、什一税、税	375	9	8	370	13	5	484	14	1	519	7	1
仆人的工资	158	3	5	177	17	1						
总计	880	69	29	1034	85	37	1061	64	37	1112	40	30

资料来源：R. A. C. Parker, *Coke of Norfolk: A Financial and Agricultural Study, 1707-1842*, Oxford: The Clarendon Press, 1975, pp. 58-59.

剪羊毛会是地主向租地农场主和其他地主展示其先进农业技术的重要途径。在剪羊毛会上，来自不同地区的地主和农场主相互交流，有利于农业技术传播和土地管理方法的优化。在科克家族的模范农场——帕克农场上，剪羊毛会是该农场的主人推广和销售优良畜种的主要机会。在1820年的剪羊毛会上，优良畜种出租和售出的情况如下：莱斯特公羊销售金额270英镑8先令，莱斯特幼母羊销售金额223英镑13先令，莱斯特母羊销售金额399英镑，莱斯特羔羊销售金额184英镑16先令，绍斯当幼母羊销售金额463英镑1先令，绍斯当公羊销售金额31英镑10先令，绍斯当公羊出租金额577英镑10先令，德文牛销售额85英镑，总计2,234英镑19先令。在帕克农场附近，那些经营得较好的租地农场也得到了一年一度的参观。1820年，吉布斯农场70英亩的高产饲料甜菜得到参观，租地农场主里夫的漂浮水草经常被当作范本供人们研究。给科克写讣告的作者对此评论道："他带领着农场主和约曼共同提高农业经营的档次。"同时，地主科克竭力推广先进的农具。尽管图尔早就发明了播种机，但到18世纪末，手工撒播仍占主流。科克不断地宣传播种机的优点，并在模范农场上使用这种机器。在1802年的剪羊毛会上，阿瑟·扬发现帕克农场全部使用播种机播种。在科克的影响下，许多租地农场主开始使用这一工具。1816年8月，在给科克的一封信中，肯普斯顿农场的租地农场主杰纳勒尔·菲兹罗说，其农场的一部分用播种机播种，一部分撒播。在1819年的剪羊毛会上，菲兹罗说，直到此时，管家仍旧不厌其烦地向他传授使用播种机的经验。[①] F. E. 休格特对此评论道，"托马斯·科克每年都要在霍尔克姆地产上举行农业展览会和剪羊毛会，这些活动吸引着欧洲许多国家的贵族前来参观"[②]。

需要注意的是，模范农场对租地农场主的影响不具有普遍意义。许多所谓的模范农场只不过是地主本人用以维持家庭用度的工具而已。1853年，安德鲁对此评论说，"诸多的新农场建立起来，并被称为模范农场，但在它们当中，能够被其他农场作为仿效对象的为数甚少"[③]。到

[①] R. A. C. Parker, *Coke of Norfolk: A Financial and Agricultural Study, 1707 – 1842*, Oxford: The Clarendon Press, 1975, pp. 114–124.

[②] F. E. Huggett, *The Land Question and European Society*, London: Thames and Hudson, 1975, p. 65.

[③] Stuart Macdonald, "Model Farms", in G. E. Mingay (ed.), *The Victorian Countryside*, London: Routledge & Kegan Paul Ltd., 1981, p. 222.

19世纪末，即使那些先早被视为楷模的模范农场也渐渐失去了昔日的辉煌。在科克家族的地产上，模范农场处于亏本经营的状态，莱斯特勋爵把模范农场的相当部分转化为牧羊场，还为租地农场主不以他为榜样进行经营而大失所望。①

五、关于租赁期限与租佃权的主佃博弈

在工业化时期，英国租地持有田（即租地农场）的租期呈现出缩短的趋势。根据凯尔德的观察，到1851年，"年度持有田几乎遍布英格兰"②。关于租地持有田租期的缩短，主要存在着两个方面的原因。其一是租佃合约中严格的限制性条款与市场发展之间的矛盾。长期租地持有田租期的缩短，始于拿破仑战争时期。此前，租地持有田的租期一般为7年、14年或21年。长期租佃合约就是要保护农场的价值，以防备那些居心不良的租地农场主掠夺式的经营行为，同时，还要阻止租地农场主把牲口的粪肥贩卖到农场之外，禁止租地农场主犁耕永久性草场。在那些生产技术较为先进的地产上，租佃合约的相关条款还要对施肥、轮作等内容进行严格的规范。那些富有经验的大租地农场主，则极力反对租佃合约中的这些条款，因为这些条款使他们不能按照变化的环境和市场而调整自己的经营。其二是地主和租地农场主关于地租高低的矛盾。在拿破仑战争期间，物价飞涨，地主们发现，与长期租地持有田相联系的固定地租常常置自己于不利的境地。同时，租地农场主发现：1813年以后的物价跌落、银行破产和农业萧条使自己在歉收之年仍担负着和丰收年景一样的固定地租，这些固定地租常常令他们难以承担。因而，市场的不确定性使租地农场主不愿把自己的命运和长期租地持有田捆绑在一起。当然，也存在着一些例外的情况。比如，那些正在对森林和荒地进行开发的地主则需要租地农场主确信：他们的努力会得到好的回报。正是在这样的背景下，无论是地主还是租地农场主，都迫切要求缩短租地持有田的租期。

租地持有田租期的缩短并不意味着地主可以随时驱逐租地农场主。大多数大地主都极其明智地认识到：如果让租地农场主租有相当规模的

---

① S. W. Martins, *A Great Estate at Work: The Holkham Estate and its Inhabitants in the Nineteenth Century*, Cambridge: Cambridge University Press, 1980, pp. 82–83.
② G. E. Mingay, "The Farmer", in G. E. Mingay (ed.), *The Victorian Countryside*, London: Routledge & Kegan Paul Ltd., 1981, p. 793.

农场，给予他们开发农业的安全感，他们就能够面向市场、成功地经营，自己的利益就来源于此。农场主也明白：如果能够有效地经营农场，即使签订的是短期租佃合约，他们也能够继续保持对土地的使用权。19 世纪中期，在对一个模范农场主颁奖时，地主的儿子告诉佃农，"通过这种友好合作，产业得以有效经营，农业技术得以有效应用，地主和佃农的利益得以保证。"① 在萨福克郡，托尔马什勋爵向年度租有农保证：只要他们对土地进行某种程度的改造和养护，使其处于良好的运作状态，他就以 21 年为期不予打扰。②

在长期租佃合约的前提下，租期为租地农场主的长效投资提供了安全保障。在以年度为租赁期限的情形下，租地农场主的投资信心则通过租佃权（tenant right）得到保障。何谓租佃权？贝克特的研究表明，租佃权就是离开租地持有田的租地农场主所拥有的、获得未竟投资补偿的权利。③ 根据 M. W. 道林的研究，"租佃权是乡村租地农在合约之外向地主要求产权的一种实践，它赋予离佃的农场主向其替代者在年地租之外要求支付金的权利。租佃权支付金不仅为离佃农场主的未竟投资提供了补偿，而且是离佃农场主对其替代者表达祝福的一种象征，它可以使后者'平安'地占有农场"④。在 1870 年代中期以前，租佃权以惯例的形式存在，并对以年度为租期的租地农场主的投资起着安全保护作用。道林认为，租佃权是 18 世纪晚期以来竞争性使用土地的产物。1866 年 2 月 14 日，在给查尔斯·威廉·汉密尔顿的一封信中，他写道，"租佃权是一种惯例，在这种惯例下，一位佃农以高额的代价向另一位佃农表示祝福。很显然，租佃权是竞争的产物。我的老姑妈达弗林女士告诉我，她未曾听说过租佃权一词"⑤。

---

① F. E. Huggett, *The Land Question and European Society*, London: Thames and Hudson, 1975, p. 71.

② G. E. Mingay, "The Farmer", in G. E. Mingay (ed.), *The Victorian Countryside*, London: Routledge & Kegan Paul Ltd., 1981, p. 794.

③ J. V. Beckett, "Landownership and Estate Management", in Joan Thirsk (ed.), *The Agrarian History of England and Wales*, 1750 – 1850, Vol. 6, Cambridge: Cambridge University Press, 1989, p. 616.

④ M. W. Dowling, *Tenant Right and Agrarian History in Ulster*, 1600 – 1870, Dublin: Irish Academic Press, 1999, p. 3.

⑤ M. W. Dowling, *Tenant Right and Agrarian History in Ulster*, 1600 – 1870, Dublin: Irish Academic Press, 1999, pp. 295, 342.

租佃权使租地农场主的长远投资获得了某种确定性的保障。到 19 世纪中期，在英格兰和威尔士的许多郡，有关租佃权的惯例已经得到人们的广泛认可。比如，1850 年，林肯郡的租佃权惯例尽管没有法律效力，但得到了人们的普遍承认。农场易手之时，地主会根据估价给离佃的农场主以赔偿，而且拒不接纳不遵守该惯例的新农场主。[1] 不过，在不同的地区，租佃权的具体运用方法各异。在有些地方，补偿金由地主支付；在有些地方，则由接佃者支付，即补偿金问题的解决在接佃者和离佃者之间进行。比如，在埃弗莎姆谷地，园艺业农场换佃时，接佃者要向离佃者支付所有的投资，这其中包括果树、作物等。这条惯例提高了租佃关系的稳定性，不仅减少了地主对高额赔偿金的支出，而且增加了其地产的价值。[2] 不过，在 19 世纪中期，由于尚不具备法律效力，租佃权的使用往往会出现一些骗局。比如，在萨里郡，以 7 年或 14 年为期的租地持有田非常普遍，同时，滥用租佃权惯例的现象极为严重；一些丧尽道德的农场主利用"离佃时给予补偿金的欺诈性声明"，频繁地换佃，不断套取补偿金，致使这个地区农业落后。在萨塞克斯郡，也流行着类似的骗局，这里的租地农场主有权获得犁耕草地的补偿金，而实际上，他们根本拿不到这笔款项。[3] 租佃权惯例向法律的转化始于 19 世纪中期。以 1848 年农业惯例特别委员会的成立为契机，议会于 1875 年、1883 年、1906 年、1910 年、1914 年先后通过并完善了农业持有地法令，使租地农场主退佃时的补偿金问题逐步走上了法制化的轨道。

以上论证表明，工业化时期，在以大地产为主、小土地所有者为辅的土地分配结构形成的过程中，租地农场主从地主那里租得土地，面向市场展开经营。在租佃经营的过程中，地主和租地农场主之间存在着一种商业关系。双方围绕租地农场，在固定资本和营运资本投资、租佃合约、模范农场、租赁期限与租佃权等方面进行博弈，展开各自的寻租活动。同时，在地主和租地农场主之间，又伴随着一种温情脉脉的人情关系。这两种关系既相互制约，又相互促进，使地主以市场为导向有效地

---

[1] G. E. Mingay, "The Farmer", in G. E. Mingay (ed.), *The Victorian Countryside*, London: Routledge & Kegan Paul Ltd., 1981, pp. 794–795.

[2] G. E. Mingay, "The Farmer", in G. E. Mingay (ed.), *The Victorian Countryside*, London: Routledge & Kegan Paul Ltd., 1981, p. 796.

[3] G. E. Mingay, "The Farmer", in G. E. Mingay (ed.), *The Victorian Countryside*, London: Routledge & Kegan Paul Ltd., 1981, p. 796.

管理地产，又使农场主的投资积极性得到最大限度的激发。通过地主和租地农场主以上几个方面的博弈，可以发现四个问题。一是固定资本和营运资本之间的界限并不是固定的；二是在某些条件下，租地农场主可以越过租佃合约的相关条款，根据市场需要连续种植谷物；三是在一定的时期，地主的模范农场在推广农业技术方面起到了积极作用；四是通过博弈，租期缩短，但这并非意味着租地农场主可以随意退佃（或被随意驱逐）。总体看来，19世纪中期之前，农场主的投资和经营活动受地主的干预和影响较大。到19世纪中后期，在与地主博弈的过程中，租地农场主获得的经营主动权逐渐增加，他们不仅获得了农场经营的自主权，还在法律上获得了未竟投资的补偿权。

第八章 大地产代理经营制度透视

工业化时期,英国形成了以大地产为主的土地分配结构。在经营管理的组织层面,大地产承接中世纪庄园上的庄官制度,并以此为基础,衍化出地产代理经营制度。通过地产代理经营制度,借助于各级土地代理人,地主对其地产行使有效的管理。

一、英国土地代理经营制度的学术探讨

20世纪晚期以来,西方学者对英国地产代理经营制度的研究呈现出逐步深入的趋势。F. M. L. 汤普森强调19世纪地主和代理人在地产经营管理中的协调关系。他认为,"地主对于自己地产的管理可能怀有满腔热忱,也可能马马虎虎,甚至漠不关心,但决不能得出这样的结论:他们完全从代理人手中拿钱,局限于对自己收入合情合理的消费。反过来,那种认为代理人的角色只不过是执行命令、经营管理重大决策由地主定夺的观点也是不正确的。在其发展的高水平阶段,土地经营管理呈现出地主与地产代理人密切合作的特点"①。戴维·斯普林从经济和政治两个层面分析了19世纪代理经营制产生的社会背景。他认为,"从18世纪中期到19世纪中期,贵族无论是对地产的管理还是对政府事务的管理都呈现出明显的上升趋势。许多土地家族深受当时日益兴盛的农业科技的影响,纷纷采用新的耕作技术和圈地方法。这一时期,政界纷繁芜杂,与1760年相比,1830年的治安法官和议员需要的信息量更大,亟待处理的事务更多。这就需要新的职业人员对他们辅佐"②。

---

① F. M. L. Thompson, *English Landed Society in the Nineteenth Century*, London: Routledge & Kegan Paul Ltd., 1963, p. 151.

② David Spring, *The English Landed Estate in the Nineteenth Century: Its Administration*, Maryland: The Johns Hopkins Press, 1963, p. 55.

在继承汤普森观点的基础上,J. V. 贝克特强调了地主和代理人之间的分工。他认为:"在特定的地产上,无论采取何种经营管理模式,地主都不会脱离责任。从1820年起,地主若要解决陷于萧条中的农业问题,就别无选择地亲临地产,这有助于地租的按时交纳,有助于佃农接受农业革新技术。到19世纪中期,地主在地产经营管理上投入的时间更多了。无论从哪方面说,地产成功的经营管理都是地主和代理人合作的结果。代理人关心的是如何提高效率和增加收入,地主既要考虑地产的经济回报,又要考虑社会和政治效益。"① 厄利克·理查德对维多利亚时期英国的土地代理人作以研究。他认为:"在维多利亚时代,大地产上复杂的经营管理结构是英国乡村宅邸生活赖以存在的基础,这种结构以土地代理人(或土地委员会)为首,下设执事、管家、文员、土地管理员、矿产经理人以及各类下属代理人。"②

以上分析表明,西方学者对英国地产代理经营制的研究,在时段上主要局限于19世纪。在国内,学术界对英国地产代理经营制的研究尚属起步阶段。在本章,笔者拟拉长研究的时段,从中世纪庄园上的庄官制度入手,对工业化时期英国土地代理经营制度的渊源、社会动因、组织形式、代理人职能、代理制下地主的能动性作以剖析。

二、中世纪庄官组织:工业化时期英国土地代理制的渊源

庄园 manor 一词,来源于拉丁语 manerium。③ 在中世纪封土制下,庄园是英国最基本的生产单位。E. A. 科斯敏斯基的研究表明,"庄园之首为世俗或宗教领主,他们从国王或上一级领主那里领得庄园领地。庄园土地分为两部分,1/3—1/2 为领主自领地,由农奴完成上面的劳动。另一部分为农奴从领主那里分得的份地。另外,在庄园的周围还有一些自由持有地"④。有些领主拥有的庄园不止一座,通常分布在几个郡,甚

---

① J. V. Beckett, "Landownership and Estate Management", in Joan Thirsk (ed.), *The Agrarian History of England and Wales, 1750–1850*, Vol. 6, Cambridge: Cambridge University Press, 1989, p. 596.
② Eric Richard, "The land Agent", in G. E. Mingay (ed.), *The Victorian Countryside*, London: Routledge & Kegan Paul Ltd., 1981, p. 439.
③ Mark Bailey, *The English Manor, 1200–1500*, Manchester: Manchester University Press, 2002, p. 2.
④ E. A. Kosminsky, *Studies in the Agrarian History of England in the 13th Century*, Oxford: Basil Blackwell, 1956, p. 68.

至半个英格兰。这些领主一般都是国王的臣仆,或参加十字军东征的骑士,或追逐时尚的有闲阶层,他们根本不可能监管领有的庄园。在这样的前提下,与封土制下庄园经济相适应的一套庄官制逐渐产生。

在中世纪庄园制度下,总管是庄官之首。他是领主在庄园上的代言人和行政首脑,对土地的经营进行管理;他时不时地召开庄园法庭并征集十户联保的意见,每年都要审查各个庄园的账务,调查每头牲口的使用状况,登记农奴的其他收入。13世纪的一份手稿,把总管的形象刻画如下:

> 总管由领主老爷挑选。他应该为人谨慎而平和、忠贞而仁厚,通晓法律和所在地区的惯例,对领主的事业一心一意、忠心耿耿,深知如何教导下属庄官,对穷人怜悯,从不受贿。①

13世纪的一封信件,记录了奇切斯特主教属下的总管——森雷斯的西蒙的业务范围:劝说主教对邻人的进犯采取果断措施;埋怨阿雷戴尔大公的管家蛮横无理;成功地收取了主教减免的地租;讨论天气、收成、房屋、抵押、食物供应;参与垦荒与耕地,修建牛棚、风磨,购买相邻庄园的青苗;保证主教在伦敦的住宅里备有充足的取暖木材;建议主教在约克郡养羊,并运送到萨塞克斯庄园销售;代表领主召开庄园法庭、主持公道。② 当然,并非每一个总管都像森雷斯的西蒙那样为了主人的利益而不辞劳苦。为领主筹集资金偿还债务,也是总管的分内之事。比如,1325年1月26日,在给总管托马斯的信中,领主摩尔的罗伯特写道:"我命令你利用手上的小麦或其他谷物,筹集到24先令,支付给理查德·迈纳。"③ 应该注意的是,总管极少光顾庄园。贝内托的研究表明,"总管关于庄园经济的指令和决定对每个人的生活都会产生重要影响,但只有在庄园法庭上或其他重大场合,总管才会和农奴真正接触"④。

---

① H. S. Bennett, *Life on the English Manor: A Study of Peasant Conditions*, 1150 – 1400, Cambridge: Cambridge University Press, 1956, p. 158.

② H. S. Bennett, *Life on the English Manor: A Study of Peasant Conditions*, 1150 – 1400, Cambridge: Cambridge University Press, 1956, pp. 159 – 161.

③ Mark Bailey, *The English Manor*, 1200 – 1500, Manchester: Manchester University Press, 2002, p. 155.

④ H. S. Bennett, *Life on the English Manor: A Study of Peasant Conditions*, 1150 – 1400, Cambridge: Cambridge University Press, 1956, p. 162.

在总管之下，设有管家。"管家通常管理一个以上的庄园。"① 他是自由人，也是领主在庄园上的喉舌，往往通过领主的任命到庄园上任职。下面是有关坎特伯雷修道院地产一封管家任命信件的片段，通过这段文字，可以管窥管家的职责。信中说：

> 在我们的 C 庄园上，阁下的任务包括：（1）让土地得以犁耕、播种、收割、施肥；（2）让马车、耕犁、牛、羊、猪和其他牲畜得以照料，以便从中赢得利润；（3）让账目得以妥善管理。②

这封信的内容表明，管家常驻庄园之内，严格执行总管下达的管理庄园的指令，监督农奴把各项农活做好。有些管家借机对农民压榨。不过，总管是监督管家的重要人选。贝内特的研究表明，"农民称管家为'凶狠的野猪'，总管的光临是农民们指控管家的良机"③。

在管家之下，设有庄头。在米迦勒节，庄头往往通过庄园法庭从农奴中选举出来，并宣誓就任。庄头的任期一般为一年，如果有能力，往往连任。保罗·维诺格罗道夫把庄头的职责总结如下：

> 他必须时刻挂念并直接指挥庄园上各式各样的农作，这包括：修理房舍、农田设施，管理耕作、播种、收获、打谷、施肥、牲口喂养、篱笆修筑、农具等事宜，设置捕捉老鼠的夹子。他必须时刻惦记领主的利益，执行相关的指令。他必须通晓村社习惯法。④

不仅如此，"许多庄头还要长途跋涉到集市，为领主买卖商品，还要出席

---

① H. S. Bennett, *Life on the English Manor*: *A Study of Peasant Conditions*, *1150 – 1400*, Cambridge: Cambridge University Press, 1956, p. 138.
② H. S. Bennett, *Life on the English Manor*: *A Study of Peasant Conditions*, *1150 – 1400*, Cambridge: Cambridge University Press, 1956, p. 163.
③ H. S. Bennett, *Life on the English Manor*: *A Study of Peasant Conditions*, *1150 – 1400*, Cambridge: Cambridge University Press, 1956, pp. 164 – 165.
④ Paul Vinogradoff, *The Growth of the Manor*, London: George Allen & Company, Ltd., 1911, p. 228; Mark Bailey, *The English Manor*, *1200 – 1500*, Manchester: Manchester University Press, 2002, p. 155.

百户区法庭，有时甚至出席令人生畏的巡回法庭"①。有的庄头负责现金支付。比如，1824 年 11 月 3 日，在领主摩尔的罗伯特的威尔科恩庄园上，庄头向总管托马斯支付了 52 先令 6 便士资金，这是托马斯在伦敦为领主购置多种物品的总价。② 提克奈尔的研究表明，"庄头起先代表维兰的利益，随着时间的推移，庄头对主人的利益进行严格的监管"③。比如，在主教的纽马尔克庄园上，1225—1231 年，庄头鲁克对地租、劳役和惯例展开调查。④ 以此作为对农奴监管的依据。应该注意的是，庄头的监管行为并非毫无限度，而是受到庄园法庭的监督。比如，1278 年，有个庄头在法庭上指控一农奴装病、不去领主的土地上服劳役，实际上他很健康，在自家的份地上劳作。陪审团认为庄头在恶意中伤，结果庄头因控告不实而被罚款。⑤ 鉴于此，庄头和农奴之间渐渐演变为相互迁就的关系。

在庄头之外，还有一些负责具体事务的庄园执事，主要包括农事官、警役、牧羊人、放猪人、守林人、羊倌等。这样，在中世纪的庄园上，形成了以总管为首的庄官制。按照保罗·维诺格罗道夫的研究，"中世纪庄官组织控制劳动力，监管账目，吸纳来自不同阶级的成员。庄官组织运营费用低廉，在人们的生活中发挥了相当大的作用"⑥。在英国经济史上，这套土地经营管理制度一直沿用到工业化时期，才被一种新兴的组织形式——代理制所替代。

三、土地代理经营制产生的背景

城市化及其对土地贵族和乡绅的吸引是促成土地代理经营制的一大因素。自 16 世纪以来，西欧出现了城镇人口快速增长的趋势。如表 8.1 所

---

① H. S. Bennett, *Life on the English Manor: A Study of Peasant Conditions, 1150–1400*, Cambridge: Cambridge University Press, 1956, pp. 172–173.

② Mark Bailey, *The English Manor, 1200–1500*, Manchester: Manchester University Press, 2002, p. 155.

③ F. W. Tickner, *A Social and Industrial History of England*, London: Edward Arnold & Co., 1918, p. 20.

④ M. W. Barley, *Documents Relating to the Manor and Soke of Newmark-on-Trent*, Nottingham: Derry & Sons, Ltd., 1965, pp. 30–43.

⑤ H. S. Bennett, *Life on the English Manor: A Study of Peasant Conditions, 1150–1400*, Cambridge: Cambridge University Press, 1956, pp. 174–175.

⑥ Paul Vinogradoff, *The Growth of the Manor*, London: George Allen & Company, Ltd., 1911, p. 228; Mark Bailey, *The English Manor, 1200–1500*, Manchester: Manchester University Press, 2002, p. 359.

示,以伦敦为例,1550 年人口数量为 75,000;1600 年猛增到 200,000;1650 年的人口总量比 1600 年增加了一倍,达到 400,000 人;1700 年达到了 575,000 人。

表 8.1　1550—1700 年欧洲 75,000 人以上的城市人口数量统计

	1550 年	1600 年	1650 年	1700 年
伦敦	75,000	200,000	400,000	575,000
阿姆斯特丹	30,000	65,000	175,000	200,000
安特卫普	90,000	47,000	70,000	70,000
布鲁塞尔	40,000	50,000	69,000	80,000
汉堡	29,000	40,000	75,000	70,000
里昂	70,000	40,000	75,000	97,000
马赛	30,000	40,000	66,000	75,000
巴黎	130,000	220,000	430,000	510,000
鲁昂	65,000	60,000	82,000	64,000
热那亚	65,000	71,000	90,000	80,000
米兰	69,000	120,000	100,000	124,000
威尼斯	158,000	139,000	120,000	138,000
罗马	45,000	105,000	124,000	138,000
那不勒斯	212,000	281,000	176,000	216,000
巴勒莫	70,000	105,000	129,000	100,000
马德里	30,000	49,000	130,000	110,000
塞维尔	65,000	90,000	60,000	96,000
里斯本	98,000	100,000	130,000	165,000

资料来源:Jeremy Boulton, "London, 1540 – 1700", in Peter Clark (ed.), *Cambridge Urban History of Britain*, *1540 – 1840*, Vol. 2, Cambridge:Cambridge University Press, 2000, p. 316.

在西欧,伦敦城市化的速度首屈一指。杰里米·博尔顿对伦敦的快速扩展状况陈述如下:

> 在 16 世纪中期,伦敦的规模在欧洲排名第六。比威尼斯(在欧洲排名第二)和巴黎(排名第三)要小得多,葡萄牙首都里斯本以及伦敦的主要贸易伙伴——安特卫普都排在它的前面。50 年后,一切都发生了变化。到 1600 年,伦敦排在了那不勒斯和巴黎之后,在欧洲名列第三。到 1650 年,伦敦的规模仅次于巴黎,排在欧洲第二

位。到 17 世纪末，伦敦成为欧洲最大的城市。①

除了伦敦，在英国其他地区，城市数量和规模同样呈现增加和扩大的趋向。如表 8.2 所示，在 17 世纪，英格兰共有城市 851 座；1801 年上升到 873 座；1841 年上升到 956 座；1911 年，达到了 1,278 座；在苏格兰和威尔士，城市数量呈现出同样的增加趋势。

表 8.2　17—20 世纪初不列颠城市数量统计

	17 世纪	1801 年	1841 年	1911 年
英格兰	851	873	956	1,278
威尔士	73	76	82	118
苏格兰	81	87	117	145
总计	1,005	1,036	1,155	1,541

资料来源：John Langton, "Urban Growth and Economic Change: From the Late Seventeenth Century to 1841", in Peter Clark (ed.), *Cambridge Urban History of Britain, 1540–1840*, Vol. 2, Cambridge: Cambridge University Press, 2000, p. 466.

城市对拥有地产的贵族、绅士具有特别的吸引力，他们中的许多人居住于城市中。斯图亚特王朝屡发禁令，阻止乡绅向伦敦移居。1632 年的一项敕令内容如下：

> 我们最贤明的君主看到，近年来大量贵族、绅士和他的臣民中有才能的人带着家属常去伦敦、威斯特敏斯特以及与之毗邻的地方，他们在这些地方居住的时间较先前增加了许多。由于在上述城市和相邻地区居留，他们无所事事，不为君主及其臣民效力，大量财富从产生他们的那些乡村被抽取出来，被用来无节制地购置来自外国的服装，大批懒散无事的闲人跟随他们，居住在上述城市和市郊，那里的混乱状况已经到了非常严重的地步。②

这些禁令并未起到多大的作用，因为 17 世纪末伦敦已成为"贵族、绅

---

① Jeremy Boulton, "London, 1540–1700", in Peter Clark (ed.), *The Cambridge Urban History of Britain, 1540–1840*, Vol. 2, Cambridge: Cambridge University Press, 2000, p. 315.
② ［德］维尔纳·桑巴特：《奢侈与资本主义》，王燕平等译，上海：上海人民出版社 2000 年版，第 40 页。

士、侍臣、牧师、律师、外科医生、商人、海员以及所有具有最聪明才智的优秀技工和最漂亮的女人的广阔聚居地。"① 其中土地所有者占相当大的比例，一份统计资料表明：在18世纪前后的伦敦，"2/6 的人口从国王和宫廷那里谋求生机，1/6 的人口从官员那里求生，2/6 的人从土地租金获得者以及国家的间接食利者（金融家上层）那里寻求活路，还有 1/6 从贸易和工业生产中谋生。"② 博尔顿描述了18世纪中期贵族和乡绅们向伦敦郊区移居的状况，他写道："贵族和绅士中的头面人物在环境优雅的地区和街道拥有更加舒适的居住条件，在那些地方，他们呼吸到新鲜空气，按照摩登方式建造房舍。所有的小区都汇聚着英国贵族绅士的漂亮宅邸，更加确切地说汇聚了他们的宫殿。"③ 在城市化的浪潮中，许多地主移居城市，这就为土地代理经营制的产生创造了前提条件。

　　土地代理经营制的兴起是地主处理地产事务的需要。首先是对律师的需要。工业化初期，随着乡村土地的围圈、土地矿产的开发利用、家庭限嗣继授制日益广泛的推行，地产上的法律业务渐趋增多。同时，在18世纪，英国有着"地产转让之伟大时代"的称号。④ 这就促使地主更加频繁地依靠受过法律训练的专业人士替代传统的土地管家，经营自己的地产。其次是对农业技术人员的需要。工业化时期，英国经历着一场农业革命⑤，农业技术水平的提高促使地主雇用受过专业训练的人员管理地产。圈地运动为农业技术的应用创造了条件，因为"只有在围圈的土地上才有应用农业新技术的可能性"⑥。此后，地产上排水系统、房舍

---

　　① ［德］维尔纳·桑巴特：《奢侈与资本主义》，王燕平等译，上海：上海人民出版社 2000 年版，第 41 页。
　　② ［德］维尔纳·桑巴特：《奢侈与资本主义》，王燕平等译，上海：上海人民出版社 2000 年版，第 44 页。
　　③ ［德］维尔纳·桑巴特：《奢侈与资本主义》，王燕平等译，上海：上海人民出版社 2000 年版，第 41—42 页。
　　④ David Spring, *The English Landed Estate in the Nineteenth Century: Its Administration*, Maryland: The Johns Hopkins Press, 1963, p. 58.
　　⑤ 英国农业革命就是在由传统的农业社会向工业文明过渡的过程中，英国在农业生产技术领域和农业制度领域进行的变革。农业生产技术的变革包括诺福克四茬轮作制的推广、新型作物的引进、畜牧的改良、新式农具的使用等。制度性的变革包括土地私有权的确立、议会圈地运动的推广以及租地农场的兴起（郭爱民：《英国农业革命及其对工业化的影响》，载《中国农史》，2005 年第 2 期，第 101—107 页）。
　　⑥ P. W. Goetz, *The New Encyclopaedia Britannica*, 15th edition, Vol. 13, Encyclopaedia Britannica, Inc., 1985, p. 194.

等的建造，运河的开挖，铁路系统的建筑，使整个乡村的面貌发生了巨大变化，仅仅依靠法律管理土地已变得不合时宜，这就要求受过土地专业训练的人员从事管理。1850年代初期，詹姆斯·蔡尔德在分析北安普敦郡的农业运营状况时，看到了急需代理人的状况，他写道：

> 在这个郡，尽管涌现出许多优秀的农场主，农业领域出现许多改造，但农业仍没有达到良好的运营状态。一个原因在于，除了征收地租，许多地主对农场经营毫无兴趣，对地产管理一无所知，没有聘请代理人管理地产。一个富有能力的代理人不仅善于监督各个农场，机敏地视察整个地产，还会劝说地主测量地产，倡议提高农业技术。①

正是在这种背景下，"1882年，皇家农学院的大多数毕业生都担任了土地代理人；1886年，绝大多数主要的土地代理人都是测量研究院的成员；到1890年代，律师作为土地代理人已经不合时宜，他们被具有农业经营实践经验的人员替代"②。

工业化时期，地主与政治的联系密不可分。一般而言，贵族地主参与国家政治，乡绅地主参与地方政治。投身政治的需要促使地主寻找全权代表，为他们经营管理地产，以支撑起整个家族的经济。比如，利文森-高尔家族的地产就是按照代理方式经营的。乔治·普拉克斯顿是利文森-高尔地产上的第一任代理人，任职期限为1691—1720年。1689年2月3日，在一封写给雇主威廉爵士的信中，他说："在阁下对属下的佃农束手无策时，我可以充任他们的牧师，改造您的庄园。一经任用，我会告诉您如何管理您的地产和佃农。"在另一封署明日期为1690年5月26日的信中，乔治·普拉克斯顿更为清楚地表达了自己欲做代理人的愿望："我敢说，没有人比我更了解您的地产，也没有人比我对您更忠诚，我了解您所有庄园上的一切事务，我可以提供有关土地方面的有用指导。"1690年，在给威廉爵士的又一封信里，普拉克斯顿写道："如果您遇到

---

① James Caird, *English Agriculture in 1850 – 1851*, London: Longman, Brown, Green, and Longmans, 1852, pp. 416 – 417.
② Eric Richard, "The land Agent", in G. E. Mingay (ed.), *The Victorian Countryside*, London: Routledge & Kegan Paul Ltd., 1981, pp. 444 – 445.

了通晓法律、精于会计业务、善于改造土地的活跃人选,我甘做他的帮手。"1691 年,威廉爵士去世,普拉克斯顿开始担任利文森-高尔地产上的总代理人。年轻的勋爵约翰在伦敦投身于政治,对家庭土地的管理没有丝毫兴趣。他将所有的地产事务都托付给了普拉克斯顿。普拉克斯顿全身心地管理利文森-高尔家族的地产,他创立的地产管理系统流传了一个多世纪。正是他的精心管理,第五任勋爵能够在伦敦全身心地从事政治活动。在一封给勋爵的信中,普拉克斯顿写道:在星期天,要安排好您的时间,不要在酒店里嬉戏,要侍奉上帝,他会善待您。① 利文森-高尔家族土地代理经营制的制度安排表明,在土地与政治密切相关的年代里,代理人参与土地经营管理是地主能够脱离繁琐的土地业务、走上政坛的必要条件。

四、土地代理经营组织形式的建构

在工业化初始阶段,英国土地经营管理并未形成统一的模式,而是呈现出二元结构并存的状态。一方面,存在着以管家为代表的庄官制。另一方面,以代理人为特征的组织形式开始出现。在地理分布较为紧凑的地区,大地产通常由一位专职的管家或代理人负责,并对下属管理人员行使权力。若大地产所有者在一个以上地区拥有土地,他可以雇用总代理人,总代理人管辖若干位地方代理人;总代理人有时又称查账人,通常由土地家族在伦敦的律师充任。在现实中,大地产的管理形式则又千差万别。

与大地产相比,拥有中等地产的乡绅则没有明确的土地管理模式。一些较为殷富的乡绅,采取了大地产上的经营管理制度。不过,也仅仅是那些拥有较大地产的乡绅才需要专职代理人管理地产,也只有他们才付得起昂贵的管理费用。比如,在埃塞克斯郡,当老的土地家族消失后,代之而起的是拥有小地产的新来者,地方代理人的数量急剧下降。② 基于这样的原因,许多土地所有人亲自充任自己地产的经营管理者。在离

---

① J. R. Wordie, *Estate Management in Eighteenth-century England: The Building of the Leveson-Gower Fortune*, London: Royal History Society, 1982, pp. 25 – 26.
② J. V. Beckett, "Landownership and Estate Management", in Joan Thirsk (ed.), *The Agrarian History of England and Wales, 1750 – 1850*, Vol. 6, Cambridge: Cambridge University Press, 1989, p. 591.

开地产一长段时间的情况下,他们雇用有能力的租地农场主担当此职。地产越小,这样的趋势就越明显:地主亲任经营者,再雇用一位小代理人或收税人员做副手。土地管理是如此的混乱,纽金特勋爵总结了人们心目中地产经营管理的想法,并设计出较为理想化的模型。他写道:

> 那些小巧而紧凑地产的拥有者居住在自己的土地上,亲自参与经营管理事务,买一手货物,以低廉的薪水、雇用一个管家收取地租。因而,和有着高额地租收入的地主相比,他们能够节省开支,因为后者的居住地远离地产,并且从商人那里购买转手四、五次的货物。①

纽金特勋爵关于地产管理的理想化模型表明:工业化初期,旧式的土地管家在人们的心目中仍旧占据一席之地。

工业化时期,英国土地经营管理制度逐渐步出传统庄官系统的襁褓,从家族式管理向职业化方向演变。首先对"总管"和"代理人"的含义作以梳理。F. M. L. 汤普森的研究表明,"除了一些特殊的、受人尊敬的职务,比如庄园总管,'管家'一词包含着两种指代,一方面,指代低等的地产管理人员,他们可能富有经验和能力,但绝不是受过教育的绅士;另一方面,又指代那些被主人高度信任、治家有方的家庭总管。'代理人'一词则指代在土地经营管理梯级中处于顶端的精英分子,他们是受过教育的职业人士,以土地绅士的身份进入地产管理圈子,并在经济和管理中负有总责。同样,下属代理人指代高层管理阶梯中地位相对较低的人士,其主要职责是对总代理人的从属地区或分支地区进行负责,其工作的性质与总管属下的管家区别不大。"② 可见,"总管"是与传统地产管理系统相适用的词汇,"代理人"则是工业化时期土地管理系统的同义语。

在工业化时期,代理人逐渐替代了总管,成为地产管理中的头号人

---

① J. V. Beckett, "Landownership and Estate Management", in Joan Thirsk (ed.), *The Agrarian History of England and Wales, 1750–1850*, Vol. 6, Cambridge: Cambridge University Press, 1989, p. 591.

② F. M. L. Thompson, *English Landed Society in the Nineteenth Century*, London: Routledge & Kegan Paul Ltd., 1963, p. 162.

物。譬如，1779—1807 年，隆利特地产由总管托马斯·戴维兹管理，托马斯还训练他的儿子做未来的总管，小托马斯也按照父亲的方法培养儿子，然而，1839 年，在小托马斯去世的时候，其子罗伯特受任为代理人而非总管；地主巴斯勋爵废除了总收租人对所有分散地产监督的权力，并将这项权力移交到代理人罗伯特的手中，罗伯特不仅要管理隆利特地产，还要察看赫特福德郡、什罗普郡和格罗斯特郡地产上的账务。①

在代理人替代总管的同时，下属代理人接替了管家的工作。比如，在诺森伯兰郡地产上，日常管理事务由管家负责，他们向佃农征收地租，监控佃农对农业协议的履行，督促他们维修损坏了的栅栏和大门，收集佃农们的怨言以及对排水设施和房舍的要求，物色新佃农；诺森伯兰郡地产共有 12 位下属管家，他们负责的辖区从 3,000 英亩到 57,000 英亩不等，1840 年代征收的地租从 5,000 到 14,000 英镑不等；这些下属管家都是当地的佃农，年薪为 50—100 英镑，具有丰富的农业经验，熟悉当地的环境，但没有接受过教育；到 1850 年，情况发生了变化，12 个下属管家辖区变成了 5 个下属代理人辖区，下属管家被下属代理人取代；这些下属代理人的年薪为 300 英镑，他们接受过较好的教育，尽管没有农民的实践知识，但他们有商业修养，能够把最新的知识技术带到农业实践中。②

在土地代理经营制逐步完善的过程中，代理人的专业技能和身份经历了一场变革，即从具有律师身份的兼职代理人向具有实践经验的专职代理人的转变。工业化初期，土地代理人时常由具有律师身份的人士充任，任期较长。比如，在利文森-高尔地产上，从 1690—1820 年，共经历了 6 位代理人，其中四位是律师出身。③ 托马斯·吉尔伯特是这四位具有律师身份的代理人中的一员，1720 年，他出生于斯塔福德郡东北部的科顿地区；他的父亲老托马斯·吉尔伯特拥有自己的地产，并持有充足的资本投资矿业；早在 1735 年，老托马斯·吉尔伯特开始同利文森-

---

① J. V. Beckett, "Landownership and Estate Management", in Joan Thirsk (ed.), *The Agrarian History of England and Wales, 1750 – 1850*, Vol. 6, Cambridge: Cambridge University Press, 1989, pp. 595 – 596.

② F. M. L. Thompson, *English Landed Society in the Nineteenth Century*, London: Routledge & Kegan Paul Ltd., 1963, p. 170.

③ J. R. Wordie, *Estate Management in Eighteenth-century England: The Building of the Leveson-Gover Fortune*, London: Royal History Society, 1982, pp. 24 – 74.

高尔家庭合作，开挖斯塔福德郡东北部格林登地区的铜矿和铅矿，这场合作为托马斯·吉尔伯特以后的发展提供了机遇；1740年，托马斯·吉尔伯特进入四大法学院之一的内殿学院攻读法律，1744年进入律师界，并为利文森-高尔家族在政治上提供咨询；1758年，托马斯·吉尔伯特当上了利文森-高尔地产上的总代理人；在就任总代理人的同时，托马斯·吉尔伯特还从事法律业务，商业活动，并在政府中挂职。① 同时，一些绅士、商人、军官、在外服役的士兵和海员以及其他职业者也充任兼职土地代理人；工业化中后期，人们对此抱怨不断。1852年，詹姆斯·凯尔德在分析农业缺乏良好的运营状态时，指出了其中的原委："一些地主雇佣律师作为代理人，这些人除了征收地租，对农业经营一无所知。"② 直到1890年代，这种情况仍然存在。比如，米特福德说，他的父亲肯定是一位优秀的代理人兼医生；罗伯特·奥斯特勒是约克郡菲克斯伯地区桑布尔地产上的代理人，又是布商。③

从19世纪三四十年代起，经济形势发生了明显的变化。圈地运动、什一税转换、建筑铁路对土地的征用、租佃权的扩展都需要对土地的价值做出评估，这在客观上要求代理人职业化，在实际操作中能胜任这一职业要求的是土地勘测员而不是律师。1896年，皇家委员会在威尔士和蒙茅斯郡对土地代理人的基本素质做如下规定：

> 土地代理人不仅具有扎实的基础学科功底，还要接受农学和勘测学理论的熏陶，接受数学、化学等自然学科教育，同时在地产办公室和农场接受实践锻炼。换言之，如果青年人将来想成为土地代理人，一方面要接受大学一般的知识和教育，另一方面要学习农学院的课程；此外，还要花一定的时间到土地部门接受实际工作的锤炼。④

---

① J. R. Wordie, *Estate Management in Eighteenth-century England: The Building of the Leveson-Gover Fortune*, London: Royal History Society, 1982, pp. 46–53.

② James Caird, *English Agriculture in 1850–1851*, London: Longman, Brown, Green, and Longmans, 1852, pp. 416–417.

③ David Spring, *The English Landed Estate in the Nineteenth Century: Its Administration*, Maryland: The Johns Hopkins Press, 1963, p. 103.

④ David Spring, *The English Landed Estate in the Nineteenth Century: Its Administration*, Maryland: The Johns Hopkins Press, 1963, pp. 100–101.

非勘测员出身的土地代理人现象不断受到抨击。约翰·克拉顿是英国19世纪最杰出的土地代理人,他出身于土地勘测员,针对土地经营管理的现状,他深感震惊。他说:"在乡村地区,许多土地代理人其实并不是勘测员出身,而是体面的绅士,他们接受的教育和爱好与土地管理相反。那些精通法律和医术的绅士、军队的官员以及其他行业的职业人士,都想当然地认为自己具备土地经营管理的能力。"① 凯尔德也强调说,"无知的地主很可能雇用律师或无能的人管理自己的地产。"② 正是在这一背景下,勘测员这一职业组织壮大起来。1834年,六位土地勘测员在伦敦成立了土地勘测员俱乐部;1863年,土地勘查委员会建立;土地代理人协会于1902年成立,并于1920年制定了职业代理人考核制度,规定只有那些管理土地在2,000英亩以上的职业代理人才能取得会员资格;到1877年,土地勘查委员会管理的土地占英国土地总量的3/5左右。③ 时人对土地勘查委员会在代理人性质转变过程中所起的作用予以充分的肯定。1898年,兰斯多恩侯爵地产上的代理人H.H.斯密特在地产管理手册中写道:"自1870年以来,律师出身的土地代理人数量明显下降了。原因归为两条:一是地产事务的数量明显增加,二是土地勘查委员会在培养职业代理人并增加其供应量方面发挥了关键作用。"④

19世纪中叶,以代理人为特征的土地经营管理制度在英国逐渐成熟起来。代理人制度的内容因地产而异,没有绝对统一的模式。下面,按照地产的规模,对代理人分层的状况予以说明。如果地产的规模不大,仅由若干块小地产组成,土地管理体系由地主本人辅以下属执事员组成,执事员通常就是该地产上的租佃农场主,其职责仅限于照看地主的房舍以及与此房产相配套的农场。征收地租和保管账单的事务自然落在了地主本人肩上,不在执事员的职责之内。通常情况下,除了执事员,地主还从地产以外聘请代理人,此代理人要么是初级律师,要么是专业代理

---

① F. M. L. Thompson, *English Landed Society in the Nineteenth Century*, London: Routledge & Kegan Paul Ltd., 1963, p. 160.
② J. V. Beckett, "Landownership and Estate Management", in Joan Thirsk (ed.), *The Agrarian History of England and Wales, 1750 – 1850*, Vol. 6, Cambridge: Cambridge University Press, 1989, p. 596.
③ F. M. L. Thompson, *English Landed Society in the Nineteenth Century*, London: Routledge & Kegan Paul Ltd., 1963, pp. 159 – 161.
④ David Spring, *The English Landed Estate in the Nineteenth Century: Its Administration*, Maryland: The Johns Hopkins Press, 1963, p. 67.

人，在其能力之内为地主从事代理服务，代行地主的某些职责。比如，在德文郡，地主克鲁韦斯·马查德的地产达1,000英亩，"可视之为小地产管理体系的典型"，克鲁韦斯自行收取地租。少数的几位大佃农亲自将地租送到克鲁韦斯手中。征收小佃农地租的事务由执事员亨利·里德尔承担。亨利是克鲁韦斯属下的大佃农之一。他负责向雇工发放工资，为克鲁韦斯的宅邸购买谷物和草料，负责整个地产上各个农场的维修工作，并出售木材。克鲁韦斯在日记里写道：

> 1878年2月22日：我带着亨利·里德尔先生到格哥兰德植物园察看一些树干的情况。
>
> 1878年3月23日：早晨，我与亨利·里德尔到奥查德山散步，发现乌鸦正在破坏我们种植的土豆。

除了地主克鲁韦斯本人，没有其他的代理人对代理人亨利进行监督。和每一个土地家族一样，克鲁韦斯·马查德家族也设置了专门负责处理法律事务的律师，他名叫克鲁韦斯·舍兰德，是克鲁韦斯·马查德的弟弟。不过，克鲁韦斯·舍兰德从不参与地产管理。① 以上分析表明，小地产管理的一般组织模式是：地主—代理人—执事员。

在由若干大块土地组成的大地产上，土地代理经营体系的链条较长。由于大地产面积大、分布广，地主通常雇用常驻代理人若干名，他们分别驻守在不同区位的地产上，大部分时间用于管理地产、征收地租、保存账单、处理租佃事务。在常驻代理人之上，地主设置总代理人，监督诸位常驻代理人的工作。总代理人一般具有律师身份，有的是地方律师，有的是有资格出席高等法院的律师，还常常带有审计官的头衔，因其职责之一就是精心审查各式各样的地产账单。在19世纪，总代理人的审计职能逐渐由职业会计师承担，不过具体的情况因地产而异。例如，第六任蒙森勋爵在林肯郡的地产大约有7,000英亩；1840年，蒙森勋爵任命常驻代理人替代了原来的执事员；此常驻代理人的名字叫布朗，是一位佃农，负责收缴地租、收藏账本、改进农业技术，与佃户打交道；蒙森

---

① David Spring, *The English Landed Estate in the Nineteenth Century: Its Administration*, Maryland: The Johns Hopkins Press, 1963, pp. 4–5.

勋爵还聘请伦敦律师格姆作为地产的总代理人，以监督布朗。① 又如，斯尼德家族在斯塔福德郡的地产达 9,000 英亩，既有可耕地，又包括开矿用地。地主基尔雇用圈地委员会的助理安德鲁·汤普森作为常驻代理人，定期雇用专业会计师伯明翰的哈特雷先生任审计员，偶尔雇用若干工程师以咨询矿产出租的相关问题。② 这些个案说明，大地产经营管理的一般组织模式为：地主—总代理人—常驻代理人—审计员及其他专家。

19 世纪中叶以后，在土地代理经营制的基本框架之下，大地产上的经营管理制度呈现出复杂性和多样性的趋势。在有的情况下，拥有大地产的地主并没有设置"总代理人"的职位。例如，在坎伯兰郡，詹姆斯·格雷厄姆勋爵的尼斯柏地产面积达 26,000 英亩；詹姆斯勋爵把大部分的管理任务都交给了常驻代理人约翰·尤尔；有时詹姆斯勋爵身兼审计员，有时根本没有审计员。③

在有的大地产上，代理人员的上层组成委员会和办公室，负责地产事务的决策并监督下级管理机构。比如，在诺森伯兰公爵的地产上，地主通过代理委员会管理地产。在第三任公爵担任一家之主期间，代理委员会由三位委员组成，其中一位是主任委员，一位委员是审计官，三位委员分工合作、相互协调。1865 年，在第四任公爵去世前，委员会仅由休·泰勒一人组成，他长期担任矿业代理人，又聘请伦敦会计师 G. C. 贝格比负责账务、伦敦律师阿尔弗雷德·贝尔主管法律事务；泰勒、贝格比、阿尔弗雷德是领导层面的代理人。代理委员会在阿克尼堡下设管理办公室，组成人员包括矿业代理人、测量员、工程文员、森林执事等。矿业代理人负责矿产出租、估量其价值并协商租金。测量员和工程文员主要对由第四任公爵发起的建筑和排水方面的重大改造工程进行监督。地产办公室对地产事务严格管理、密切注视着各个执事员。各位执事的开支受到层层审批，他们首先把管辖区域的工程书面或口头报告送交地产办公室的工程文员，接着，代理委员会把工程计划和报价递交公爵；若计划通过了公爵的审批，由工程文员审批拨款，再由公爵在伦敦的负

---

① David Spring, *The English Landed Estate in the Nineteenth Century: Its Administration*, Maryland: The Johns Hopkins Press, 1963, pp. 6-7.

② David Spring, *The English Landed Estate in the Nineteenth Century: Its Administration*, Maryland: The Johns Hopkins Press, 1963, p. 7.

③ David Spring, *The English Landed Estate in the Nineteenth Century: Its Administration*, Maryland: The Johns Hopkins Press, 1963, pp. 7-8.

责人按照月度提前汇款。① 这样，通过"地主—代理委员会—管理办公室—具体执事"这种层层监管、相互协调的管理模式，这类大地产的运作井然有序。

在有些大地产上，存在着管理松懈、组织紊乱的状况。比如，菲茨威廉伯爵的地产分布在三个地区，分别是爱尔兰、约克郡和米德兰。地产上的常驻代理人既非租佃农场主，也非半职业性的土地代理人。在伯爵的英格兰地产上，这些代理人是初级律师。在伯爵的爱尔兰地产上，他们通常是伯爵的那些地位较高、却没有任何职业的男性亲属。这些身为律师的代理人地位不尽等同，尽管同样具有初级律师的头衔、并且都听命于伯爵，但西赖丁地区的代理人却向莫尔顿地区的代理人发号施令。这些常驻代理人每年把账本送到温特沃斯森林宅邸（或米尔顿宅邸）进行审计，除此之外，他们不听从伯爵的任何号令，没有年度汇报，总代理人对常驻代理人没有任何权威，地产的经营管理勉强维持。②

五、土地代理人：地主利益的忠实代表

制定合理的计划、勘查地产并评判其价值是代理人经营管理地产的基本内容之一。大地产所有者的土地分布广泛，通常涉及几个郡。对这些土地费尽心力地展开勘查，是代理人的职责之一。比如，利文森-高尔家族的地产包括特伦厄姆、利特尔什尔、辛锡厄姆三部分，横跨斯塔福德、什罗普、约克三郡。1689—1690 年，代理人乔治·普拉克斯顿清查了家族的整个地产。然后，以书信的形式向地主威廉爵士汇报了调查结果。根据这些书信，可窥其土地清查的片断如下：

> 1688 年 2 月 1 日：在库彭地产上，这里的房舍毁坏严重，需要大修。我见到了几位佃农。在这里，地租拖欠严重，我不知该做些什么。
>
> 1689 年 10 月 14 日：这里的土地需要通过犁耕、撒石灰、施肥的方式进行改造。然而，这些土地被人们遗弃了。只有那些最好的

---

① David Spring, *The English Landed Estate in the Nineteenth Century: Its Administration*, Maryland: The Johns Hopkins Press, 1963, pp. 11 – 13.

② David Spring, *The English Landed Estate in the Nineteenth Century: Its Administration*, Maryland: The Johns Hopkins Press, 1963, pp. 15 – 16.

牧场才得到开垦。

1690年1月11日：在特伦厄姆地产上，一些佃户已经5年没有交纳地租了，有些佃户甚至6、7年没有交纳地租了。一些住户的名字从来没有在地租册上出现过。

1690年4月5日：在查尔顿地区，您在这里有两大块地产，分别由两户粗心的佃农租用。在好的年头，佃农赫塞尔斯租赁的土地年收入为25英镑，他已经拖欠了3年的地租。另一块地产由谢菲德租赁，地产上的建筑物已坍塌，这户人家处境贫寒。

1690年11月11日：对于米尔、格兰奇夫妇，我向您建议，抽取部分地租作为他们租赁农场上基本设施的修补费用。不要让他们逃走了，因我们在这块地产上每年的收入可达70英镑。①

在亲自察看的基础上，普拉克斯顿克服重重困难，力劝雇主威廉爵士绘制地产图册，制定规划。1706年，他写给威廉爵士儿子的一封信尤为典型，信中写道：

> 尊敬的高尔勋爵，此前已经给您提及，我与一名优秀的测量员一道，对辛锡厄姆庄园进行了勘查、标绘，以此为基础绘制了地形图。他提出的报酬标准为每百英亩20先令。低于此标准的报酬，他不会接受。如果阁下愿意让他测量得更精确一点，就告诉我，我会反复争取，达到最低报价。在什罗普郡，我支付的测绘报酬是每英亩3便士，即每百英亩1.5英镑。②

在普拉克斯顿的反复努力之下，1713—1723年，测量员托马斯·伯顿测量了利文森-高尔家族的整个地产，并绘制成图。这项工作意义重大。直到1790年，伯顿绘制的地产图仍是利文森-高尔家族经营管理土地的指南。③

---

① J. R. Wordie, *Estate Management in Eighteenth-century England：The Building of the Leveson-Gover Fortune*, London：Royal History Society, 1982, pp. 20–21.

② J. R. Wordie, *Estate Management in Eighteenth-century England：The Building of the Leveson-Gover Fortune*, London：Royal History Society, 1982, p. 32.

③ J. R. Wordie, *Estate Management in Eighteenth-century England：The Building of the Leveson-Gover Fortune*, London：Royal History Society, 1982, p. 32.

19世纪中叶,总代理人以勤为本、竭尽全力为雇主察看地产的事例极其普遍。经济史家戴维·斯普林为此感慨道:"在19世纪,再也没有什么比孜孜不倦的总代理人更为勤劳。"① 1830年,担任格林威治医院地产总代理人的迪斯顿的格雷可视为个案之一。由于格林威治医院地产比较分散,格雷不得不四处奔波,察看田产,诸如西部的卡莱尔地产、北部的伯威克-特威德地产、东部的纽卡斯尔地产。拖着羸弱的身躯,格雷说道:"在格林威治医院地产上,前一年半的时间几乎让我精疲力竭。我骑马走过了每一个农场和每一块土地。每天晚上我都要写报告,说明该地块的重要程度和承载能力,能否用水力替代畜力,诸如此类。这种差事并非每个人都能坚持。我之所以能够胜任,是因为我从小在乡村长大,每天在马鞍上坐七八个小时并无大碍。"②

表8.3 特伦厄姆地产上地租征收状况(英镑 先令 便士)

1703年米迦勒节地租	426	0	0
征收	106	0	0
拖欠	320	0	0
1702年地租拖欠额	1112	9	2
征收	320	0	0
拖欠	792	9	2
1703年拖欠额	320	0	0
特伦厄姆地产上地租拖欠总额	1112	9	2

资料来源:J. R. Wordie, *Estate Management in Eighteenth-century England*: *The Building of the Leveson-Gover Fortune*, London: Royal History Society, 1982, p.33.

精心管理地产经济并向雇主定期汇报,也是总代理人的重要职责。在乔治·普拉克斯顿担任总代理人期间,受经济走势低迷的影响,利文森-高尔家族的地产上出现了长期拖欠地租的现象。尽管普拉克斯顿竭尽全力,但仍无济于事。1704年,在写给雇主的一封信中,他提到了该年地租征收的惨淡景象,并附上1702年和1703年的地租拖欠表(如表8.3)。信中说:

---

① David Spring, *The English Landed Estate in the Nineteenth Century*: *Its Administration*, Maryland: The Johns Hopkins Press, 1963, p.105.

② David Spring, *The English Landed Estate in the Nineteenth Century*: *Its Administration*, Maryland: The Johns Hopkins Press, 1963, p.105.

> 自从上次给阁下去信后，我查阅了常驻代理人拉尔福·伍德的地租册，发现里面记载的货币额度不大。1703年，在春季结账日那天，大部分地租还处于空额状态。到了米迦勒节那天，缴纳的地租还不足1/4。到1704年的春季结账日，新的地租又该缴纳了。至于纽森，他拖欠的地租已经逾过了200英镑。①

通过这封信，总代理人乔治·普拉克斯顿鞠躬尽瘁的情形可见一斑。经济史家J.R.沃迪感慨道："在农业衰落、财政危机、地主漠然、佃农难以管束的情形下，乔治·普拉克斯顿1720年去世时为利文森-高尔家族留下的土地经营管理框架，在18世纪没有丝毫变化，并使该家族从此走上了持续繁荣之路。"②

以精心管理为基础，有些大地产总代理人还提倡节俭，对每一笔款项都亲自过目。1826年，亨利·斯迪芬森开始担任达勒姆伯爵地产总代理人，对兰伯顿家族的地产实施监管。其时，兰伯顿家族正处于严重的经济困境之中。亨利对达勒姆伯爵的各项收入都进行严格的审核，这其中包括：地产管理、矿产管理、伯爵的个人财务。亨利受任于危难之间，他提出："紧缩开支，居住国外的伯爵每年花费不能超过8,000英镑，放弃兰布顿堡的建筑，减少家庭的勤杂人员。"1849年，在提交给第二任伯爵的年度报告中，他写道：该报告涉及了每一笔交易，诸如购买物件的年度开支、矿藏的利润、地产的收益、各种债务的增减、对各类事务总体以及关键性的评价。③

放眼于土地家族的长远发展，倡导节俭，为之鞠躬尽瘁，与之荣辱与共，是土地代理人职业精神的体现。这方面的例子不胜枚举。比如，在贝德福德家族，亚当兄弟长期担任财务审计员，据贝德福德公爵的回忆，三十多年间，这两位审计员总是力争劝导他的父亲削减开支，不要

---

① J. R. Wordie, *Estate Management in Eighteenth-century England: The Building of the Leveson-Gover Fortune*, London: Royal History Society, 1982, p. 33.

② J. R. Wordie, *Estate Management in Eighteenth-century England: The Building of the Leveson-Gover Fortune*, London: Royal History Society, 1982, p. 35.

③ David Spring, *The English Landed Estate in the Nineteenth Century: Its Administration*, Maryland: The Johns Hopkins Press, 1963, pp. 83–84.

年年过度透支、造成债务积累。① 再如，1822 年，科克家族的地产经济陷入了严重危机，代理人弗朗西斯·布莱基用带有警告的口吻指出了问题的症结所在，他说："科克先生仁慈而慷慨的心态耗尽了他的收入，既然美德导致他花费过度，世上没有挽救的措施了。"② 又如，尤尔是詹姆斯·格雷厄姆的代理人，在许多重大的场合，尤尔表现出对雇主的忠贞和睿智的眼光。1820 年代，由于陷入经济困境，詹姆斯·格雷厄姆准备将内瑟比地产上的大部分土地卖掉，尤尔坚决反对，争辩道：

> 尽管我是一个平民，但也要尽自己卑贱的嗓音据理力争。我不忍心看到内瑟比地产从这个尊贵的古老家庭流入心黑手辣的投机商之手。就人性而论，如果忠心于这片土地的人们看到生他养他的故土落入他人之手，一定会对他们的地主抱有无限的遗憾，这是詹姆斯老爷永远无法弥补的。③

争论的结果不得而知，但代理人忠于雇主的职业精神却表现得淋漓尽致。

作为地主在地产上的全权代表，代理人视地产管理为己任，努力营建高效率的土地经营管理队伍。比如，在利文森-高尔家族的地产上，19 世纪初，现任代理人洛赫对前代理人普拉克斯顿一个世纪前建立的管理制度进行改革。他以经济效益和效率为出发点，提出每一大块地产与一个下属代理人相对应的制度是一种浪费的理念，废除了总代理人下的多个常驻代理人。洛赫的改革以亚当·斯密的生产劳动分工而非地区劳动分工为原则，设置一个主要下属代理人，管辖分布于斯塔福德郡、什罗普郡和约克郡的地产。在主要下属代理人之下，组建各类专家构成的劳动队伍，包括测量员、律师、会计、森林执事、矿产执事。到了 1820 年，洛赫建成了一支精干的土地经营管理队伍。④

---

① Eric Richard, "The land Agent", in G. E. Mingay (ed.), *The Victorian Countryside*, London: Routledge & Kegan Paul Ltd., 1981, pp. 446–447.

② R. A. C. Parker, *Coke of Norfolk: A Financial and Agricultural Study, 1707–1842*, Oxford: The Clarendon Press, 1975, pp. 188–189.

③ David Spring, *The English Landed Estate in the Nineteenth Century: Its Administration*, Maryland: The Johns Hopkins Press, 1963, pp. 127–128.

④ J. R. Wordie, *Estate Management in Eighteenth-century England: The Building of the Leveson-Gover Fortune*, London: Royal History Society, 1982, p. 35.

为提高土地生产率并防止农产品价格下降造成的损害，代理人千方百计劝说地主对地产投资，使用新兴的农业技术。工业化时期，农业技术投资包括建立排水系统和崭新的农舍、使用化肥、引进作物新品种、运用新式的劳动工具等。地主投资后，代理人监督租地农场主严格执行租佃合约，以提高农业生产率。租佃合约时常通过种植契约的形式表现出来。1860年，卡德莱的随笔获得了皇家农学会的奖项，成为大地产上综合各类合约问题的代表性报告。这些契约的共同目标就是避免佃农对地产造成哪怕是最微弱的破坏。比如，租地农场主"必须养护地产，不能连续两年种植小麦，必须清除沟渠内、围篱边和荒地里的杂草，使土地处于良好的农作状态"①。在大地产上，这种种植契约随处可见。例如，1830年代，在贝德福德公爵的地产上，代理人贝内特发现一个佃农在45英亩用于种植萝卜的休耕田内种植了15英亩扁豆。按照休耕的周期，这些扁豆对耕地有害。在贝内特的坚持下，这位佃农最终把扁豆犁掉了，尽管起初不同意。② 同时，代理人竭尽全力地唤起佃农们农业革新的热情。比如，奇切斯特勋爵的代理人派遣一名佃农参加皇家农学会的年会，回来之后介绍感受。再如，为讨论农业事务，代理人迪斯顿的格雷建立了农民俱乐部，还在格林威治医院地产上成立了农民协会，该协会设有奖金，奖励富有创新意识的农民。③

除了经济领域的服务，土地代理人还为地主的政治活动提供便利。1868年，在议会有关选举活动的备忘录中，一份材料涉及柴郡民众对地主投票观念转向的调查。当调查人员问及"地主是否向投票的佃户施加压力"的问题时，地方行政官员给予了否定的回答，并进一步解释说：

> 地主常常指使他的代理人到佃户中去。如果佃户不知道如何投票？代理人就会告知他们怎样才能博得地主的欢心。代理人还会暗示他们，如果不按照地主的意愿投票，他们就会失去地主给予的各种恩惠。除了在一些特殊的场合，地主不会直截了当地告诉佃农，

---

① David Spring, *The English Landed Estate in the Nineteenth Century: Its Administration*, Maryland: The Johns Hopkins Press, 1963, pp. 112.

② David Spring, *The English Landed Estate in the Nineteenth Century: Its Administration*, Maryland: The Johns Hopkins Press, 1963, p. 113.

③ David Spring, *The English Landed Estate in the Nineteenth Century: Its Administration*, Maryland: The Johns Hopkins Press, 1963, p. 118.

"按照你们自己的意愿投票吧"。他总是袖手旁观，土地代理人则暗中通融。①

在地方社会，土地代理人常常在地方政府、教区委员会和济贫机构中任职，参与地方管理。F. F. 福克斯是这类代理人中的一员，他对地方机构奉行的父爱般的政策大加赞赏。正如他对墨尔本勋爵解释的那样：

> 代理人应当看到，所有教区事务的处理、各种施舍的发放都合乎体统，体现了公平和正义。他应当首先看到，合适的教育措施已经提供给了全体民众，已经采取的各种努力会引导最穷的家庭从教育中受惠。②

在教区生活中，代理人还充当着道德卫道士的角色。他们从职责的角度出发对租佃农场主和雇工的私生活展开调查。比如，在夏伯地产上，当租佃农场主向代理人尤尔提议拟建立一个俱乐部的时候，尤尔当即给予否决，他说"这容易导致赌博和懒散"。再如，在思潘赛地产上，代理人约翰·比斯利对雇工的道德操行进行着严密的监督，他定期调查私生子的出生率，并向雇主汇报。1860 年 10 月，他向雇主报告说，"阁下有 26 座农舍，自 6 月份以来，我发现多了 3 个私生子。"他还提议对地方学校给予严格管理。不过，在克兰伯地产上，纽卡斯尔公爵的土地代理人对道德卫道士的角色并不太感兴趣，他则把一些富有攻击性的怠工者驱逐出去。③

六、地主：土地代理经营制下的主动因子

工业化时期，在土地代理制日趋完善、代理人作用逐渐增强的背景下，许多地主对家族地产的监管敷衍了事，但有志于振兴家族经济的地主还是比比皆是。1820 年以后，大地产所有者亲自参与地产管理的趋势

---

① Eric Richard, "The land Agent", in G. E. Mingay (ed.), *The Victorian Countryside*, London: Routledge & Kegan Paul Ltd. , 1981, pp. 445 – 446.

② David Spring, *The English Landed Estate in the Nineteenth Century: Its Administration*, Maryland: The Johns Hopkins Press, 1963, pp. 119 – 120.

③ David Spring, *The English Landed Estate in the Nineteenth Century: Its Administration*, Maryland: The Johns Hopkins Press, 1963, p. 120.

更为明显。比如，1850年代，第二任韦鲁拉姆伯爵在地产事务上花费的时间是其父亲在1820年代的2倍。再如，第四任诺森伯兰公爵是富有朝气的农业改革家，他在地产上花的时间也远远多于其父。① 又如，第七任贝德福德公爵弗朗西斯（1788—1861年）在其家族史上被誉为令人生畏的一代。在继承爵位前，弗朗西斯就显示了独到的眼光。当他的一个姐姐出嫁时，其父第六任公爵陪送了大量的嫁妆，弗朗西斯对这种慷慨的举措极为不满，他暴跳如雷，说道："可以斗胆地说，这类事情在我们家族中还是第一次出现。这笔金钱无关紧要，但如果我父亲按照这样的利率继续借贷下去，不久的将来，我们没有财产留给下一代。"② 1839年，继承爵位之际，弗朗西斯就宣布了他将来管理家庭财产的策略。在给弟弟的一封信中，他写道：

> 你知道，叔叔和父亲欠下的外债和其他累赘数额巨大。托林顿勋爵聪颖过人、深谙世道。他经常告诫我们，大地产只能养得起两个拥有者，第三位就得非常谨慎，节约用度。我就是第三位，有责任修复以前遭受破坏的规章，否则，整个家庭在国内的影响和声誉将毁于一旦。阔绰之时，很容易慷慨大方，并由此而获得声望。我并不是在诋毁我的前人，或对他们抱怨什么。上帝会原谅他们。在许多方面，他们比我想象得要伟大。到目前为止，我想我只有一个方面要超过他们，那就是细心而谨慎地管好家族的地产。③

以上个案以及前述论证表明：一方面，地主与代理人密切合作，共同商议家族地产经营管理事宜；另一方面，地主又对代理人进行监督，前者定期听取后者关于地产运营状况的汇报，使土地代理经营成为由驻地代理人分散运作、总代理人统一管理、地主背后定夺的完整制度。

选拔合适的代理人选，是地主发挥地产管理功能的基础条件。有时候，特定的原因会促成大地产所有者对代理人的不信任感，促使他亲任

---

① F. M. L. Thompson, *English Landed Society in the Nineteenth Century*, London: Routledge & Kegan Paul Ltd., 1963, p. 177.

② David Spring, *The English Landed Estate in the Nineteenth Century: Its Administration*, Maryland: The Johns Hopkins Press, 1963, pp. 23 – 25.

③ David Spring, *The English Landed Estate in the Nineteenth Century: Its Administration*, Maryland: The Johns Hopkins Press, 1963, p. 26.

总代理人之职，对地产实行有效管理。1807 年，当诺福克的科克正襟危坐、让人为他画肖像时，告诉劳伦斯他没有雇用土地代理人，土地管理中一个沉痛的教训促使他多年来亲任代理人之职。他说：

> 一位诺维奇的熟人，向这位新任的莱斯特伯爵推荐了一个名叫考德威尔的男子。考德威尔逐渐得到伯爵的赏识和提拔，最终成了土地代理人。莱斯特勋爵属下的一个佃农非常想换佃，于是他送给考德威尔鹅派一只，并附书信一封，信中说考德威尔可以找到一个蛋形物，他很乐意考德威尔仔细查看那只蛋形物。原来内装 2,000 英镑。考德威尔非常满意。这位佃农很快达到了目的。在解雇考德威尔之前，科克将他交给了衡平法院。此后，他不得不在每天早晨七点和十点半之间处理代理人分内的事务，然后再去悠闲地射箭和娱乐。①

地主将罪行大白于天下的代理人解雇，然后换上品行端正、富有理想的人选，这种事情屡见不鲜。就上文的诺福克的科克来说，几年过后，他又重新任命了一位代理人——弗朗西斯·布莱基。布莱基担任代理人直到 1832 年，是一位挑不出毛病的职业代理人。论出身，他既非成功的农民，也不是律师或退休的官员，更不是绅士的幼子，而是一个平平庸庸的苏格兰租佃农场主之子。年轻时来到英格兰从事商业管理，直到成为切斯特菲尔德伯爵的代理人，此后，又为科克从事地产管理。②

有时候，许多地主还把自己手下有能力的土地代理人选推荐到其他家族。1848 年，弗朗西斯爵士告诉朋友查尔斯·阿巴斯诺特他需要一个代理人。查尔斯刚好有两个合适的人选，由于地产小，他雇用了汤普森兄弟做管家，两兄弟中的一位已经去伯福特公爵地产担任代理人。另一位，即现任管家安德鲁·汤普森，深得地主查尔斯的器重。查尔斯准备把他推荐给弗朗西斯爵士做代理人，因为他聪明伶俐，农业知识

---

① F. M. L. Thompson, *English Landed Society in the Nineteenth Century*, London：Routledge & Kegan Paul Ltd. , 1963, p. 155.

② F. M. L. Thompson, *English Landed Society in the Nineteenth Century*, London：Routledge & Kegan Paul Ltd. , 1963, p. 156.

丰富。① 这种具备职业精神和代理经验的人选既能够除却地主的疑虑，又能使主雇之间建立完全信任的关系。

干预总代理人的现行土地管理策略，对家族的地产经营间接地施加影响，是代理制下地主控制家族经济的中心环节。比如，在利文森-高尔地产上，第二任侯爵——斯塔福德侯爵对农业改良和提高佃农们的福利有着由衷的兴趣，在一封信中，他叮嘱总代理人要根据实际情况征收地租。对代理人洛赫来说，由于侯爵的指令存在漏洞，他可以藉此执行自己的策略，在一封回复给侯爵的信里，他解释道：

> 昨天晚上，我收到了您于8日写给我的信，并于此前收到了尊夫人的信件。遵照您的指示，我分别给常驻代理人苏瑟和沃克如下指令，"斯塔福德勋爵让我告知你们他的旨意：在斯塔福德郡或什罗普郡，如果小麦的平均价格长期下降9个百分点，就根据实际状况降低任意持有地上的地租，在价格低迷期就持续保持这种状态。"

实际上，在1820年之前，洛赫并未执行侯爵的指示。在侯爵的再三追问下，1821年，洛赫对地租作了重新估价。9月份，在给侯爵的另一封信中，他写道：

> 在降低地租方面，看来有必要做出长远的安排。在我看来，按照谷物的价格确定地租非常合乎时宜。

在侯爵的干预下，利文森-高尔地产上的地租终于按照实际情况得以降低。"现行地租降低一半。其中一半为固定地租，另一半地租根据整个国家上一年的小麦平均价格浮动。"② 再如，在诺森伯兰地产上，1806年，第二任诺森伯兰公爵为他的代理人制订了一本训导手册，其目的就是让属下的代理人知道，"这是我的地产，指导你们管理地产是我的职权"。他的继承者们一直执行着这个家训，第四任伯爵更是有过之而无不及。

---

① David Spring, *The English Landed Estate in the Nineteenth Century: Its Administration*, Maryland: The Johns Hopkins Press, 1963, p. 104.

② J. R. Wordie, *Estate Management in Eighteenth-century England: The Building of the Leveson-Gover Fortune*, London: Royal History Society, 1982, pp. 68 – 69.

他刚接手地产的时候,由于代理委员会的一名委员对地产事务的决断缺乏明确而充分的信息,他严厉地指责了这位委员。此后,诺森伯兰地产上开始出现"每周业务记录",该记录是每宗业务的主题报道,每一页都显示着公爵的评判和决断。①

以上论证说明,在工业化时期,英国的土地代理经营制是中世纪庄园庄官制的延伸,是中世纪庄官制在工业化形势下的一种创新。代理人员的构成,经历了从法律人士到土地专业人士的转变。在工业化的过程中,英国经历了一场规模宏大、时间漫长的土地流转,形成了以大地产为主导的土地分配结构;在这个过程中,家庭限嗣授产制逐步严格化和法制化,租佃关系日趋复杂化。这从客观上要求土地经营管理制度发生相应的变化,受过法律训练的专业人员逐渐替代了中世纪以来庄园制度下的大管家,被冠以代理人的称号,成为大地产上土地管理的领军人物。此后,在议会圈地运动、农业革命、铁路运河系统的修建等投资因素的刺激下,受过专业训练的土地经营管理人员脱颖而出,替代了法律人士,成为代理人选的主导因素,培养土地管理人员的机构逐渐出现。土地代理制的具体形式在各个地产上不相雷同,在小地产上形成了"地主—代理人—执事员"的组织形式,在大地产上确立了"地主—总代理人(或代理委员会)—常驻代理人—审计员及其他专家"的组织形式。一般而言,土地代理人是地主利益的忠实代表,他们精心管理地产,为雇主的利益鞠躬尽瘁;不过,地主并不是土地代理框架内完全消极被动的因素,他们关注代理人的人选,听取他们的定期汇报,干预他们管理地产的策略,使大地产的经营管理趋于高效。

---

① David Spring, *The English Landed Estate in the Nineteenth-century: Its Administration*, Maryland: The Johns Hopkins Press, 1963, pp. 10 – 11.

第九章　份田运动：稳定乡村社会的主佃雇博弈

在大地产下，土地像一条纽带，把地主、租地农场主和农业工人联结在一起。租地农场主从地主手中租赁土地，雇用农业工人，面向市场经营。同时，在工业化时期，英国社会急剧转型，各类矛盾迭出。在乡村，农业工人是社会的主体，他们的境遇状况直接关系到地方社会的稳定，关系到地主和租地农场主的利益。在围绕土地经营进行的寻租活动中，主佃雇三方是如何就改善农业工人境遇、稳定乡村社会展开博弈的？本章以"份田运动"为视角，对这一问题作以探讨。

中世纪以来，在英国经济史上，allotment 的概念曾经出现过三次，每一次都具有特殊的含义。第一次是中世纪庄园制度下农奴从庄园主那里分得的狭长土地，这块狭长的土地被称为 allotment。① 第二次是圈地运动的产物。在圈地运动中，村社成员失去了他们在土地上享有的公共权利，作为补偿，得到一小块土地，这一小块土地即 allotment。② 第三次是维多利亚时代大农场制度下农业工人的福利保障，这种福利保障以小块土地——allotment 为表现形式，由农业工人从地主那里租赁，这里译为"份田"。对于大农场制度下份田的研究，西方学界主要有三位代表人物。B. 默塞勒以 19 世纪的英格兰为研究对象，解读了份田在家庭经济和教区经济中的地位，并运用经济模型剖析了租地农场主反对份田的原因。③ J. E. 阿彻对默塞勒以经济要素为钥匙开启"租地农场主反对农业

---

① P. Vinogradoff, *The Growth of the Manor*, London: George Allen & Company, Ltd., 1911, pp. 175-176.

② G. E. Mingay, *Parliamentary Enclosure in England: An Introduction to its Cause, Incidence and Impact, 1750-1850*, Essex: Addison Wesley Longman Ltd., 1997, pp. 129-130.

③ Boaz Moselle, "Allotment, Enclosure, and Proletarianization in Early Nineteen-century Southern England", *Economic History Review*, Vol. 48, No. 3, August 1995, pp. 482-500.

工人份田难题"的做法进行了批驳，他认为，尽管经济解释在诠释份田时占有一席之地，然而父权制问题、社会控制问题、福利关系、农村保护同样具有不可忽视的作用。① J. 伯查德认为，18 世纪末—20 世纪初，英国出现了三次份田运动，它们是英国农村现代化的媒介。② 本章拟从工业化后期维多利亚时代③份田运动的背景和缘由入手，对其推广和绩效进行考察。

一、农业工人的分类

工业化时期，随着大地产的逐渐形成，农场雇工（农业工人）成为乡村社会的主体力量，他们是农业劳动的主要承担者。农业工人有着深厚的中世纪渊源。在中世纪，领主庄园上的劳动人口可分为四类。一为自由持地农，也称索克曼，他们享有较多的自由，是庄园上的佃户。二为维兰，也为佃农，他们享有的自由少于自由持地农。三为数量日益减少的奴隶。四为茅舍农，通常持有两三英亩土地，最多不过 5 英亩，他们当中的许多人为殷富的维兰佃农干活，是现代意义上农业工人的主要来源。④

在大地产形成的过程中，农业工人的身份经历了一场转变。起初，他们既作为工人赚取工资，又作为生产者谋求营生。他们的谋生渠道甚为广泛，可以到荒地中捡取柴薪，可以在公用草地上放牧一头母牛或一头猪，或可以在公田的份地上种植少量庄稼。然而，随着大地产的逐步确立，他们被剥夺了辅助性收入。比如，圈地运动剥夺了他们在敞田制下享有的公共权利，他们再也不能到公共草地上或荒地寻找营生。因而，随着大地产制的形成，农业工人除了工资别无其他谋生途径，成了地地道道的工资赚取者。

在大地产形成的过程中，英国农业工人的种类呈现出多样化特征，主要分为以下类别：农场佣工、日工、少年工、季节工和临时工、流动工人。在严格意义上，农场佣工通常看管牲口，他们吃住在农场，但并

---

① J. E. Archer, "The Nineteenth Century Allotment: Half an Acre and a Row", *Economic History Review*, Vol. 50, No. 1, February 1997, pp. 21 – 36.

② Jeremy Burchardt, *The Allotment Movement in England, 1793 – 1873*, Chippenham: Antony Rowe Ltd., 2002, pp. 4 – 5.

③ 维多利亚女王于1837—1901年在位。

④ William Ashley, *The Economic Organization of England: An Outline History*, London: Longmans, Green and Co. Ltd., 1928, p. 17.

不是农场主的家庭成员；农场主时常在集市上招揽农场佣工，按照惯例，他们的使用期限为一年。一般情况下，农场佣工为未成婚的年轻人，在农场作佣工只是他们人生中的临时经历，成婚或找到其他职业以后，这段经历便自行结束。1851 年的一份调查表明：在接受调查的 189 名男性农业工人中，116 名为农场佣工，在他们当中，54% 的人还不到 20 岁，33% 的人刚好 20 岁；在接受调查的 156 名女工中，99 名为农场佣工，其中 20 岁以下者的比例为 52%，刚好 20 岁者的比例为 36%。① 如图 9.1 所示，19 世纪，佣工在英国呈现出下降趋势，1821 年，占英国人口的比例为 13.4%，到 1911 年，已经下降到 3.7%。②

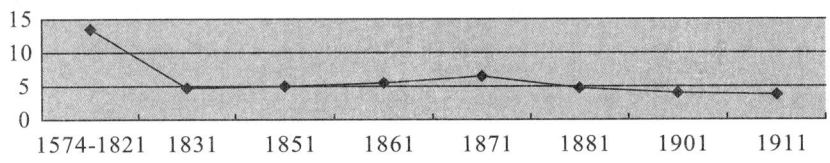

图 9.1　1574—1911 年英国佣工占总人口比重趋势图

资料来源：Leonard Schwarz, "English Servants and their Employers during the Eighteenth and Nineteenth Century", *Economic History Review*, Vol. 52, No. 2, May 1999, pp. 236 – 256.

日工又称在外工人，是农场上的主要劳动力。1851 年，英国共有男性日工 908,678 名，是农场第二大团体——农场佣工数量的 5 倍。③ 相比之下，女性日工的重要性则次于女性农场佣工。男性日工类型多样，且有等级差别，这些差别在于他们是否管理牲口。牧羊人的地位最高，他们在组织生产时具有较大的自由度。马匹管理员的地位仅次于牧羊人；在马匹管理员中，耕夫是马匹管理员的总头目，其下是马车夫或马夫。牛匹管理员的地位位列第三。普通劳工的地位处于农业工人最下层，他们最主要的特征是不与牲口打交道，其职责是参与田地中的农业活动。在不同的农场上，各类劳动人手的数量状况因地而异。1872 年，在伍斯特郡卡罗农场上，农业工人包括 1 名耕夫、2 名车夫、1 名马夫、1 名牧羊人、2 名车童、

---

① Peter Dewey, "Farm Labour", in Joan Thirsk (ed.), *The Agrarian History of England and Wales, 1850 – 1914*, Vol. 7, Cambridge: Cambridge University Press, 2000, p. 812.

② Leonard Schwarz, "English Servants and their Employers during the Eighteenth and Nineteenth Century", *Economic History Review*, Vol. 52, No. 2, May 1999, pp. 236 – 256.

③ Peter Dewey, "Farm Labour", in Joan Thirsk (ed.), *The Agrarian History of England and Wales, 1850 – 1914*, Vol. 7, Cambridge: Cambridge University Press, 2000, p. 814.

2名耕童，此外，还有15名普通日工，其中9人半年后就离开了。在林肯郡的一个大型农场上，农场主科尼利厄斯·斯托维不愿在自己的支付能力之外雇用更多的劳动力；1872年，其农场工人包括1名马夫、4名家内雇工、3名白日工、3名童工。① 女性日工也是农场劳动人手的重要来源。1843年，一名多塞特农场主告诉调查女工和童工问题的济贫法委员会，"本人常年雇佣6—8名女工，她们在冬天里打谷、切萝卜喂羊，其他时间在萝卜田里除草。"② 1832—1833年，济贫法委员会在英格兰和威尔士进行了问卷调查，50%以上的问卷表明：农场上确实存在着女工和童工。③

农场的活动四季不同。随着春天的来临，播种开始了，接着需要除草、选取根茎作物，还需要惊吓鸟类。紧跟着要种植马铃薯。过了5月份，一系列作物相继成熟，六月份的干草和豆类、八九月份的谷物、十月份的土豆、十一月的其他根茎作物。收获之后，耕地由正规工人完成。在19世纪中期，从6月份开始到深秋时节的收获季节，农场正规工人不堪重负，这就需要数目庞大的季节工和临时工。如表9.1所示，1867—1869年，在伯克郡的49个农场，夏季男女工的数量分别为1,332名、467名，冬季分别下降到1,079名、180名。对应的差额部分则属临时工和季节工。

表9.1 1867—1869年伯克郡农场雇工数量四季的差异（49个农场，25,762英亩土地）

	男 工			女 工		
	18岁以下	18岁以上	总计	18岁以下	18岁以上	总计
春	362	747	1,109	30	274	304
夏	409	923	1,332	55	412	467
秋	366	752	1,118	22	284	306
冬	351	728	1,079	16	164	180

资料来源：Peter Dewey, "Farm Labour", in Joan Thirsk (ed.), *The Agrarian History of England and Wales, 1850 – 1914*, Vol. 7, Cambridge: Cambridge University Press, 2000, p. 821.

---

① Peter Dewey, "Farm Labour", in Joan Thirsk (ed.), *The Agrarian History of England and Wales, 1850 – 1914*, Vol. 7, Cambridge: Cambridge University Press, 2000, pp. 814 – 815.

② Peter Dewey, "Farm Labour", in Joan Thirsk (ed.), *The Agrarian History of England and Wales, 1850 – 1914*, Vol. 7, Cambridge: Cambridge University Press, 2000, p. 816.

③ Nicola Verdon, "The Rural Labour Market in the Early Nineteenth Century: Women's and Children's Employment, Family Income, and the 1834 Poor Law Report", *Economic History Review*, Vol. 55, No. 2, May 2002, pp. 299 – 323.

这一时期，季节性和临时性农场工人往往在农业和非农产业之间流动。农忙季节，木匠、轮辐工、泥瓦匠等放下手中的工具，加入到农业工人的行列。比如，在1870年代担任国家农业工会主席之前，约瑟夫·阿奇是一位出色的篱笆修筑工，他走遍了自己的母郡，铺设排水管道、耕地、割草。① 1970年代以后，由于受其他行业的吸引，再加上农业开始走入低谷，越来越多的季节性和临时工人离开农业领域，步入非农行业。在英格兰和威尔士，从事农业的女工，1851年总数为166,400人，1861年减少到113,400人，1871年又减少到82,400人。② 20年间减少了一半左右。到1914年，季节性和临时工人基本上绝迹，收获庄稼的重担落在了农场主和正规工人肩上。

农场劳作的季节性，以及英国国内季节性和临时性农业工人的减少，为区域间流动农业工人的产生提供了空间。19世纪早期，流动工人主要由苏格兰人和威尔士人组成。19世纪中叶以后，由于英国国内劳动力价格上涨，流动工人减少。爱尔兰流动工人大量涌入，1841年为38,714人，1880年为33,000人。此后，开始减少。到1915年，下降到7,345人。③

二、农业工人生活困顿：份田运动的时代背景

英国的allotment历史悠久，不同时代内涵迥异，其共同特征就是小块土地。在维多利亚时代的allotment——份田制度下，"地主把土地分割为小份，出租给农业工人和茅舍农；后者利用空闲时间耕作，补充家用，但并不能替代工资。"④ 在维多利亚时代初期，地主、租地农场主、农业工人之间矛盾重重，社会动荡，地主为缓和社会矛盾、消除农场主对其社会地位造成的威胁，出租份田给工人，这一过程形成了份田运动。在大地产上，农业工人的居住环境恶劣、工资待遇低下。他们为了改善处境，不断发动骚乱，导致乡村社会动荡。这就为份田运动的展开埋下了伏笔。

---

① Peter Dewey, "Farm Labour", in Joan Thirsk (ed.), *The Agrarian History of England and Wales, 1850–1914*, Vol. 7, Cambridge: Cambridge University Press, 2000, p. 822.

② Edward Higgs, "Occupational Censuses and the Agricultural Workforce in Victorian England and Wales", *Economic History Review*, Vol. 48, No. 4, November 1995, pp. 700–716.

③ Peter Dewey, "Farm Labour", in Joan Thirsk (ed.), *The Agrarian History of England and Wales, 1850–1914*, Vol. 7, Cambridge: Cambridge University Press, 2000, p. 825.

④ A. W. Ashby, *Allotments and Small Holdings in Oxfordshire*, Oxford: Oxford University Press, 1917, p. 3.

工业化时期，英国农业工人的居住条件极为糟糕。造成这种状况的一个重要原因是人口问题，即农业劳动人口的膨胀、农业人口向工业地区的流动性较差、圈地运动对农村人口的驱赶。《英国劳工卫生状况蓝皮书》对农业工人的居住条件进行了生动报道。1861年，第7篇报道的部分内容如下：

> 在821个农村教区中，人口已经由1851年的305,567人增长到现在的332,064人，而房子的数量则由69,225座下降到66,109座。在我们实地考察的5,375座"典型农舍"中，每所房子容纳的平均人口由过去的4.41人上升到现在的4.87人。在8,805个卧室里，居住着13,432位30岁以上的成年人和11,338个孩子。只有250座庐舍才具备2个以上卧室的条件。这些庐舍房顶扭曲，通风效果极差，糟糕的地板上布满了小洞，显得潮湿、黑暗、阴冷。①

1840年代，济贫法委员会特别助理阿尔弗雷德·奥斯汀对农业工人的庐舍进行了追踪报道。据他的观察，在多塞特郡、德文郡、萨默塞特郡，农业工人的庐舍又老又旧。这些庐舍通常只有两个卧室，有时候只有一个卧室。男女老少三四个人挤在同一张床上的现象极为普遍。他们之间的隔离物只是一条悬挂的披肩或木板。起居室的地板低于室外的地面，地板表面铺着石头，冬天里显得又潮又湿。大多数庐舍排水功能差。由于极度拥挤，猪圈里的垃圾和粪便包围着庐舍，卫生条件差，疾病肆虐。奥斯汀报告的部分内容显示："在布兰德福德附近的一个小村庄——斯陶尔培恩村，我察看了两间房子大小的一个庐舍。卧室在楼上，底楼是全家人白天生活的地方。全家共11口人，每周的货币收入为16先令6便士，并附带有某些特权。他们持有1/4英亩的份地，每年的租金为7先令7便士。房间面积10平方英尺大小，中间7英尺高。卧室里共三张床。A床由4个人使用，父亲、母亲、1岁半的小男孩杰利迈亚，还有一个4个月大小的婴儿。B床由三个女儿使用，20岁的双胞胎姐妹萨拉和伊丽莎白，7岁的玛丽。C床由四个男孩使用，17岁的西拉斯，15岁的约翰，14岁的詹姆斯和10岁的埃利亚斯。在这些床笫之间，没有任何遮拦。这里的人们告诉我，这并不是一个特例。在这个村庄里，每个卧

---

① Howard Newby, *The Differential Worker: A Study of Farm Workers in East Anglia*, London: Penguin Books, 1977, p. 39.

室里都挤着不同年龄阶段的亲密男女。每到一处，农业工人的庐舍都显得非常陈旧，处于即将腐烂的地步，已不能再增加人口。"①

农业工人居住条件极为恶劣的另一个原因，是17世纪的居住条例②。在旧的济贫法制度下，每个教区的济贫款缴纳人都要向在本教区出生的人或申请居住在本教区的人负责。在大地产下，通常会出现整个教区的土地归一个地主所有、该地主又把这些土地出租给一两个租地农场主的情况。这种位于大地产之上、由少数地主提供济贫救济并提供庐舍的村庄是封闭村庄。在这种封闭村庄内，租地农场主不仅要支付济贫税，还要按照租佃合约修缮地产上的庐舍。这种状况导致两个后果，一是租地农场主常常驱赶租赁地产上的住户；二是租地农场主建议地主拆毁庐舍。这样，他可以免交或少交济贫金，而且还可以减少修葺庐舍的数量。比如，莱斯特勋爵的霍尔克姆地产横跨许多教区，他不仅拥有这些地产，还是地产上庐舍的主人。1848年，伯纳姆的布莱思先生写信说："我被告知地产上的庐舍被推倒了，这样可以减少对穷人的责任和义务。"③ 这表明，济贫税的缴纳既是阻止地主或租佃农场主建筑新庐舍的原因，也是农场主减少维修租有地上庐舍的重要原因。

另一方面，一些农业工人为了个人隐私和安全起见，不愿居住在由地主或农场主提供的庐舍里，而是每天走上很长一段距离上下班。他们居住在由许多贫穷的房主提供房屋的开放村庄里，这些房主向他们征收房租，但无力为寻求庐舍的农业雇工提供舒适的居住条件。1874年，《泰晤士报》一名记者把萨福克郡的一个开放村庄——埃克斯宁的庐舍白描如下："许多庐舍有且只有一个卧室。我走访了一所庐舍，父亲、母亲和六个孩子挤在一起，其中一个女儿已经长大成人。在另一家，女人说，孩子们住在楼上，她和丈夫住在底楼，由于底楼砖铺的地面极其潮湿，床板已经腐烂，成为碎片，她与丈夫不得不和孩子们挤在一块。有时候，

---

① Karen Sayer, *Country Cottages: A Cultural History*, Manchester: Manchester University Press, 2000, pp. 52 – 56.

② 居住条例（settlement laws）是英国在17世纪为控制流民而颁布的济贫法条例，教区负责济贫的职员驱赶那些既非在本教区出生、又在本教区没有土地或工作的人回到自己的母教区 [J. P. Kenyon (ed.), *A Dictionary of British history*, London: Secker & Warberg, 1981; S. H. Steinberg and I. H. Evans (eds.), *Steinberg's Dictionary of British history*, Port Melbourne: Edward Arnold (Australia), 1970]。

③ Susanna Wade Martins, *A Great Estate at Work: The Holkham Estate and its Inhabitants in the Nineteenth Century*, Cambridge: Cambridge University Press, 1980, p. 236.

卫生检察官为了防止过度拥挤，会去检查劳工的庐舍。然而，要这些穷苦劳工们寻求条件好的庐舍非常困难，尽管他们乐意出更高的租金。"①

在工业化时期，农业工人的工资待遇一直是西方学者关注的问题。18、19 世纪之交，英国学者开始了敦促农场主提高农业工人工资的历程。纳撒尼尔·肯特呼吁雇主按照利润的比例提高工人工资，尽管他的倡议没有被采纳，但按照食物价格规范工资的政策在此后几十年间得到人们的响应，并引起了广泛的讨论。② 在《农业工人的案例》一书中，戴威斯倡议，应通过计量五口之家生活必需品的方法或通过面包价格设定工资水准的方法，确定工人的最低工资。③

20 世纪初，就农业工会和农业工人工资增加之间的关系，在农业工联主义者和经济史家之间，存在一场争论。前者认为，农业工会是农业工人增加工资的前提。1876 年，时任国家农业工会主席的约瑟夫·阿奇写道："在我们的组织存在的地方，每一个郡农业工人的周工资都增加了 2—3 先令。"④ 农业工联主义史学家的观点与约瑟夫·阿奇的说法如出一辙。比如，哈斯巴奇坚持认为，"在国家农业工会的努力下，农业工人的周工资由 1 先令 6 便士上升到 2 先令，有时则上升到 3—4 先令"⑤。对于农业工会在农业工人工资提高中的作用，经济史家则持悲观态度。比如，J. H. 克拉潘提出："要找出 1880 年代中期农业工人的地位和 10 年前成立的国家农业工会之间的关系，实属不易。这一切都应归因于非个人因素的解释。诚然，没有国家农业工会就不可能在 70 年代出现农业工人工资的高峰期，但这一高峰很快就出现了逆转。"⑥ 西方学者关于英国农业工人工资待遇问题

---

① Howard Newby, *The Differential Worker: A Study of Farm Workers in East Anglia*, London: Penguin Books, 1977, pp. 39 – 40.

② J. L. Hammond and B. Hammond, *The Village Labourer*, New York: Longman Group Ltd., 1978, p. 88.

③ J. L. Hammond and B. Hammond, *The Village Labourer*, New York: Longman Group Ltd., 1978, p. 89.

④ G. R. Boyer and T. J. Hatton, "Did Joseph Arch Raise Agricultural Wages? Rural Trade Unions and the Labour Market in the Late Nineteenth-century England", *Economic History Review*, Vol. 47, No. 2, May 1994, pp. 310 – 334.

⑤ G. R. Boyer and T. J. Hatton, "Did Joseph Arch Raise Agricultural Wages? Rural Trade Unions and the Labour Market in the Late Nineteenth-century England", *Economic History Review*, Vol. 47, No. 2, May 1994, pp. 310 – 334.

⑥ J. H. Clapham, *An Economic History of Modern Britain: Free Trade and Steel, 1850 – 1886*, Cambridge: Cambridge University Press, 1932, p. 292.

的讨论表明，在工业化时期，英国农业工人的工资境况不容乐观。

18、19世纪之交，英国农业工人生活困顿。其工资上升的幅度往往远低于物价上涨的幅度，苦难的处境促使他们提出增加工资的要求。1796年，纳撒尼尔·肯特撰文说，18世纪最后四五十年，生活必需品的价格上升了60%，农业工人的工资却只增加25%，而且，在大农场制度的促使下，市场上的货源供应在很大程度上被阻滞了。根据利维教授的估计，1760—1813年，农业工人的工资增长了60%，小麦的价格增长了130%。① 工人们苦苦挣扎，仍是债务缠身。表9.2是牛津郡一个农业工人一家人的生活开支清单。虽然他们的生活状况比许多农业工人都要优越，但仍处于亏空状态。该工人膝下有三个孩子，身兼车夫和挖掘工两种角色，他的周工资为8先令或9先令，尽管受到教区周济，但他每年都要透支5英镑以上。② 即使到了1830年代，农业工人的工资状况也没有出现好转的迹象，C. 奥文和E. 惠瑟姆对这一时期英格兰南部地区农业工人的生活状况描述如下："在英格兰南部和米德兰南部地区，农业工人经历了1769—1890年间最为艰苦的日子，发生了1830年代的劳工骚动等一系列事件。在多塞特郡，雇工们和农业资本家通常在雇佣市场上签订一年一度的契约，工资按周支付，雨天没有报酬，工资的大部分都按照实物的形式发放，农场主希望雇工一家人都到农场上参加劳动。在威尔特郡和德文郡，工资相当低廉。在康沃尔郡，由于存在着其他的就业机会，农业工人的工资相对较高。"③

正是在这种背景下，爆发了最低工资请愿运动。农业工人要求政府尽快解决工资增长停滞与物价快速上涨之间的难题。在劳工请愿的压力下，议会通过了关于工人最低工资的议案。然而，该议案没有通过议会的二读。此后，以提高农业和制造业工人工资为宗旨的联合协会继续致力于最低工资政策的实施。1827年，该协会的三个代表在移民特别委员会慷慨激昂地提供证据，历数工人生活的艰辛。其中一位代表指出了工人所遭受的不平等待遇，他说，"1825年，农业工人的周工资是9先令，

---

① J. L. Hammond and B. Hammond, *The Village Labourer*, New York: Longman Group Ltd., 1978, p. 69.

② Roy Porter, *English Society in the Eighteenth Century*, Middlesex: Penguin Books Ltd., 1982, pp. 107 – 108.

③ Neil Tonge and Michael Quincey, *British Social and Economic History*, *1800 – 1900*, London: Macmillan Education Ltd., 1980, p. 82.

小麦的价格是每蒲式耳 9 先令。然而，1732 年，政府把农业工人周工资固定在 6 先令，当时的小麦价格是每蒲式耳 2 先令 9 便士"①。

表 9.2　牛津郡一农业工人家庭年生活开支清单

每周 4.5 配克烤制的食品	13 英镑 13 先令
茶叶和蔗糖	2 英镑 10 先令
黄油、猪油	1 英镑 10 先令
啤酒和牛奶	1 英镑
咸肉和其他肉类	1 英镑 10 先令
肥皂、蜡烛等	约 15 先令
房屋租金	3 英镑
上衣	2 英镑 10 先令
鞋子和衬衫	3 英镑
其他衣物	2 英镑
总计	31 英镑 8 先令

资料来源：Roy Porter, *English Society in the Eighteenth Century*, Middlesex: Penguin Books Ltd. 1982, p. 108.

三、份田方案出炉：基于传统福利政策失败的博弈

工业化时期，英国农场工人一般来源于圈地后失去土地的小自耕农。他们在圈地中失去了公共权利，得到了小块土地，此后，又有许多人丢掉了小块土地，生活水平急剧下降。在传统敞田制下，教区村民在休耕的土地、草地、荒地、林地上享有公共权利，即"一人或多人可以使用或取走别人土地上的某部分农产品的权利"②。圈地以前，公共权利是小块土地持有者或没有土地的茅舍农谋生的重要依据。工业化时期，随着议会圈地运动较大规模地展开，他们失去了公共权利，作为补偿，得到了小块土地。最后的情形是，"一些农民，虽然在法律上受到公共权利损失的补偿，分得一小片土地，但如果他们付不起给土地作栅栏的高额费

---

① J. L. Hammond and B. Hammond, *The Village Labourer*, New York: Longman Group Ltd., 1978, p. 95.
② E. C. K. Gonner, *Common Land and Inclosure*, London: Macmillan and Co. Ltd., 1912, p. 7.

用，如果这块土地面积太小、太贫瘠，经营起来无利可图，就会有人规劝他们卖掉这块土地。在高效率、高利率被法律所容许并给农民带来痛苦的情况下，小农们自给自足的希望最后破灭了。"① 这样，越来越多的失地小农成了工场或农场上的雇佣工人。同时，在19世纪，英国乡村工业尤其是纺织工业逐渐衰败，工人失业现象严重，生活水平下降。

对于乡村工人失去公共权利与土地、生活水平急剧下降的境况，英国传统的福利政策发挥了怎样的作用呢？英国的济贫法体系以1601年伊丽莎白法令为基础发展而来。1601年通过的伊丽莎白法令，使政府从教会手中接过了济贫任务。每个教区就是一个济贫单位，日常济贫事务由地方治安法官任命、没有薪水的专职救济人员管理，济贫资金来自济贫税的征收。1722年之前，济贫金申请人既可以向救济人员也可以向政府提出申请。1722年通过的一项法律使济贫款项的管理更为严格。济贫金申请人必须首先向济贫管理人员提出申请，如果遭到拒绝，就可以向地方行政官进行汇报，由地方行政官下令给予救济。

1782年，一些教区实行了吉尔伯特法。在这些教区中，分发济贫金的任务由领取工资的济贫管理员执行，济贫管理员收取并管理救济资金；在相应的几个教区中，设立由大法官任命的巡视员，在遭到济贫管理员拒绝的情况下，济贫金申请者可以向大法官求助。济贫方式多种多样，基本方式无非两个类别：一为院外救济，二为院内救济。1722年之前，院外救济是唯一的救济方式。1722年，一些教区通过议会的一项特殊法令，掀起了院内救济运动，如果救济申请者拒绝进入济贫院，就会被废除所有申请救济的资格。在那些采取吉尔伯特法的地区，济贫院是为老人、残疾人和孩子设立的。在大多数教区，院外救济和院内救济同时存在，但院外救济只有在某些年龄段和特定的条件下才能实行。在一些教区，1795年之前，院外救济已经被全部取消。到18世纪末19世纪初，院外救济已不是经常运用的济贫方式，院内救济也糟糕到了极点。埃登运用诗歌的形式，把当时一家普通救济场所——克莱伯济贫院的状况白描如下：

  这就是你们教区济贫院的房舍，

---

① F. E. Huggett, *The Land Question and Europe Society*, London: Thames and Hudson Ltd., 1975, p. 6.

泥质的墙壁包不住破碎的门；
这里空气污浊，
白天是枯燥而嘈杂的轮子声；
这里居住着没有父母照料的小孩，
以及失去了下一代关爱的老人；
身心破碎的老女人蜷缩在床，
毫无生气；
无依无靠的寡妇黯然伤神，
风烛残年老泪纵横；
又瞎又瘸毫无欢乐！
一群闷闷不乐近似白痴的老女人，
她们末日凄惨，
忧伤悲痛，
响亮的呻吟声从同伴室内传出，
夹杂着群体的呐喊；
每人都遭受着相同的悲痛，
救济对他们毫无人性。①

面对 18 世纪末期面包价格的上涨，英国于 1795 年通过了斯宾汉姆兰制度。进入 19 世纪，这种制度出现了衰落的趋势。据统计，"1824 年，向子女提供津贴的乡村教区达到 90% 左右；1832 年，这一数字下降到 55%。同一时期，以济贫税补充工资的教区的比例从 41% 下降到 7%。"② 以后，政府又通过法律禁止对农业工人进行济贫补助，克拉潘对此总结道："对于农村教区以济贫捐有系统地补助工资办法纵未真正禁止，也已经予以法律上的打击了，而且 1834 年法案，照原草案的规定，曾订明对一切壮年男子的户外救济自 1835 年 7 月 1 日起一律停止。[……] 各处的农业工人却不得不越来越完全依靠自己的劳动收入了。"③

---

① J. L. Hammond and B. Hammond, *The Village Labourer*, New York: Longman Group Ltd., 1978, pp. 97–98.

② Joan Thirsk (ed.), *The Agrarian History of England and Wales, 1750–1850*, Vol. 6, Cambridge: Cambridge University Press, 1989, p. 788.

③ [英] 克拉潘：《现代英国经济史》上卷，姚曾廙译，北京：商务印书馆 1997 年版，第 573 页。

在救济系统对于农业劳工的生计问题无能为力的情况下，有没有一种可替代的方式，解决他们对于教区济贫的严重依赖呢？这些问题令人深思。

面对济贫系统的失灵，不堪生活压力的农业工人们爆发了最低工资请愿运动。诺威奇报纸刊登的一份请愿号召书，声明如下："为了以和平的方式解决我们多年来经受的苦难，日工在赫彻姆、斯内蒂瑟姆、塞奇福德等教区多次举行会议，一致同意做出如下请愿决定：1. 工人们对得起雇主们的雇佣，新近实行的用低于市场的价格向他们出售面粉的做法是对他们卑微地位的凌辱；2. 劳动力的价格应始终和小麦的价格成比例，小麦的价格应受生活必需品平均价格的约束，对劳动力的价格要精心计量，在不伤害农场主的前提下给工人以幸福；3. 为实现以上计划，应立即组织起来，向议会请愿，规范劳动力的价格，届时，本郡日工要通力协作，以和平的、合法的方式确保本次请愿活动成功，应抓紧时间进行准备工作，因请愿必须在1796年以前进行；4. 每个工人应当向组织请愿活动的经费管理人员交纳1先令的活动经费，以支付广告费、会务费和议会请愿费用。"①

针对乡村社会的动荡，有识之士纷纷抛出锦囊妙计，寻求治理的"良药"。1843年，济贫法特别助理斯蒂芬·丹森提出了解决农村工人失业问题的方案，他写道：

> 机器的使用使手工纺织得以终结，没有其他的家庭制造业可以替代手工纺织业。我做了详尽的调查，试图找出是否存在着适合妇女和儿童从事的农村家庭职业。我为她们找出的可以替代家庭纺织业的唯一出路就是"份田系统"。②

1844年秋，在萨福克郡西部地区，乡绅和地方官员聚会并讨论整治当地农村进一步骚乱的方案。与会者众说纷纭，提出了诸多议案，诸如移民、铲子农业、减少地租、建立乡村警察等。大会发言人亨利·邦伯里勋爵说："恳求诸位不要认为本人是份田万能论者，份田并不一定能够解决困扰农业劳工的一切困难和弊病，但它是最为有效、最现成的改善目前困

---

① J. L. Hammond and B. Hammond, *The Village Labourer*, New York: Longman Group Ltd., 1978, pp. 90 – 91.

② J. E. Archer, "The Nineteenth Century Allotment: Half an Acre and a Row", *Economic History Review*, Vol. 50, No. 1, February 1997, pp. 21 – 36.

境的手段之一。"① 1844 年，份田专门委员会把 1830 年代的份田狂潮归结为化解 1830—1831 年农业骚乱的路径。②

四、份田方案出炉：基于父权社会重新建构的博弈

19 世纪，英国农业工人份田的出现与推广，是地主重新建构乡村父权社会的一种策略。英国的父权主义源于中古时期。在父权主义体制下，社会上层对下层承担着父亲的角色，履行着统治与救济两种职能；土地是父权运行的介质，国王、庄园主分别是父权政治的最高和基层代表；1630 年代，父权主义在理论和实践上均达到高峰；到了 18 世纪，父权者实施的救济职能下降，但统治职能依旧。直到 19 世纪，地主仍控制着英国政权。比如，从 1833 年到 1885 年格拉斯顿执政结束，议会上院招纳了 139 名新成员，在他们当中，地产面积少于 3,000 英亩、地租收入少于 3,000 英镑的贵族没有超过 26 名，仅占总数的 1/5。③

19 世纪初叶，地主的父权地位受到严重威胁。在乡村社会，代表地主利益的谷物法④成为引发社会骚动的一大根源，由农业工人发动的抢米风潮接连发生。同时，租地农场主随着经济实力的壮大和政治独立倾向的加强，不断向占据传统地位的地主发出挑战。在诺福克郡，租地农场主对托利党和辉格党的地主代表常常投以蔑视的眼光。1822 年，农场主多次召开以讨论农业衰落为主题的会议，提出了议会政治改革和降低什一税、税金、地租的要求。在一次 6,000 人参加的大会上，租地农场主的这种要求达到了高峰，威廉·克贝特关于议会政治改革的报告得到了他们的强烈支持。1830 年，在斯文骚动⑤前夕，诺福克郡农场主拒绝

---

① J. E. Archer, "The Nineteenth Century Allotment: Half an Acre and a Row", *Economic History Review*, Vol. 50, No. 1, February 1997, pp. 21 – 36.

② David Roberts, *Paternalism in Early Victorian England*, London: Croom Helm, 1979, p. 132.

③ F. M. L. Thompson, *English Landed Society in the Nineteenth Century*, London: Routledge & Kegan Paul, 1963, pp. 52 – 56.

④ 拿破仑的大陆封锁政策使英国粮食匮乏、价格高涨。1815 年，贵族地主操纵议会通过谷物法，对谷物进口严加限制。该法案限制贸易自由，人为地维持食品的高价，只对地主有利，遭到其他阶层的反对。1836 年，伦敦成立了"全国反谷物法协会"。1846 年，皮尔政府提出的废除谷物法提案在议会通过了三读，成为法令。

⑤ 1830 年，英国农业歉收，农业工人普遍受到饥饿的威胁，斯文骚动爆发。骚动从肯特郡开始，逐渐扩大到苏塞克斯、埃塞克斯、汉普郡等地，直至整个南部农业区。一群群农业工人，手持棍棒，四处游荡，围攻乡绅地主，包围法官。

承认在任的托利党下院议员埃德蒙·沃德豪斯，推出了自己的候选人威廉·福克斯，并最终赢得了选举。① 1830 年，令诺福克郡南部和萨福克郡北部地主烦闷的是，通过斯文骚动，租地农场主和农业工人已经联起手来，前者怂恿后者就什一税问题骚扰修道院和教堂。② 与 1830 年以后相比较，1830 年以前，地主和教区牧师在英国乡村社会中尤其不受欢迎；与 1840—1870 年相比，1815—1830 年间在纵火中被烧死的地主和教区牧师的比例要高得多。③ 这表明，18、19 世纪之交，以地主为首的英国统治精英已经受到下层社会集团的质疑。

为重新塑造自己在乡村社会中的形象，缓解紧张的社会矛盾，地主以份田为依托，开始建构"新父权主义"。④ 新父权主义以提高工人的生活水平、增强其责任感和独立性为内容，以份田作为密切联系地主和工人关系的"枢纽"，其目的就是以份田作为"礼品"和社会控制手段，使租用者处于从属地位，进而强化地主和教区牧师的地位与尊严。在肯特郡，拥有份田的农业工人达到了 3,000 人。⑤ 在一些地区，普通农业工人也开始享受到免费庐舍的待遇。比如，在英格兰北部和西南诸郡，农场主向一般的农业工人免费提供庐舍。⑥ 莱斯特勋爵向诺福克郡农业协会介绍了其地产上工人庐舍的基本状况。他说：

> 在本人的地产上，共有 521 所庐舍，供 450 名身强力壮的工人使用。本地产上的劳工人数为 950 人，他们的周工资为 10—12 先令。另外 500 名劳工住在投机商建造的庐舍里，每年的房租为 4—5 英镑。这些农舍没有花园，条件糟糕。劳工们上下班通常要步行三、

---

① J. E. Archer, "The Nineteenth Century Allotment: Half an Acre and a Row", *Economic History Review*, Vol. 50, No. 1, February 1997, pp. 21 – 36.

② E. J. Hobsbawm and G. Rudè, *Capital Swing*, Harmondsworth: Penguine, 1973, pp. 126 – 127.

③ J. E. Archer, "The Nineteenth Century Allotment: Half an Acre and a Row", *Economic History Review*, Vol. 50, No. 1, February 1997, pp. 21 – 36.

④ 从中世纪到 18 世纪，惯例是父权主义运行的准则。到了维多利亚时代，新父权主义运用一套固定而明确的制度规范父权关系，以消除传统父权主义中的不确定性与个人化倾向。

⑤ David Roberts, *Paternalism in Early Victorian England*, London: Croom Helm, 1979, p. 132.

⑥ Peter Dewey, "Farm Labour", in Joan Thirsk (ed.), *The Agrarian History of England and Wales, 1850 – 1914*, Vol. 7, Cambridge: Cambridge University Press, 2000, p. 847.

四英里。过不了多久，农场的第一需要就不再是农田基本设施，而是充足的庐舍。①

在英国地产的典范——霍尔克姆地产上，1865 年以后，农业工人居住的庐舍数量不断增加。1867 年，该地产上有庐舍 521 所，到 1895 年，增加到 730 所。② 在其德文郡和贝德福德郡地产上，贝德福德公爵分别建造了 288、372 套模范农舍，廉价出租；1847 年，第三任诺森伯兰公爵去世，此前，他一直向雇工提供份田、出租优良农舍；纽卡斯尔公爵在诺丁汉郡提供了 2,000 块份田；里奇蒙德公爵则在苏塞克斯郡提供了 1,500 块份田。1840 年代，要求地主向农业工人出租份田是新父权主义最强劲的表达形式，这种呼声无处不在。

在向农业工人分授份田的过程中，地主作为给予者，其声誉、领导才能、慷慨、富有、博爱的优秀品质得以展现。莫斯就这种赠与关系在社会等级中所促就的信任和感恩予以总结，他写道：

> 这些慷慨的行为并不能脱离自私自利而存在，赠与是为了展示富有、高贵、至高无上和长者权威，回报不多的接受则意味着成为下属。③

这样，地主成了份田运动的首倡者。在贝德福德郡，由于贝德福德公爵和德·格雷伯爵的倡议，第一块份田出现于 1820 年代。此后，其他土地经营者唯他们马首是瞻。④

1830 年以后，地主向农业工人分授份田的做法开始将租地农场主置于日益尴尬的困境。自 1830 年代中期以后，在许多郡，如东盎格利亚

---

① Susanna Wade Martins, *A Great Estate at Work: The Holkham Estate and its Inhabitants in the Nineteenth Century*, Cambridge: Cambridge University Press, 1980, p. 241.
② Susanna Wade Martins, *A Great Estate at Work: The Holkham Estate and its Inhabitants in the Nineteenth Century*, Cambridge: Cambridge University Press, 1980, p. 246.
③ Howard Newby, *The Differential Worker: A Study of Farm Workers in East Anglia*, London: Penguin Books, 1977, pp. 429–430.
④ Jeremy Burchardt, *The Allotment Movement in England, 1793–1873*, Chippenham: Antony Rowe Ltd., 2002, p. 65.

郡，租地农场主开始替代地主，成为纵火者攻击的对象。① 这是因为租地农场主对份田基本上持反对态度。他们认为，热衷于在份田上劳作的同时，农业工人会放松自己的工作责任。D. M. 麦克雷德和 D. E. 马丁把租地农场主反对份田的原因总结如下：

> 如果农场工人得到了份田，他们就会在夜晚以及农场主不需要他们劳动的白天侍弄份田，以弥补家庭收入。这样，农业工人就会疏忽自己的职责。份田的持有者还会从农场主的田地里偷盗庄稼，充当份田的产物。②

对租地农场主来说，稳定而顺从的劳动力来源是他们经营农场的必要条件；而份田的出现，则使劳动力获得了独立的倾向。正如 1834 年济贫法委员会报告表明的那样："农场主喜欢工人像奴隶一样为他们劳作，他们反对工人们拥有花园。农场主说，工人们为自己干的活计越多，给我们提供的劳动就越少。"③

五、份田的推广与绩效

19 世纪，在农业工人因失业、贫困而进行的骚动中，在地主为重塑"新父权主义"而推行的赠与行为中，在地主和租地农场主的争斗中，英国的份田系统得以酝酿、推广。如表 9.3 所示，在诺福克郡、萨福克郡的乡村，份田引进和推广的具体日程如下：大坝顿 1816 年、大贝林斯 1833 年、布勒克什 1830—1833 年、特灵顿 1819 年、格顿 1833 年、邦吉 1830—1833 年、巴宁厄姆 1822 年、沃尔沙姆勒威斯 1833 年、梅利斯 1830—1833 年、巴纳姆 1829 年、沃灵沃斯 1833 年、奎德海姆 1830—1833 年、奥顿 1829 年、斯塔德布鲁克 1835 年、罗伊顿 1830—1833 年、卡兰弗斯 1830 年、沃尔皮特 1835 年、色阿伯斯 1830—1833 年、福兰普顿 1830 年、阿特厄伯勒 1836 年、色里斯顿 1830—1833 年……黑奇姆 1849 年。以上数据表

---

① J. E. Archer, "The Nineteenth Century Allotment: Half an Acre and a Row", *Economic History Review*, Vol. 50, No. 1, February 1997, pp. 21 – 36.

② Donald MacRaild and David Martin, *Labour in British Society, 1830 – 1914*, London: Macmillan, 2000, pp. 50 – 51.

③ J. L. Hammond and B. Hammond, *The Village Labourer*, New York: Longman Group Ltd., 1978, p. 106.

明，在诺福克郡和萨福克郡，份田于 1816 年开始出现；1820 年代，推广的进度步履蹒跚；1830—1840 年代，份田的推进如雨后春笋，这可能与 1830 年出现的斯文骚动有关。

表 9.3　诺福克郡、萨福克郡份田的推广

村庄名称	年代	村庄名称	年代	村庄名称	年代
大坝顿	1816	大贝林斯	1833	伯里圣厄德姆斯	1844
特灵顿	1819	格顿	1833	厄尔穆塞特	1844
巴宁厄姆	1822	沃尔沙姆勒威斯	1833	大里弗米尔	1844
巴纳姆	1829	沃灵沃斯	1833	小比林斯	1844
奥顿	1829	斯塔德布鲁克	1835	小里弗米尔	1844
卡兰弗斯	1830	沃尔皮特	1835	马尔特勒姆	1844
福兰普顿	1830	阿特厄伯勒	1836	里德勒沙姆	1844
大韦奇纳姆	1830	赫瑟特	1836	斯通普兰德	1844
巴宁厄姆（扩展）	1843	塞德斯通（扩展）	1851	斯塔德布鲁克（扩展）	1844
柯顿	1830	诺维奇	1840	厄尔姆斯威尔	1845
奥温顿	1830	斯坦顿	1842	塔米纳姆	1846
普拉姆斯特德	1830	海登	1830	东里德姆	1849
波斯特维克	1830	豪克顿	1843	黑奇姆	1849
里弗姆	1830	萨顿	1831	塞德斯通	1849
贝厄姆海姆	1831	布勒克什	1830—3	赫尔斯沃斯	1838
诺顿	1831	邦吉	1830—3	罗伊顿	1830—3
帕克纳姆	1831	梅利斯	1830—3	色阿伯斯	1830—3
霍特沙姆	1831	奎德海姆	1830—3	色里斯顿	1830—3
弗雷腾海姆	1833	埃奇菲尔德	1833	布里斯顿	1833

资料来源：J. E. Archer, "The Nineteenth Century Allotment: Half an Acre and a Row", *Economic History Review*, Vol. 50, No. 1, February 1997, pp. 21-36.

在英格兰各地，份田的推广进程并不同步。"1843 年，据报载，在西南部，尤其在得文，有了进一步的发展；萨默塞特却比较落后。[……] 在肯特、萨里和苏塞克斯的很少几个地方份田可说是普遍的，但是没有试行过这种办法的地方则更少。[……] 在诺福克和萨福克已有进展，并且在某些地方已成为既有的风俗。[……] 在约克郡，份田本身，也就是说工人以纳租佃户的身份所持有的自一路得至一英亩的一点点土地,几乎是闻所未闻的。"① 到 1845 年,萨福克郡的份田为数众多;同一时期,诺福克郡的份田出租变得更加普遍,仍在逐步扩展;在北安普敦郡,第一块份田出现于 1830 年之后,到 1873 年,该郡的份田数量已超过 16,000 块,居英国第二位。② 到 19 世纪 80 年代,英国的份田已非常普及。比如,"在英格兰和威尔士共有隔开来的份田三十八万九千处,大多数距离耕作者的房舍不到半英里;附着于庐舍的八英亩以上的园圃二十五万七千处;小块马铃薯地九万三千处;'牛栏'九千四百个。这些数字不包括铁路公司供给铁路工人的园圃和份田在内。[……]甚至把这类人宽打在内,在英格兰和威尔士也显然有了足够的份田、大小适宜的园圃和小块马铃薯地,供五十八万至六十万年满二十岁以上的农业工人中大多数人之用了。"③ 到第一次世界大战前夕,英格兰的份田数量达到了 450,000—600,000 块;根据土地调查委员会对 2,685 个教区的统计,到 1913 年,2/3 的教区都确立了份田系统。④

单个份田的面积有多大呢?如图 9.2,在英格兰南部诸教区,份田大小与教区数量的关系大致为:在 28 个教区,单个份田的面积在 1/8 英亩以下;在 50 个教区,单个份田的面积在 1/8—1/4 英亩之间;在 40 个教区,单个份田的面积在 1/4—1/2 英亩之间;在 11 个教区,单个份田的面积在 1/2 英亩以上。以上数据表明,英格兰份田的面积大都在 1/2 英亩以下,面积大于 1/2 英亩的份田不为常见。份田的面积主要依据农业工人的家庭人口数量而定。1834 年,济贫法调查委员会的报告显示:劳工占有并得以受益的土地面积不大,一般不会超过半英亩,即便人口较多的家庭也是如此,试图逾此界线就会成为农业资本投资的小农场主,而此类小农场主最终破产的现象比较普遍。⑤ 这表明,农场工人的份田是其工资收入的一种辅助性手段,面积较小,一般不超过半英亩,过此界线,就可能成为租地农的小持有地。

---

① [英] 克拉潘:《现代英国经济史》上卷,姚曾廙译,北京:商务印书馆 1997 年版,第 582—583 页。
② Jeremy Burchardt, *The Allotment Movement in England, 1793 – 1873*, Chippenham: Antony Rowe Ltd., 2002, p. 65.
③ [英] 克拉潘:《现代英国经济史》上卷,姚曾廙译,北京:商务印书馆 1997 年版,第 370—371 页。
④ Jeremy Burchardt, *The Allotment Movement in England, 1793 – 1873*, Chippenham: Antony Rowe Ltd., 2002, p. 228.
⑤ Boaz Moselle, "Allotment, Enclosure, and Proletarianization in Early Nineteenth-century Southern England", *Economic History Review*, Vol. 48, No. 3, August 1995, pp. 482 – 500.

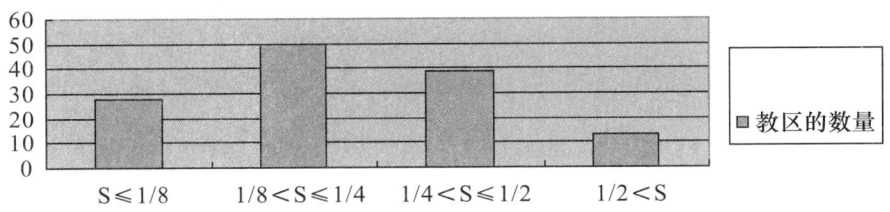

图 9.2　农业工人份地大小及其在英格兰南部诸教区的数量分布

S = 面积（单位：英亩）

资料来源：Boaz Moselle, "Allotment, Enclosure, and Proletarianization in Early Nineteenth-century Southern England", *Economic History Review*, Vol. 48, No. 3, August 1995, pp. 482–500.

一旦被地主接受为份田持有农，农业工人就得签订土地合约。尽管内容千差万别，但大多数合约都呈现出一个共同的特征：耕作方式上的"铲子农业"，用粪肥保持土壤肥力，特定作物的轮作制。一份关于份田种植作物的调查记录表明，1834—1849 年，英国份田主要种植作物按照被记录的次数由高向低的顺序为：土豆 79 次、小麦 50 次、大豆 23 次、豌豆 16 次、大麦 14 次、洋葱 12 次、胡萝卜 8 次、莴苣 4 次、水果 3 次。① 同时，1834 年的济贫法委员会报告表明，在南部教区，66 份回答第 20 个问题（即份田问题）的问卷中，64 份问卷都仅仅提到了土豆的种植，另外 2 份提到了谷物和蔬菜。② 1843 年的份田特别委员会调查显示，19 个证人中，10 个证人将铲子耕作列入了清单，无人提到份田的犁耕问题。③ 这表明，份田制度的主要特征就是利用铲子耕作的方式种植特定的作物，经营的过程精耕细作、劳动力密集。

在份田系统下，土地生产率大为提高。据统计，1851 年，英国小麦的单位产量为 32 蒲式耳/英亩④，同一时期，份田上小麦的单位产量达到了 40 蒲式耳/英亩⑤。同时，份田持有者运营份田的平均费用低于租地

---

① Jeremy Burchardt, *The Allotment Movement in England, 1793–1873*, Chippenham: Antony Rowe Ltd., 2002, p. 150.

② Boaz Moselle, "Allotment, Enclosure, and Proletarianization in Early Nineteenth-century Southern England", *Economic History Review*, Vol. 48, No. 3, August 1995, pp. 482–500.

③ Boaz Moselle, "Allotment, Enclosure, and Proletarianization in Early Nineteenth-century Southern England", *Economic History Review*, Vol. 48, No. 3, August 1995, pp. 482–500.

④ Anne Digby and Charles Feinstein (eds.), *New Directions in Economic and Social History*, London: The Macmillan Press, 1989, p. 15.

⑤ Jeremy Burchardt, *The Allotment Movement in England, 1793–1873*, Chippenham: Antony Rowe Ltd., 2002, p. 158.

农场主的相应开支。原因有二：其一，无论是长期劳工还是临时工，一年中都会出现无事可做的时段，乡村工业的衰落意味着大批妇女和儿童无所事事，在公共权利和习惯权利消失的封闭教区更是如此；其二，租地农场主为了防范劳工们消极怠工和偷盗，不得不雇用监工，增加了管理成本。

表9.4 1834年济贫法委员会关于工人份地（1/4英亩）收支状况一览

各种投入	英镑	先令	便士
地租	—	12	6
翻地费用	—	8	—
粪肥	—	10	—
种子	—	3	—
种植费用	—	4	—
除草	—	8	—
拖运	—	10	—
各种投入的总计	2	15	6
产出			
20麻袋土豆	4	10	—
其他蔬菜	1	—	—
产出的总计	5	10	—
各种投入的总计	2	15	6
纯收入	2	14	6
利润率	98%		

资料来源：Boaz Moselle, "Allotment, Enclosure, and Proletarianization in Early Nineteenth-century Southern England", *Economic History Review*, Vol. 48, No. 3, August 1995, pp. 482 – 500.

在份田系统下，农业工人收入颇丰。对汉普郡、拉特兰郡、白金汉郡、埃塞克斯郡、柴郡等12郡12个村社份田系统运营状况的研究表明：1831—1845年，在这12个村社内，份田的平均利润为11.37英镑/英亩。[①] 同时，经营份田的利润率较高。如表9.4，1834年济贫法委员会的一份报告表明：在一块面积为1/4英亩的份田上，投入包括地租、翻地费用、粪肥、种子、种植费用、除草、拖运，合计为2英镑15先令6便士；产出为20麻袋土豆、其他蔬菜，合计为5英镑10先令；纯收入为2英镑14先令6便士，利润率为98%。在一篇文章中，埃斯特科特对威尔特郡休顿教区份田带来的收获总结如下：

---

① Jeremy Burchardt, *The Allotment Movement in England, 1793 – 1873*, Chippenham: Antony Rowe Ltd., 2002, p. 161.

休顿教区总共有穷人 140 口，分布于 32 个家庭中，他们的职业为农业工人。济贫款不能把他们从贫困和债务中拯救出来。份田方案拯救了整个教区，地租为 1.12 英镑/英亩，租期 14 年，份田的数量依家庭人口多少而定，最多可以分得 1.5 英亩，如果接受济贫金就要没收份田。除了两个寡妇和六个身体虚弱的老人，其余的人都申请了份田。44 英镑的贷款分发给了这些份田持有者。5 年后，他们中没有一人申请济贫金，44 英镑的贷款已经还清，济贫税从 212 英镑 16 先令下降到 12 英镑 6 先令。①

埃斯特科特的文章表明，份田系统的推行增加了农业工人的收入，提高了他们的生活水平，同时弥补了济贫法的不足，减少了济贫税的征收额度。

份田系统的推广，创造了更多的就业机会，把农村的闲散劳动力集中了起来，因为许多拥有份田的农业工人雇用家人或其他的闲置劳动力耕种份田。比如，在沃尔舍姆教区，份田持有者雇用劳动力的基本状况可以归纳如下：

约翰·克拉克：没有固定工作，耕种自己的份田，偶尔受雇于其他的份田持有者。

菲利普·波拉德：有固定工作，从不耕种自己的份田，每年用于雇用劳动力的开支为 3 英镑。

詹姆斯·弗罗斯特：只在雇主允许的时候才参与份田劳作，每年雇用劳动力的花费为 4—5 英镑。

塞缪尔·菲克：职业为木匠，只要能交得起地租就不会放弃份田，当儿子亨利失业的时候，他就雇用亨利耕种份田。

约翰·配恩：由于职业稳定，不能躬耕份田。他有一个 21 岁的儿子，去年冬天份田由儿子负责经营。今年收获以来，依然如此，因为他没有找到工作。

约翰·黑尔斯：希望拥有更多的份田，因他雇用着自己的 3 个儿子。②

---

① J. L. Hammond and B. Hammond, *The Village Labourer*, New York: Longman Group Ltd., 1978, p. 104.

② J. E. Archer, "The Nineteenth Century Allotment: Half an Acre and a Row", *Economic History Review*, Vol. 50, No. 1, February 1997, pp. 21–36.

以上资料表明,在为持有人创造利润的同时,份田也为其他无业人员或职业不大稳定的劳动力提供了营生的机会。

份田系统精耕细作的特征使诸多持有者能够专心地投入经营,改掉许多不良习惯。这在一定程度上增进了家庭的和睦,促进了乡村社会的安定。1843 年,贫穷雇工专门调查委员会的调查员詹姆斯·布鲁克斯说,"我认识这么一个人,当我第一次和他讲话时,他喝得烂醉如泥。后来,份田上的劳作使他清醒过来。妻子说丈夫不再酗酒,也不再辱骂她和孩子"①。J. H. 肯特写道:"在许多教区,份田系统运作几年后,偷盗和犯罪现象几乎消失了,所有的雇工都跨入了受人尊敬的稳定的阶层。"② 另外,份田系统的推广,使某些家庭拥有了渡过难关的凭借。在《妇女和儿童雇工问题的报告》(1843 年)中,一位妇女说,她家的份田分为两小块,共 65 杆,上面种植着土豆,他们渴望能够拥有一英亩以上,那样就可以种植谷物;另一位妇女说,丈夫死后,她在份田上劳作,没有份田,她无以为生。③

以上阐述说明,在 19 世纪上半叶,由于圈地运动的推进、乡村工业的衰落、社会福利制度的不完备,大量工人失业,民众生活水平下降。在乡村社会,骚乱频仍。以地主为主要统治力量的社会上层,出于平息社会动荡的需要,出于同农业资本家(即租地农场主)争权夺利的需要,出于拉拢社会下层、巩固本阶层地位以重新建构父权社会的考虑,开始在全国范围内推行份田。份田系统的推广和利用,为农村闲散劳力提供了更多的就业岗位,解决了他们的衣食问题。同时,作为一种崭新的社会救济方式,份田弥补了济贫法的缺陷,提高了土地生产效率,促进了农村社会的稳定与发展,为英国世界工场地位的最终确立奠定了坚实的社会基础。

---

① Jeremy Burchardt, *The Allotment Movement in England, 1793 – 1873*, Chippenham: Antony Rowe Ltd., 2002, p. 169.

② J. E. Archer, "The Nineteenth Century Allotment: Half an Acre and a Row", *Economic History Review*, Vol. 50, No. 1, February 1997, pp. 21 – 36.

③ Jeremy Burchardt, *The Allotment Movement in England, 1793 – 1873*, Chippenham: Antony Rowe Ltd., 2002, p. 138.

第十章　农业劳动生产效率、土地流动与经营、产业分工关系的量化辨析

前文研究表明，工业化时期，在土地流动的基础上，英国形成了以大地产为主、小土地为辅的土地分配结构，同时产生了与这种分配结构相适应的以地主—租地农场主—农业工人三位一体的资本主义大农场为主、自耕农家庭农场为辅的土地经营组织。农业劳动生产效率是一个农业生产单位在单位时间内生产农产品的数量。这里，笔者拟对英国在工业化前后两阶段常年下单个劳动力的农业劳动生产效率作出计量，并利用函数表达式，对农业劳动生产效率与产业结构转变之间的关系进行量化分析，进一步阐明农业劳动生产效率、土地流动与经营、产业分工三者之间的内在逻辑。

一、工业化初始阶段英国农业劳动生产效率的量化

首先，讨论1700年前后英国乡村户均劳动力的数量。由于没有直接的统计资料，只能从前人的统计或研究中推算户均劳动力的数据。这一时期，人们的结婚年龄相对较晚。彼得·拉斯莱特对坎特伯雷主教区在1619—1660年公布的1,007对初婚新人的年龄作以分析，其研究表明，新郎的平均年龄为26.65岁，新娘的平均年龄为23.58岁。[①] 引人注意的是，这一时期，人们的寿命较短。如表10.1，E. A. 韦格雷以德文郡的克莱顿镇为研究对象，推算了人们在出生时的预期寿命，按照他的研究，1625—1699年，人们出生时预期寿命的中间数为36.9岁；按照格雷戈里·金的统计，1690年代，在英格兰、威尔士地区，人们出生时的预期寿命为32.0岁。韦格雷推算出的人们在出生时的预期寿命比格雷戈里·

[①] Peter Laslett, *The World we Have Lost*, Cambridge: Cambridge University Press, 1965, pp. 85 – 86.

金统计的相应数据年长近 5 岁。即使以韦格雷的数据为准，一般情况下，一个男子 27 岁初婚，如果次年得子（或女），到他死亡之时，其长子（或长女）的年龄至多 9 岁；一个女子 24 岁初婚，如果次年得子（或女），到她临终之时，其长子（或长女）的年龄至多 12 岁。

表 10.1　1538—1774 年英国的预期寿命

德文郡克莱顿镇 （E. A. 韦格雷数据）				英格兰与威尔士 （格雷戈里·金数据）	
0 岁时	高死亡率时	低死亡率时	中间值	1690 年代	32.0 岁
1538—1624	40.6 岁	45.8 岁	43.2 岁		
1625—1699	34.9 岁	38.9 岁	36.9 岁		
1700—1774	38.4 岁	45.1 岁	41.8 岁		

资料来源：Peter Laslett, *The World we Have Lost*, Cambridge: Cambridge University Press, 1965, p. 97.

从以上数据，可以推断，一个人在一生中很难见到自己的孙子（或孙女），结婚以后的子女能够和父母一起居住的现象极为少见。彼得·拉斯莱特的研究也证实了这一点，他根据历史资料，把前工业化时期英国已婚子女和父母一起居住的比例统计如下：在奇伏尔斯卡顿的 176 户居民中，3 户如此；在宜陵的 86 户居民中，没有这样的例子；1676 年或 1688 年，在克莱沃斯，没有这样的个案；在克根赫尔，1620 年有一个例子，1625 年的记录则为零。①

在高死亡率的前提下，为了维持农业生产，再婚的现象较为普遍。根据彼得·拉斯莱特的研究，再婚现象占婚姻总数的 1/4 左右。1688 年，在克雷沃斯村，有 72 位婚龄男子，其中不少于 21 位结婚的次数超过 1 次，13 位结过 2 次婚，1 人情况未详，3 位结过 3 次婚，3 位结过 4 次婚，1 位结过 5 次婚；在 72 位妻子当中，9 位原来结过婚；7 位鳏夫中的一位、21 位寡妇中的一位结婚的次数超过 1 次。② 同时，根据格雷戈里·金的统计，这一时期，英国乡村居民，户均 4 人。③

---

① Peter Laslett, *The World we Have Lost*, Cambridge: Cambridge University Press, 1965, pp. 94 - 95.
② Peter Laslett, *The World we Have Lost*, Cambridge: Cambridge University Press, 1965, pp. 103 - 104.
③ Joan Thirsk and J. P. Cooper (eds.), *Seventeenth-Century Economic Documents*, Oxford: Oxford University Press, 1972, p. 771.

以上材料表明：在工业化初期，一个普通的农村家庭由4人构成，包括父母（继父或母）和两个年幼的孩子，即户均2个劳动力。

其次，推算1700年前后英国从事农业的人口与家庭数量。19世纪60年代之前，由于缺乏官方统计资料，人们对人口与家庭数量的研究多采用估算的方法，数据也不尽一致。比如，关于1700年英格兰和威尔士地区的人口数量，根据里奇曼的1802年数据，这一数字为5,475,000；根据里奇曼的1841年数据，这一数字为6,045,000；根据费莱森的1831年数据，这一数字为5,135,000；根据法尔的1861年数据，这一数字为6,122,000；根据布朗利的1916年数据，这一数字为5,826,000；根据戈利法斯的1926年数据，这一数字为5,835,000。① 格雷戈里·金统计的1690年代的英国人口，其资料来源于政府征收炉灶税的数值，数据较为可信，根据他在1695年的统计，如表10.2，当时英国的人口总数为5,500,000②，家庭数量为1,300,000，户均人口4.23；其中在广大的乡村地区，人口数量为4,100,000，家庭数量为1,000,000，户均人口4.1。

表10.2　1695年英国家庭与人口数量统计

	家庭数量	人口数量	户均人口
伦敦	105,000	530,000	5.04
其他城市、市镇	195,000	870,000	4.46
村庄	1,000,000	4,100,000	4.10
总计	1,300,000	5,500,000	4.23

资料来源：Joan Thirsk and J. P. Cooper (eds.), *Seventeenth-Century Economic Documents*, Oxford: Oxford University Press, 1972, pp. 770 – 773.

说明："户均人口"一栏系笔者计量的数值。

根据以上推算出来的数据，1700年前后，英国农村居民户数为1,000,000，户均劳动力2人。可以据此进一步估算出这一时期农村劳动力的数量为2,000,000人。

---

① B. R. Mitchell (ed.), *Abstract of British History Statistics*, Cambridge: Cambridge University Press, 1962, p. 5.
② 在一份格雷戈里·金的有关统计中，1688年英格兰总人口为5,500,520（"Gregory King's 'Scheme of the Income and Expense of the Several Families of England for 1688' Compared with Joseph Massie's 'Estimate of the Social Structure and Income 1759 – 1760'", in Roy Porter, *English Society in the Eighteenth Century*, Middlesex: Penguin Books Ltd., 1982, pp. 386 – 387）。

再次，探讨 1700 年前后英国每年生产谷物的数量。根据格雷戈里·金的 1695 年统计，由表 10.3，这一时期英国主要农作物包括小麦、黑麦、大麦、燕麦、豌豆、蚕豆、野豌豆七类；七类作物的年产量为 73,000,000 蒲式耳，七类混合谷物折算的市场价格为每蒲式耳 2 先令 3 便士，市场总价值为 8,275,000 英镑。需要注意的是，格雷戈里·金作此统计时曾说明，"这是排除了谷物种子后的净产量，种子占产量的 1/4，有时为 1/5，按照这个比重，种子的重量为 17,000,000 蒲式耳。因而，谷物的总产量为 90,000,000 蒲式耳；如果按照每蒲式耳 2 先令 3 便士的市场价格，谷物总价值为 10,000,000 英镑。"① 由此看来，1700 年前后，英国可耕地每年生产的混合谷物总产量为 90,000,000 蒲式耳。

表 10.3 格雷戈里·金统计的英国谷物类别、产量与市场价值（1695 年）

谷类作物	产量（百万蒲式耳）	单价（每蒲式耳）	市场价值（英镑）
小麦	12	3 先令 6 便士	2,100,000
黑麦	8	2 先令 6 便士	1,000,000
大麦	25	2 先令	2,500,000
燕麦	16	1 先令 6 便士	1,200,000
豌豆	7	2 先令 6 便士	875,000
蚕豆	4	2 先令 6 便士	500,000
野豌豆	1	2 先令	100,000
合计	73	2 先令 3 便士	8,275,000

资料来源：Joan Thirsk and J. P. Cooper (eds.), *Seventeenth-Century Economic Documents*, Oxford: Oxford University Press, 1972, p. 782.

末了，需要注意的是，1700 年前后，畜牧业是英国食物生产不可忽略的环节。如表 10.4，生产谷物的可耕地为 11,000,000 英亩，占英格兰土地总面积的比例还不到 1/3；用于牧业的牧场、草地为 10,000,000 英亩，略少于可耕地的面积。按照格雷戈里·金的统计，表 10.3 所显示的"73,000,000 蒲式耳谷物是 11,000,000 英亩可耕地中的 10,000,000 英亩生产出来的，剩下的 1,000,000 英亩可耕地用于生产大麻、亚麻、蓝靛、藏红花等"②。这一时期，人们还可以在公共土地、荒原上放牧。根据这

---

① Joan Thirsk and J. P. Cooper (eds.), *Seventeenth-Century Economic Documents*, Oxford: Oxford University Press, 1972, p. 782.
② Joan Thirsk and J. P. Cooper (eds.), *Seventeenth-Century Economic Documents*, Oxford: Oxford University Press, 1972, p. 782.

些数据，可以推断：工业化初始阶段，英国用于畜牧业的土地面积要大于种植谷物的可耕地的面积；除了谷物，畜牧业提供的肉类是这一时期英国食物的另一大来源。如表10.5，根据格雷戈里·金的统计，17世纪晚期英国人年消费牲畜7,342,000只（或头），折合货币价值为3,302,000英镑；按照表10.3中格雷戈里·金统计的这一时期混合谷物每蒲式耳2先令3便士的市场价格，可以计量出英格兰畜牧业每年提供的肉食总价值折合混合谷物29,351,111蒲式耳。

表10.4 工业化初始阶段英国的土地类型与面积

土地类型	面积（英亩）
可耕地	11,000,000
牧场、草地	10,000,000
林地	3,000,000
森林、公园、公共土地	3,000,000
荒原、沼泽、山脉	10,000,000
住宅、农庄、花园、果园、教堂、墓地	1,000,000
河流、湖泊、池塘	500,000
公路、通道、荒路	500,000
总计	39,000,000

资料来源：Joan Thirsk and J. P. Cooper (eds.), *Seventeenth-Century Economic Documents*, Oxford: Oxford University Press, 1972, p. 779.

表10.5 工业化初始阶段英国年消费牲畜的数量与货币价值

牲畜种类	年消费数量	年消费牲畜的价值（英镑）
牛、牛犊	800,000	1,520,000
绵羊、羔羊	3,200,000	960,000
猪、小猪	1,300,000	750,000
鹿、幼鹿	20,000	35,000
山羊、小山羊	10,000	4,000
野兔、小野兔	12,000	900
家兔	2,000,000	42,100
总计	7,342,000	3,302,000

资料来源：Joan Thirsk and J. P. Cooper (eds.), *Seventeenth-Century Economic Documents*, Oxford: Oxford University Press, 1972, p. 783.

根据以上计量得出的数据，工业化初期，英国农村劳动力的数量为 2,000,000 人，可耕地每年生产的混合谷物总量为 90,000,000 蒲式耳，每年消费的肉食总价值折合混合谷物 29,351,111 蒲式耳。根据这组数据，可以进一步估算出这一时期英国每年生产食物折合混合谷物的总量为 90,000,000 + 29,351,111 = 119,351,111 蒲式耳。这样，可以推算出工业化初始阶段英国每个农业劳动力每年生产的食物折合的混合谷物，即农业劳动生产效率大致为 119,351,111/2,000,000 = 60 蒲式耳（1,380 公斤）。①

二、工业化晚期英国农业劳动生产效率的量化

19 世纪中后期的英国，被称为"大不列颠及爱尔兰联合王国"②。在不列颠岛上的英国，由英格兰、威尔士、苏格兰三部分组成。由于统计数据选材的原因，这里选取的英国数据，以不列颠地区的资料为准。

首先，分析 19 世纪中后期英国每年生产谷物的总量。从 19 世纪 60 年代开始，英国出现了官方的经济统计数据。官方农业统计，如《不列颠历史统计摘要》、《一个世纪的农业统计》所载资料表明，英国可耕地不同作物面积分类的官方统计始于 1867 年，农作物产出的官方数据始于 1880 年代③，这是英国最后完成经济与社会转型的年代。不过，关于 1800—1884 年农作物产出的统计数据，还是限于估计。

早在 1851 年，詹姆斯·凯尔德在关于英国农业可耕地数量与产出的估计中，根据测量员考林先生 1827 年的测量和 1845 年每个教区地租的年度报表，认为英格兰可开垦性土地（其中包括草地、可耕作性牧场）面积为 27,000,000 英亩，然后又依据假设，得出英格兰可耕地面积为 13,667,000 英亩。④ 他提出，"英格兰可耕地为 13,667,000 英亩，分为 4 部分，每部分 3,416,750 英亩；其中一部分种植小麦，一部分种植大麦、

---

① 根据侯建新先生的计量，13—14 世纪，英国农户劳动生产效率折合谷物的数量为 103 蒲式耳（或 2,269 公斤），15—16 世纪达到了 240 蒲式耳（或 5,520 公斤）（侯建新：《现代化第一基石——农民个人力量与中世纪晚期社会变迁》，天津：天津社会科学院出版社 1991 年版，第 53、57 页）。按照侯先生的数据，可以推算，1 蒲式耳谷物合 23 公斤。

② 大不列颠及爱尔兰联合王国成立于 1801 年，终结于 1921 年。

③ Ministry of Agriculture, Fisheries and Food, Department of Agriculture and Fisheries for Scotland (eds.), *A Century of Agricultural Statistics: Great Britain, 1866 – 1966*, London: Her Majesty's Stationery Office, 1968, p.121; B. R. Mitchell (ed.), *Abstract of British History Statistics*, Cambridge: Cambridge University Press, 1962, pp. 76 – 77, 78 – 86.

④ James Caird, *English Agriculture in 1850 – 1851*, London: Longman, Brown, Green, and Longmans, 1852, pp. 520 – 523.

燕麦、黑麦，一部分种植三叶草等豆科作物，一部分种植萝卜、甜菜、土豆、油菜或休耕"①。

表10.6为《不列颠历史统计摘要》所显示的1867—1870年不列颠可耕地上各类作物种植面积的统计数据，该表说明，1867—1870年，不列颠地区各类作物的种植面积没有大的变化，从情理上可以推断，1851年的状况与此相仿。然而，凯尔德的1851年估计与实际的统计数据之间差距较大。比如，凯尔德估计的英格兰小麦的种植面积为3,416,750英亩，而官方统计的不列颠小麦种植面积在3,368,000—3,688,000英亩间波动。为了可靠起见，笔者选择晚于凯尔德的官方作物产量统计数据。为了能够表现出常年状态下这一地区的谷物产量，笔者选择了1885—1989年，总计五年的数据，进行加总、平均，求出接近于常年的谷物产量。

表10.6　1867—1870年不列颠各类作物的种植面积

（单位：千英亩）

	小麦	大麦	燕麦	其他谷物	土豆	萝卜	甜菜	卷心菜油菜	其他绿色作物	休耕
1867	3,368	2,259	2,750	907	492	2,174	258	134	440	923
1868	3,652	2,151	2,757	873	542	2,165	249	115	333	958
1869	3,688	2,251	2,783	1,035	585	2,172	293	145	401	739
1870	3,501	2,372	2,763	912	585	2,211	307	144	361	611

资料来源：B. R. Mitchell (ed.), *Abstract of British Historical Statistics*, Cambridge: Cambridge University Press, 1962, p.78; Ministry of Agriculture, Fisheries and Food, Department of Agriculture and Fisheries for Scotland (eds.), *A Century of Agricultural Statistics: Great Britain, 1866 – 1966*, London: Her Majesty's Stationery Office, 1968, p.34.

说明：本表主要参考了第一本统计资料中的数据。

19世纪中后期，不列颠的主要谷物包括小麦、大麦、燕麦以及淀粉成分较高的土豆。② 根据英国农渔食品部的统计，如表10.7，19世纪中后期，在常年状态下，不列颠小麦、大麦、燕麦、土豆的产量分别达到

---

① David C. Douglas (ed.), *English Historical Documents, 1833 – 1874*, Vol. 12 (1), London: Eyre & Spottiswoode, 1956, p.218; James Caird, *English Agriculture in 1850 – 1851*, London: Longman, Brown, Green, and Longmans, 1852, p.522.

② B. R. Mitchell (ed.), *Abstract of British History Statistics*, Cambridge: Cambridge University Press, 1962, p.86; David C. Douglas (ed.), *English Historical Documents, 1833 – 1874*, Vol. 12 (1), London: Eyre & Spottiswoode, 1956, p.218; James Caird, *English Agriculture in 1850 – 1851*, London: Longman, Brown, Green, and Longmans, 1852, p.522; B. W. Clapp, H. E. S. Fisher and A. R. J. Juřica (eds.), *Documents in English Economic History*, London: G. Bell & Sons Ltd., 1976, pp.71 – 77.

了 1982.2 千吨、1690 千吨、1967.6 千吨、3315.8 千吨。和前三类谷物比较，土豆含热量较低，"每 100 克小麦和土豆提供的热量分别为 340 千卡和 83 千卡"①，即在同等重量下，小麦提供的热量为土豆的 4.1 倍，根据这一比例，3315.8 千吨土豆可折合小麦 808.732 千吨。因而，根据上述数据，可以推算，19 世纪中后期，在常年下，不列颠生产的粮食折合混合谷物的总量为 1982.2 + 1690 + 1967.6 + 808.732 = 6448.532 千吨。

表 10.7　1885—1889 年不列颠谷物产量　　（单位：千吨）

	小麦		大麦		燕麦		土豆	
	英格兰威尔士	苏格兰	英格兰威尔士	苏格兰	英格兰威尔士	苏格兰	英格兰威尔士	苏格兰
1885	2,093	52	1,702	197	1,316	609	2,395	804
1886	1,647	52	1,546	182	1,384	688	2,327	841
1887	2,005	50	1,397	168	1,270	637	2,583	982
1888	1,930	59	1,459	183	1,270	638	2,292	767
1889	1,963	60	1,428	188	1,388	638	2,575	1,013
小计	9,638	273	7,532	918	6,628	3,210	12,172	4,407
总计	9,911		8,450		9,838		16,579	
年平均	1982.2		1690		1967.6		3315.8	

资料来源：Ministry of Agriculture, Fisheries and Food, Department of Agriculture and Fisheries for Scotland (eds.), *A Century of Agricultural Statistics: Great Britain, 1866 - 1966*, London: Her Majesty's Stationery Office, 1968, pp. 108 - 114.

说明："总计"、"年平均"两个栏目系笔者计量的数值。

其次，分析 19 世纪中后期英国每年消费牲畜的数量。19 世纪中后期，不列颠的畜牧业用地与种植业用地数量相当。因而，计量农业劳动生产效率时，畜牧产业的数据不可或缺。英国农渔食品部统计牲畜的数量时，对牛、羊数量以 5 年为平均进行统计，而把马作为农业部门的力役数量登记。② 这表明牛羊两种牲畜每年的屠宰量可能为其总量的 1/5，马由于劳动效率高的缘故并没有成为人们食品的主要来源。1690 年代，

---

① Mark Overton, *Agricultural Revolution in England: The Transformation of the Agrarian Economy, 1500 - 1850*, Cambridge: Cambridge University Press, 1996, p. 102.

② Ministry of Agriculture, Fisheries and Food, Department of Agriculture and Fisheries for Scotland (eds), *A Century of Agricultural Statistics: Great Britain, 1866 - 1966*, London: Her Majesty's Stationery Office, 1968, pp. 123 - 126.

格雷戈里·金估量英格兰年度肉食消费的数量时,也遇到了类似的问题,如表 10.8,1690 年代,格雷戈里·金把英格兰对牲畜的"年消费数量"等同于"年哺育数量",对牛羊的"年消费比重"大致在其总数的 1/5 左右。一般而言,能提供肉类的牲畜数量与牲畜总量的比例应当是固定的。因而,在牛羊作为食品消费方面,17 世纪末期研究人员和 19 世纪官方统计人员的实地调查结果都蕴含着一个相同的规律:英国人每年消费的牛羊数量占其总量的 1/5 左右。

表 10.8　1690 年代英格兰每年消费牲畜的数量

牲畜的种类	年消费数量	年哺育(或增加)数量	年总存栏数量	年消费数量的比重
牛、牛犊	800,000	800,000	4,500,000	1/5.6
绵羊、羔羊	3,200,000	3,200,000	11,000,000	1/3.4
猪、小猪	1,300,000	1,300,000	2,000,000	1/1.5
鹿、幼鹿	20,000	20,000	100,000	1/5
山羊、小山羊	10,000	10,000	50,000	1/5

资料来源:Joan Thirsk and J. P. Cooper(eds.),*Seventeenth-Century Economic Documents*,Oxford:Oxford University Press,1972,p.783.

说明:"年消费数量的比重"一栏系笔者计量的结果。

在对牲畜的消费方面,笔者选择了 1885—1889 年的数据,而后加总、平均到每一年,使年消费牲畜的数据尽可能接近于常年下的状态。如表 10.9,1885—1889 年,牛、绵羊、猪的年平均数量分别为 6,391、25,781、2,369 千头。在 1867—1889 年,牛、绵羊、猪的年产量分别在 4,993—6,647、24,320—29,538、1,930—2,967 千头(或千只)间波动。[①] 以上材料说明,在表 10.9 中,"年平均合计"一栏的数据,牛的数量处于常年下的高水准,而羊和猪的数量则处于常年下的低水准。总体来说,在表 10.9 中,"年平均合计"一栏的数据可以大致反映 19 世纪中后期常年下英国牲畜生产数量的一般状况。根据上文,每年消费牛羊的比重占其总数的 1/5,可得出每年消费牛、绵羊的数量分别为 6391/5 = 1278.2 千头、25781/5 = 5156.2 千只。对于猪的消费,表 10.9 给出了

---

① B. R. Mitchell(ed.),*Abstract of British History Statistics*,Cambridge:Cambridge University Press,1962,p.82.

常年状态下的生产总数 2,369 千头，其中包括幼猪，因而这个数量不可能被人们全部消费；表 10.8 中得出的 1690 年代对于猪的年消费比重数值 1/1.5 在 19 世纪中后期同样适用，按照这个比重，每年被消费的成猪占其总数的 2/3，无论总存栏数量怎么变化，这个比重则是固定的。这样，每年被消费的猪的数量为 2,369×2/3＝1,579 千头。

表 10.9 1885—1889 年不列颠主要牲畜的数量

（单位：千只或千头）

	牛		羊		猪	
	英格兰威尔士	苏格兰	英格兰威尔士	苏格兰	英格兰威尔士	苏格兰
1885	5,422	1,176	19,577	6,957	2,252	151
1886	5,489	1,157	18,917	6,604	2,088	134
1887	5,321	1,120	19,193	6,766	2,164	136
1888	5,019	1,110	18,527	6,731	2,250	155
1889	5,019	1,121	18,681	6,951	2,359	152
年平均	5,254	1,137	18,979	6,802	2,223	146
年平均合计	6,391		25,781		2,369	

资料来源：Ministry of Agriculture, Fisheries and Food, Department of Agriculture and Fisheries for Scotland (eds.), *A Century of Agricultural Statistics*: *Great Britain*, 1866 – 1966, London: Her Majesty's Stationery Office, 1968, pp. 122 – 126.

一般而言，在一定时期内，肉类价格和谷物价格的比例是相对固定的。由于资料缺乏的缘故，笔者按照 1690 年混合谷物每蒲式耳 2 先令 3 便士的价格，牛、绵羊、猪分别每头（或每只）2 英镑、8 先令、16 先令的价格①，将 19 世纪中后期每年消费的牛、绵羊、猪的数量折合为谷物产量的数据。根据上文，19 世纪中后期，常年下英国消费牛 1278.2 千头、羊 5156.2 千只、猪 1,579 千头。根据这些数据，可以推算（如表 10.10），19 世纪中后期，英国常年下消费牛、绵羊、猪的价值总共折合混合谷物 52,285,156 蒲式耳（1,202.588 千吨）。

---

① Joan Thirsk and J. P. Cooper (eds.), *Seventeenth-Century Economic Documents*, Oxford: Oxford University Press, pp. 782 – 783.

表 10.10　19 世纪中后期常年下英国消费的牲畜数量及其折合的混合谷物

	单价	消费数量（头或只）	折合英镑	折合便士	折合混合谷物（蒲式耳）
牛	2 英镑	1,278,200	2,556,400	—	—
绵羊	8 先令	5,156,200	2,062,480	—	—
猪	16 先令	1,579,000	1,263,200	—	—
合计			5,882,080	1,411,699,200	52,285,156

综合以上对常年下种植业和畜牧业产量的估算，可以得出 19 世纪中后期英国每年生产的主要食物折合混合谷物 6448.532 + 1202.558 = 7651.09 千吨。

再次，分析 19 世纪中后期英国农业劳动力的数量。根据 B. R. 米切尔在《帕尔格雷夫世界历史统计·欧洲卷》中的统计数据，在英国"主要产业部门经济活动人口"一栏内，1881 年不列颠"农业、林业、渔业"领域包括男性劳动力 1,575 千人、女性劳动力 119 千人[①]，合计 1,694 千人；B. R. 米切尔在《不列颠历史统计摘要》所作的"劳动力"统计中，1881 年不列颠"农业、园艺业、林业"领域中的劳动力为 1,517 千人。[②] 这两组统计资料包含了农业劳动力的数据，但并不能反映专门的农业部门劳动力的数量，因为在第一组劳动力数据 1,694 千人中，既包括了农业又包含了林业、渔业部门的劳动力数量；同样，在第二组劳动力数据 1,517 千人中，除了农业劳动力数量，又包含了园艺业和林业劳动力人数。因而，从上述 B. R. 米切尔的统计资料中，并不能得到 19 世纪中后期常年状态下较为确切的英国农业劳动力人数。在《1833—1874 年英国历史文件》有关 19 世纪中后期不列颠"职业人数"的统计中，"农业劳动力、农场雇工、牧羊人"与"农场主"两项农业性职业，1861 年分别为 1,188,798 和 249,745 人，1871 年分别为 980,178 和 249,907 人。[③] 将这两组数据加总后求出中间值为 1,334,314，可视为 19 世纪中

---

① B. R. 米切尔主编：《帕尔格雷夫世界历史统计·欧洲卷（1750—1993 年）》，北京：经济科学出版社 2002 年版，第 168 页；B. R. Mitchell (ed.), *European Historical Statistics, 1750 - 1970*, London: The Macmillan Press Ltd., 1975, p. 163.

② B. R. Mitchell (ed.), *Abstract of British History Statistics*, Cambridge: Cambridge University Press, 1962, pp. 59 - 60.

③ David C. Douglas (ed.), *English Historical Documents, 1833 - 1874*, Vol. 12 (1), London: Eyre & Spottiswoode, 1956, pp. 207 - 215.

后期常年下英国的农业劳动力数量。

根据前述计量数据,可以推算出 19 世纪中后期常年下英国每个农业劳动力每年的农业劳动生产效率折合混合谷物的数量为 7,651,090,000/1334314 = 5,734 公斤。

三、农业劳动生产效率、土地流动与经营、产业分工之间的内在逻辑

上述计量表明,在工业化时期的英国,单个农业劳动力的农业劳动生产效率折合的混合谷物从工业化初期每年的 1,380 公斤上升到工业化晚期的 5,734 公斤,后者为前者的 4 倍还有余。需要说明的是,在计量工业化前后两个阶段农业劳动生产效率的过程中,本研究采用的基本方法为"总的农产品数量除以总的农业劳动力数量",因而,计量得出的农业劳动生产效率可视为社会平均农业劳动生产效率。当然,在计量的某些过程中,含有推算的成分,误差在所难免。不过,在总体上能够得出工业化时期英国农业劳动生产效率大幅度提高的结论。农业劳动生产效率的大幅度提高,对工业化时期英国的经济结构以及土地流动与经营产生了怎样的影响呢?

工业化时期农业劳动生产效率的大幅度提高,促动了农业和非农产业的分工与经济结构的转变。马克思在其产业分工的有关理论中,精辟地论证了农业劳动生产效率的基础作用,他写道:"社会上的一部分人用在农业上的全部劳动——必要劳动和剩余劳动——必须足以为整个社会,从而也为非农业工人生产必要的食物;也就是使从事农业的人和从事工业的人有实行这种巨大分工的可能性,并且也使生产食物的农民和生产原料的农民有实行分工的可能。"① 马克思的社会分工理论表明:农业劳动生产效率的大幅度提高,意味着一个农业人口生产的粮食能够养活更多的非农人口,意味着越来越多的农业人口能够脱离农业、进入非农产业。Agr = $1/(1+R)$ 和 Nagr = $1-1/(1+R)$ 模型是一对表明农业劳动生产效率和农业、非农产业分工的函数表达式;其中,Agr、Nagr、R 分别表示农业人口比重、非农人口比重、平均每个农业人口生产的粮食除自身消费外可供应的非农人口的数量。② 从理论上讲,在这个函数表达

---

① 《马克思恩格斯全集》第 25 卷,北京:人民出版社 1974 年版,第 716 页;《马克思恩格斯全集》第 26 卷(1),北京:人民出版社 1972 年版,第 22 页。

② 庞卓恒:《唯物史观和历史科学》,北京:高等教育出版社 2004 年版,第 170 页。

式中，R 的数值愈大，就意味着农业劳动生产效率越高，相应地 Agr 的数值就越小，Nagr 的数值越大，即农业劳动生产效率的提高是农业和非农产业分工的核心环节。

在一篇学术论文中，笔者根据工业化前后两阶段英国的农业劳动生产效率以及同一时期英国人均消费食物的量化数据，得出 R 的数值，进而通过 Agr 和 Nagr 模型进行计量，得出：工业化初期，英国农业人口的比重为 44.1%，非农人口的比重为 55.9%；工业化晚期，农业人口比重降低到 3.7%，非农人口的比重上升到为 96.3%。在同一论文中，笔者经计量发现，在工业化前后两阶段，英国农业和非农产业人口实际比重的两组数据分别为 53.7% 和 46.3%、7.3% 和 92.7%。[①] 根据 Agr 和 Nagr 表达式量化出来的工业化时期前后两阶段农业和非农产业人口比重的模型数据与实际数据并没有完全吻合，但考虑到在量化的过程中难免有误差；如果忽略误差，就会发现，利用模型量化出来的工业化前后两阶段英国的农业和非农产业的人口比重大致反映了这一时期农业和非农产业人口比重的实际状况。以上关于工业化时期英国农业和非农产业人口比重的模型数据与实际数据的计量与比较分析说明：在以农业经济为主的社会转变为以非农经济为主的社会的过程中，正是由于农业劳动生产效率的大幅度提高，推进着农业人口向非农领域的转移。因而，农业劳动生产效率的大幅度提高是推动工业化时期英国大量人口由农业领域转向非农领域，促动产业结构转变的关键所在。

农业劳动生产效率的大幅度提高，促发越来越多的人口由农业领域转向非农领域，这就为土地流动以及新的土地分配结构与经营方式的形成提供了前提。在工业化之前的中世纪，敞田是英国田制的主要特征，其特征是一家农场由众多狭小而分散的地块构成。在本书第一章，W. G. 霍斯金斯、马考莱对工业化初始阶段英国地形的白描表明：工业化之前，英国的土地制度仍没有完全走出中世纪的襁褓，英国还是以小农业为主的传统农业社会。在工业化时期，由于农业劳动生产效率的大幅度提高及其带来的农业与非农产业的分工，越来越多的农民逐渐离开了农业，

[①] Aimin Guo, "Rural Households' Production Capacity and Social Changes: A Comparison Study between England during Industrialization and the Yangzi Delta in Modern Times", *Pacific Economic Review*, Vol. 17, No. 1, February 2012, pp. 86 – 103.

转向非农产业，这就为土地流动创造了充要条件。① 以此为前提和基础，英国出现了多种土地流动的方式，诸如圈地下的土地流动、市场下的土地流动、社会心态下的土地流动，血亲关系下的土地流动（见本书第二至五章）。这样，以农业劳动生产效率的大幅度提高为基础，经过多种方式的土地流动，到19世纪中后期，英国形成了以大地产为主、小土地为辅的土地分配结构，以及以地主—租地农场主—农业工人三位一体的资本主义大农场为主、自耕农家庭农场为辅的土地经营组织。据统计，到19世纪中期，85%的农场的面积都在50英亩（合300亩）以上。②

农业劳动生产效率的大幅度提高，促进了现代工业的诞生。工业化之初，英国处于原工业化阶段，农民以家庭小作坊的方式，利用农闲，从事非农产业活动。这一时期，手工业隶属于农业，与农业密切结合，属于家庭副业的范畴。比如，在棉织行业，"家庭成员都参与到了织棉的工序，小孩子清洗原棉、辅助织布，妇女纺纱，男子织布。这些家庭以农为主，把织棉当作农闲时辅助的职业。除了曼彻斯特，其他地区的职工，绝大多数是农民"③。原工业化发达的区域包括乌尔斯特、西瑞丁、克次沃尔德、东盎格利亚等地区；1700年，西瑞丁生产的毛料布匹占英国布匹产量的1/5。④ 以原工业化为基础，英国的工业领域出现了新的突破，根据菲力斯·迪恩等学者的研究，"在18世纪的前75年时间里，棉纺织业是附属于农业的一个较小的行业。1770和1780年代，一系列新的发明，使棉纺织业摆脱了家庭手工业的附属地位，使纺织业的性质发生了变化：纺纱开始集中于工厂；织工们可以使用不间断的棉纱，专业地从事纺织，他们的数量在激增，并开始集中于城镇。漂白、染色的工序

---

① 在转型时期，因农业劳动生产效率大幅度提高而引起社会分工、土地流动以及农业经营方式转变的规律，在其他地区同样存在。比如，在一篇学术论文中，笔者以开弦弓村为个案，对农业劳动生产效率与土地流动、产业分工、农业经营方式转变之间的关系进行了量化研究（郭爱民：《农业结构变革与苏南土地流转——一项关于开弦弓村的实证研究》，载［美］黄宗智主编：《中国乡村研究》第八辑，福州：福建教育出版社2010年版，第50—77页）。

② *Agricultural Returns of Great Britain, with Abstract Returns for the United Kingdom, British Possessions, and Foreign Countries*, London: George E. Eyre and William Spottiswoode, 1875, p. 27.

③ Phyllis Deane, *The First Industrial Revolution*, Cambridge: Cambridge University Press, 1986, p. 88.

④ L. A. Clarkson, *Proto-industrialization: The First Phase of Industrialization?* London: Macmillan Publishers Ltd., 1985, pp. 16 – 17.

逐步改善,蒸汽动力使工厂可以建在没有水力的地方"①。从原始工业化到工业化的过渡,其原因纷繁芜杂,但最基本的原因在于农业劳动生产效率的大幅度提高,使占人口绝大多数的农民能够逐渐脱离农业,最终进入非农产业。

农业劳动生产效率的大幅度提高,推动了英国现代工业的发展。工业化时期,由于农业劳动生产效率的大幅度提高,英国出现了大量的富裕农民。他们的消费拉动了内需,刺激了现代产业的发展。以棉布的生产为例,1760年代,英格兰每年生产的棉布价值600,000英镑,其中价值少于200,000英镑的棉布出口②,绝大部分被国内消费。法国年鉴学派大师布罗代尔把这一时期农民的消费状况描述得淋漓尽致。他写道:"英国农场主是'地道的体面人'。[……]一名法国人已把英国农场主描写为'享有人生一切舒适'的农民;他的帮工'动身去耕地前先要喝茶',又说'这个乡下人冬天穿礼服',他的妻女穿戴俏丽,简直可被当作'我们传奇故事中的牧羊女'。"③ 同样地,农民的生产性投资也刺激着现代工业的诞生和发展。比如,在冶铁行业,根据齐波拉的估计,"1720—1760年,蒸汽机的出现对造船业的影响,使该行业对铁的消费达到1,500吨,但还不到当时铁消费总量的1‰"。"在农业领域,人们广泛使用马匹作畜力,作畜力的马需要用马蹄铁,从农业领域用作马匹的数量和钉马蹄铁平均使用的铁的数量,可以估算出,1760年,英国马蹄铁的消费占铁消费总量的15%。农业对铁的需求量非常大,除却农民的家用消费,农业领域对铁的需求为总需求量的30%—50%。"④ 农业用铁刺激了冶铁业的发展。可见,以农业劳动生产效率大幅度提高为基础的农民消费和农业生产投资,是英国工业化的原始推动力量。

以上研究表明,在工业化时期的英国,农业生产主要包括种植业和畜牧业两大部门,常年下单个劳动力的农业劳动生产效率所折合的混合

---

① Phyllis Deane and W. A. Cole, *British Economic Growth, 1688 – 1959*, Cambridge: Cambridge University Press, 1967, pp. 182 – 183.

② Phyllis Deane, *The First Industrial Revolution*, Cambridge: Cambridge University Press, 1986, p. 88.

③ [法] 费尔南·布罗代尔:《十五至十八世纪的物质文明、经济与资本主义》第2卷,施康强等译,北京:生活·读书·新知三联书店1993年版,第651—652页。

④ Carlo M. Cipolla, *The Fontana Economic History of Europe*, London & Glasgow: Collins Clear-Tape Press, 1973, pp. 489 – 491.

谷物，由工业化初期的 1,380 公斤上升到工业化晚期的 5,734 公斤，提高了 3 倍有余。农业劳动生产效率的大幅度提高，逐渐把占人口绝大多数的农民从农业中解放出来，投入到非农行业。这一过程促动了工业化时期英国的土地流动，引致了以大地产为主、小土地所有为辅的土地分配结构的形成，促发了以地主—租地农场主—农业工人三位一体的资本主义大农场为主、自耕农家庭农场为辅的土地经营组织的形成。这一过程引发了农业和非农产业的分工，推动了非农产业由原工业化阶段到工业化阶段的递进。同时，农业劳动生产效率的大幅度提高，刺激了英国农民的消费，引发了他们对农业生产的投资；农民的"消费"和"投资"，成为工业生产增长的最初推动力量。因而，工业化时期农业劳动生产效率的大幅度提高，是英国土地流动并形成以大地产为主、小土地所有为辅的土地分配结构的基本原因，是形成以资本主义大农场为主、自耕农家庭农场为辅的土地经营组织的基本原因，也是英国由以农业为主的经济结构向以非农产业为主的经济结构转变的基本原因。

参考文献

一、西文文献

Agricultural Produce Statistics of Great Britain, London: Eyre and Spottiswoode, 1889.

Agricultural Returns of Great Britain, with Abstract Returns for the United Kingdom, British Possessions, and Foreign Countries, London: George E. Eyre and William Spottiswoode, 1875.

Alcock, N. W. , *People at Home: Living in a Warwickshire Village, 1500 – 1800*, Sussex: Phillimore & Co. Ltd. , 1993.

Allen, R. C. and Weisdorf, J. L. , "Was there an 'Industrious Revolution' before the Industrial Revolution? An Empirical Exercise for England, 1300 – 1830", *Economic History Review*, Vol. 64, No. 3, August 2011, pp. 715 – 729.

Allen, R. C. , "Economic Structure and Agricultural Productivity, 1300 – 1800", *European Review of Economic History*, Vol. 3, No. 1, April 2000, pp. 1 – 25.

Allen, R. C. , *Enclosure and the Yeoman: The Population History of Britain and Ireland, 1500 – 1850*, Oxford: The Clarendon Press, 1992.

Archer, J. E. , "The Nineteenth Century Allotment: Half an Acre and a Row", *Economic History Review*, Vol. 50, No. 1, February 1997, pp. 21 – 36.

Ashby, A. W. , *Allotments and Small Holdings in Oxfordshire*, Oxford: Oxford University Press, 1917.

Ashley, William, *The Economic Organization of England: An Outline History*, London: Longmans, Green and Co. Ltd. , 1928.

Bailey, Mark, *The English Manor, 1200 – 1500*, Manchester: Manchester University Press, 2002.

Barley, M. W., *Documents Relating to the Manor and Soke of Newmark-on-Trent*, Nottingham: Derry & Sons, Ltd., 1956.

Bateman, John, *The Great Landowners of Great Britain and Ireland*, Leicester University Press, 1971.

Beckett, J. V., "Landownership and Estate Management", in Thirsk, Joan (ed.), *The Agrarian History of England and Wales, 1750 – 1850*, Vol. 6, Cambridge: Cambridge University Press, 1989, pp. 545 – 640.

Beckett, J. V., "The Pattern of Landownership in England and Wales, 1660 – 1880", *Economic History Review*, Vol. 37, No. 1, February 1984, pp. 1 – 22.

Beckett, J. V., "Agricultural Landownership and Estate Management", in Thirsk, Joan (ed.), *The Agrarian History of England and Wales, 1850 – 1914*, Vol. 7, Cambridge: Cambridge University Press, 2000, pp. 693 – 758.

Beckett, J. V., "English Landownership in the Later Seventeenth and Eighteenth Centuries: The Debate and the Problems", *Economic History Review*, Vol. 30, No. 4, November 1977, pp. 567 – 581.

Beckett, J. V., "The Decline of the Small landowner in England and Wales, 1600 – 1900", in Thompson, F. M. L. (ed.), *Landowners, Capitalists and Entrepreneurs: Essays for John Habakkuk*, Oxford: The Clarendon Press, 1994, pp. 89 – 112.

Beckett, J. V., *The Aristocracy in England, 1660 – 1914*, Oxford: Basil Blackwell Ltd., 1986.

Bennett, H. S., *Life on the English Manor: A Study of Peasant Conditions, 1150 – 1400*, Cambridge: Cambridge University Press, 1956.

Bland, A. E., Brown, P. A. and Tawney, R. H. (eds.), *English Economic History Select Documents*, London: G. Bell and Sons, Ltd., 1914.

Bonfield, Lloyd, "Marriage Settlement and the 'Rise of Great Estates': The Demographic Aspect", *Economic History Review*, Vol. 32, No. 4, November 1979, pp. 483 – 493.

Boulton, Jeremy, "London, 1540 – 1700", in Clark, Peter (ed.), *The

Cambridge Urban History of Britain, 1540 – 1840, Vol. 2, Cambridge: Cambridge University Press, 2000, pp. 315 – 346.

Boyer, G. R. and Hatton, T. J., "Did Joseph Arch Raise Agricultural Wages? Rural Trade Unions and the Labour Market in the Late Nineteenth-century England", *Economic History Review*, Vol. 47, No. 2, May 1994, pp. 310 – 334.

Brassley, Paul, "Plant Nutrition", in Thirsk, Joan (ed.), *The Agrarian History of England and Wales*, 1850 – 1914, Vol. 7, Cambridge: Cambridge University Press, 2000, pp. 533 – 547.

Brodrick, G. C., *English Land and English Landlords*, London: Cassell, Petter, Galpin & Co., 1881.

Burchardt, Jeremy, *The Allotment Movement in England, 1793 – 1873*, Chippenham: Antony Rowe Ltd., 2002.

Butlin, R. A., "The Enclosure of Open fields and Extinction of Common Rights in England, 1600 – 1750", in Fox, H. S. A. and Butlin, R. A. (eds.), *Change in the Countryside: Essays on Rural England, 1500 – 1900*, London: Institute of British Geographers, 1979, pp. 65 – 82.

Caird, James, *English Agriculture in 1850 – 1851*, London: Longman, Brown, Green, and Longmans, 1852.

Carus-Wilson, E. M. (ed.), *Esssays in Economic History*, Vol. 1, London: Edward Arnold Ltd., 1954.

Case, S. L. and Hall, D. J., *A Social and Economic History of Britain, 1700 – 1976*, London: Edward Arnold Ltd., 1977.

Cecil, E., *Primogeniture: A Short History of its Development in Various Countries and its Practical Effects*, London: J. Murray, 1895.

Chambers, J. D., "Enclosure and the Small Landowner", *Economic History Review*, Vol. 10, No. 2, December 1957, pp. 118 – 127.

Chambers, J. D. and Mingay, G. E., *The Agricultural Revolution, 1750 – 1880*, London: B. T. Batsford Ltd., 1966.

Chapman, Stanley D., "The Peels in the Early English Cotton Industry", *Business History*, Vol. 11, No. 2, 1969, pp. 61 – 89.

Cipolla C. M., *The Industrial Revolution, 1700 – 1914*, Sussex: The Harvester Press, 1976.

Cipolla, Carlo M. , *The Fontana Economic History of Europe*, London & Glasgow: Collins Clear-Tape Press, 1973.

Clapham, J. H. , *An Economic History of Modern Britain: Free Trade and Steel, 1850 – 1886*, Cambridge: Cambridge University Press, 1932.

Clapp, B. W. , Fisher, H. E. S. and Juřica, A. R. J. (eds.), *Documents in English Economic History*, London: G. Bell & Sons Ltd. , 1976.

Clarkson, L. A. , *Proto-industrialization: The First Phase of Industrialization?* London: Macmillan Publishers Ltd. , 1985.

Clay, C. G. A. , "Henry Hoare, Banker, His Family, and the Stourhead Estate", in Thompson, F. M. L. (ed.), *Landowners, Capitalists, and Entrepreneurs: Essays for John Habakkuk*, Oxford: The Clarendon Press, 1994, pp. 113 – 138.

Clay, C. G. A. , *Economic Expansion and Social Change: England, 1500 – 1700*, Cambridge: Cambridge University Press, 1984.

Clay, Christopher, "Marriage, Inheritance, and the Rise of Large Estates in England, 1660 – 1815", *Economic History Review*, Vol. 21, No. 3, December 1968, pp. 503 – 518.

Crafts, N. F. R. , *British Economic Growth during the Industrial Revolution*, Oxford: The Clarendon Press, 1985.

Curtler, W. H. R. , *The Enclosure and Redistribution of our Land*, Oxford: The Clarendon Press, 1920.

Dahlman, C. J. , *The Open Field System and Beyond*, Cambridge: Cambridge University Press, 1980.

Davies, E. , "The Small Landowner, 1780 – 1832, in the Light of the Land Tax Assessment", *Economic History Review*, Vol. 1, No. 1, January 1927, pp. 87 – 113.

Deane, Phyllis and Cole, W. A. , *British Economic Growth 1688 – 1959: Trends and Structure*, Cambridge: Cambridge University Press, 1967.

Deane, Phyllis, *The First Industrial Revolution*, Cambridge: Cambridge University Press, 1986.

Defoe, Daniel, *A Tour through England and Wales*, Vol. 1, London:

J. M. Dent & Sons Ltd. , 1928.

Dewey, Peter, "Farm Labour", in Thirsk, Joan (ed.), *The Agrarian History of England and Wales, 1850 – 1914*, Vol. 7, Cambridge: Cambridge University Press, 2000.

Digby, Anne and Charles, Feinstein (eds.), *New Directions in Economic and Social History*, London: The Macmillan Press, 1989.

Douglas, David C. (ed.), *English Historical Documents, 1189 – 1327*, London: Eyre & Spottiswoode, 1975.

Douglas, David C. (ed.), *English Historical Documents, 1833 – 1874*, Vol. 12 (1), London: Eyre & Spottiswoode, 1956.

Dowling, M. W. , *Tenant Right and Agrarian History in Ulster, 1600 – 1870*, Dublin: Irish Academic Press, 1999.

Dresser, Madge, *Slavery Obscured: The Social History of the Slave Trade in an English Provincial Port*, London: Continuum, 2001.

Floud, R. , Wachter, K. and Gregory, A. , *Heigh, Health and History: Nutritional Status in the United Kingdom, 1750 – 1980*, Cambridge: Cambridge University Press, 1990.

Goetz, P. W. , *The New Encyclopaedia Britannica*, 15th edition, Vol. 13, Encyclopaedia Britannica, Inc. , 1985.

"Gregory King's 'Scheme of the Income and Expense of the Several Families of England for 1688' Compared with Joseph Massie's 'Estimate of the Social Structure and Income 1759 – 1760' ", in Porter, Roy, *English Society in the Eighteenth Century*, Middlesex: Penguin Books Ltd. 1982, pp. 386 – 387.

Ginter, D. E. "Measuring the Decline of the Small Landowner", in Holderness, B. A. and Turner, Michael (eds.), *Land, Labour and Agriculture, 1700 – 1920: Essays for Gordon Mingay*, London: The Hambledon Press, 1991, pp. 27 – 48.

Gonner, E. C. K. , *Common Land and Inclosure*, London: Macmillan and Co. Ltd. , 1912.

Gray, Howard Levi, *English Field System*, Harvard University Press, 1959.

Greaves, H. R. G. , "Personal Origins and Interrelations of the House of

Parliament", *Economica*, No. 26, June 1929, pp. 173 – 184.

Grigg, David, *The Dynamic of Agricultural Change*, London: Huchinson & Co. Ltd., 1982.

Guo, Aimin, "Rural Households' Production Capacity and Social Changes: A Comparison Study between England during Industrialization and the Yangzi Delta in Modern Times", *Pacific Economic Review*, Vol. 17, No. 1, February 2012, pp. 86 – 103.

Habakkuk, H. J., "La disparition du paysan anglais", *Annales*, Vol. 20, No. 4, July-August 1965, pp. 649 – 663.

Habakkuk, H. J., "English Landownership, 1680 – 1740", *Economic History Review*, Vol. a10, No. 1, February 1940, pp. 2 – 17.

Habakkuk, H. J., "Marriage Settlement in the Eighteenth Century", *Transactions of the Royal Historical Society*, Vol. 32, 4th series, 1950, pp. 15 – 30.

Habakkuk, John, *Marriage, Debt, and the Estates System*, Oxford: The Clarendon Press, 1994.

Hammond, J. L. and Hammond, B., *The Village Labourer*, New York: Longman Group Ltd., 1978.

Heyck, Thomas William, *A History of the Peoples of the British Isles from 1688 to 1914*, London: Routledge, 2002.

Higgs, Edward, "Occupational Censuses and the Agricultural Workforce in Victorian England and Wales", *Economic History Review*, Vol. 48, No. 4, November 1995, pp. 700 – 716.

Hobsbawm, E. J. and Rudè, G., *Capital Swing*, Harmondsworth: Penguine, 1973.

Holderness, B. A., "Investment, Accumulation, and Agricultural Credit", in Thirsk, Joan (ed.), *The Agrarian History of England and Wales, 1850 – 1914*, Vol. 7, Cambridge: Cambridge University Press, 2000, pp. 863 – 929.

Holderness, B. A., "The English Land Market in the Eighteenth Century: The Case of Lincolnshire", *Economic History Review*, Vol. 27, No. 4, November 1974, pp. 557 – 576.

Holderness, B. A., "The Origins of High Farming", in Holderness,

B. A. and Turner, Michael (eds.), *Land, Labour and Agriculture, 1700 – 1920*, London: The Hambledon Press, 1991, pp. 149 – 164.

Holderness, B. A., "The Victorian Farmer", in Mingay, G. E. (ed.), *The Victorian Countryside*, London: Routledge & Kegan Paul Ltd., 1981, pp. 227 – 244.

Holdsworth, W. S. H, *A History of English Law*, Vol. 4, London: Methuen & Co. Ltd., 1924.

Hollingsworth, T. H., "The Demography of the British Peerage", *Supplement to Population studies*, Vol. 18, No. 2, 1965, pp. 103 – 108.

Hoppit, Julian, *A Land of Liberty? England, 1689 – 1727*, Oxford: The Clarendon Press, 2000.

Hoskins, W. G., *The Midland Peasant: The Economic and Social History of a Leicestershire Village*, London: Macmillan & Co. Ltd., 1957.

Hoskins, W. G., "The English Landscape", in Poole, Austin Lane, (ed.), *Medieval England*, Oxford: The Clarendon Press, 1958.

Huggett, F. E., *The Land Question and Europe Society*, London: Thames and Hudson Ltd., 1975.

Hunt, H. G., "The Chronology of Parliamentary Enclosure in Leicestershire", *Economic History Review*, Vol. 10, No. 2, 1957, pp. 265 – 272.

Hunt, H. G., "Landownership and Enclosure, 1750 – 1830", *Economic History Review*, Vol. 11, No. 3, April 1959, pp. 497 – 505.

Langton, John, "Urban Growth and Economic Change: From the Late Seventeenth Century to 1841", in Peter Clark (ed.), *Cambridge Urban History of Britain, 1540 – 1840*, Vol. 2, Cambridge: Cambridge University Press, 2000, pp. 453 – 490.

Johnson, A. H., *The Disappearance of the Small Landowner*, Oxford: The Clarendon Press, 1909.

Kenyon, J. P. (ed.), *A Dictionary of British history*, London: Secker & Warberg, 1981.

Kielstra, Paul Michael, *The Politics of Slave Trade Suppression in Britain and France, 1814 – 48: Diplomacy, Morality and Economics*, London: Macmillan Press Ltd., 2000.

Kosminsky, E. A., *Studies in the Agrarian History of England in the 13th Century*, Oxford: Basil Blackwell, 1956.

Kriedte, Peter, *Peasants Landlords and Merchant Capitalists*, Cambridge: Cambridge University Press, 1983.

Laslett, Peter, *The World we Have Lost*, Cambridge: Cambridge University Press, 1965.

Laurence, P. M., *The Law and Custom of Primogeniture*, Cambridge: J. Hell & Son, 1878.

Levy, H., *Large and Small Holdings: A Study of English Agricultural Economics*, Cambridge: Frank Cass & Co. Ltd., 1911.

Macdonald, Stuart, "Model Farms", in G. E. Mingay (ed.), *The Victorian Countryside*, London: Routledge & Kegan Paul Ltd., 1981, pp. 214 – 226.

MacRaild, Donald and Martin, David, *Labour in British Society, 1830 – 1914*, London: Macmillan, 2000.

Maguire, W. A., "Lord Donegall and the Sale of Belfast: A Case History from the Encumbered Estates Court", *Economic History Review*, Vol. 29, No. 4, November 1976, pp. 570 – 584.

Mantoux, Paul, *The Industrial Revolution in the Eighteenth Century: An Outline of the Beginnings of the Modern Factory System in England*, London: Jonathan Cape Ltd., 1961.

Martins, Susanna Wade, *A Great Estate at Work: The Holkham Estate and its Inhabitants in the Nineteenth Century*, Cambridge: Cambridge University Press, 1980.

Mingay, G. E., *English Landed Society in the Eighteenth Century*, London: Routledge and Kegan Paul, 1963.

Mingay, G. E., *Parliamentary Enclosure in England: An Introduction to its Causes, Incidence and Impact, 1750 – 1850*, Essex: Addison Wesley Longman Ltd., 1997.

Mingay, G. E., "The Farmer", in Joan Thirsk (ed.), *The Agrarian History of England and Wales, 1850 – 1914*, Vol. 7, Cambridge: Cambridge University Press, 2000, pp. 759 – 809.

Mingay, G. E., *Enclosure and the Small Farmer in the Age of the Industrial Revolution*, London: Macmillan and Co Ltd., 1968.

Mingay, G. E., *The Gentry: The Rise and Fall of a Ruling Class*, London: Longman Group Ltd., 1976.

Ministry of Agriculture, Fisheries and Food, Department of Agriculture and Fisheries for Scotland (eds.), *A Century of Agricultural Statistics: Great Britain, 1866 – 1966*, London: Her Majesty's Stationery Office, 1968.

Mitchell, B. R. (ed.), *Abstract of British History Statistics*, Cambridge: Cambridge University Press, 1962.

Mitchell, B. R (ed.), *European Historical Statistics, 1750 – 1970*, London: The Macmillan Press Ltd., 1975.

Morgan, Kenneth, *Slavery, Atlantic Trade and the British Economy, 1660 – 1800*, Cambridge: Cambridge University Press, 2000.

Moselle, Boaz, "Allotment, Enclosure, and Proletarianization in Early Nineteenth-century Southern England", *Economic History Review*, Vol. 48, No. 3, August 1995, pp. 482 – 500.

Neeson, J. M., "The Opponents of Enclosure in Eighteenth Century Northamptonshire", *Past and Present*, No. 105, November 1984, pp. 114 – 139.

Neeson, J. M., *Commoners: Common Right, Enclosure and Social Change in England, 1700 – 1820*, Cambridge: Cambridge University Press, 1993.

Newby, Howard, *The Differential Worker: A Study of Farm Workers in East Anglia*, London: Penguin Books, 1977.

Oldroyd, David, *Estates, Enterprise and Investment at the Dawn of the Industrial Revolution: Estate Management and Accounting in the North-East of England, 1700 – 1780*, Aldershot: Ashgate, 2007.

Orwin, C. S. and C. S., *The Open fields*, Oxford: The Clarendon Press, 1954.

Overton, Mark, *Agricultural Revolution in England: The Transformation of the Agrarian Economy, 1500 – 1850*, Cambridge: Cambridge University Press, 1996.

Parker, R. A. C. , *Coke of Norfolk*: *A Financial and Agricultural Study*, *1707 – 1842*, Oxford: The Clarendon Press, 1975.

Patriquin, Larry, *Agrarian Capitalism and Poor Relief in England*, *1500 – 1860*: *Rethinking the Origins of the Welfare State*, London: Palgrave Macmillan, 2007.

Phillips, A. D. M. , "Landlord Investment in Farm Buildings in the English Midlands in the Mid Nineteenth Century", in Holdnerness, B. A. and Turner, Michael (eds.), *Land, Labour and Agriculture*, *1700 – 1920*, London: The Hambledon Press, 1991, pp. 191 – 210.

Pollard, Sidney (ed.), *Essays on the Industrial Revolution in Britain*, Aldershot: Ashgate Publishing Ltd. , 2000.

Porter, Roy, *English Society in the Eighteenth Century*, Middlesex: Penguin Books Ltd. , 1982.

Rapp, D. , "Social Mobility in the Eighteenth Century: The Whitbreads of Bedfordshire, 1720 – 1815", *Economic History Review*, Vol. 27, No. 3, August 1974, pp. 380 – 394.

Reeve, Robin M. , *The Industrial Revolution*, *1750 – 1850*, London: University of London Press Ltd. , 1971.

Richard, Eric, "The land Agent", in G. E. Mingay (ed.), *The Victorian Countryside*, London: Routledge & Kegan Paul Ltd. , 1981, pp. 439 – 456.

Roberts, David, *Paternalism in Early Victorian England*, London: Croom Helm, 1979.

Sayer, Karen, *Country Cottages*: *A Cultural History*, Manchester: Manchester University Press, 2000.

Schwarz, Leonard, "English Servants and their Employers during the Eighteenth and Nineteenth Century", *Economic History Review*, Vol. 52, No. 2, May 1999, pp. 236 – 256.

Scrutton, T. E. , *Land in Fetters*, *or the History and Policy of the Laws Restraining the Alienation and Settlement of Land in England*, Cambridge: Cambridge University Press, 1886.

Shaw-Lefevre, G. , *Agrarian Tenures* : *A Survey of the Laws and Customs Relating to the Holding of Land in England, Ireland, and Scotland, and of the*

Reforms therein during Recent Years, London: Cassell & company, Ltd., 1893.

Shaw-Taylor, Leigh, "The Rise of Agrarian Capitalism and the Decline of Family Farming in England", *Economic History Review*, Vol. 65, No. 1, February 2012, pp. 26 – 60.

Simpson, A. W. B., *An Introduction to the History of the Land Law*, Oxford: Oxford University Press, 1961.

Slater, Gilbert, *The English Peasantry and the Enclosure of Common Fields*, London: Archibald Constable & Co. Ltd., 1907.

Snell, K. D. M., *Annals of the Labouring Poor: Social Change and Agrarian England, 1660 – 1900*, Cambridge: Cambridge University Press, 1985.

Spring, David, *The English Landed Estate in the Nineteenth Century: Its Administration*, Maryland: The Johns Hopkins Press, 1963.

Spufford, Margaret, "Peasant Inheritance Customs and Land Distribution in Cambridgeshire from Sixteenth to the Eighteenth Centuries", in Goody, J., Thirsk, Joan and Thompson, E. P. (eds.), *Family and Inheritance: Rural Society in Western Europe, 1200 – 1800*, Cambridge: Cambridge University Press, 1976, pp. 156 – 176.

Steinberg, S. H. and Evans, I. H. (eds.), *Steinberg's Dictionary of British history*, Port Melbourne: Edward Arnold (Australia), 1970.

Stone, Lawrence, *The Family, Sex and Marriage in England, 1500 – 1800*, London: Weidenfeld and Nicolson, 1977.

Tate, W. E., *The Enclosure Movement*, New York: Walker and Company, 1967.

Thirsk, Joan (ed.), *The Agrarian History of England and Wales, 1750 – 1850*, Vol. 6, Cambridge: Cambridge University Press, 1989.

Thirsk, Joan and Cooper, J. P., (eds.), *Seventeenth-Century Economic Documents*, Oxford: Oxford University Press, 1972.

Thirsk, Joan, *Tudor Enclosure*, London: The Chameleon Press, 1958.

Thompson, E. P., *Customs in Common*, London: Penguin Books Ltd., 1991.

Thompson, F. M. L., "English Landownership: The Ailesbury Trust,

1832 – 56", *Economic History Review*, Vol. 11, No. 1, August 1958, pp. 121 – 132.

Thompson, F. M. L., "Landownership and Economic Growth in England in the Eighteenth Century", in Jones, E. L. and Woof, S. J. (eds.), *Agrarian Change and Economic Development*, London: Methuen, 1969.

Thompson, F. M. L., "Life after Death: How Successful Nineteenth-century Businessmen Disposed of Their Fortunes", *Economic History Review*, Vol. 43, No. 1, February 1990, pp. 40 – 61.

Thompson, F. M. L., "Stitching it together again", *Economic History Review*, Vol. 45, No. 2, May 1992, pp. 362 – 395.

Thompson, F. M. L., "The End of a Great Estate", *Economic History Review*, Vol. 8, No. 1, August 1955, pp. 36 – 52.

Thompson, F. M. L., "The Social Distribution of Landed Property in England since the Sixteenth Century", *Economic History Review*, Vol. 19, No. 3, December 1966, pp. 505 – 517.

Thompson, F. M. L., *English Landed Society in the Nineteenth Century*, London: Routledge & Kegan Paul, 1963.

Tickner, F. W., *A Social & Industrial History of England*, London: Edward Arnold & Co., 1915.

Tonge, Neil and Quincey, Michael, *British Social and Economic History, 1800 – 1900*, London: Macmillan Education Ltd., 1980.

Toynbee, Arnold, *Lectures on the Industrial Revolution of the 18th Century in England*, London: Waterloo Place, 1887.

Turner, M. E., "Parliamentary Enclosure: Gains and Costs", in Digby, Anne and Feinstein, Charles (eds.), *New Directions in Economic and Social History*, London: The Macmillan Press, 1989, pp. 22 – 34.

Turner, Michael, "Land, Industry and Bridgewater Inheritance", in Holderness, B. A. and Turner, Michael (eds.), *Land, labour and agriculture, 1700 – 1920*, London: The Hambledon Press, 1991, pp. 1 – 26.

Turner, Michael, *English Parliamentary Enclosure: Its Historical Geography and Economic History*, Kent: Wm Dawson & Sons Ltd., 1980.

Verdon, Nicola, "The Rural Labour Market in the Early Nineteenth Century: Women's and Children's Employment, Family income, and the 1834 Poor Law Report", *Economic History Review*, Vol. 55, No. 2, May 2002, pp. 299 – 323.

Vinogradoff, Paul, *The Growth of the Manor*, London: George Allen & Company, Ltd., 1911.

Vries, Jan De, *The Economy of Europe in an Age of Crisis, 1600 – 1750*, Cambridge: Cambridge University Press, 1976.

W. D. Rubinstein, "Cutting up Rich: A Reply to F. M. L. Thompson", *Economic History Review*, Vol. 45, No. 2, May 1992, pp. 350 – 361.

Wilson, R. G., "Ossington and the Denisons", *History Today*, Vol. 18, March 1968, pp. 164 – 221.

Wordie, J. R., *Estate Management in Eighteenth-century England: The Building of the Leveson-Gover Fortune*, London: Royal History Society, 1982.

Wordie, Ross (ed.), *Enclosure in Berkshire*, Reading: Berkshire Record Office, 2000.

Wrigley, E. A. and Schofield, R. S., *The Population History of England, 1541 – 1871*, Cambridge: Cambridge University Press, 1997.

Yelling, J., "Agriculture, 1500 – 1730", in Dodgshon, R. A. and Butlin, R. A (eds.), *A Historical Geography of England and Wales*, London: Academic Press Ltd., 1978, pp. 181 – 199.

Yelling, J. A., *Common Field and Enclosure in England, 1450 – 1850*, London: The Macmillan Press Ltd., 1977.

Young, Arthur, *General View of the Agriculture of the Country of Norfolk*, London: B. M. Millan, 1804.

二、中文文献

［德］卡尔·马克思：《资本论》第1卷，北京：人民出版社1975年版。

［德］维尔纳·桑巴特：《奢侈与资本主义》，王燕平等译，上海：上海人民出版社2000年版。

［法］费尔南·布罗代尔：《十五至十八世纪的物质文明、经济与资本主义》第2卷，施康强等译，北京：生活·读书·新知三联书店1993

年版。

［美］贾恩弗兰科·波齐：《近代国家的发展——社会学导论》，沈汉译，北京：商务印书馆1997年版。

［美］小罗伯特·B. 埃克伦德、罗伯特·F. 赫伯特：《经济理论和方法史》，杨玉生等译，北京：中国人民大学出版社2001年版。

［意］卡洛·M. 奇波拉：《欧洲经济史：十六和十七世纪》第2卷，贝昱等译，北京：商务印书馆1988年版。

［英］B. R. 米切尔主编：《帕尔格雷夫世界历史统计·欧洲卷（1750—1993年）》，北京：经济科学出版社2002年版。

［英］S. F. C. 密尔松：《普通法的历史基础》，北京：中国大百科全书出版社1999年版。

［英］克拉潘：《现代英国经济史》上卷，姚曾廙译，北京：商务印书馆1997年版。

［英］佩里·安德森：《绝对主义国家的系谱》，刘北城等译，上海：上海人民出版社2001年版。

《马克思恩格斯全集》第25卷，北京：人民出版社1974年版。

《马克思恩格斯全集》第26卷（1），北京：人民出版社1972年版。

《马克思恩格斯选集》第2卷，北京：人民出版社1995年版。

陈紫华：《关于英国自耕农消失问题》，载《世界历史》，1997年第1期，第82—84页。

楚汉、许莹：《近代英、法农业发展之比较》，载《黄河科技大学学报》，2004年第4期，第95—100页。

樊红丹：《论英国议会圈地时期公权的消失及后果》，载《武汉交通职业学院学报》，2004年第4期，第4—8页。

丰华琴：《英国圈地运动与自耕农的消亡》，载《殷都学刊》，1999年第3期，第54—57页。

关勋夏：《论近代英国农业资本主义的发展》，载《华南师范大学学报》，1992年第3期，第65—72页。

郭爱民：《农业结构变革与苏南土地流转——一项关于开弦弓村的实证研究》，载［美］黄宗智主编：《中国乡村研究》第八辑，福州：福建教育出版社2010年版，第50—77页。

郭爱民：《英国农业革命及其对工业化的影响》，载《中国农史》，

2005 年第 2 期，第 101—107 页。

郭爱民：《中古英格兰的社会结构与中间阶级的崛起》，载《天津师范大学学报（社会科学版）》，2005 年第 3 期，第 31—34 页。

郭爱民：《转型时期英格兰、长三角土地市场发育程度的比较》，载《中国农史》，2007 年第 4 期，第 64—74 页。

侯建新：《现代化第一基石——农民个人力量与中世纪晚期社会变迁》，天津：天津社会科学院出版社 1991 年版。

黄光耀：《英国农业近代化试探》，载《江苏社会科学》，1994 年第 1 期，第 90—95 页。

计翔翔、洪朝辉：《圈地运动——农业资本主义发展的"英国式"道路》，载《江淮论坛》，1983 年第 1 期，第 112—114 页。

姜锋：《英国圈地运动对中国经济发展的启示》，载《云南财经大学学报》，2007 年第 10 期，第 96—100 页。

金重远：《农民问题的解决：大国现代化的必由之路——英、法、美、俄的历史分析》，载《江苏行政学院学报》，2006 年第 6 期，第 124—130 页。

刘运梓：《英国几百年来农场制度的变化》，载《世界农业》，2006 年第 12 期，第 12—15 页。

卢海清、赵航：《关于英国圈地运动中失地农民权利保障的研究》，载《社会科学论坛》，2006 年第 2 期下，第 55—57 页。

马克垚：《西欧封建经济形态研究》，北京：人民出版社 1985 年版。

庞卓恒：《唯物史观和历史科学》，北京：高等教育出版社 2004 年版。

沈汉：《英国土地制度史》，上海：学林出版社 2005 年版。

石强：《清初圈地和英国圈地运动的比较研究》，载《社会科学家》，2008 年第 10 期，第 50—54。

唐昊：《1760—1830 年英国议会圈地运动对小农的影响》，载《安庆师范学院学报》，1999 年第 2 期，第 84—88 页。

汪建丰：《维多利亚时代英国农业之盛衰》，载《湖州师专学报》1995 年第 2 期，第 38—46 页。

咸鸿昌：《圈地运动与英国土地法的变革》，载《世界历史》，2006 年第 5 期，第 61—68 页。

徐奉臻：《关于英国"自耕农"的再研究》，载《世界历史》，2000年第3期，第38—44页。

徐浩：《地主与英国农村现代化的启动》，载《历史研究》，1999年第1期，第85—102页。

叶明勇：《英国议会圈地及其影响》，载《武汉大学学报》，2001年第2期，第192—198页。

张天：《也谈英国"圈地运动"的性质》，载《史学月刊》，1983年第3期，第77—82页。

张治栋：《英国自由资本主义时期的土地和农民问题及启示》，载《江淮论坛》，2004年第5期，第31—36页。

朱正梅：《浅谈英国近代土地问题的解决》，载《盐城师专学报》，1987年第1期，第98—102页。

附录：前期成果发表一览

1. "Rural Households' Production Capacity and Social Changes: A Comparison Study between England during Industrialization and the Yangzi Delta in Modern Times", *Pacific Economic Review*, Volume 17, Issue 1, February 2012, pp. 86–103.

2. 《工业化时期英国的血亲关系与土地流动》，载《世界历史》，2016年第1期，第77—90页。

3. 《工业化时期英国的土地流转与社会心态》，载《世界历史》，2012年第4期，第58—68页；人大复印资料《世界史》2012年第11期转载，第37—46页。

4. 《工业化时期英国地产代理制度透视——兼与中世纪庄官组织相比较》，载《世界历史》，2011年第3期，第88—98页。

5. 《维多利亚时代英国份田运动缘由与绩效的考察》，载《世界历史》，2008年第4期，第115—121页。

6. 《民众食粮水准、农业劳动效率与产业分工关系的量化辨析——近代长三角与工业化时期英格兰的比较》，载《中国经济史研究》，2011年第4期，第13—23页。

7. 《工业化时期英国自耕农数量的动态变化：以农业劳动生产效率的计量与比较为视角》，载《社会科学》，2017年第1期，第133—144页；《新华文摘》（数字版）2017年第15期转载，第327—341页。

8. 《工业化时期英国农业劳动生产效率的计量》，载《社会科学》，2013年第7期，第143—152页；人大复印资料《经济史》，2013年第6期转载，第113—122页；人大复印资料《世界史》，2013年第9期转载，第24—33页。

9. 《19世纪晚期以来西方学者关于工业化时期英国土地流动的研究

综述》，载《中国农史》，2016 年第 4 期，第 80—90 页。

10.《工业化时期英国地主与租地农场主的博弈》，载《中国农史》，2015 年第 6 期，第 34—45 页。

11.《1980—2010 年国内学者关于工业化时期英国土地问题研究的综述》，载《中国农史》，2011 年第 2 期，第 78—82 页。

12.《转型时期英格兰、长三角土地市场发育程度的比较》，载《中国农史》，2007 年第 4 期，第 64—74 页。

13.《19 世纪晚期以来西方学者关于工业化时期英国土地经营研究的综述》，载《贵州社会科学》，2017 年第 8 期，第 29—34 页。

14.《工业化时期英国资本与土地流转的市场考察》，载《烟台大学学报》，2009 年第 1 期，第 88—95 页。

15.《英国圈地运动的模式及其对土地分配的影响》，载《现代化研究》，第 5 辑（2009 年），第 81—103 页。

16.《土地市场与前市场的辩驳——民国前期长江三角洲与十八、十九世纪英格兰土地流转的市场视角》，载《现代化研究》，第 4 辑（2009 年），第 435—452 页。

后　记

《多视角透析工业化时期英国的土地流动与经营》以笔者的博士论文——《十八、十九世纪英国地产结构研究》为蓝本，经历了 10 年（2004—2014 年）的打磨。它的诞生，是笔者多年思考和修正的结晶。它的问世，得到了诸多良师益友的帮助。它的出版，得到了人文社科领域多个机构的关怀。

2001 年 9 月初，怀着满腔的豪情，我跨进了位于南京鼓楼附近、具有百年历史的南京大学校园，开始在这里攻读世界史博士学位。南京大学由金陵大学和中央大学的主体院系合并而成。南大雄浑而宽厚的南大门、宽阔的校园马路、高大茂密的行道树、庄严肃穆的北大楼建筑群、藏书丰富的图书馆，特别是南大辉煌的校史使学子们充满了奋发向上的动力。

博士论文《十八、十九世纪英国地产结构研究》的完成，浸润着导师沈汉先生的心血。入学第二天，沈老师约见了当年考入师门的三位博士生，谈及博士论文的选题问题。我的硕士论文题名是《英国农业革命及其对工业化的影响》。在硕士论文里，英国农业革命主要包含两个方面的内容：一是农业技术性因素，二是土地制度性因素。土地制度性因素主要涉及工业化时期的土地分配结构和经营制度。基于硕士论文的研究，沈老师建议我研究英国农业经济组织。根据前期积累和沈老师的建议，我以农业革命的土地制度因素为起点，准备探索工业化时期英国大地产形成与经营的相关问题。针对这一选题，沈老师连说"好题目"。

此后，沈老师给我们三人介绍了南京大学图书馆专业图书的馆藏情况，催促我们按照自己的选题，尽快拟制书单。我要阅读的专业图书，一部分通过杜威法检索，属于金陵大学的检索系统；一部分通过南大法检索，属于南京大学的检索系统。当时的南京大学图书馆，电子检索图书资料的系统还不大完善。于是，我就以图书馆一楼大厅的卡片柜为依托，通过以上两种检索系统，在一张张图书卡片上寻找研究信息，然后，把找到的书目逐条摘抄在笔记上。经过一个半月的忙碌，到 10 月中旬的时候，我已把图书馆大厅卡片柜里的所有卡片都仔细地翻阅了一遍，完成了书单的手抄本。当我把"手抄本"放在沈老师面前的时候，他非常高兴，即在师门当中推广这种"手抄本"。

选题以及相关的书单确定后，沈老师时常挂念着我在资料阅读方面的进展情况。他经常到我居住的陶园 2 栋 325 房间，就我所阅读的英文原版书籍进行问答式互动研究。沈老师对自己学生写作博士论文的进度达到了恨铁不成钢的程度。曾有两次，早上六点钟，当我还沉浸在梦乡当中，沈老师已经步行 40 分钟，从位于龙江小区的家赶到了我的房间门口。非常感谢沈老师在资料方面的无私援助。在我写作博士论文的时候，沈老师正在研究国家课题"英国土地制度史"。他时常拿出自己搜集的有关资料，与我分享，使我在资料搜集方面走了很大捷径。

2003 年秋季至 2004 年 4 月份，是沈老师在莫斯科大学访学的日子。由于前期工作做得扎实，这一阶段，我对博士论文的写作进度简直达到了"疯狂"的程度，每天早上六点钟起床锻炼，八点钟开始写作，经常工作到凌晨。2004 年 4 月初，当沈老师从莫斯科回来的时候，我把装订好的博士论文初稿交给了他。一个星期后，沈老师打电话约见我。我赶到老师家，忐忑不安地坐在老师面前。沈老师说，"我阅读我了你的论文，很好。"老师肯定的话语，使我如释重负。沈老师继续说："如果有条件的话，可以把工业革命前后英国的农业劳动生产效率作以计量。"然而，囿于当时的资料条件和毕业时间限制，我没有立即实施老师提出的建议。就这样，在沈老师的谆谆教诲下，我顺利完成了博士论文《十八、十九世纪英国地产结构研究》的答辩，并与 2004 年 6 月份获得了历史学博士学位。

《多视角透析工业化时期英国的土地流动与经营》能够顺利完成，与导师侯建新先生对笔者早年的培养有着分不开的关系。1998—2001 年，我跟随侯老师，在天津师范大学历史文化学院攻读硕士学位。由于我的英语底子薄，每到寒假和暑假，侯老师就另外拿出自己珍藏的原版书籍，让我阅读并翻译其中的 1—2 章，给我单独"开小灶"。研一寒假，侯老师交给我的任务是翻译《我们失去的世界》(*The World we Have*

Lost）的第一、三章。整个寒假，我尽管坐在家里一动不动，阅读并翻译老师布置的文本，也没有及时完成。到了开学，继续从繁重的学习任务中挤时间翻译。直到五一长假，我又利用整块时间，在研究所夜以继日地伏案译稿，才最终得以完成任务。研一暑假来临的时候，侯老师告诉我，我在寒假里翻译的稿子，无法读懂。他让我在暑假里接着翻译《我们失去的世界》的第二章。由于暑假较长，我坐在家里，埋头阅读并翻译这部分文本，到开学的时候，不仅完成了任务，还工工整整地誊写在格子纸上。这一次的翻译稿件，得到了侯老师的认可，他给下一届刚入学的研究生开会时，对我阅读和翻译原版书籍所下的功夫和取得的进步，特地提出了表扬。对于我这个功底浅薄的学生来说，侯老师的鼓励就是莫大的帮助。我后来能够快速地阅读英文原版文本，能够顺利地在三年内完成博士论文，侯老师在硕士阶段"开小灶"的培养方式起了关键作用。

感谢南京师范大学中国经济史研究中心多年来对我的培养。2004年6月份，我从南京大学获得博士学位。7月初，与南京师范大学中国经济史研究中心签订了工作协议。该中心负责人慈鸿飞先生安排我做他的助手，对我以后的研究方向做了规划，即从事中西方经济史的比较研究。于是，我暂时放下关于西方经济史的研究，采取"休克疗法"，从零开始学习中国经济史。事实上，在以后长达十几年的时间里，慈先生一直把我当做自己的学生培养。慈老师时常鼓励我，要利用我的西方经济史研究背景，瞄准国际上争论激烈的"大分流问题"，发出中国学者的声音，同时还要学习历史计量方法，增加研究的难度。跟随慈老师，我不仅学习了中国经济史，还系统学习了西方经济学和历史计量方法，而且开始了一项新的研究——"农民生产能力的增长与社会转型：工业化时期英格兰与近代长三角的比较"。正是在慈老师的鼓励下，我关于"大分流问题"的比较研究成果在西方杂志 *Pacific Economic Review* 和 *Rural China* 上得以发表。同时，在这期间，我利用计量方法，逐渐着手对博士论文进行修改；在原来的基础上，又增加了两章，分别是"血亲关系和土地流动"、"农业劳动生产效率、土地流动与经营、产业分工关系的量化辨析"；我还对工业化时期英国的社会农业劳动生产效率、自耕农农业劳动生产效率、家庭限嗣继承土地的比重、土地流转率等相关概念做了系统的计量。这些工作的实施，使我最终超额完成了离开南京大学前夕沈老师交给的修改博士论文的任务，了却了一桩心事，同时也使我的博士论文在结构上更加严谨，在研究深度上往前迈进了一步。

感谢南京师范大学这所百年老校为人文社会科学研究人员所创造的宽松学术氛围。南京师范大学制定的职称评审标准，重视高质量学术论文的发表，没有出版专著的要求。正是在这样良好的学术氛围中，一方面，我安心地从事"农民生产能力的增长与中西社会转型的比较研究"，另一方面，又能够从容不迫地修改博士论文，使文稿每一章都在高质量的专业学术期刊上得以发表。

感谢 *Pacific Economic Review*、《世界历史》、《中国经济史研究》、《社会科学》、《中国农史》等杂志社对本书阶段性前期成果的肯定。在本书出版前，笔者在《世界历史》等杂志上总共发表与本书相关的论文 16 篇，其中 14 篇论文与本书的内容直接关联，2 篇论文与本书的内容间接关联。感谢南京大学图书馆、北京大学图书馆、国家图书馆、布里斯托尔大学图书馆、牛津大学图书馆在笔者收集资料过程中提供的方便。感谢国家社会基金后期资助项目对本书的支持。

感谢多位同学在我读博期间给予的支持和照顾。在读博期间，学兄章前明经常和我一起在陶园 2 栋 325 室读书、谈心。跟着章兄，我养成了晚饭后在南大北园散步时，一边体验南大百年底蕴，一边独立思考的习惯。感谢同一个宿舍的另外两名舍友李刚、唐金龙，他们由于家居南京，宿舍基本上成了我一个人的书斋，成了我和诸多学子共同讨论的场所。感谢师兄徐滨在专业学习方面的帮助，多年来，我们在研究方面互相鼓励，共同进步。感谢学兄王新歘、万朝林、方国学在求职、生活等多方面给予的帮助。

感谢英国牛津 Iffley 历史学会的 Edmund Gray 先生在博士论文修改中给予我的帮助。2013 年 8 月—2014 年 8 月，笔者受到国家留学基金委的派遣，前往牛津大学访学。Edmund Gray 先生是我的房东，他早年毕业于牛津大学，退休后在位于牛津 Iffley 社区的泰晤士河畔购置了房产。他把整个别墅都按照图书馆的格局布置，正是在 Edmund 的"图书馆"，我找到了计量自耕农农业劳动生产效率的资料。

感谢英国经济史学会会长 Joan Humphries 教授提供给我到牛津大学访学的机会。牛津大学 Bodleian 图书馆世界一流的图书资源，Camera 圆形阅览室内浓厚的研究氛围，经济史学会每周二晚上在 All Soul College

举办的沙龙，History Faculty 的开放讲堂，Edmund 图书馆每周六下午茶会上的交谈，这些都开扩了我的视野，培养了我的学术自信。牛津大学访学增加了我的人生阅历，既为我完善博士论文提供了便利条件，也为我的下一步研究打下了基础。感谢英国经济史学会前任会长 Tony Wrigley 先生的帮助。在计量工业化时期农业劳动生产效率的过程中，笔者一度困惑，并与 Wrigley 先生联系。他在来信中的指点，使我茅塞顿开。

对中国学者来说，西方经济史的研究是一项艰苦劳动。它不仅要求我们寻找并阅读原文资料，还要求我们加深对西方文化的体验。历史计量，是一种备受争议的研究方法。囿于笔者在英文水平、对西方文化的体验和计量水准方面的局限，本专著在许多方面肯定存在诸多瑕疵。欢迎学界的前辈、同仁、朋友多提宝贵意见，以帮助笔者提高研究水平，修正本书存在的瑕疵，争取在不远的将来奉献给读者一个尽量完美的再版。

郭爱民
2017 年春节于南京仙林荣域品苑

图书在版编目(CIP)数据

多视角透析工业化时期英国的土地流动与经营 / 郭爱民著. —北京：中央编译出版社，2018.10
ISBN 978-7-5117-3595-9

Ⅰ. ①多…
Ⅱ. ①郭…
Ⅲ. ①土地制度－研究－英国－近代
Ⅳ. ①F356.111

中国版本图书馆 CIP 数据核字（2018）第 159875 号

多视角透析工业化时期英国的土地流动与经营

出 版 人：葛海彦
出版统筹：贾宇琰
责任编辑：李媛媛
责任印制：刘 慧
出版发行：中央编译出版社
地　　址：北京西城区车公庄大街乙 5 号鸿儒大厦 B 座（100044）
电　　话：（010）52612345（总编室）　　（010）52612335（编辑室）
　　　　　（010）52612316（发行部）　　（010）52612346（馆配部）
传　　真：（010）66515838
经　　销：全国新华书店
印　　刷：北京紫瑞利印刷有限公司
开　　本：710 毫米×1000 毫米　1/16
字　　数：313 千字
印　　张：19.75
版　　次：2018 年 10 月第 1 版
印　　次：2018 年 10 月第 1 次印刷
定　　价：80.00 元

网　　址：www.cctphome.com　　邮　箱：cctp@cctphome.com
新浪微博：@中央编译出版社　　　　微　信：中央编译出版社（ID: cctphome）
淘宝店铺：中央编译出版社直销店（http://shop108367160.taobao.com）　（010）55626985

本社常年法律顾问：北京市吴栾赵阎律师事务所律师　　闫军　梁勤
凡有印装质量问题，本社负责调换，电话：（010）55626985